동주집

이 책은 2012년도 정부(교육부)의 재원으로 한국고전번역원의 지원을 받아 수행된 '권역별거점연구소협동번역사업'의 결과물임.

This work was supported by Institute for the Translation of Korean Classics - Grant funded by the Korean Government.

한국고전번역원 한국문집번역총서/충남대학교 한자문화연구소

동주집 2

東州集

이민구 지음
李敏求

강원모 김문갑 옮김
오승준 정만호

일러두기

1. 이 책의 번역 대본은 한국고전번역원에서 간행한 한국문집총간 94집 소재《동주집(東州集)》으로 하였다. 번역 대본의 원문 텍스트와 원문 이미지는 한국고전종합DB(http://db.itkc.or.kr)에서 확인할 수 있다.
2. 내용이 간단한 역주는 간주(間註)로, 긴 역주는 각주(脚註)로 처리하였다.
3. 한자는 필요한 경우 이해를 돕기 위하여 넣었으며, 운문(韻文)은 원문을 병기하였다.
4. 맞춤법과 띄어쓰기는 한글 맞춤법과 표준어 규정을 따랐다.
5. 이 책에서 사용한 부호는 다음과 같다.
   ( ) : 번역문과 음이 같은 한자를 묶는다.
   〔 〕: 번역문과 뜻은 같으나 음이 다른 한자를 묶는다.
   " " : 대화 등의 인용문을 묶는다.
   ' ' : " " 안의 재인용 또는 강조 문구를 묶는다.
   「 」: ' ' 안의 재인용을 묶는다.
   『 』: 「 」 안의 재인용을 묶는다.
   《 》: 책명 및 각주의 전거(典據)를 묶는다.
   〈 〉: 책의 편명 및 운문·산문의 제목을 묶는다.

차례

동주집 전집 제6권

시詩

동유록 東游錄

동주집 전집 제7권

시詩

관동록 關東錄

동주집 전집 제8권

시詩

관서록 關西錄

동주집 시집 제1권

시詩

철성록1 鐵城錄一

동주집 시집 제2권

시詩

철성록2 鐵城錄二

동주집

전집 제6권

詩시

내가 숭정(崇禎) 신미년(1631, 인조9)에 우연히 휴가를 얻어 허유선(許惟善)[1]과 함께 동쪽 풍악산으로 유람을 떠났으니, 대개 오래 전부터 약속했던 일이다. 동양위(東陽尉) 신군석(申君奭)[2]과 승선 이도장(李道章)[3] 또한 선후로 가게 되었다. 헤아려보건대, 내가 오가는 26일 동안 지은 잡체의 시가 200여 편 정도인데, 모두가 눈에 보이고 마음에 와 닿는 것을 붓으로 쓴 것이지, 깊이 생각한 것도 없고 잘 다듬은 바도 없으니, 진실로 보존할 만한 것이 못된다. 돌아보건대, 나는 관직에 매인 몸이다. 그러므로 소망한 지 40년 만에 비로소 한 번 꿈속에서도 생각하던 것을 이루게 되었으나, 머리털은 이미 듬성듬성 짧아졌다. 구름 낀 숲을 바라봄에 아득히 세속과는 격리되어 있으니, 생각건대 그 선경(仙境)을 쉽게 다시 가 볼 수 없을 것이다. 지나온 산택(山澤)이 매우 넓어서 반쪽 벽의 그림으로는 다 그려낼 수도 없으니, 우선 행권(行卷)에 기록하여 책상 위에 두고 만년에 누워서 유람[4]하는 계책으로 삼는다면 또한 족할 것이다. 이미 여러 학

1 허유선(許惟善) : 허보(許寚, 1585~1659)로, 본관은 양천(陽川), 자는 유선, 호는 동강(東岡)이다. 《東州集 文集 卷10 處士東岡許公墓碣銘 幷序》

2 신군석(申君奭) : 신익싱(申翊聖, 1588~1644)으로, 본관은 평산(平山), 자는 군석, 호는 낙전당(樂全堂)·동회거사(東淮居士), 시호는 문충(文忠)이다. 선조의 딸 정숙옹주(貞淑翁主)와 결혼하여 동양위(東陽尉)에 봉해졌다.

3 이도장(李道章) : 이소한(李昭漢, 1598~1645)으로, 본관은 연안(延安), 자는 도장, 호는 현주(玄洲)이다. 《東里集 卷14 先府君行狀》

4 누워서 유람 : 와유(臥游)는 산수화를 걸어놓고 감상하면서 직접 유람하지 못하는 한스러운 마음을 달래는 것을 말한다. 금(琴), 서(書), 화(畫) 삼절(三絶)로 유명한 남조 송(南朝宋)의 종병(宗炳)이 산수를 좋아하여 멀리 유람하기를 좋아하였는데, 병

사들이 사문(斯文)의 멋진 일로 지나치게 인정하여 많은 글을 지어주고, 청음공(淸陰公)[5]이 실로 소서(小序)를 지어주셨는데, 정축년의 변란[6]에 전후로 지은 잡저와 함께 잃어버렸다. 다만 이 기록의 초본(草本)만이 먼지 속에 떨어져 있어서, 마치 양양(襄陽)의 물속에 있던 돌이 다시 현수(峴首)에 드러난 것 같았으니[7] 기이한 일이다. 이에 거칠고 잡된 것은 산삭(刪削)하고 볼만한 것을 기록하여, 마음으로 노닐고 기억하는 자료로 삼았다. 아아, 어지러운 난리 중에 온 세상이 어둡고, 이 몸 또한 갇힌 신세라 반걸음만 나가면 가시 울타리이니, 하물며 비로봉 정상에 올라 옛 유람을 이어 나갈 수 있기를 바라겠는가. 신미년(1631)의 5년 뒤인 을해년(1635)에 관동 관찰사가 되어 다시 풍악산을 유람하였으니, 당시의 여러 작품은 〈관동록〉에 게재하였다.

이 들어 강릉(江陵)에 돌아와서는 "늙음과 병이 한꺼번에 들이닥쳐 명산을 두루 돌아보기 어려울 듯하니, 그저 마음을 맑게 하고 도를 관찰하며 누워서 유람할 수밖에 없다.〔老疾俱至, 名山恐難遍覩, 唯當澄懷觀道, 臥以遊之.〕"라고 탄식하고, 그동안 다녔던 곳의 경치를 그림으로 그려 방 안에 걸어 두고 감상했던 고사가 있다. 《宋書 卷93 宗炳列傳》 여기서는 이민구가 금강산을 다녀오며 지은 시들을 감상하면서, 당시의 모습을 상상하는 자료로 삼겠다는 말이다.

5 청음공(淸陰公) : 김상헌(金尙憲, 1570~1652)으로, 본관은 안동(安東), 자는 숙도(叔度), 호는 청음, 시호는 문정(文正)이다. 《宋子大全 卷189 石室金先生墓表》

6 정축년의 변란 : 1637년(인조15)에 인조가 삼전도로 나아가 청 태종 앞에 무릎을 꿇고 항복한 삼전도의 치욕을 말하는데, 여기서는 전체적으로 병자호란의 병화에 기록이 사라졌음을 말하였다.

7 양양(襄陽)의……같았으니 : 현수(峴首)는 현산(峴山)의 다른 이름이다. 물속에 잠겨 있던 돌이 현수에 드러나 빛을 본 것처럼, 먼지에 묻혀 있던 〈동유록〉의 초본이 세상에 모습을 드러낸 것을 말한다.

나보다 이틀 먼저 금강산 유람을 떠나는 동회 신익성을 전송하다

送東淮 先我二日游楓嶽

비로봉[8]의 산색 꿈속의 가을이라　　毗盧山色夢中秋
골짜기 안개와 숲의 비가 다 걷히려 하네　　壑霧林霏盡欲收
산허리에는 낮에 주수[9]에 깃든 학이 있고　　半嶺晝棲珠樹鶴
아홉 봉우리에는 갠 날 옥담에 누운 용이 있네　　九峯晴偃玉潭虯
진경 찾겠다는 십 년 약속 어찌 버릴까　　寧抛十載尋眞約
지팡이 짚고 승경 찾는 계획 저버리지 않았네　　不負孤筇濟勝謀
잠시 세 번 소장 올려 투핵하고 가리니[10]　　暫待三章投劾去
이틀 먼저 보내 그대의 유람을 허락하네　　先輸二日許君游

8 비로봉(毗盧峰) : 강원도 금강군 내강리(內剛里)와 고성군 온정리(溫井里) 사이에 있는 금강산(金剛山)의 최고봉이다.

9 주수(珠樹) : 전설에 나오는 선경(仙境)의 나무를 가리킨다.

10 잠시……가리니 : 이민구가 휴가를 얻어 뒤따라가겠다는 말이다. 삼장(三章)은 세 번의 상소라는 뜻으로, 벼슬을 그만두려면 세 번은 사직하는 소장을 올려야 했다. 투핵(投劾)은 자신을 탄핵하는 소장을 올려 벼슬을 그만둔다는 뜻인데, 여기서는 모두 휴가를 얻는다는 말로 사용되었다.

서원에서 밤을 보내며 동양위가 남긴 시에 맞춰 짓다

書院宿夜 次東陽留詩韻

시냇물 불어 세차게 흐르고 溪水添還駛
산봉우리 아지랑이도 말끔히 걷혔다 峰嵐捲却齊
한복판 나뉘어 가을이 저물었는데 平分秋半老
거듭 왔지만 나그네 모두 아련하네 再至客都迷
이슬 하얗게 내려 양쪽 숲 고요하고 露白雙林靜
바람이 허공에 불어 한 골짜기 처량하다 風虛一壑凄
서쪽 처마로 높은 산 바라보니 西檐望危岫
벌써 구름사다리로 들어간 것 같구나 已似入雲梯

2

담무갈 보살의 세계 無竭眞人境
찾아가니 계획 어긋나지 않았네 探尋計不違
신선이 되는 날 오늘이 바로 그날이니 登仙今日是
속세에 섞여 살며 몇 년이나 그르쳤나 混世幾年非
낙조에 숲 경치 세밀하고 落照林光細
갠 구름에 산색이 희미하다 晴雲嶽色微
하산하는 스님 만났기에 仍逢下山釋
마주하고서 잠시 기심 잊노라 相對暫忘機

서원에서 밤에 입으로 불러 짓다

院夜口占

고요한 밤 빈 산에 속세의 기운 끊어지고	靜夜空山絶世氛
폭포 소리 역력히 꿈속에 들린다	飛泉歷歷夢中聞
성긴 숲 서원에 가득해 푸른 빛 다가오고	疏林滿院靑猶落
조각달 창에 얽혀 세밀한 구분이 없어라	缺月縈窓細不分
귀뚜라미 소리 이슬 맺힌 풀에서 오열하는 듯	蛩韻咽殘含露草
기러기 울며 서리 덮은 구름 속을 지난다	雁聲嘶過護霜雲
지난날 진경 찾던 홍취 생각하며	仍思舊日尋眞興
반쯤 취해 단풍 든 산비탈 거니노라	踏遍楓崖倚半醺

침류대[11]에서 비에 막히다

枕流臺滯雨

가을비 산을 덮어 저물도록 개지 않으니	秋雨沈山晩不開
쓸쓸히 침류대에 머무노라	蕭然只在枕流臺
용연에 물결 불어나 급히 흐르고	龍淵亂水添應駛
구름 속 오솔길에 찬 모래가 반쯤 쌓이려 한다	雲徑寒沙半欲堆
몸은 변방 기러기와 함께 잠시 머무는데	身與塞鴻俱暫住
꿈은 선학 따라 홀로 날아 돌아가네	夢隨仙鶴獨飛回
쇠사슬 드리운 험준한 산길 소식 없어	天梯鐵鎖無消息
부질없이 노니는 나그네 신에 이끼 끼네	虛長游人屐底苔

11 침류대(枕流臺) : 창덕궁(昌德宮) 서쪽 정업원동(淨業院洞)에 있었던 유희경(劉希慶, 1545~1636)의 집이다. 유희경의 본관은 강화(江華), 자는 응길(應吉), 호는 촌은(村隱)이다.《柳下集 卷10 劉村隱墓誌銘》

아침에 비가 개어 서원을 출발하다

朝霽出書院

새벽 부엌 화롯불에서 흐릿하게 연기 나기에	早廚篝火淡生煙
일어나 서쪽 창 열고 갠 하늘 바라본다	起拓西窓看霽天
지친 말은 돌아가지 않으려고 고목 의지했는데	倦馬不歸依古木
나그네는 앞 냇물 건너려 하네	行人欲濟試前川
시원한 바람 골짝에 불어 숲 비 그치고	涼颸轉壑林霏歇
고운 이슬 떨기에 맺혀 들녘 햇살 곱구나	華露棲叢野日鮮
십 리 평야에 가을 곡식 익어가니	十里平疇秋稼熟
응당 넉넉한 양식으로 금년 지내리라	應饒粥飯過今年

두험천[12]에서

豆險川

맑고 맑은 두험천	粼粼豆川流
얼굴 비추면 수염과 눈썹 고왔는데	照我鬚眉好
십 년 만에 거듭 와보니	再到十年間
어디서 이런 늙은이 나타나나[13]	何從得此老

12 두험천(豆險川) : 현재의 경기도 양주시에 있는 하천 이름으로, 역참이 있었다.

13 십 년……나타나나 : 이민구가 10년 만에 다시 이곳에 와서 두험천에 자신을 비춰 보니, 늙은 모습이 보인다는 말이다. 아래의 시들로 볼 때 금강산으로 가는 경기도 북부 지역은 이민구가 일찍이 거주했거나 유람했던 곳으로 추측되는데, 자세한 내용은 고증할 수 없다.

해룡산[14]에서

海龍山

높디높은 해룡산	嵯峨海龍山
나를 반가운 얼굴로 보는 듯	見我如歡顔
당년의 얼굴 괴이하게 여기지 마라	莫怪當年面
새로 귀밑머리에 흰 털 아롱졌네	新添兩鬢斑

14 해룡산(海龍山) : 현재의 경기도 동두천시의 불현동과 포천시 선단동의 경계에 위치한 산이다. 2,000여 년 전 큰 홍수가 나서, 이 산에 살던 이무기가 그 물로 인하여 용이 되었다고 하여 붙여진 이름이라고 한다.

벽석령[15]에서

碧石嶺

울퉁불퉁한 고개 머리 바위	盤陀嶺頭石
내 어릴 적 보았는데	見我少年時
세월이 많이도 흘러	爲是星霜久
이끼 자국만 멋대로 가득하다	苔痕滿意滋

15 벽석령(碧石嶺) : 현재의 경기도 의정부시의 천보산(天寶山) 기슭에 위치한 고개이다. 축석령(祝石峯)으로 표기하기도 한다.

가산에서

稼山

한들거리는 밤나무 숲	婆娑栗樹林
어려서 놀던 곳이지	童子經游處
옛날 십 묘의 그늘에도	宿昔十畝陰
가을 소리 이미 이러했었지	秋聲已如許

유세장이 산과일을 보내오다

劉世長供山果

가을날 태관[16]에서 진귀한 과일 보내 주니	秋日分珍自太官
둥글고 노란 귤 실컷 먹기 어려운데	團金橘好飫難餐
오늘 아침 서리 내린 숲속 열매 몇 개 얻으니	今朝幾顆霜林果
달콤한 향기가 시린 이에 넘친다	也覺甘香溢齒寒

16 태관(太官) : 궁중의 음식에 관한 일을 맡아보는 관직으로 내자시(內資寺)의 별칭이다.

재촌에서

梓村

이미 베어 벼 밑동 희고	已刈稻根白
시들어 가는 나뭇잎 누렇구나	將凋林葉黃
재실이 물에 제법 가까운데	齋居偏近水
나그네 이르니 석양이 반쯤 기울었네	客至半斜陽
삶아 낸 가을 푸성귀 연하고	烹爛秋蔬軟
햅쌀 찧어 지은 저녁밥 향기롭다	舂新晩飯香
진실한 접대로 하룻밤 묵으니	眞供一夜宿
시름겨운 속내 풀어지네	庶足緩愁腸

수출령[17]에서

水出嶺

폭포 소리 골짝에 울려 새벽에 애잔히 전해 오고　飛泉咽壑曉傳哀
풀잎 이슬에 숲 바람 불어 서늘한 기운 밀려온다　草露林風涼氣來
맑은 안개 언뜻 나뉘었다 산길과 합해지고　晴靄乍分山徑合
들쭉날쭉 봉우리 멀리 바위 벼랑 돌아오네　亂峯遙送石屛廻
바위에 매달린 벽려 덩굴 붉은빛 조금 물들고　巖懸薜荔紅微染
골짝에 가득한 등나무 덩굴 푸른빛 아직 남았다　峽擁藤蘿翠尙堆
생각건대 단풍 든 산비탈에 가을빛 이르니　想到楓崖秋色早
발연[18]에 찬물 넘쳐흘러 우레처럼 들리리라　鉢淵寒漲聽鳴雷

17　수출령(水出嶺) : 이수광(李睟光)의 《지봉집(芝峯集)》 권13 〈영평(永平)〉의 소주(小註)에 "수출령과 계류촌은 모두 영평 땅이다.〔水出嶺溪流村, 皆永平地也.〕"라고 하였는데, 영평은 현재의 경기도 포천시 지역이다.

18　발연(鉢淵) : 외금강 신계사 남쪽 25리쯤에 있는 연못이다. 쌍으로 흐르는 곳은 상발연(上鉢淵)이고 여섯 개의 웅덩이가 있는 곳은 하발연(下鉢淵)인데, 제5연(淵)이 마치 바리때처럼 생겼기 때문에 그렇게 이름하였다. 옛날에 진표 율사(眞表律師)가 발연에서 가부좌를 하고 앉았다가 잡념이 생기면, 흐르는 폭포에 달려가서 마음을 안정시키곤 했으므로 치폭(馳瀑)이라 불렀다고 한다. 《林下筆記 卷37 蓬萊祕書》

밤에 우연을 건너다
夜濟牛淵

일엽편주로 거친 여울 거슬러가니	一葉泝危灘
맑은 서리가 비 오듯 떨어진다	淸霜落如雨
갈대 사이 물길 따라	夤緣蘆葦間
내 한가로운 시름 싣고 간다	載我閑愁去

2

밤에 금빛 모래톱 건너는데	夜渡金沙階
찬 별빛이 물에 잠겨 밝구나	寒星浸水明
휘도는 못과 구름 절벽은	洄潭與雲壁
눈 씻고 개인 아침 기다려 보리라	洗眼待朝晴

우두정[19]에서

牛頭亭

푸른 숲은 우두정 북쪽에 펼쳐지고	碧樹牛頭北
가을바람은 말머리 동쪽에서 불어오네	秋風馬首東
거듭 와서 바뀐 세월에 상심하고	重來傷歲換
오래 앉았노라니 텅 빈 정자 애석하다	久坐惜亭空
물 차가워 안개 그치고	水冷煙霏歇
숲 성글어 햇살 통하네	林疏日氣通
도죽장[20] 짚고	仍將桃竹杖
잠시 국화 떨기 바라본다	暫映菊花叢

19 우두정(牛頭亭) : 현재의 경기도 포천시에 있는 금수정(金水亭)의 옛 이름이다.

20 도죽장(桃竹杖) : 대지팡이이다. 도죽(桃竹)은 대나무의 일종이다.

송이버섯 백 뿌리를 흙을 털어내고 찌다

松蕈百本 泥濟爛蒸

가을 잎으로 온 산이 어두운데	秋葉渾山暗
영지 광주리에 흡족하게 보내왔네	芝筐滿意供
흰 띠풀로 잘 싸서	白茅包得好
검은 숯에 겹겹이 쌓았네	烏炭積來重
기질은 송진을 띠어 매끄럽고	氣帶松肪滑
향기는 술맛과 겸해 짙구나	香兼酒味濃
정력 더해 늙음 물리치니	添精仍却老
종용[21]과 맞먹을 만하다	自可敵蓯蓉

21 종용(蓯蓉) : 높은 산 음지에 자생하는 버섯의 일종으로, 양기(陽氣)를 보양하는 데 효과가 있다고 한다.

저산[22]에서

猪山

가을 햇살은 열기 남았는데 한낮 그늘은 엷고	秋陽餘熱午陰輕
시냇물 길이 숲을 감싸 돌부리 솟았네	溪路縈林石角生
산이 흰 구름 안아도 도리어 머무르지 않고	山擁白雲還不住
물과 석양은 모두 무정히 흘러간다	水將西日共無情
천 길 낭떠러지에 말 세우니 온몸이 피곤하여	千厓駐馬身全倦
고목 아래에서 짓는 시 절반만 이루었네	古樹題詩字半成
손꼽히는 절간이 응당 멀지 않으리니	屈指上方應未遠
이미 도솔[23]의 세계를 가고 있구나	已從兜率界中行

22 저산(猪山) : 현재의 강원도 양구군에 있는 산이다. 이명준(李命俊, 1572~1630)의 《잠와유고(潛窩遺稿)》 권3 〈유산록(遊山錄)〉에 "원주의 치악, 양구의 저산.〔原州之雉嶽, 楊口之猪山.〕"이라는 말이 보인다.

23 도솔(兜率) : 도솔천(兜率天)이라고도 하며, 불교의 미륵보살이 머물고 있는 천상(天上)의 정토(淨土)이다.

석룡퇴[24]에서

石龍堆

일명 화적연(禾積淵)이다.

갈라진 바위 가운데 펼쳐진 검푸른 연못	擘石中開黝碧淵
지기[25] 잠긴 지 몇 천 년인가	支祈沈鎖幾千年
소용돌이치는 물 깊어 교룡의 기운 서리고	盤渦水積蛟龍氣
서리 내리는 가을 하늘에 기러기와 오리 나네	霜露秋高雁鶩天
영골에는 아직도 뇌우의 자취 남았고	靈骨尙留雷雨跡
옥 비늘은 일찍이 화운의 채찍을 받았네	玉鱗曾受火雲鞭
철적[26] 비껴 불어 양쪽 언덕 찢어지니	橫吹鐵笛雙厓裂
용궁의 한낮 잠을 깨울까 두렵구나	怕起珠宮白日眠

24 석룡퇴(石龍堆) : 현재의 경기도 포천시 영북면 자일리에 있다. 한탄강 강물이 휘돌아가며 형성된 연못이다. 수면 위로 큰 바위가 높이 솟아 있다.

25 지기(支祈) : 물귀신 이름이다. 지기(支祁), 지기(支奇), 무지기(無支奇), 무지기(巫支祁)라고도 한다. 옛날 우(禹)가 홍수를 다스릴 때에, 동백산(桐柏山)에서 회수(淮水)를 빙빙 돌게 하는 물귀신을 잡아 경진(庚辰)이라는 신에게 맡겨 제어하게 하니, 경진이 그를 귀산(龜山)의 발에다 묶어두고 꼼짝 못하게 하자, 회수가 비로소 순히 흘렀다고 한다. 《太平御覽 882 神鬼部2》

26 철적(鐵笛) : 철적은 쇠로 만든 피리인데, 주로 은자(隱者)나 고사(高士)들이 잘 불었다 한다. 주희(朱熹)의 〈철적정서(鐵笛亭序)〉에 의하면 무이산(武夷山)에 사는 유군(劉君)이 "철적을 잘 불었는데, 구름을 뚫고 돌을 찢는 소리가 난다.〔善吹鐵笛, 有穿雲裂石之聲.〕"라고 하였다. 《朱子大全 卷9》

삼부폭포[27]에서

三釜落

삼부의 신령스런 못 저녁 안개에 갇혀	三釜靈湫鎖夕霏
얼마 뒤 남기가 옷에서 피어나네	移時嵐氣已生衣
신선은 가을 구름 차가운 걸 한하는데	神仙有恨秋雲冷
난학은 밤 달 희미한 하늘을 날아가네	鸞鶴空飛夜月微
하늘 위 별빛에 마음 막막하고	天上星辰魂漠漠
인간 세상 갈림길이 꿈에 아련하다	人間岐路夢依依
담쟁이 덮인 수석 그 진경 속에서	蒙蘿水石棲眞境
홀로 쓸쓸한 산 마주한 채 돌아갈 줄 모르누나	獨對寒山坐不歸

27 삼부폭포 : 현재의 강원도 철원군 갈말읍 신철원리에 있는 폭포이다. 정약용(丁若鏞, 1762~1836)의 《여유당전서(與猶堂全書)》 권14 〈발삼부첩(跋三釜帖)〉에 “삼부락은 철원에 있다. 우리나라 풍속에 폭을 낙이라고 하는데, 낙은 곧 폭포이다.〔三釜落在鐵原. 東俗謂瀑爲落, 落者瀑也.〕”라는 설명이 있다.

삼부연[28]에서 청음 김상헌[29]의 운자에 맞춰 짓다

三釜淵 次金淸陰韻

이미 늙은 몸 아낄 것 없으니	已衰不自惜
길 나서서 더위잡고 오르노라	發軔事攀陟
여기 오니 가을 여가 많아	及玆秋暇豐
눈길 가는대로 몸 움직이네	出身徇雙目
기이한 볼거리 세 폭포에 있으니	奇觀在三瀑
걸린 물줄기 신령한 못에 떨어져 곡조 이루네	掛流靈湫曲
높은 벼랑 찢어지듯 갈라졌으니	高厓劃崩裂
신령한 도끼가 벼락같이 날았구나	神斧飛霹靂
펼쳐진 못에 깊은 물 서리고	潭開積水蟠
깎아지른 절벽은 푸른 옥을 씻은 듯	壁削洗蒼玉
어찌 알았을까 신물이 이르러	安知至神物
이 검푸른 연못 지키는 줄을	保此一泓黑
때때로 희생과 폐물에 보답하여	有時報牲幣
남은 물줄기가 가랑비로 변하네[30]	餘潤變霂霢

28 삼부연(三釜淵) : 삼부 폭포 아래에 형성된 연못이다. 폭포수가 떨어지는 지점에 가마와 같이 생긴 못 세 개가 있어 삼부연이라 했다고 한다.

29 김상헌(金尙憲) : 1570～1652. 본관은 안동(安東), 자는 숙도(叔度), 호는 청음(淸陰), 시호는 문정(文正)이다. 《宋子大全 卷189 石室金先生墓表》 1636년(인조14) 병자호란 때 예조 판서로 주전론(主戰論)을 주장하였다.

30 어찌……변하네 : 삼부연에 기우제를 지내면 비가 내린다는 전설이 있기 때문에

초지[31]의 청정함 말하다가　言依初地淨
다시 미천석[32]으로 이어지네　更接彌天釋
어찌 찾아가는 수고를 사양하랴　寧辭探討倦
시원하게 번거로움 씻어 주겠지　灑然洗煩促
한 번 웃던 호계의 남쪽에서　一笑虎溪南
길이 여산의 약속 맺으리라[33]　永結匡廬約

그 사실을 읊은 것이다.

31 초지(初地) : 불교 용어로 《화엄경(華嚴經)》에 나오는 보살(菩薩)의 십지(十地) 중 첫 단계이며, 일명 환희지(歡喜地)라고 한다. 이 단계에 이르면 자리리타(自利利他)의 행(行)을 이루어서 마음에 기뻐함이 많다고 하여 이르는 말이다. 흔히 사원(寺院)의 별칭으로 쓰인다.

32 미천석(彌天釋) : 학식이 높은 스님을 가리킨다. 미천은 하늘에까지 잇닿았다는 뜻으로 지기(志氣)가 고원(高遠)함을 비유한 말이며, 석은 곧 중을 뜻하는 말이다. 진(晉)나라 고승(高僧) 도안(道安)이 형주(荊州)에 와서 저명한 문학가인 습착치(習鑿齒)를 만나 "나는 미천 석도안(彌天釋道安)이요."라고 자신을 소개하자, 습착치 역시 "나는 사해 습착치(四海習鑿齒)요."라고 재치 있게 답변하며 서로 친해진 고사가 전한다. 《晉書 卷82 習鑿齒列傳》

33 한 번……맺으리라 : 미천석으로 표현된 학식 높은 승려를 찾아가 사귀겠다는 말이다. 호계(虎溪)는 진(晉)나라의 고승 혜원(慧遠)이 머물던 여산(廬山) 동림사(東林寺) 앞 골짜기를 말한다. 혜원이 손님을 전송할 때에도 앞 시내인 호계를 건너지 않았는데, 도잠(陶潛)과 육수정(陸修靜, 406~477)을 배웅하며 자신도 모르게 호계를 건넜으므로, 세 사람이 크게 웃으며 헤어졌다는 호계삼소(虎溪三笑)의 고사가 전한다. 《山堂肆考 卷24 虎號》 광려(匡廬)는 광려산(匡廬山)으로 여산(廬山)의 별칭이다. 여산의 약속은 도잠이 여산 동림사의 혜원이 주도한 백련사(白蓮社)란 결사에 참여하겠다는 약속을 가리킨다. 백련사는 혜원을 중심으로 유유민(劉遺民), 뇌차종(雷次宗), 주속지(周續之), 종병(宗炳) 등 23인의 명사들이 시를 지으며 풍류를 즐기던 모임이다. 《山堂肆考 卷146 社裏宗雷》

풍전[34] 새 관사에서 청음의 운자에 맞춰 짓다

豐田新館 次淸陰韻

지리적으로 큰 길 만나는 곳이고	地控長途會
마을은 둘러친 낮은 산에 의지했네	村依短麓廻
새로 지은 공관 멋지니	新營公館好
사신이 지나는 곳이기 때문이지	爲閱使星來
저물녘에 말 멈추고	落日纔停騎
가을꽃 보며 애써 술잔 드노라	秋花强把杯
신령한 봉우리에 푸른 아지랑이 가까운데	靈峯嵐翠近
동쪽 바라보니 도리어 아득하다	東望轉悠哉

34 풍전(豐田) : 현재의 강원도 철원군의 남쪽 지역으로 예전에 풍전역(豐田驛)이 있었다.

삼부연 상류의 시골 마을이 매우 그윽하기에 청음의 운자[35]를 사용해 짓다

三釜上流村居幽絶 用淸陰韻

우거진 숲 사이로 난 길 하나 뿐	山饒纔有路
외진 곳이라 마을 없으리라 의심했네	境絶訝無村
큰 돌은 신령한 사슬도 던져버리고[36]	巨石抛靈鎖
귀신의 솜씨로 두터운 대지를 갈라놓았네	神功裂厚坤
풍진 가득한 뜬세상과 격리되어	風塵浮世隔
밭 갈고 우물 파는 별천지 있구나[37]	耕鑿別區存
살 곳으로 정해 내 장차 늙어 가리니	卜宅吾將老
고상한 거처 수원 안쪽에 있다	高居內水源

35 청음(淸陰)의 운자 : 김상헌(金尙憲)의 《청음집(淸陰集)》 권4에 수록된 〈철원부백 김정경이 말하기를 "삼부폭포의 물이 끝나는 곳에 한 마을이 있으니 진실로 난리를 피하기에 적합한 곳이지만 길이 험해 갈 수가 없다."라고 하기에 서글피 바라보며 짓다.〔鐵原府伯金正卿言三釜落水窮處 有一村 眞避亂之地 路險不得到 悵望賦之〕〉라는 시를 가리킨다.

36 큰 돌은……던져버리고 : 삼부연 상류에 있는 마을을 가는 길이 너무 험해서 쇠사슬을 묶어서도 길을 만들 수 없을 정도라는 말이다.

37 밭……있구나 : 마을의 평화로운 모습을 읊은 것이다. 경착(耕鑿)은 밭을 갈고 우물을 판다는 말로, 요 임금 때 〈격양가(擊壤歌)〉에 "해가 뜨면 일어나고, 해가 지면 쉬며, 샘을 파서 물을 마시고, 밭을 갈아 밥 먹으니, 임금의 힘이 내게 무슨 상관이랴.〔日出而作, 日入而息, 鑿井而飮, 耕田而食, 帝力於我何有哉.〕"라고 하였다.

도자탄에서

桃子灘

한 지팡이로 거친 여울 올라가니 一丈危灘上
시끄러운 물결 건너기 어렵구나 喧呼欲濟難
용은 쌓인 돌 깊숙이 살고 龍居深積石
사람은 미친 물결과 싸우네 人力鬪狂瀾
까마귀와 까치가 난들 어찌 미치랴 烏鵲飛何及
자라와 악어도 오기 어려워라 黿鼉勢未安
길 잃고 흐르는 물 탄식하는 가운데 迷津兼歎逝
석양이 옷에 가득 차갑구나 西日滿衣寒

용호산을 스스로 장지로 정하다

龍護山自卜壽葬

뒤에 횡성으로 고쳐 정했다.

용호산 앞쪽 남향한 등성이	龍護山前負北原
바람과 구름이 길이 참된 기운 옹호하리	風雲長爲擁眞源
하늘이 남북으로 열려 형국이 바르고	天開子午乾坤正
물이 서남쪽을 둘러 기세 달려오는 듯	水繞西南氣勢奔
팔월에 지팡이 짚고 홀로 가 보니	八月携筇身獨往
백년 인생 마치고 묻힐 곳[38] 계획 있어야지	百年荷鍤計應存
평천의 꽃과 돌은 모두 부질없는 일	平泉花石渾閑物
스스로 우강 정해 자손을 경계하노라[39]	自卜牛岡戒子孫

38 묻힐 곳 : 장지(葬地)를 말한다. 하삽(荷鍤)은 가래를 멘다는 뜻으로, 남북조 시대 진(晉)나라 유령(劉伶)의 고사에서 유래하였는데, 그 고사에 "항상 사슴 수레를 타고 술병을 들고 다니면서, 사람으로 하여금 가래를 메고 따라오게 하고서, 자기가 죽으면 그 자리에 묻으라고 하였다.〔常乘鹿車, 攜一壺酒, 使人荷鍤而隨之, 謂曰死便埋我.〕"라고 하였다. 《晉書 卷49 劉伶列傳》

39 평천(平泉)의……경계하노라 : 이덕유(李德裕)가 자손들에게 경계했던 말은 도리어 부질없는 일이었다고 폄하하고, 이민구 자신의 장지를 자손들이 소중히 지키도록 경계시킨다는 말이다. 평천은 당(唐)나라 때의 명재상 이덕유의 별장 평천장(平泉莊)을 말한다. 이덕유는 〈평천수석기(平泉樹石記)〉를 지을 정도로 이곳의 수석을 좋아했다고 한다. 그는 〈평천산거계자손기(平泉山居戒子孫記)〉에서 "후대에 이 평천을 파는 자는 내 자손이 아니며, 평천의 나무 하나 돌 하나를 남에게 주는 자는 훌륭한 자제가 아니다.〔後代鬻平泉者, 非吾子孫也, 以平泉一樹一石與人者, 非佳子弟也.〕"라며 자손들에게 경계하는 글을 남겼다. 《事文類聚 續集 卷9 居處部 園池》 우강(牛岡)은 소가

잠잔 산등성이라는 뜻으로, 명당을 가리킨다. 진(晉)나라 도간(陶侃)이 아직 벼슬에 오르지 못했을 때 상을 당하여 장례를 지내려는데, 집안에 있던 소가 홀연 사라져 어디에 있는지 알 수 없었다. 소를 찾다가 한 노인을 만났는데, 그가 말하기를 "앞산에 소 한 마리가 움푹한 곳에서 자고 있는 것을 보았는데, 그곳에 장사 지내면 인신(人臣)으로서 가장 높은 지위에 오를 수 있을 것이다."라고 하였다는 고사가 전한다. 《晉書 卷58 周訪列傳》

고석정[40]에서

孤石亭

말고삐 매어 두고 언덕에 올라	總轡上原陸
나막신 신고 산 밑으로 내려간다	步屧下山根
알지 못했네 여러 물 모이는 곳에	不知衆水會
외로운 바위 웅크리고 있을 줄을	乃有孤石蹲
대지가 원기 운행하여	大塊運元氣
우뚝이 천년 보존했네	屹然千古存
두터운 땅에 솟아 있어 편안하고	高居厚地盤
빼어남은 높은 산과 함께 높아라	秀竝喬嶽尊
자라 뼈는 이미 썩었는데	鼇骨旣以朽
용의 자취만 부질없이 꿈틀거리는 듯	龍跡空蜿蜒
신령이 때때로 나타났다 사라지는지	神靈時顯晦
흩날리는 비가 아침저녁으로 덮어 주네	飛雨蒙朝昏
내가 와서 기이한 감상 붙이며	我來寓奇賞
조화의 근원에 세 번 감탄하노라	三歎造化源
쩍 벌어진 신령한 구멍 보니	啥呀覩靈穴
감히 그 꼭대기에 앉지 못하겠네	不敢踞其顚
하물며 지금은 가을이라	況伊屬歲秋

40 고석정(孤石亭) : 현재의 강원도 철원군 동송읍 장흥리(長興里)에 있는 정자(亭子)이다.

국화 피고 비탈의 단풍도 붉구나	菊華厓葉丹
평생 산천을 즐기는 홍취 있었는데	平生川藪趣
여기에 이르러 마음이 맑아진다	及茲淸心魂
다른 날 상장의 유람은	他日尙長游
장관을 여기로부터 논하리라[41]	壯觀從此論

41 다른 날……논하리라 : 이민구가 금강산을 유람하러 출발한 뒤에 본 장관 가운데 고석정이 가장 뛰어나다는 말이다. 상장(尙長)은 후한 때 은사(隱士)로, 자녀의 혼가(婚嫁)를 모두 마친 뒤에 집안일에서 일체 손을 떼고, 동지 금경(禽慶)과 함께 삼산(三山)과 오악(五岳)을 두루 노닐면서 일생을 마쳤다고 한다. 《後漢書 卷83 向長列傳》 여기서는 이민구 자신을 비유한 말이다.

철원에서 비를 만나다

鐵原遇雨

두 연못 푸른 연잎 서리에 시들고	雙池碧藕帶霜殘
한줄기 바람에 실린 샘물 소리 정원 가득 차갑다	一道風泉滿院寒
비 기운은 온 산을 검게 묻으려 하고	雨氣欲埋千嶂黑
가을 소리는 반 숲의 단풍에 어울렸네	秋聲只繞半林丹
오랜 여정에 병마저 앓아 건강을 시름하고	淹途抱病愁難健
취중에 시 지으니 글자마저 온당하지 않다	倚醉題詩字未安
백 리 밖 통구[42] 언제쯤 도착할까	百里通溝何日到
비로봉 산색을 꿈속에서 보노라	毗盧山色夢中看

42 통구(通溝) : 강원도 금성현(金城縣)의 속현(屬縣)이다. 《新增東國輿地勝覽 卷47 江原道》 이유원(李裕元)의 《임하필기(林下筆記)》 권37 〈봉래비서(蓬萊秘書)〉에 "풍악산으로 가는 길은 두 갈래가 있는데, 통구를 건너면 단발령을 경유하게 되고, 화천으로 들어가면 마휘령을 경유하게 된다.〔楓岳之路有二焉, 涉通溝者, 由斷髮 入和川者, 入摩暉.〕"라고 하였으므로, 금강산으로 가는 주요 길목임을 알 수 있다.

용호산 12영

龍護山十二詠

웅장한 모습 태초부터 시작되어	盤礴自混元
큰 지맥 이루었네	結成雄地脈
우거진 송백의 등성이	蔥蘢松柏阡
이곳이 내가 만년 살 집이로다[43]	是我萬年宅

위는 용호산이다.

서쪽에서 뻗어온 금학산[44]	西來金鶴山
구름 속에 들어가 양 날개 펼쳤네	入雲展兩翅
궤안 사이에서 사랑스레 보노라니	爲愛几案間
신선 사다리 그윽한 뜻에 가깝구나	仙梯近幽意

위는 금학산이다.

남쪽으로 화개봉 바라보니	南瞻華蓋峯
아득하여 눈에 가득차지 않누나	杳杳不盈眦
산 위로 솟은 구름 보노라니	相望出山雲
무심한 건 나와 너뿐인가 하노라	無心吾與爾

위는 남산이다.

43 이곳이……집이로다 : 앞서 〈용호산을 스스로 장지로 정하다.〔龍護山自卜壽葬〕〉라는 시가 있었던 것처럼, 이민구가 용호산에 묻히기를 바랐기 때문에 이렇게 읊은 것이다.

44 금학산(金鶴山) : 현재의 강원도 철원읍 서쪽에 있는 산이다.

밤낮으로 오르는 평안화[45] 日夕平安火
성근 구름 봉우리와 함께 밝구나 疏雲帶岫明
응당 근심스런 눈빛으로 가서 應將愁眼去
백 리 밖 도성에 도달하리 百里達神京

위는 봉산이다.

높이 솟아 기세 우뚝하니 岧嶢勢傲兀
물에서 솟구쳐 다시 구름을 찌른다 出水復穿雲
외롭고 높은 꼭대기에 오른다면 擬上孤高頂
바람과 우레 소리 한낮에도 들릴 듯 風雷白日聞

위는 고석정이다.

거센 도자탄 올라 보니 桃子驚灘上
외로운 성의 기세 구름에 잠겼네 孤城勢沒雲
상산에 팔진을 연 듯하고[46] 常山開八陣

45 평안화(平安火) : 당나라 때 30리마다 후(堠)를 설치하고 무사할 때 올리게 했던 봉화(烽火)를 말한다.

46 상산(常山)에……듯하고 : 고석산성의 훌륭한 지리적 요건을 읊은 것이다. 상산은 수미(首尾)가 상응한다는 전설상의 뱀인 솔연(率然)이 사는 곳을 가리킨다. 《손자(孫子)》 〈구지(九地)〉에 "솔연은 상산에서 나는 뱀으로 머리를 치면 꼬리가 응원하고, 꼬리를 치면 머리가 응원하며, 중앙을 치면 머리와 꼬리가 응원한다.〔率然者, 常山之蛇也. 擊其首則尾至, 擊其尾則首至, 擊其中則首尾俱至.〕"라는 말이 있다. 팔진(八陣)은 진법(陣法)의 한 가지이다. 그 형식에 따라 태고(太古) 시대에 이루어진 것, 풍후(風后)가 만든 것, 손자(孫子)가 만든 것, 오기(吳起)가 만든 것, 그리고 제갈량(諸葛亮)이 만든 것 등 여러 가지가 있으나, 보통은 제갈량이 만든 것을 대표로 꼽는다. 제갈량의

지수[47]에 삼군을 펼친 듯하네　　泜水張三軍

위는 고석산성이다.

백 리나 되는 장엄한 절벽　　百里壯垠崖
여러 물줄기 만 골짜기로 굽이치네　　群流萬壑委
세찬 물결과 맴도는 웅덩이에　　奔波與洄潭
오르내리는 교룡의 기운 서렸네　　上下蛟龍氣

위는 체천[48]이다 .

큰 산이 지축 가로질러　　巨鎭橫坤軸
구름 사이로 새벽빛 분명하구나[49]　　雲陰曉色分
동남쪽으로 가을 풍경 끝없이 펼쳐지니　　東南秋望極
빼어난 기운 날마다 넘친다　　秀氣日氛氳

위는 운음산이다.

팔진도(八陣圖)는 솔연에서 암시를 받은 것이라고 한다.

47 지수(泜水) : 한신(韓信)이 배수진을 치고 조(趙)나라와 싸워 진여(陳餘)를 죽인 물 이름이다.《漢書 卷32 陳餘傳》

48 체천(砌川) :《신증동국여지승람(新增東國輿地勝覽)》〈강원도(江原道) 철원도호부(鐵原都護府)〉에 "부의 동쪽 20리에 있는데, 근원이 회양부 철령에서 나온다. 또 남쪽으로 흘러가서 경기 양주 북쪽으로 들어가 대탄이 된다. 양쪽 언덕에 모두 섬돌 같은 석벽이 있으므로 체천이라고 이름 지은 것이다.〔在府東二十里, 源出淮陽府鐵嶺. 又南流入于京畿, 楊州北爲大灘, 兩岸皆石壁如階砌, 故名.〕"라고 하였다.

49 큰……분명하구나 : 거진(巨鎭)은 본래 절도사의 진영을 말하는데, 여기서는 운음산을 가리키는 말로 보이며, 운음(雲陰)은 운음산과 같지만 여기서는 구름을 가리키는 일반명사로 보인다.

은은한 석룡퇴 隱隱龍堆石
웅장하게 서린 씩씩한 수문이네 雄蟠壯水門
거센 물결에 저주[50] 나타나니 狂瀾標底柱
문 자물쇠 되어 그 기세 길이 높으리라 關鍵勢長尊

위는 석룡퇴이다.

문봉의 평평한 등성이 文峯落平岡
도가와 가까이 접해 있네[51] 爲接陶家近
묵은 등나무 그늘에 취해 누우니 醉臥古藤陰
인생 백년 계책이 가득하다 百年計方滿

위는 문재이다.

산 아래 자락에 웅크리고 있어 蹲居山下趾
숲 골짜기 사이로 보일락 말락 隱見林谷間

50 저주(底柱) : 지주(砥柱)와 같다. 하남(河南) 삼문협(三門峽) 동북쪽 황하 중심에 있는 산 이름이다. 황하의 물결이 아무리 거세게 흘러도 이 산을 무너뜨리지 못하고, 이 지점에 와서 갈라져 두 갈래로 산을 싸고 흐른다. 흔히 난세에 지조를 지키는 선비의 비유로 쓰인다. 석룡퇴가 한탄강에 솟아 있기 때문에 이렇게 표현한 것이다.

51 도가(陶家)와……있네 : 도가는 도씨의 집이라는 뜻인데, 문점(文岾) 가까이에 있는 술을 마실 수 있는 집을 말한 것이다. 진(晉)나라 도간(陶侃)의 집에 범규(范逵)가 방문했을 때 대접할 것이 없자, 도간의 어머니가 머리칼을 잘라 술과 안주를 마련해 주었던 고사가 있다.《晉書 卷66 陶侃列傳》 또 도잠(陶潛)이 중구절에 술이 없어 울 밑의 국화꽃만 한 움큼 따서 쥐고 있자니, 멀리 흰옷 입은 사람이 오는 게 보였는데, 바로 군수 왕홍(王弘)이 보낸 술을 가지고 오는 사람이었다는 고사가 있다.《南史 卷75 隱逸列傳 陶潛》 여기서는 이런 고사를 염두에 두고 이민구가 술을 마시고 있는 집을 도가로 표현한 것이다.

운무가 깊은 가을에 걷히니 雲霧深秋霽
서리 맞은 단풍 몇 점이 아롱졌네 霜楓幾點斑

위는 표암이다.

소나무 아래 널찍한 바위 盤盤松下石
깎아지른 물결 속 절벽이네 削削波心壁
초가집 지을 것도 없이 不用結茅茨
기심 잊고 조석으로 마주한다 忘機對朝夕

위는 칠담이다.

고려조의 고택이 지금은 향교가 되다[52]

麗祖故宅 今爲鄕校

고려 임금의 유택이 찬 산에 있어	麗王遺宅寄寒山
범 걸터앉고 용 서렸지만 등한시했네	虎踞龍盤只等閑
오백 년 사업을 살펴보노라니	看取半千年事業
무한한 석양빛 향교에 잠겨 있네	夕陽無限鎖儒關

52 고려조의……되다 : 철원 향교(鐵原鄕校)를 가리키는 것으로 보인다. 《신증동국여지승람(新增東國輿地勝覽)》 권47 〈강원도(江原道) 철원도호부(鐵原都護府)〉에 "향교는 도호부 남쪽 3리 떨어진 곳에 있는데, 본래 고려 태조가 궁예에게 벼슬하고 있을 때 살던 옛집이다.〔鄕校, 在府南三里, 本高麗太祖, 仕弓裔時舊宅.〕"라고 하였다. 1568년(선조1)에 유림들에 의해 설립되었다가 임진왜란 때에 소실되었고, 1637년(인조15)에 유림들이 재건하였다.

태봉의 옛 도읍

泰封舊都

십 리의 궁성 옛 언덕에 자리했는데	十里宮城枕古丘
천 굽이 오열하는 물에 남은 시름 있구나	千廻水咽有餘愁
산은 푸른 눈썹인 양 구름 얽힌 새벽이고	山疑翠黛雲縈曉
풀은 비단 치마 같고 이슬은 가을을 우는 듯	草學羅裙露泣秋
어찌 독부로 하여금 패업을 열게 할까[53]	豈使獨夫開霸業
다만 참 군주라야 큰 계책 세운다네	只關眞主啓鴻疇
목숙 선생[54] 묘에서 읊조리며	沈吟苜蓿先生墓
천지 가득한 풍진에 부질없이 눈물 흘리노라	天地風塵空涕流

선생은 역사에서 그 이름이 잊혀졌다. 궁예(弓裔)를 도왔으나 조정이 날로 혼란해지는 것을 보고 한가롭게 지내며 일을 돌보지 않았다. 자호를 목숙헌이라 하였으며 묘소가 남아 있다.

53 어찌……할까 : 궁예가 후삼국을 통일할 수 없었다는 말이다. 독부(獨夫)는 정치를 잘못하여 민심을 잃은 임금을 가리키는 말로, 여기서는 궁예를 의미한다. 《서경》 〈태서(泰誓)〉에 "독부인 수가 크게 위엄을 부리고 있으니, 바로 너희들 대대의 원수이다.〔獨夫受, 洪惟作威, 乃汝世讐.〕"라고 하였다.

54 목숙 선생(苜蓿先生) : 목숙 선생에 대해서는 이수광(李睟光)의 《지봉유설(芝峯類說)》 〈궁실부(宮室部)〉에 내용이 간략히 실려 있다. 그 글에 "철원에 옛 무덤이 있으니, 세상에서 전하기를 목숙 정승의 묘라고 하는데, 말한 사람을 알지는 못한다. 김확 공이 말하기를 '일찍이 고로가 하는 말을 들었는데, 궁예 때의 재상 단기명이란 이가 궁예의 무도함을 보고는 병을 핑계하여 벼슬하지 않고 호를 목숙헌이라고 하였다.' 하니, 아마 그의 묘이리라.〔鐵原有古冢, 相傳苜蓿政丞墓, 不知所謂. 金公矱言, 嘗聞故老云, 弓裔時宰相段起明者, 見裔無道, 托疾不仕, 號苜蓿軒, 蓋其墓也.〕"라고 하였다.

김화 동헌에서 차운하다[55]

金化東軒次韻

삼경 바람과 이슬이 숲 가득 내리고	三更風露滿林低
꿈 깨자 가을바람 소리 서쪽 숲에서 들린다	夢覺秋聲碧樹西
지난날 나그네로 머물던 곳 생각하니	猶憶昔年爲客處
두견새가 봄밤에 애달피 울었었지	子規春夜盡情啼

55 김화(金化) 동헌에서 차운하다 : 김화는 강원도 김화군(金化郡)으로 현재의 철원군 김화읍 지역에 속한다. 이 시에서 이민구가 사용하고 있는 운자와 동일한 운자로 김화 동헌을 읊은 시로는 김상헌(金尙憲)의 《청음집(淸陰集)》 권3에 수록된 〈김화객사(金化客舍)〉가 있으며, 이안눌(李安訥, 1571~1637)과 신익성도 차운한 바 있다.

남대천[56]에서

南大川

몇 번이나 바람 부는 강 건넜던가	幾度涉風水
외로운 배로 또 여울 올라간다	孤舟又上灘
돌 사이로 흐르는 물 맑게 울리고	石流淸礧礧
구름 그림자 하얗게 번져 간다	雲影白漫漫
갈수록 구불구불 거친 물길 나오니	轉去歷阻折
어찌 험난한 곳 지났다 말하랴	何言經險難
신선과의 기약 다만 내일이니	仙期只明日
한 번 웃으며 가을 산 바라본다	一笑望秋巒

56 남대천(南大川) : 강원도 평강군 추가령 구조곡의 검불랑(劍佛浪) 부근에서 시작하여, 함경남도 안변군을 거쳐 동해로 흐르는 강이다. 상류부의 구조곡은 삼방협곡(三防峽谷)이라 부르는 계곡이며, 명찰 석왕사가 있어 관광지로 유명하다.

어린 종에게 주먹으로 다리를 두드리게 하다

令小奚拳敲調脚

손으로 마디마디 자주 두드렸더니	應節頻敲下手多
온몸의 기와 혈이 조화를 이루었네	通身氣血兩調和
맑은 새벽 다리 펴자 가뿐하게 힘나니	淸晨展脚輕還健
이제야 선방에서 안마 중시하는 이유 알겠다	始覺仙方重按摩

금성에서 차운하다[57]

金城次韻

지방관이 현가 연주하는 곳	茂宰絃歌地
시내와 산 사이에 이 집 있구나[58]	溪山有此堂
벼랑마다 빼어난 기운 서렸고	千厓盤秀氣
높은 나무는 쓸쓸히 시들어 가네	高樹進虛涼
피곤한 여정 가을 끝자락을 만났으니	倦路臨秋盡
깊은 술잔 들고 밤늦도록 앉았노라	深杯坐夜長
부럽다 팽택 현령	最憐彭澤令
돌아갈 뜻이 시상에 있었네[59]	歸意在柴桑

57 금성(金城)에서 차운하다 : 이민구가 사용한 운자와 같은 운자로 금성에서 지은 작품으로는 이안눌(李安訥)의 《동악집(東岳集)》 권1 〈금성 포상각에서 삼가 차명재의 운자에 맞춰 짓다.〔金城苞桑閣謹次車明宰韻〕〉와 권19 〈금성현포상각(金城縣苞桑閣)〉, 이소한(李昭漢)의 《현주집(玄洲集)》 권5 〈금성동헌증주쉬(金城東軒贈主倅)〉 등이 있다.

58 지방관이……있구나 : 강원도 금성현(金城縣)의 객관(客館) 포상각(苞桑閣)을 읊은 것이다. 무재(茂宰)는 지방관을 높여 일컫는 말이고, 현가(絃歌)는 금슬(琴瑟)을 연주하며 노래하는 것으로, 예악으로 교화함을 뜻한다. 공자의 제자 자유(子游)가 무성(武城)의 읍재(邑宰)로 있으면서 현가로 백성을 교화하였다. 《論語 陽貨》

59 부럽다……있었네 : 포상각을 지은 사람이 전원으로 돌아가고픈 마음을 담아 명명하였다는 말이다. 이안눌(李安訥)의 《동악집(東岳集)》 권1 〈금성 포상각에서 삼가 차명재의 운자에 맞춰 짓다.〔金城苞桑閣謹次車明宰韻〕〉의 소주에 "공이 현령이 되었을 때 객관을 중수하고 포상각이라 편액을 걸었다.〔公爲縣令時, 重建客館, 扁曰苞桑閣.〕"라는 말이 있으므로 포상각을 차명재가 중건하고 명명한 것으로 파악되는데, 그의 생애

는 미상이다. 시에서 사용하고 있는 팽택 령(彭澤令)은 진(晉)나라 도잠(陶潛)을 가리킨다. 도잠이 팽택 현령이 된 지 80여 일 만인 섣달에 군(郡)에서 독우(督郵)를 파견하여 팽택현에 이르자, 아전들이 관복을 입고 뵈어야 한다고 하였다. 그러자 도잠이 "내가 어찌 오두미(五斗米) 때문에 향리(鄕里) 소배(小輩)에게 허리를 굽힌단 말이냐."라고 하고는 그날로 인수를 풀어 관직을 버리고 〈귀거래사(歸去來辭)〉를 읊으며 고향인 시상(柴桑)으로 돌아갔다. 《晉書 卷94 陶潛列傳》

창도[60]에서

昌道

동쪽으로 들판에 임하니 문득 하늘 열리고	東臨原野忽天開
그윽한 경계 깊이 서려 지맥이 둘렀네	幽境深蟠地脈廻
한 줄기 시내가 골짜기 따라 흐르고	一道川流隨硤去
천 겹 산세가 구름과 함께 뻗어 온다	千重嶽勢竝雲來
햇살이 산 덮으니 단풍 더욱 곱게 물들고	浮陽羃岫楓逾染
바람 소리 숲에서 일어 골짜기에 더욱 애달프다	虛籟生林壑轉哀
열반과 선계가 가까이 있을 터	爲是涅槃仙界近
감상하려는 마음과 시흥이 재촉해 일어난다	賞心詩興已相催

60 창도(昌道) : 현재의 강원도 철원군 지역에 속하며, 예전 금성현(金城縣)에 속해 있던 창도역(昌道驛)을 가리킨다. 예전에는 웅양역(熊壤驛)이라고 하였으며, 현의 북쪽 31리에 있었다. 《新增東國輿地勝覽 卷47 江原道》

통구[61]의 대천에서

通溝大川

모래밭에서 거룻배에 올라	依沙進輕舸
닻줄 푸니 그윽한 경치 펼쳐지네	解纜展幽眺
서쪽 하늘 태양은 백 길이나 -원문 판독 불가-	西日百丈▨
산비탈에 남은 햇살 밝구나	林崖澹餘照
물줄기 따라 높은 절벽 가까이 가니	沿洄傍雲壁
물과 바위 더욱 맑고 기묘하다	水石益清妙
배에서 보는 아름다운 경치 없지 않으나	非無臨泛美
흥이 나는 것은 신선의 산이 있어서지	發興在仙嶠
곧바로 물 건너 내 갓끈 씻고	徑渡濯吾纓
시원하게 한바탕 휘파람 부노라	曠然方一嘯

61 통구(通溝) : 평강이나 금성 지방에서 금강산으로 들어가는 입구에 있는 지역이며, 단발령을 넘어 금강산의 유점사(楡岾寺)에 다다를 수 있다.

길에서 하산하는 승려를 만났다

路逢下山僧

운수승이 새로 지은 누더기 옷 입고	雲水新磨百結衣
인연 따라 바리때 들고 산을 내려가네	隨緣一鉢下山歸
가을철 일만이천봉의 경치를	秋來萬二千峯色
나그네에게 맡긴 채 죽장 짚고 훌쩍 가누나	只付游人竹杖飛

통구에서 아침 일찍 일어나다

通溝早起

나그네 일어나 앉아 날씨 살피려니	行人起坐問陰晴
아침 알리는 이웃집 닭의 두 번째 울음	正報隣鷄第二聲
밤새 서풍에 안개 다 걷혀	一夜西風吹霧盡
아침 산색 선명도 하다	朝來山色看分明

허유선[62]이 돌아갈 시기 말하는 것을 조롱하다

調惟善說歸期

지팡이 짚고 갈바람에 한양 떠나　　拄杖秋風別漢陽
흰 구름 떠가는 신선 길 아스라하네　　白雲仙路間微茫
벼슬 버리고 한평생 머물 건 아니지만　　抽簪未擬終年住
부끄럽다 명산 앞에 두고 바쁘다 말하다니　　羞對名山說着忙

62 허유선(許惟善) : 허보(許寚, 1585~1659)로, 본관은 양천(陽川), 자는 유선, 호는 동강(東岡)이다.《東州集 文集 卷10 處士東岡許公墓碣銘幷序》

산점에서

山店

물줄기 빙빙 돌아 골짜기 따라 비껴 흐르고	一水灣環轉硤斜
쓸쓸한 동쪽 처마에서 인가 바라본다	蕭條東广見人家
바람 없어도 백양나무 저절로 흔들리고	無風自動白楊樹
이슬 기다려 국화 송이 이제 피었구나	待露始開黃菊花
그늘진 골짜기에 굽이굽이 오솔길 나 있고	陰谷幾盤通細路
갠 하늘에 만 가닥 붉은 놀이 펼쳐졌다	晴天萬縷散彤霞
늘그막에 혹시라도 묵정밭 얻는다면	殘年倘借閑田地
거칠거칠 현미밥[63]인들 어찌 꺼리랴	脫粟何嫌飯有沙

63 거칠거칠 현미밥 : 탈속(脫粟)은 껍질만 벗기고 쓿지는 않은 쌀, 즉 현미(玄米)를 가리킨다. 여기서는 뒤의 "밥에 모래알이 있다.〔飯有沙〕"라는 말과 함께 풀어서 거친 현미밥의 의미로 번역하였다.

이도장이 따라오기로 약속하였는데 며칠이 지나도 소식이 없었으므로 단발령[64]에 이르러 돌아가는 인편에 부탁하여 재촉하다

李道章約以追及 數日尙無來信 到斷髮嶺 憑回便促之

담무갈봉의 청도 하늘에 가까운데[65]	無竭淸都近玉宸
높이 쇠사슬 잡고 오르니 여기가 신선 세상	高攀鐵鎖是仙眞
산문을 가을 구름이 막지 못하게 해서	山門不遣秋雲閉
다시 나그네가 뒤따르게 하노라	更許游人躡後塵

64 단발령(斷髮嶺) : 강원도 김화군 통구면과 회양군 내금강면 사이에 있는 고개 이름이다. 마의태자(麻衣太子)가 아버지 경순왕(敬順王)에게 하직하고 금강산으로 입산할 때, 부처의 도움을 받고자 이 고개에서 멀리 금강산의 여러 봉우리를 바라보며 출가(出家)를 다짐하는 뜻에서 삭발하였다고 한다.

65 담무갈봉(曇無竭峯)의……가까운데 : 높이 솟은 담무갈봉의 아름다운 경치를 천상(天上)의 궁선에 비유하여 읊은 것이다. 무갈(無竭)은 금강산의 봉우리 중 하나인 담무갈봉을 말하는 듯하다. 원래 담무갈은 범어(梵語) Dharmodgata의 음역으로, 《신화엄경(新華嚴經)》 권45 〈보살주처품(菩薩住處品)〉에 나오는 보살의 이름이다. 법기보살(法起菩薩), 법희보살(法喜菩薩), 법기보살(法基菩薩), 보기보살(寶基菩薩), 법상보살(法尙菩薩), 법용보살(法勇菩薩)이라고도 한다. 문수보살(文殊菩薩)이 오대산(五臺山)을 주처(住處)로 삼은 것처럼, 법기는 영산(靈山)인 금강산에 거한다고 한다. 청도(淸都)와 옥신(玉宸)은 모두 천제(天帝)가 사는 궁전을 말하는데, 여기서는 청도를 담무갈봉의 아름다운 경치를 읊은 말로, 옥신을 하늘의 의미로 풀이하였다.

단발령에서

斷髮嶺

나막신 손질할 때 가을이 반쯤 지났었는데　　理屐秋始半
지팡이 짚으니 가을[66] 저물어 간다　　攝笻商欲末
서늘한 바람 숲 기운을 씻어 내고　　涼飈蕩林氣
맑은 안개는 물 아지랑이 흩트리네　　淸霧潰川靄
서리 흠뻑 내려 시내 바위 미끄럽고　　霜繁溪石滑
해 나오자 산 빛이 반짝이누나　　日出山光發
옷 벗어 바위 옆에 두고　　解衣傍巖坳
물가 모래밭에서 도시락 먹네　　進飯就沙汭
앞선 자취 밟으며 험한 길 올라　　躋險躡前趾
고갯마루에 오르니 단발령이라 하네　　陟嶺聞斷髮
눈썹 가지런히 구름 산이 떠 있고　　齊眉雲嶠浮
면모 드러낸 옥 같은 봉우리 늘어섰다　　露面瓊峯列
밝게 비치는 옥녀성이며　　照爛玉女星
휘날리는 요대[67]의 눈발이네　　揮霍瑤臺雪
하늘색 고요하다가 바람 휘몰아치고　　空色定還飄

66 가을 : 상(商)은 가을을 가리킨다. 오음(五音)을 오행(五行), 오방(五方), 사계(四季)와 대응시켜서, 궁(宮)은 중앙(中央)과 토(土), 상(尙)은 서(西)와 금(金)과 가을, 각(角)은 동(東)과 목(木)과 봄, 치(徵)는 남(南)과 화(火)와 여름, 우(羽)는 북(北)과 수(水)와 겨울에 해당하는 것으로 본다.

67 요대(瑤臺) : 옥으로 장식한 누대로 신선이 거처하는 곳을 가리킨다.

우담화[68] 나타났다 다시 사라지네	曇華現復滅
일찍이 상평[69]의 유람 가슴에 품었더니	夙懷尙平游
우연히 허순과 함께하게 되었네[70]	偶與許詢契
수행이 이미 원만하고	脩行已圓滿
깨달음의 길에서 초탈하였으니	覺路永超脫
곧장 동천[71] 열리길 기다려	直待洞天開
장차 세인들과 이별하리라	將從世人別

68 우담화(優曇華) : 담화(曇華)는 우담바라(優曇婆羅), 혹은 우담화의 약칭이다. 불교에서 3,000년에 한 번씩 핀다고 하는 꽃으로, 석가여래나 전륜성왕(轉輪聖王)과 함께 나타난다고 하여 상서로운 징조로 받아들여 왔다.

69 상평(尙平) : 후한(後漢)의 은사인 상장(尙長)을 가리키며, 향장(向長)으로도 부른다. 자는 자평(子平)이며, 《노자(老子)》와 《주역》에 정통하였다. 자녀들을 모두 결혼시킨 뒤에 명산(名山)들을 두루 유람하다 죽었는데, 어디에서 죽었는지 아무도 모른다고 한다. 《後漢書 卷113 向長列傳》

70 우연히……되었네 : 허보와 함께 금강산을 유람하게 되었다는 말로 보인다. 허순(許詢)은 동진(東晉)의 은사로, 승려 지도림(支道林)과 교유하면서 청담(淸談)으로 일세를 풍미한 인물이다. 허보와 성이 같기 때문에 인용한 것으로 보인다.

71 동천(洞天) : 골짜기 속에 따로 천지가 있다는 뜻으로, 신선이 사는 곳을 가리킨다. 인간 세상에는 36개의 동천이 있다고 한다. 《述異記 卷下》

고개를 내려가다

下嶺

모두 버리는 마음으로 험한 들길 따라	乘危蹬道擲千金
하늘 닿을 듯 높은 봉우리에 한 번 올라봤네	接上層巓試一臨
아득한 구름 노을은 사다리 길에 얽혔고	窅窅雲霞縈棧細
까마득히 기러기가 봉우리 돌아 사라진다	冥冥鴻雁轉峯沈
조용한 등나무 덩굴에 가을 그늘 엷고	藤蘿影靜秋陰薄
찬 솔바람 소리 울리는 저녁 골짝 깊구나	松檜聲寒暮壑深
계수나무 더위잡는 산언덕[72]에 홀로 서니	獨立山阿攀桂處
사람 피한 도깨비 낮에도 숲을 오가는 듯	避人魑魅晝通林

72 계수나무 더위잡는 산언덕 : 은자가 사는 곳을 가리킨다. 《초사(楚辭)》 〈초은사(招隱士)〉에 "계수나무 무더기로 자라누나 산골 깊은 곳에, 꼿꼿하고 굽은 가지 서로 얽히었네.……계수나무가지 더위잡고 오래 머무르네.〔桂樹叢生兮山之幽, 偃蹇連卷兮枝相繚.……攀援桂枝兮聊淹留.〕"라고 한 데서 유래하였다.

신원에서 맞이해 주는 회양[73] 아전을 만나다

新院遇淮陽吏迎候

동쪽으로 가며 험준한 길 넘노라니	東行踰險絶
한낮 날씨 자못 좋지 않네	亭午氣頗惡
말은 지쳐 채찍질에 자주 쓰러지고	馬疲策屢僵
노복 안색 참담하여 즐겁지 않구나	奴顏慘不樂
이미 길에서 지쳤는데	已經道路倦
하물며 날마저 저물어 감에랴	況乃暮景迫
말 멈추고 모래밭 걷노라니	停鞍步沙隮
초막[74]에 마른 억새 덮여 있구나	茇舍庇枯荻
정성스레 아전이 마중하며	殷勤候吏迎
앞서 지나간 손님을 전송했다 하네	謂送前過客
남은 음식을 노부에게 주니	餘餐及老夫
주리고 목마른 터라 진실로 입에 맞는구나	飢渴誠易適
세 번 칭탄하고 말에 올라 떠나니	三歎上馬去
회양 인심 야박하지 않도다	淮陽自不薄

73 회양(淮陽) : 강원도에 있는 지역 이름이다. 고대에는 각련성군(各連城郡), 혹은 연성군(連城郡)으로 불리었다. 고려 때에 회양으로 고쳐지고, 조선 시대에 와서 도호부(都護府)가 되었다가, 1895년에 군(郡)이 되었다.

74 초막 : 발사(茇舍)는 군사들이 야영하는 막사를 가리킨다. 여기서는 영후(迎候)하는 아전이 임시로 마련한 움막을 가리키는 것으로 보인다.

비로봉 서부 능선을 바라보다

望毗盧峯西支

눈 씻고 바라보니 푸른 하늘 저 너머로	揰眼青霄外
가장 높은 비로봉 보인다	毗盧第一峯
기이한 모습 이 가을에 다 드러나고	奇形秋盡露
빼어난 기운 저물녘에 더욱 겹쳤네	秀氣晚逾重
황홀하다 인계와 천계가 만나는 곳	恍惚人天會
가랑비에 울긋불긋 산색도 짙어라	霏微紫翠濃
구름 피어나는 최정상에	雲生最高頂
내일은 내 지팡이 도착하리	明日着吾筇

장안사[75]에서

長安寺

한 시냇물 따라	沿洄一溪水
여러 번 건너 여기 왔네	屢渡方及此
점점 저녁 종소리 울리고	稍稍暮鍾動
초승달은 비할 데 없이 가늘다	新月細無比
깊은 물 건널 때는 말의 배 잠기고	濟深沒馬腹
남여 타니 승려에게 미안하네	籃輿愧僧子
몇 년이나 되었나 대웅전	何年法王殿
불타고 덩그러니 터만 남았으니	雷火空餘阯
적막한 도량에	寂寞道場會
용상[76]은 슬퍼 마지않네	龍象悲未已
나한[77] 홀로 상주하며	應眞獨常住

75 장안사(長安寺) : 강원도 회양군 장연리 금강산 장경봉(長慶峯) 아래의 절이다.

76 용상(龍象) : 물속의 용과 육상의 코끼리처럼 큰 힘을 지녔다는 뜻으로, 보통 학덕이 높은 고승을 가리킨다.

77 나한(羅漢) : 응진(應眞)은 부처의 명을 받들어 세간에 영주(永住)하면서 정법(正法)을 수호하는 임무를 맡는다는 16인의 아라한을 말한다. 아라한은 범어(梵語) arhat의 음역으로, 세간의 대공양(大供養)을 받을 만한 성자라는 뜻이다. 대승(大乘)과 소승(小乘)을 막론하고 불교 최고의 과위(果位)를 얻은 자를 말하는데, 줄여서 나한이라고 하고, 의역해서 응진이라고 한다. 불경이 한역(漢譯)된 이래로 대개 선종(禪宗) 사찰에서 신선의 모습으로 그 상을 조성하였으며, 이 16나한에 달마다라 존자(達磨多羅尊者)와 포대 화상(布袋和尚) 혹은 강룡(降龍)과 복호(伏虎) 두 존자를 합쳐서 18나한

억겁 세월 지나도록 훼손되지 않았구나	歷劫身不毁
보배로운 땅[78] 아름다운 절에서	寶地與金刹
잠깐 사이[79]에 시작과 끝을 보네	彈指見終始
늙은 중 서너 사람이	老衲三四人
내력을 설명하며 눈물 글썽이네	說事淚盈眥
이미 경을 망령이라 하면서	旣以境作妄
어찌 유위가 옳은 줄을 알랴[80]	焉知有爲是
아 산문 안에도	嗟哉山門內
흥망성쇠가 또한 우연인 것을	廢興亦偶爾

의 상을 조성하기도 하였다.

78 보배로운 땅 : 보지(寶地)는 불교용어로 불지(佛地)라고도 한다. 대개 사찰을 품고 있는 산을 가리킨다.

79 잠깐 사이 : 탄지(彈指)는 눈을 20번 깜짝이는 극히 짧은 시간을 말한다.

80 이미……알랴 : 경(境)은 불교 용어로 인식 주체가 만들어 내는 대상이다. 유위(有爲)는 무위(無爲)와 상대되는 개념으로 본래 도교의 용어였으나 불교에 차용되었다. 여기서는 불가에서 경을 부질없는 것으로 여기면서, 불타 버린 대웅전을 중건하려는 승려들의 이율배반적 입장을 이민구가 조소하고 있는 것이다.

장안사를 나와 시왕봉과 백천동을 지나다

出長安寺 經十王百川洞

맑은 새벽 부처에게 예불하고	淸晨禮金仙
느긋한 걸음으로 사찰 나서며	緩步辭玉刹
시원하게 눈길 돌려 보니	洒然縱游目
가을 골짝 닦은 듯 깨끗하다	秋壑淨如刮
된서리에 돌 기운 변하고	霜濃石氣變
나뭇잎 떨어져 바위 형체 드러나네	木脫巖形出
비탈길로 발자국 따라 높이 올라가니	雲磴逐趾高
담화처럼 눈에 스쳐가네[81]	曇華隨眼瞥
암자의 좋은 경치 찾아가려	爲尋上方勝
드디어 동천[82]과 이별하네	遂與洞天別
서남쪽으로 거듭 머리 돌려 바라보니	西南重回首
작은 오솔길 등나무 덩굴 속으로 들어간다	微逕入蘿樾

81 담화(曇華)처럼 눈에 스쳐가네 : 아름다운 경치가 눈에 스쳐 지나는 모습을 읊은 것이다. 담화는 우담발화(優曇鉢華)로, 3천 년에 한 번 핀다는 꽃인데, 피었다가 금세 진다고 한다.

82 동천(洞天) : 골짜기 속에 따로 천지가 있다는 뜻으로, 신선이 사는 곳을 가리킨다. 인간 세상에는 36개의 동천이 있다고 한다.《述異記 卷下》

석가봉 아래 명경암

釋迦峯下明鏡巖

석가봉 아래 업경대	釋迦業經臺
돌 거울로 표준 세웠네[83]	石鏡建標極
만고에 사람의 마음 비추니	萬古照人心
그 둥글고 밝음 길이 좀먹지 않으리	圓明長不蝕

83 석가봉(釋迦峯)……세웠네 : 석가봉 아래 업경대(業經臺)를 석경(石鏡)으로 표현한 것으로, 이 업경대가 사람들에게 경계를 주는 표준이 된다는 말이다. 업경대는 금강산 영원동에 있는 커다란 바위 이름으로, 이민구는 업경(業經)이라고 했지만, 업경(業鏡)으로도 불린다. 업경(業鏡)은 불교에서 말하는 저승 입구에 있어서, 이곳을 지나는 사람이 생전에 지은 선악의 업(業)을 비추는 거울이라고 한다. 이유원(李裕元)의 《임하필기(林下筆記)》 권37 〈봉래비서(蓬萊秘書)〉에 "장안사 북쪽 5리 지점의 석가봉 아래에 석벽이 5, 6십 길쯤 되는 높이로 우뚝 솟아 있으니, 너비는 10길쯤 되고 색깔은 약간 누르며 마치 거울을 걸어 놓은 것과 같았다. 거북 모양의 큰 돌이 있는데 명경대, 옥경대, 업경대라고 새겨져 있다.〔長安寺北五里, 釋迦峰下, 石壁陡起五六十丈, 廣可十丈, 色微黃, 如開鏡. 有大龜石, 刻曰明鏡臺, 曰玉鏡臺, 曰業鏡臺.〕"라고 하였다.

계곡 가운데에 황천강이 있으니 좋은 이름이 아니다. 허유선[84]이 잘 걷는다고 자랑하다가 갑자기 넘어져 물에 빠졌으므로 손뼉을 치며 이 글을 쓰다

洞中有黃泉江 非雅名 惟善詫以健行 俄蹉跌落水 拍手書此

넘실넘실 흐르는 황천강　　瀰漫黃泉江
온갖 죄인 모두 빠지네　　沈淪百種罪
지옥의 염라대왕이　　酆都十部王
나에게 돌려보내 빚지게 했네[85]　　還我業生債

84 허유선(許惟善) : 허보(許寚, 1585~1659)로, 본관은 양천(陽川), 자는 유선, 호는 동강(東岡)이다. 《東州集 文集 卷10 處士東岡許公墓碣銘幷序》

85 지옥의……했네 : 풍도(酆都)는 지옥을 가리킨다. 허유선이 황천강에 빠졌다가 나왔으므로, 염라대왕이 돌려보내 준 것과 같다고 해학적으로 표현한 것이다.

영원 백천동은 곧 한강의 한 근원이다
靈源百川洞 卽漢江支源

영원 바위 골 가장 깊고 가팔라　　靈源巖洞最泓崢
애절한 옥소리 가늘게 울리네[86]　　哀玉懸瓊細細鳴
들어오는 일백 시냇물 쉼 없이 흘러　　倂入百川流不息
밤낮으로 바다 향해 가며 서울 지나리　　朝宗日夜繞神京

86 애절한……울리네 : 영원 골짜기에 흐르는 물소리를 옥소리에 비유하여 읊은 것이다. 애옥(愛玉)은 옥이 울리는 소리가 맑은 것을 말한다. 두보(杜甫)의 〈설십이장 판관이 시를 보내 준 데 대해 삼가 수답하다.〔奉酬薛十二丈判官見贈〕〉에서 상대방의 시를 칭찬하여 "맑은 글 애옥을 울리는 듯하고, 도를 봄은 숫돌에서 갓 나온 칼 같아라.〔淸文動哀玉, 見道發新硎.〕"라고 하였다.《杜少陵詩集 卷19》

상운암에서
上雲庵

푸른 산 동쪽 언저리의 상운암　　青山東畔上雲庵
하룻밤 갈바람에 푸른 이내 걷히네　　一夜秋風捲翠嵐
발밑 갓난아이 우레 소리 잠시 내니[87]　　脚底嬰兒雷乍響
인간 세상 모기떼[88] 한창 꿈길에 있으리　　人間蚊蜹夢方酣

87 발밑……내니 : 발밑에서 나는 우레 소리가 마치 갓난아이의 울음소리와 같다고 표현하여 암자의 위치가 높음을 읊은 것이다.

88 모기떼 : 문예(蚊蜹)는 서민(黍民)을 가리킨다. 진(晉)나라 최표(崔豹)의 《고금주(古今注)》에 "옛날에 하내 사람이 일찍이 수천만의 인마를 보았는데, 모두 기장알만큼 자잘한 것들이 아침부터 저녁까지 이리저리 분주하게 왕래하므로, 가인이 거기에 불을 질러 태우고 보니, 사람으로 보였던 것은 모두 모기였고, 말로 보였던 것은 모두 큰 개미였으므로, 모기의 호칭을 서민이라 하고, 개미의 호칭을 현구라고 했다.〔昔河內人, 見有人馬數千萬, 有皆如黍米, 遊動往來, 從旦至暮, 家人以火燒之, 人皆蚊蚋, 馬皆大蟻, 故呼蚊爲黍民, 蟻爲玄駒.〕"라고 한 데서 유래한다.

현불대에서

現佛臺

천길 현불대에서 千尋現佛臺
백천동 굽어본다 俯瞰百川洞
지는 해에 솔바람 소리 베고 누웠더니 落日枕松聲
높고 낮아 절로 곡조 이루네 參差自成弄

송라암에서

松蘿庵

송라 우거진 암자에 선방문 닫혔고　松蘿方丈閉禪扉
이끼 자란 불좌는 저녁 비에 잠겼네　佛座莓苔鎖夕霏
스님은 벌써 구름 따라 함께 나가서　釋子已隨雲共出
서쪽 가지 나무 늙도록 돌아오지 않네　西枝樹老未言歸

백탑동에서

百塔洞

뜬구름 속에 긴긴 세월 옥빛으로 들쭉날쭉	浮雲浩劫玉參差
땅에서 우뚝 솟아 형세 어우러졌네	拔地崢嶸占勢宜
비록 육왕의 법력 넉넉했지만	縱使育王饒法力
조화옹의 신기한 재주와 다툴 수 있으랴[89]	爭如造化逞神奇

89 비록……있으랴 : 백탑동의 아름다움을 빚어낸 조화옹의 훌륭한 솜씨는 아육왕(阿育王)의 넉넉한 법력으로도 흉내 낼 수 없다는 말이다. 육왕(育王)은 아육왕을 가리키는데, 아육은 범어 Aśoka의 음역이다. 그는 중인도(中印度) 마갈다국(摩揭陀國)의 왕으로 기원전 3세기에 인도를 통일하였다. 대대적으로 불사(佛事)를 일으키고 도처에 사탑(寺塔)을 세웠으며, 불사리(佛舍利)를 봉안하고 승중(僧衆)을 공양하는 등 불교를 보호한 최대의 후원자였다.

망고대에서

望高臺

산꼭대기 해에 가까이 닿았으니	近接峯頭日
몽땅 다리 아래 구름에 묻혔구나	渾埋脚底雲
기운은 응당 천제의 자리에 통하겠고	氣應通帝座
말은 두렵게도 하늘이 듣겠네	語畏動天聞
만 골짜기에 솔바람 소리 일고	萬壑松聲上
천 벼랑에 물의 형세 나뉘었네	千厓水勢分
아침마다 후령의 학[90]이	朝朝緱嶺鶴
길이 신선들과 어울리누나	長與列仙群

90 후령(緱嶺)의 학 : 왕자 진(晉)이 신선이 되어 학을 타고 갔다는 고사를 인용한 것이다. 후령은 하남성(河南省)에 있는 산 이름으로 후산(緱山) 또는 후지산(緱氏山)이라고도 한다. 도가(道家)의 고사에 "주나라 영왕의 태자 진이 칠월칠석날에 흰 학을 타고 피리를 불며 후산의 마루에 머물러 있다가, 손을 들어 사람들에게 인사하고 떠났다."라고 하였다. 《後漢書 卷112上 方術列傳 王喬》

개심과 견성 두 봉우리

開心見性兩峯

어찌 면벽하고서 무생[91]을 생각해야 하는가	何須面壁念無生
이 두 봉우리에서 오묘한 이치 깨닫는다	只此雙峯妙覺成
이러므로 절간 여러 부처가 있는 곳에서도	爲是上方諸佛地
심성이 가장 분명하게 보일 수도	見來心性最分明

91 무생(無生) : 천지 만물이 본래부터 생(生)과 멸(滅)이 없음을 의미한 말로, 백거이(白居易, 772~846)의 시에 "무생을 배우는 것이 제일이니, 무생이 바로 무멸이니라.〔不如學無生, 無生卽無滅.〕"라고 하였다.《白氏長慶集 卷5 贈王山人》

승상봉[92]

僧床峯

높은 봉우리 바위 형세 우뚝 솟아	危巓石勢上崚嶒
빙 두른 무지개 사다리로나 오를 수 있을 듯	繚繞虹梯若可陞
비록 승상이 오래도록 변하지 않아도	縱有僧床長不改
누가 높은 자리에 앉아 심등[93]을 강할까	何人高座講心燈

92 승상봉(僧床峯) : 망고대(望高臺) 남쪽에 있는 봉우리로, 봉우리 아래에 승려의 상(床) 모양의 바위가 있기 때문에 이렇게 부른다고 한다.《秋江集 卷5 遊金剛山記》

93 심등(心燈) : 불교에서 인간의 심령(心靈)을 일체의 사물(事物)을 환히 비추는 등불에 비유하여 말한 것이다.

웅호봉에서

熊虎峯

산세가 비로봉에서 갈려 북쪽에서 뻗어 오고	勢割毗盧自北來
드높이 터 잡아 기세도 웅장하다	高高盤踞氣雄哉
빈숲에는 오래도록 유람객 자취 끊긴 채	空林久斷游人跡
오직 맑은 샘물 폭포 소리만 있구나	唯有晴泉吼瀑雷

석응봉에서

石鷹峯

구름 낀 하늘 동쪽 바라보니 어렴풋한데	雲霄東望辨依俙
지난밤 갈바람이 푸른 산에 불었지	昨夜秋風動翠微
봉우리 아래 노승은 백세나 되었지만	峯底老僧今百歲
돌 매가 나는 모습 어찌 보았으랴	何曾一見石鷹飛

백마봉[94]에서

白馬峯

홍보[95]의 단약 완성되자 천제께서 불러　　鴻寶丹成上帝招
몸소 옥마 타고 하늘로 올라갔네　　身騎玉馬赴瓊霄
두 참마 이미 끊겨 구름 그림자에 우니　　雙驂已斷嘶雲影
안장과 고삐가 천년토록 허공에 있는가　　鞍轡千秋在泬寥

94 백마봉(白馬峯) : 강원도(江原道) 금강산(金剛山) 내금강(內金剛)에 있는 산봉우리이다. 장안사(長安寺), 명경대(明鏡臺), 영원암(靈源庵) 등의 경승지(景勝地)가 이 봉우리 주변에 있다.

95 홍보(鴻寶) : 한나라 회남왕(淮南王) 유안(劉安)이 베개 속에 비장(祕藏)했다는 도술서(道術書), 즉 《홍보원비서(鴻寶苑祕書)》를 말한다. 《西漢年紀 卷21》

오로봉에서

五老峯

줄지은 봉우리 나란히 있어 산세 모두 힘찬데	列筍齊居勢竝驁
가운데 봉우리는 뭇 봉우리와 짝하지 않네	中峯不與衆峯曹
상산사호를 우익으로 삼을 만하지만[96]	從來羽翼商顔皓
수양에 한 노인의 높음과 같겠는가[97]	爭似睢陽一老高

96 상산사호(商山四皓)를……만하지만 : 오로봉의 중봉(中峰)이 나머지 네 봉우리를 거느리고 있는 모습을 읊은 것이다. 상안(商顔)은 섬서성(陝西省) 상현(商縣) 동쪽에 있는 산 이름으로, 진(秦)나라 말기에 어지러운 세상을 피하여 동원공(東園公), 하황공(夏黃公), 녹리선생(甪里先生), 기리계(綺里季) 등 네 사람의 은자가 은거했던 곳이다. 이들은 모두 수염이 희었기 때문에 상산사호라고 하였는데, 장생불사한다는 영지(靈芝)를 캐 먹으며 〈자지가(紫芝歌)〉를 지어 불렀다고 한다.《高士傳 卷上 四皓》

97 수양에……같겠는가 : 오로봉을 오로회(五老會)와 연관시켜 읊은 것이다. 수양(睢陽)은 남경(南京)으로 지금의 하남성(河南省) 상구현(商丘縣) 남쪽의 지명이다. 재상에서 물러난 두연(杜衍)이 80세 때인 송 인종(宋仁宗) 가우(嘉祐) 1년인 1056년 가을에 수양에서 왕환(王渙), 필세장(畢世長), 주관(朱貫), 풍평(馮平)과 오로회를 결성하였는데 이들의 나이는 80세부터 94세까지였다.《澠水燕談錄 高逸》

미타봉에서

彌陀峯

우뚝한 봉우리 단아하고 엄숙해 기울지 않고	屹立端嚴整不斜
진주 영락은 우담화인가 하노라[98]	眞珠瓔珞眩曇華
예부터 미천석이라 불렀으니[99]	自從喚做彌天釋
백 줄기 금빛이 저녁놀을 쏜다	百道金光射晚霞

98 진주……하노라 : 영락(纓珞)은 보살(菩薩)들이 목이나 팔에 두르는 구슬을 꿴 장식품으로, 영락(瓔珞)이라고도 한다. 여기서는 미타봉이 영락을 두른 것처럼 보이는데, 그 영락이 우담화처럼 아름답다는 표현으로 보인다.

99 예부터 미천석(彌天釋)이라 불렀으니 : 미타봉(彌陀峯)의 미타는 아미타불(阿彌陀佛)을 의미하는데, 이를 달리 미천석이라 부른다는 말이다. 미천은 하늘에 가득 찼다는 뜻이고 석은 중의 별칭으로 미천석은 도력(道力)이 뛰어난 중이라는 의미이다. 진(晉)나라 습착치(習鑿齒)와 중 도안(道安)의 고사에서 유래하였다. 《晉書 卷82 習鑿齒列傳》

시왕봉에서

十王峯

아름다운 봉우리 나란히 늘어선 시방의 왕[100]	璇峯竝列十方王
아득히 인간계와 천상 사이 도량에 모였네	逯沓人天集道場
모든 사람이 만일 이 곳을 의지한다면	諸品若應依此地
풍도가 곧 정명의 고을이겠지[101]	酆都自是淨名鄕

100 아름다운……왕 : 시왕봉(十王峰)을 표현한 것이다. 시방(十方)은 동, 서, 남, 북 사방(四方)과 건(乾), 곤(坤), 간(艮), 손(巽) 사경(四璚)과 상하를 총칭한 온 세계를 말한다. 《無量壽經 下》 여기서는 시왕봉의 봉우리 숫자를 비유적으로 말하였다.

101 풍도(酆都)가……고을이겠지 : 지옥도 불법을 익히는 곳이 될 수 있다는 말이다. 풍도는 지옥이다. 정명(淨名)은 인도(印度) 비야리국(毘耶離國)의 장자로서 석존(釋尊)의 속제자(俗弟子)가 되었던 유마 거사(維摩居士)를 가리킨다. 그는 비야리성에서 늘 칭병(稱病)하고 누워서 문병하러 오는 불제자들에게 병을 가지고 설법하였다.

미륵봉에서

彌勒峯

허공에 홀로 빼어나 멀리서 바라보니　　盤空獨秀遠相望
혜일과 자운이 울창한 숲을 둘렀네[102]　　慧日慈雲繞鬱蒼
법력이 혹 항상 세상에 머물 수 있다면　　法力倘能常住世
이 봉우리가 응당 후천 세계와 함께 장구하리라　　此峯應與後天長

102 혜일(慧日)과……둘렀네 : 햇살이 비추고, 구름이 걸린 미륵봉(彌勒峯)을 부처와 연관 지어 읊은 것이다. 혜일은 부처의 지혜를 햇빛에 비유하여 하는 말인데, 여기서는 직접 햇빛을 의미하는 말이다. 자운(慈雲)은 구름을 가리키는데, 넓게 파급되는 석가여래의 자심(慈心)이 마치 공중에 덮이는 구름과 같다고 하여 비유적으로 이르는 말이다.

사자봉에서

使者峯

조회하러 간 사자 날아간 듯	朝天使者夫如飛
날마다 먼 산 바라보아도 돌아오지 않는구나	日日遙岑望不歸
옥 부절은 가만히 가을빛 따라 멀어졌는데	玉節暗隨秋色遠
밝은 노을만 부질없이 두 별[103]의 빛에 얽혔네	明霞虛綴二星輝

103 두 별 : 이성(二星)은 사신을 의미한다. 〈이합열전(李郃列傳)〉에 "한 화제가 즉위하여 사자를 나누어 파견하였는데 모두 미복 차림으로 다니면서 각각 주현에 이르러 풍속을 살피고 속요를 채집하였다. 사자 두 사람이 익주에 당도하여 이합의 집에 투숙했다. 마침 여름밤이라 밖에 나가 앉았을 때, 이합이 천문을 보고는 그 두 사람에게 묻기를 '두 분이 경사를 출발할 때에 조정에서 두 사자를 파견한 사실을 들어봤는가.' 하였다. 두 사람이 속으로 놀라면서 서로 바라보며 말하기를 '듣지 못했습니다. 그 사실을 어떻게 아십니까.' 하였다. 이합이 별을 가리켜 보이면서 '두 사자의 별이 익주의 분야를 향했기 때문에 아는 것이다.' 하였다.〔和帝卽位, 分遣使者, 皆微服單行, 各至州縣, 觀採風謠. 使者二人, 當到益部, 投郃候舍. 時夏夕露坐, 郃因仰觀問曰, 二君發京師時, 寧知朝廷遣二使邪. 二人默然驚相視曰, 不聞也. 問何以知之. 郃指星示云, 有二使星向益州分野, 故知之耳.〕"라고 하였다. 《後漢書 卷112上》 이민구가 사자봉에서 읊고 있기 때문에 이 고사를 인용한 것이다.

사자봉에서

獅子峯

높다란 바위 산 본래 무정물인데
사자라 부르니 억지 이름일세
동쪽 숲에 깊이 눈 내리고 나면
봉우리 앞에 승냥이와 범이 날뛰겠지

巉巖山骨本無情
喚做狻猊亦强名
待到東林深雪後
峯前豺虎自縱橫

천등봉에서

天燈峯

하늘 높이[104] 솟아 흰 구름 피어나고	璇霄尺五白雲騰
휘영청 밝은 보름달로 등불 삼았네	滿月虛明替作燈
시방[105]의 청정한 세계를 두루 비추니	遍照十方淸淨界
사람들 마음 본래대로 맑아지네	世人心地本來澄

104 하늘 높이 : 척오(尺五)는 일척 오촌(一尺五寸)의 준말로 대단히 가까운 거리라는 말이므로, 선소척오(璇霄尺五)는 매우 높음을 의미한다. 당(唐)나라 때《신씨삼진기(辛氏三秦記)》에서 위씨(韋氏)와 두씨(杜氏)의 높은 문벌을 일러 "성남의 위씨와 두씨는 하늘과의 거리가 일척 오촌 밖에 되지 않는다.〔城南韋杜, 去天尺五.〕"라고 한 데서 온 말이다.

105 시방(十方) : 동, 서, 남, 북 사방(四方)과 건(乾), 곤(坤), 간(艮), 손(巽) 사경(四璚)과 상하를 총칭한 온 세계를 말한다.《無量壽經 卷下》

달마봉에서

達摩峯

명막한 인간 세상 세월이 멈추지 않아	冥寞人間不住天
고승이 면벽한 지 이미 천 년이로다[106]	高僧面壁已千年
그대에게 서쪽에서 온 뜻 물어보려는데	憑渠欲問西來意
마주한 채 말 없으니 일미선이구나[107]	相對無言一味禪

106 고승(高僧)이……년이로다 : 면벽(面壁)은 중국 남북조 시대에 선종(禪宗)을 창시한 달마 선사(達磨禪師)가 일찍이 숭산(崇山) 소림사(少林寺)에 들어가서 9년 동안이나 아무 말 없이 벽을 향하여 좌선을 했던 데서 온 말로, 전하여 참선을 뜻한다. 여기에서 고승은 달마 선사를 가리키며, 이민구가 살았던 때와 천여 년 차이가 남을 말하고 있다.

107 그대에게……일미선(一味禪)이구나 : 달마봉의 이름이 달마 선사에게서 유래하였으므로, 달마봉을 의인화하여 해학적으로 읊은 것이다. 서래의(西來意)는 조사서래(祖師西來)의 준말로, 달마가 서쪽에서 온 의미를 묻는 선종의 유명한 화두 중의 하나이다. 일미선은 불교에서 이른바 순일미(純一味)의 선(禪)이란 뜻으로, 문자나 언어를 사용하지 않고 갑자기 오도(悟道)에 이르는 좌선을 말한다. 당나라 선사(禪師) 마조도일(馬祖道一)이 여러 문파의 오미선(五味禪)에 대해서, 자신의 가풍은 단번에 돈오하게 하는 일미선이라고 일컬으면서 선풍(禪風)을 날렸던 고사가 전한다. 《禪宗正脈 卷2》

망고대에서 내려와 송라암에 이르다[108]

由望高下至松蘿

폐병으로 쇠약해 건강하지 못하니	肺病衰難健
기어오르다 지쳐 문득 쉰다네	躋攀倦却休
아스라이 도리어 꿈속 같고	依俙還夢境
쓸쓸하니 또한 깊은 가을이구나	蕭颯又深秋
소매에 붉은 노을 스치는데	袖拂丹霞氣
샘에서 흐르는 옥액[109]을 맛보네	泉嘗玉液流
무성한 등나무 덩굴이 오솔길에 엉겨 있어	雲蘿微逕合
되돌아보니 벌써 시름겹다	回望已生愁

108 망고대(望高臺)에서……이르다 : 망고대는 내금강의 중심부에 우뚝 솟아 내금강을 한눈에 내려다볼 수 있는 봉우리로, 망군대(望軍臺)라고 부르기도 한다. 송라암은 망고대의 서쪽에 위치해 있다.

109 옥액(玉液) : 본래 도사(道士)가 제련한 단약(丹藥)으로, 복용하면 장생불사할 수 있다고 한다. 여기서는 샘물을 의미한다.

표훈사에서

表訓寺

푸른 가을 하늘 높고 서릿달 밝은데	碧落秋高霜月明
서늘한 바람 불고 피리 소리[110] 들려오네	泠風時下紫鸞笙
번화했던 사십 년 전 꿈은	繁華四十年前夢
오늘밤 수석 소리에 다 흩어진다	散盡今宵水石聲

110 피리 소리 : 자란생(紫鸞笙)은 선인(仙人)이 부는 피리의 미칭이다. 이백(李白)의 시에 "학의 등에 올라탄 한 선객이 날고 날아 하늘을 올라가서, 구름 속에서 외치기를 '내가 바로 안기다.' 하네. 좌우에는 백옥 같은 동자가 있어, 나란히 자란생을 불어대누나.〔客有鶴上仙, 飛飛凌太淸, 揚言碧雲裏, 自道安期名. 兩兩白玉童, 雙吹紫鸞笙.〕"라고 하였다.《李太白文集 卷1 古風》

삼불암[111]에서

三佛巖

열 길 푸른 바위 섬세하게 갈아	蒼巖十丈細磨礱
세 불상 쪼아 만드니 하나하나 같구나	琢作三軀箇箇同
과거도 미래도 모두 객이니	過去未來俱是客
다만 인연 따라 일가의 풍이 있을 뿐이지	只緣曾有一家風

111 삼불암(三佛巖) : 금강산 표훈사(表訓寺)에서 장안사(長安寺) 터로 가는 길목에 있는 마애불(磨崖佛) 바위이다. 왼쪽에 과거를 상징하는 아미타불(阿彌陀佛), 가운데에 현세의 부처인 석가모니불(釋迦牟尼佛), 오른쪽에 미래의 구원을 뜻하는 미륵불(彌勒佛)이 조각되어 있다.

운주암에서

雲住庵

암자 고요하고 흰 구름 의구하여	禪莊靜與白雲依
밤낮으로 뭉게뭉게 푸른 산빛 비치네	日夕溶溶映翠微
애써 서로 따르며 한평생 머물러 보려는데	强擬相隨終歲住
다만 쉽사리 산 밖으로 날아가니 싫구나	只嫌容易出山飛

삼일암[112]에서

三日庵

지인[113]이 초지[114]에서 참을 함양하여	至人初地養眞涵
산에 살지 않고도 삼일 만에 도 깨달았네	不待居山見佛參
속물인 나는 한평생 머물러도	俗物任教終歲住
여전히 마음에는 옛 진탐[115] 그대로겠지	依然心地舊嗔貪

112 삼일암(三日庵) : 금강산 만폭동에 있는 암자이다. 이하곤(李夏坤)의 《두타초(頭陀草)》 권14 〈동유록(東遊錄)〉에 "옛날에 어떤 고승이 암자에 머문 지 삼일 만에 도를 깨달았으므로, 삼일암이라고 이름하였다.〔昔有高僧居庵中, 三日能證道, 故仍以名云.〕"라고 하였으며, 이명준(李命俊)의 《잠와유고(潛窩遺稿)》 권3 〈유산록(遊山錄)〉에 "옛날에 한 승려가 삼일 동안 머물렀는데, 문득 스스로 득도하였으므로 그 암자를 삼일이라고 이름하였다.〔昔有一僧棲止三日, 便自得道, 故名其菴云.〕"라고 하여 삼일암의 내력을 소개하고 있다.

113 지인(至人) : 본래 영극(靈極)에 도달하여 진여(眞如)를 잃지 않는 사람을 말한다. 《莊子 天下》 여기서는 이 암자에 머물면서 득도했던 스님을 말한다.

114 초지(初地) : 절의 별칭으로 여기서는 삼일암을 가리킨다.

115 진탐(嗔貪) : 불가의 삼독(三毒)인 탐진치(貪嗔癡)를 말한다. 삼독이란 탐독(貪毒), 진독(嗔毒), 치독(痴毒)으로, 탐욕과 분노와 어리석음을 말한다. 이것들은 일체 번뇌를 일으켜서 독사처럼 중생에게 해를 끼치는 세 가지 대표적인 잘못된 마음인데, 계정혜(戒定慧)의 삼학(三學)을 통해서 이를 극복할 수 있다고 한다.

신림암[116]에서 서산 대사[117]의 비석을 세우다

神林庵 治西山碑石

비문은 월사(月沙) 이 상공[118]이 지었다.

장로께서 서쪽에서 노닌 지 삼십 년인데	長老西游三十年
세속의 제자들은 다만 아는 것이 없어	人間弟子只茫然
비명을 애써 왕건의 기에서 찾았으니[119]	瑤鐫强覓王巾記
구름은 가을 하늘에 있고 달은 연못에 있네	雲在秋天月在淵

116 신림암(神林庵) : 강원도 회양군 내금강면 장연리 금강산 만폭동(萬瀑洞)에 있는 표훈사(表訓寺)의 한 암자이다.

117 서산 대사(西山大師) : 속세의 이름은 최여신(崔汝信, 1520~1604)이며, 본관은 완산(完山), 자는 현응(玄應), 호는 청허(淸虛)·서산(西山)이다. 1549년(명종4)에 승과(僧科)에 급제하여 대선(大選)을 거쳐 선교양종판사(禪敎兩宗判事)가 되었다. 1556년(명종11)에 선교양종판사직이 승려의 본분이 아니라 하고, 이 자리에서 물러나 금강산, 두류산, 태백산, 오대산, 묘향산 등을 두루 행각하였다. 1592년(선조25) 임진왜란 때 묘향산에서 나와 승병을 이끌고 한양 수복에 공을 세웠다. 삼교통합론(三敎統合論)의 기원을 이루어 놓았다.

118 월사(月沙) 이 상공 : 이정귀(李廷龜, 1564~1635)로 본관은 연안(延安), 자는 성징(聖徵), 호는 월사, 시호는 문충(文忠)이다.《淸陰集 卷25 議政府左議政月沙李文忠公神道碑銘 幷序》서산 대사가 입멸하고 나서 28년이 지나 묘향산과 풍악산에 비석을 세웠는데, 그때 이정귀가 명(銘)을 지었다.《월사집(月沙集)》권45에 〈유명조선국……서산청허당휴정대사비명 병서(有明朝鮮國……西山淸虛堂休靜大師碑銘 幷序)〉가 실려 있다.

119 비명을……찾았으니 : 왕건(王巾)은 진(晉)나라 사람으로 〈두타사비명(頭陀寺碑銘)〉을 지은 인물이다. 월사 이정귀가 서산 대사 비명을 지으면서 왕건의 〈두타사비명〉을 참고했다는 의미로 보인다.

명연[120]에서

鳴淵

내게 자줏빛 옥피리 있지만　　我有紫玉笛
감히 못가에서 불지 못하니　　不敢淵上吹
잠자는 여룡[121] 깨워　　怕起驪龍睡
맑은 하늘에 뇌우 쏟아질까 두렵다　　晴天雷雨垂

120 명연(鳴淵) : 장안사(長安寺)에서 동쪽으로 5리쯤 떨어진 지점에 있는 큰 늪으로 만폭동(萬瀑洞)의 하류이다. 명연은 바닥이 보이지 않을 정도로 깊은데, 일명 금동연(金同淵)이라고도 한다. 금동은 고려 말의 거사(居士)인데, 나옹(懶翁) 및 혜륵(惠勒)과 함께 도술을 다투었다. 나옹이 묘길상(妙吉祥)을 새기자, 금동이 정으로 그것을 깨뜨리려고 하였는데, 하늘이 천둥소리를 내며 비를 내려 금동을 못에 빠뜨렸다. 이에 금동은 이무기로 변하였으며, 물이 그 때문에 슬프게 우니, 울연(鬱淵)이라 하기도 하고 명운연(鳴韻淵)이라 하기도 한다. 《林下筆記 卷37 蓬萊秘書》

121 여룡(驪龍) : 흑색의 용을 말한다. 어떤 사람이 물속에 들어가서 귀한 구슬을 얻자, 그의 부친이 "천금의 가치가 나가는 구슬은 반드시 깊은 못 속에 숨어 사는 흑룡의 턱 밑에 있는 법이다. 네가 그 구슬을 손에 넣은 것은 필시 그 용이 잠든 때를 만났기 때문일 것이다. 만약 흑룡이 깨어났더라면 너는 가루도 남지 않았을 것이다.〔夫千金之珠, 必在九重之淵, 而驪龍頷下. 子能得珠者, 必遭其睡也. 使驪龍而寤, 子尙奚微之有哉.〕"라고 하면서 경계시킨 탐주(探珠)의 고사가 있다. 《莊子 列禦寇》

만폭동의 봉래 양사언이 새긴 봉래풍악원화동천[122]에서 동회옹이 남긴 시[123]를 차운하다

萬瀑洞楊蓬萊所刻蓬萊楓嶽元化洞天 次淮翁留題

가장 아름다운 봉래산 원화동	第一蓬萊元化洞
신선과의 잠깐 이별 언제인지 모르겠네	神仙少別不知年
푸른 하늘로 용 떠났어도 신령한 자취 남았고	碧霄龍去靈跡在
비췻빛 절벽에 학 날아갔어도 둥지 달렸다[124]	翠壁鶴飛雲巢懸
속세 밖 안개와 노을 속에는 애초 길 있지만	象外煙霞初有路
호리병 속 선경에는 본래 끝이 없다네[125]	壺中世界本無邊

122 봉래(蓬萊)……봉래풍악원화동천(蓬萊楓嶽元化洞天) : 봉래는 양사언(楊士彦, 1517~1584)으로, 본관은 청주(淸州), 자는 응빙(應聘), 호는 봉래・해객(海客)이다. 《龍洲遺稿 卷15 府使蓬萊楊公墓碣銘 幷序》 그가 회양 부사로 있을 때, 만폭동 입구에 봉래풍악원화동천이라는 여덟 글자를 새겼다.

123 동회옹(東淮翁)이 남긴 시 : 동회옹은 신익성(申翊聖, 1588~1644)을 말하며, 그가 남긴 시는 《낙전당집(樂全堂集)》 권3의 〈제원화동(題元化洞)〉이다.

124 비췻빛……달렸다 : 윤휴(尹鑴)의 《백호전서(白湖全書)》 권34 〈풍악록(楓岳錄)〉에 "시냇가에 또 널찍한 큰 바위가 있었고, 거기에 양사언(楊士彦)이 쓴 봉래풍악원화동천(蓬萊楓岳元化洞天)이라는 여덟 글자가 바위에 새겨져 있었는데, 글자 모양이 날아 움직이는 것 같아 볼 만했다. 그곳 승려에게 '여기에 학소암(鶴巢巖)이 있다는데 왜 학소암이냐.'라고 물었더니, 승려가 대답하기를 '옛날에는 학이 여기에다 둥지를 틀고 살았으나, 세월이 오래되어 바위가 이지러지고 둥지도 기울어져 학은 날아가 버리고 다시는 오지 않습니다.' 하였다."라는 말이 있다. 이것으로 보아 원화동에 학소암이 있기 때문에, 이민구가 이렇게 읊고 있음을 알 수 있다.

125 호리병……없다네 : 금강산의 아름다운 경치가 무궁무진하다는 말이다. 호중(壺

하늘 바람이 신선 수레 그림자 보내오니　　天風謾送鸞車影
상제의 높은 거처 고작 팔천 척일세　　上帝高居只八千

中)은 호리병 속의 선경(仙境)이라는 말이다. 후한(後漢)의 술사(術士) 비장방(費長房)이 시장에서 약을 파는 선인(仙人) 호공(壺公)의 총애를 받아 그의 호리병 속으로 들어갔더니, 그 안에 별천지(別天地)가 펼쳐져 있더라는 전설에서 나온 것인데, 여기서는 회남의 경치가 빼어나서 선경과 같다는 뜻으로 쓰였다.《後漢書 卷112下 方術列傳 費長房》

만폭동[126]에서

萬瀑洞

나는 석장 따라 눈 밟고 올라 보니[127] 相隨飛錫踏瓊沙
황홀하게 동서로 고운 꽃 현란하다 恍忽東西眩彩華
일만 폭포 물소리 뭇 천제의 음악처럼 울리고 萬瀑水喧群帝樂
일천 벼랑 나무는 적성 노을[128]에 어우러지네 千厓樹雜赤城霞
금륜[129]에 햇살 비쳐 빛이 더욱 밝고 金輪轉日光逾晃

126 만폭동(萬瀑洞) : 강원도 금강군 내강리(內剛里) 금강산 내금강에 있다. 금강문으로부터 화룡담까지의 1.2km 구간을 포괄한다. 금강산 중에서도 계곡의 절경을 대표하는 구역으로 수많은 폭포들과 소(沼)들이 있다고 하여 만폭동이라 하였다.

127 나는……보니 : 승려들을 따라 눈 내린 길을 통해 만폭동에 올랐다는 말이다. 비석(飛錫)은 승려가 사방으로 떠다니는 것을 가리키는 말로, 《석씨요람(釋氏要覽)》에 "지금 중들이 유람하는 것을 비석이라 하는데, 이는 고승 은봉(隱峯)이 오대산(五台山)을 유람하고 회서(淮西)로 나갈 적에, 석장(錫杖)을 공중에 던져 날게 하여 그 석장을 타고 갔기 때문이다."라고 하였다. 경사(瓊沙)는 고운 모래라는 의미인데, 여기서는 아래의 채화(彩華)와 연관시켜 볼 때 눈을 의미하는 것으로 보인다. 또《동주집(東州集)》 권6 〈납월이십팔일대풍설(臘月二十八日大風雪)〉에 "해 저물어 천지 흐리더니, 하루는 눈 내려 3척이나 쌓였네. 경사가 아득히 펼쳐져 사방 끝이 없고, 은빛 바다가 눈에 넘쳐 찬 빛이 침범한다.〔歲云暮矣天地陰, 一日雪下三尺深. 瓊沙漠漠四無際, 銀海溢眼寒光侵.〕"라고 하여 경사가 눈의 의미로 사용되었음을 알 수 있다.

128 적성(赤城) 노을 : 적성은 신선이 산다는 산인데, 땅은 붉은색이고 형태는 구름과 노을이 일어 성첩(城堞)과 같다고 한다.

129 금륜(金輪) : 탑(塔)의 상층부인 상륜(相輪)을 말한다. 탑은 보통 밑으로부터 기단부(基壇部), 탑신부(塔身部), 상륜부로 삼분되어 있다. 상륜부는 상륜 받침, 부발(覆鉢), 보륜(寶輪), 보개(寶蓋), 보주(寶珠)로 세분(細分)되기도 한다.

범패 소리 바람 머금어 여운 더욱 멀다	珠梵含風韻更遐
영산의 선과 불의 모임 생각해 보니	想像靈山仙佛會
붉은 깃발과 진홍 깃발이 모두 아름다우리	朱幢絳節總奇奢

세두분[130]에서

洗頭盆

홍애[131]가 처음 뚫자 물이 세차게 흘러	洪厓始鑿水驚奔
세월 지나며 돌 술잔 모양이 되었네	轂轉仍成坎石尊
선가의 청정하게 하는 법이 본래 있는데	自有禪家淸淨法
무엇하러 번거롭게 옥녀 세두분 만들었나	何煩玉女洗頭盆

130 세두분(洗頭盆) : 《임하필기(林下筆記)》 권37 〈봉래비서(蓬萊秘書)〉에 의하면 "옥녀 세두분이 있는데, 돌이 움푹 패여 마치 절구 같이 생겼으니, 보덕보살이 머리를 감던 곳이다.〔有玉女洗頭盆, 石凹如臼, 普德菩薩洗頭處也.〕"라고 하였고, 《태평광기(太平廣記)》 권59 〈집선록(集仙錄)〉에 의하면, 선녀인 명성 옥녀(明星玉女)가 화산(華山)에서 옥장(玉漿)을 복용하고 백일 승천(白日昇天)하였는데, 그녀가 화산 꼭대기에서 머리를 감던 웅덩이의 물이 가뭄이나 폭우에도 수위(水位)가 변하는 일이 없이 항상 푸르렀다는 전설이 있다. 옥녀 세두분이라는 이름은 이러한 전설에서 유래한 것으로 보인다.

131 홍애(洪厓) : 홍애선생(洪厓先生)으로, 황제(黃帝)의 신하 영륜(伶倫)이 도술을 얻어 신선이 된 뒤의 호칭이다.

보덕굴[132]에서

普德窟

옥빛으로 흐르는 햇살 산사에 비끼고	縹碧流光寶地斜
암자[133]로 가는 길 구름 위로 아득하다	精藍一路上雲賒
금빛 모래 나그네의 신 더럽히지 않고	金沙不染游人屨
석실이 진실로 대사의 집이 되었네[134]	石室眞成大士家
햇살 띠고 끝에 걸렸으니 구리로 기둥 삼았고	帶日標懸銅作柱
하늘 날아 노을 흩어지니 옥으로 꽃 만든 듯	飛天霞散玉爲花
모나고 둥근 십 척 공간에 날 머물게 하고	方圓十尺容吾住
유마 거사[135] 모방하여 차 따라 대접하네	擬就維摩接施茶

132 보덕굴(普德窟) : 금강산 만폭동(萬瀑洞) 안에 있는 사찰이다. 고구려 영류왕(榮留王) 때인 627년에 승(僧) 보덕이 수도하기 위하여 자연굴을 이용하여 절을 창건하였다. 이 암자는 7.3m나 되는 높은 구리 기둥으로 암자 전체를 떠받치고 있다.

133 암자 : 정람(精藍)은 정사 가람(精舍伽藍)의 준말로 불교의 사원을 말하는 바, 여기서는 보덕굴을 가리킨다.

134 석실이……되었네 : 자연적으로 형성된 굴이 절이 되었다는 말이다. 대사(大士)는 범어 mahāpuruṣa의 의역으로 무상사(無上士)와 같으며, 석가를 가리킨다.

135 유마 거사(維摩居士) : 석가와 같은 시대 사람으로, 석가의 교화를 도운 비야리성(毘耶離城)의 장자(長者)인데, 중생이 병들었으므로 자신도 병이 들었다고 자리에 누운 뒤, 병문안하러 온 여러 보살들에게 불이법문(不二法門)을 설하였다고 한다.

짚고 다니던 대지팡이를 흑룡담에 이르러 실수로 물에 빠뜨리다

所拄竹杖 到黑龍潭 失手入水

손 안의 대지팡이	手中籊龍子
늘 짚고 다녔지	出處相終始
너를 갈옹의 언덕에 놓쳤으니	放爾葛翁陂
선생이 이로부터 일어나겠네[136]	先生自此起

136 너를……일어나겠네 : 흑룡담에 떨어뜨린 대지팡이가 용으로 변해 일어날 것이라는 말이다. 후한(後漢) 때 시장에서 약(藥)을 팔던 한 노인이 있어, 자기 점포 머리에 병 하나를 걸어 놓고 있다가 시장을 파하고 나서는 매양 그 병 속으로 뛰어 들어가곤 했다. 당시 시연(市掾)으로 있던 비장방(費長房)이 그 사실을 알고는 그 노인에게 가서 재배하고, 노인을 따라서 그 병 속에 들어가 보니, 옥당(玉堂)이 화려하고 좋은 술과 맛있는 안주가 그득하여 함께 실컷 마셨다. 그가 돌아올 때에는 그 노인이 대지팡이 하나를 주면서 "이것만 타면 저절로 집에 갈 수 있다." 하므로, 비장방이 그 지팡이를 탔는데, 조는 듯한 순간에 홀연히 집에 당도했다. 그 지팡이를 갈피 속에 던져 버리고 보니, 그것이 바로 청룡(青龍)으로 변화했다는 고사가 있다. 《後漢書 卷112下 方術列傳 費長房》 갈옹피(葛翁陂)는 이 고사의 갈피(葛陂)를 가리키는 것으로 보인다.

방광석
放光石

일찍이 들으니 뭇 부처의 힘은	嘗聞諸佛力
시방세계[137]의 변화를 안다지	能會十方變
담무갈[138]은 천억 개의 몸이니	無竭千億身
서로 돌아 세상 따라 나타나네	相輪隨世現
옛날 황금 수레 왔을 때는	昔時金輿來
신령한 빛이 발하여 현란했는데[139]	靈光發仍眩
지금은 절벽 바위에 날 저물자	至今厓石昏
등나무 덩굴 위로 산 달이 옮겨 간다	藤蘿山月轉

137 시방세계 : 8방과 상하를 합한 온 세상을 말한다. 105쪽 각주105 참조.

138 담무갈(曇無竭) : 범어(梵語) Dharmodgata의 음역으로, 《신화엄경(新華嚴經)》 권45 〈보살주처품(菩薩住處品)〉에 나오는 보살의 이름이다. 77쪽 각주65 참조.

139 옛날……현란했는데 : 고려 태조(太祖)의 고사를 인용한 것이다. 태조가 금강산에 올랐는데, 담무갈(曇無竭)이 돌 위에 나타나서 광채를 발하였다. 태조가 신하들을 거느리고 머리가 발에 닿도록 절을 하고 정양사(正陽寺)를 창건하였으며, 절 뒷산을 방광대(放光臺)라 하고, 앞 고개를 배점(拜岾)이라 했다 한다. 《輿地勝覽 卷47 淮陽》

천일대[140]에서 중향성[141]을 바라보다

天日臺 望衆香城

숨 헐떡이며 옥녀봉에 오르니	騰嗡玉女峯
설산이 빙 둘렀구나[142]	遮羅雪山會
십이 성은 말할 것도 없이	未論十二城
다만 광명 세계라 부르리	秖喚光明界

140 천일대(天日臺) : 정양사(正陽寺) 앞 기슭에 있다. 옛날에는 배고개라고 하였다. 여기에 올라 바라보면 1만 2천봉이 다 드러나 보이는데, 서로 빼어남을 다투고 있다고 한다.

141 중향성(衆香城) : 금강산 내금강의 영랑봉 동남쪽을 병풍처럼 둘러싸고 있는 봉우리로, 만폭동의 마지막 폭포인 화룡담에서 내륙 산골짜기를 따라 오르면, 백운대가 나오고 곧이어 중향성이 있다고 한다. 《유마힐경(維摩詰經)》에 "이름이 중향(衆香)이란 나라가 있는데, 불호(佛號)는 향적(香積)이라 한다."라는 말에서 유래한 것으로 보인다.

142 설산이 빙 둘렀구나 : 천일대에서 바라본 중향성을 읊은 것이다. 차라(遮羅)는 가로막아 보호한다는 뜻으로, 중향성이 병풍처럼 둘러싸고 있는 모습을 이렇게 표현한 것이다.

진헐대[143]의 계수나무

眞歇臺桂樹

영취[144]의 갈바람 부는 밤	靈鷲秋風夜
고운 향기 일고 열매 지는 소리 차갑다	天香落子寒
지금 은자 부르는 곳에[145]	秖今招隱處
성긴 그림자가 절로 동글동글	疏影自團團

143 진헐대(眞歇臺) : 정양사(正陽寺)의 문 안에 있다.

144 영취(靈鷲) : 부처가 《법화경(法華經)》 등 대승 경전(大乘經傳)을 설했다고 하여, 불교의 성지로 꼽히는 영취산(靈鷲山)을 말한다. 중인도(中印度) 마갈다국(摩竭陀國) 왕사성(王舍城) 동북쪽에 있는데, 산 모양이 독수리 머리와 비슷하다고 하여 취두라는 이름이 붙었다고 한다. 여기서는 금강산을 말한다.

145 지금……곳에 : 《초사(楚辭)》 〈초은사(招隱士)〉에 "계수나무 가지를 부여잡으며 편히 오래 머무른다네.〔攀援桂枝兮聊淹留〕"라고 하였는데, 계수나무를 읊고 있기 때문에 이렇게 말한 것이다.

육각의 약사전 불화가 매우 기이한데 스님들은 오도자[146]가 그린 것이라고 하나 허황되어 근거가 없는 것이 이와 같다

六角藥士殿佛畫甚奇 僧徒言吳道子所寫 虎而無據如此

벽에 가득한 불화도	滿壁佛畫圖
스님은 오도자의 작품이라 하네	僧言吳道子
알지 못했네 약왕보살[147]이	不知藥王神
넋을 지킴이 이와 같은 줄을	攝魄乃如此

146 오도자(吳道子) : 중국 당나라 현종(玄宗) 때의 화가 오도현(吳道玄)으로, 어렸을 때의 이름이 도자인데 현종이 도현이라 고쳐주었다고 하며, 특히 불화(佛畫)에 뛰어났다고 한다.

147 약왕보살(藥王菩薩) : 약왕신(藥王神)은 약왕보살을 가리킨다. 불교에서 아미타불 25보살의 하나로, 중생에게 좋은 약을 주어 몸과 마음의 병고(病苦)를 덜어 주고 고쳐 주는 보살을 이른다.

나옹[148] 영전

懶翁影殿

탑겁[149]에 등라 덮여 가을 그림자 어른거리고　　塔劫藤蘿秋影翻
운유하며 돌아오지 않지만 전대는 남아 있네[150]　　雲游不返殿臺存
금륜[151]은 세속의 먼지를 스스로 피해　　金輪自辟塵埃氣
미간의 신령한 광채가 팔방의 어둠을 비춘다　　眉際神光照八昏

148 나옹(懶翁) : 고려 공민왕(恭愍王) 때의 고승 혜근(惠勤)의 호이다. 양주 회암사(檜巖寺) 주지로 있던 1376년(우왕2)에 왕명으로 밀양(密陽) 영원사(瑩原寺)로 가던 중 신륵사에서 입적하였다. 목은(牧隱) 이색(李穡)이 그의 석종(石鐘)의 명문(銘文)과 비문을 지었다.

149 탑겁(塔劫) : 불탑(佛塔)을 말한다. 겁은 불탑 층(層)의 속어이다. 두보(杜甫)의 시에 "탑겁과 궁장은 웅장하고 화려함이 서로 비슷하며, 향기로운 주방과 솔숲 길은 서늘함이 같아라.〔塔劫宮牆壯麗敵, 香廚松道淸涼俱.〕"라는 말이 있다. 《杜少陵詩集 卷22 嶽麓山道林二寺行》

150 운유(雲游)하며……있네 : 나옹은 입적했지만 영전(影殿)은 남아 있다는 말이다. 운유는 구름처럼 정처없이 노니는 것을 말한다.

151 금륜(金輪) : 탑의 상층부인 상륜(相輪)을 말한다. 116쪽 각주129 참조.

정양사에서 새벽에 일어나니 백운이 골짜기에 가득했다
正陽寺晨起 白雲滿壑

새벽에 세수하고 붉은 빗장 여니	晨盥啓丹扃
그윽한 뜻 홀연 기쁘지 않구나	幽意忽不悅
들쭉날쭉 스산한 골짜기 아래에	參差哀壑底
흰 구름이 일었다 사라졌다 반복하네	白雲屢興沒
어지러이 바위에 부딪쳐 일어나고[152]	紛紜觸石起
널리 퍼져 숲 가득 엉긴다	彌漫縈林結
서리 내린 비탈과 눈 덮인 벼랑이	霜厓與雪壁
사라졌다 나타남도 별안간일세	隱映隨眼瞥
마치 아섬국을 가듯	如行阿閃國
신령스런 경치 언뜻 보였다 없어진다[153]	靈境乍現滅

152 바위에 부딪쳐 일어나고 : 구름이 산봉우리에 부딪쳐서 공중으로 퍼져 나오는 것을 말한 것이다. 《춘추정전(春秋正傳)》 권16에 "돌을 부딪고 나와서 점차로 모이면, 하루아침이 다 안 가서 천하에 비를 두루 내리게 하는 것은 오직 태산뿐이다.〔觸石而出, 膚寸而合, 不崇朝而徧雨乎天下者, 喻泰山爾.〕"라고 하였다. 또 두보(杜甫)의 시에 "충주는 삼협의 안에 있어, 마을이 운근 아래 모여 있네.〔忠州三峽內, 井邑聚雲根.〕"라는 표현이 나오는데, 그 주(註)에 "오악의 구름이 바위에 부딪쳐서 일어나기 때문에, 구름의 뿌리라고 한 것이다.〔五嶽之雲觸石出者, 雲之根也.〕"라고 하였다. 《杜少陵詩集 卷14 題忠州龍興寺所居院壁》

153 마치……없어진다 : 구름과 안개가 이동하면서 언뜻언뜻 드러나는 경치를 읊은 것이다. 아섬국(阿閃國)은 불경에 나오는 먼 동방에 있다는 나라 이름으로, 한 번 나타나면 다시 모습을 보이지 않는다고 한다.

저 멀리 비로봉 떠올려 보니	遠憶毗盧峯
선계에서 만날 기약 바로 내일일세[154]	仙期在明日
이번 유람 어긋날까 두려워	玆游恐錯莫
시를 지어 소알을 내달린다[155]	作詩馳素謁

154 저……내일일세 : 이민구가 금강산 유람의 일정상 내일 비로봉에 오를 예정이며, 그곳에서 누군가와 만나기로 약속한 것으로 보인다. 선기(仙期)는 신선의 기약이라는 말인데, 비로봉에 오르는 것을 신선 세계에 오르는 것으로 인식하여 이렇게 표현한 것이다.

155 시를……내달린다 : 소알(素謁)은 본래 가난하고 덕 있는 사람의 말을 의미한다. 남제(南齊)의 문인 공치규(孔稚圭)가 지은 〈북산이문(北山移文)〉에 "서산에서 은일하던 의논을 선포하고, 동고의 청빈한 사귐을 고하였다.〔騁西山之逸議, 馳東皐之素謁.〕"라고 하였는데, 《문선(文選)》에서 이선(李善)이 풀이하기를 "소알은 가난하고 소박한 사람이 고해 주는 말이다.〔素謁, 貧素之謁也.〕"라고 하였다. 여기서는 이민구 자신의 소회를 시로 표현하여 전한다는 뜻이다.

삼장암 앞에서 의영 장로[156]의 마중을 받았다. 나이가 여든다섯이나 되었지만 정신이 흐트러지지 않았다. 서산 대사의 고제자로 스승의 비석 세우는 일을 감독하고 있다
三藏庵前 逢義瑩長老出候 年八十五神明不爽 乃西山高足 監治其師碑石

서산 대사 문하의 의영 선사	西山門下瑩禪師
이마 덮은 호광[157]이 흰 눈썹에서 빛나네	覆額毫光映雪眉
한 석장으로 한 해 내내 머문 적 없었는데	一錫不曾終歲住
신림암 남쪽 언덕에서 비석 다듬는 일 살피도다	神林南畔看磨碑

156 의영 장로(義瑩長老) : 서산 대사 휴정의 제자이다.

157 호광(毫光) : 석가모니의 미간(眉間)에 희고 빛나는 터럭이 있는데, 여기에서 나오는 빛을 말한다. 여기서는 의영 선사의 얼굴에서 느껴지는 광채를 말한 것이다.

개심대에서 일출봉을 바라보다

開心臺 望日出峯

산승은 산에 살기를 좋아하여	山僧好居山
매양 동쪽 봉우리 속을 바라보네	每望東峯裏
아침마다 해가 떠오르니	日出自朝朝
생로병사도 알지 못하겠지	不知老病死

화룡담에서

火龍潭

사자봉 아래 작은 동천 펼쳐져 獅子峯開小洞天
적룡의 비늘 갑옷 신령한 못에 잠기었네[158] 赤龍鱗甲鎖靈淵
가을 물결 잔잔하고 서늘한 구름 흩어지니 秋波不動凉雲散
깊은 골짜기에 비로소 번개가 멈추네[159] 幽壑初停列缺鞭

158 적룡(赤龍)의……잠기었네 : 못의 이름이 화룡담(火龍潭)이므로, 마치 붉은 용이 잠겨 있는 것 같다고 읊은 것이다.

159 가을……멈추네 : 가을이 저물어 가므로 용이 움직이지 않아 번개가 멈춘다는 말이다. 열결(列缺)은 높은 하늘의 찢어진 틈새를 가리키는데, 그 사이로 번개가 일어난다고 한다. 《초사(楚辭)》 〈원유(遠遊)〉에 "위로 열결에 이르러 아래로 큰 골짜기를 바라본다.〔上至列缺兮, 降望大壑.〕"라고 하였다.

대소 향로봉

大小香爐峯

뭉게뭉게 두 봉우리에 흰 구름 둘러 있고	冉冉雙峯繞白雲
아득히 이내 핀 가을 하늘 낮에 개어 향기롭다	秋空杳靄晝晴薰
좋은 글 다 지어도 보는 이 없어	瓊章報罷無人見
천향을 빌어다가 하나하나 사르노라	乞取天香細細焚

계선암

繫船巖

높다란 바위 뼈대 태초에 정해졌으니[160]	軻峨巖骨奠鴻濛
바위 형상과 배 모양은 본래 같지 않다네	石狀船形本不同
만약 선천에 이미 배가 있었다면	若道先天有舟楫
헌원씨가 물 건너게 한 공로 줄어들겠지[161]	軒轅自少濟川功

160 높다란……정해졌으니 : 계선암이 태초부터 있었다는 말이다. 홍몽(鴻濛)은 하늘과 땅이 갈라지기 이전으로, 원기가 혼돈한 상태를 가리키는 말이다.

161 만약……줄어들겠지 : 만약 선천 세계 때부터 배가 있었다면, 헌원씨(軒轅氏)가 만들었다는 배는 창작이 아니라 모방이기 때문에, 헌원씨의 공로가 보잘것없게 된다는 해학적 표현이다. 헌원씨는 중국 고대의 황제 이름으로 배와 수레를 만들었다고 한다.

진석 담무갈[162]

眞石曇無竭

기달산[163]에 들어온 뒤로 自入怾怛山
날마다 담무갈에 대해 들었지 日聞曇無竭
이제 그 참모습 보니 及此見眞身
까마득한 한 바위로구나 杳然一巖骨

162 담무갈(曇無竭) : 담무갈은 산스크리트어 Dharmodgata의 음역으로, 법기(法起)라고 한다. 《신화엄경(新華嚴經)》 권45 〈보살주처품(菩薩住處品)〉에 "동북쪽 바다 가운데에 금강산이 있는데, 그곳에서 담무갈보살(曇無竭菩薩)이 1만 2000보살과 함께 항상 《반야심경(般若心經)》을 설법하고 있다."라고 하였다.

163 기달산(怾怛山) : 금강산의 다른 이름이다. 이유원(李裕元)의 《가오고략(嘉梧藁略)》 책12 〈금강풍엽기(金剛楓葉記)〉에 "금강산은 봄에는 기달산이라 하고, 여름에는 봉래산이라 하고, 가을에는 풍악산이라 하고, 겨울에는 개골산이라 하는데, 그중에서 풍악산이란 이름이 가장 뛰어나니, 그것은 그 화려함을 취했기 때문이다.〔金剛, 春曰怾怛, 夏曰蓬萊, 秋曰楓岳, 冬曰皆骨, 楓岳爲最, 取其麗也.〕"라고 하였다.

마하연[164]에서

摩訶衍

마하연에 묵으니	寄宿摩訶衍
풍진 세상과 더욱 멀구나	風塵益杳然
이끼 자라 쓸쓸한 절간 닫혔고	莓苔寒殿閉
노송이 한 봉우리에 걸렸네	松栝一峯懸
땅 외져 계수나무 더위잡고[165]	地僻攀叢桂
마음 텅 비어 깨끗한 연꽃 띄우겠네	心虛泛淨蓮
제법의 허망함을 엿보며	仍窺諸法妄
잠시 소승선에 빠져보노라[166]	暫着小乘禪

164 마하연(摩訶衍) : 만폭동에 있는 암자로, 신라의 의상(義湘, 625~702)이 창건하였다. 바위 뒤에는 칠보대(七寶臺)가 있고, 동쪽에는 내수점(內水岾), 남쪽에는 금강성(金剛城), 망고대(望高臺), 혈망봉(穴望峰), 서쪽에는 진불점(眞佛岾), 북쪽에는 영랑점(永郎岾)이 둘러싸고 있다.

165 땅……더위잡고 : 은사(隱士)가 머물기에 적합한 장소라는 말이다. 한나라 회남왕(淮南王) 유안(劉安)의 〈초은사(招隱士)〉에 "계수나무가지 더위잡고 오래 머무르네.〔攀援桂枝兮聊淹留.〕"라고 한 데서 유래하였다.

166 제법(諸法)의……빠져보노라 : 이민구 홀로 잠시 참선 삼매에 빠져본다는 말이다. 소승(小乘)은 개인적 해탈을 추구하는 불교를 가리킨다. 반면에 마하연(摩訶衍)은 대승이란 의미로 모든 중생의 제도를 목적으로 하기에 홀로 해 보는 참선을 소승이라 한 것이다.

혈망봉[167]에서
穴望峯

하늘로 통하는 신령한 구멍 하나 매달려 있어	靈穴通霄一點懸
텅 빈 곳에 한밤 늘어선 별자리 걸렸네	虛明夜掛列星躔
몸에는 벌써 바람 타는 날개 돋아서	身邊已揷凌風翰
하늘 창을 날아 나가 자줏빛 안개 탄다[168]	飛出天窓駕紫煙

167 혈망봉(穴望峯) : 금강산에 있는 봉우리 이름이다. 바위 가운데에 구멍이 뚫려 있어, 구멍을 통해 하늘을 바라볼 수 있다 하여 혈망봉이라고 한다.

168 몸에는……탄다 : 혈망봉을 통해 하늘로 날아오르는 상상을 읊은 것이다. 천창(天窓)은 혈망봉의 구멍을 의미한다. 자연(紫煙)은 깊은 산속에 이는 자줏빛 이내로, 신선의 세계를 뜻하기도 한다.

미륵대에서

彌勒臺

미륵의 모습 되기 전에는	彌勒未成形
완연히 산속 한 바위였는데	頑然一山石
미륵의 모습 되어서는	旣成彌勒形
색상이 이미 따라 붙었네[169]	色相已隨着
옛적 길 가던 사람들	昔時行路人
절하러 밤낮으로 달려왔지만	膜拜走日夕
화복을 어찌 네가 관여하랴	罪福豈汝關
밝은 정신을 어두움에 붙였구나	神明付冥莫
무정한 것을 유정한 것으로 여겨	無情爲有情
만고에 깨닫지 못하네[170]	萬古不自覺

169 미륵의……붙었네 : 미륵대가 미륵보살과 유사하게 생겼다는 것을 사람들이 인식하기 전에는 미륵대가 그저 하나의 바위에 불과했는데, 미륵보살과 유사하다고 생각하게 되면서, 바위의 모습이 실제 미륵보살인 것처럼 인식하게 되고, 이름도 붙여졌다는 말이다. 색상(色相)은 불교 용어로, 겉으로 드러난 만물의 모습을 말한다.

170 무정한……못하네 : 무정물(無情物)인 바위를 유정물(有情物)인 미륵으로 생각하여, 복을 빌면서 잘못된 일임을 깨닫지 못한다는 말이다.

묘길상[171]은 명찰인데 너무 심하게 무너져 있었다

妙吉祥名刹也 頹圮已甚

가을 그늘 덮인 고찰에 벽려 길게 뻗었고	古寺秋陰薜荔長
벽에 가득한 먼지와 그을음에 부처가 누렇구나	塵煤滿壁佛渝黃
산중에선 담무갈 말하는데	山中只說曇無竭
세상 밖에는 공연히 묘길상 소문만 자자하네[172]	世外空聞妙吉祥

171 묘길상(妙吉祥) : 금강산 만폭동의 묘길상암터 앞의 절벽에 새겨져 있는 마애여래좌상으로 마하연묘길상이라고 한다. 이 불상에 대해서는 미륵불이라는 설과 비로자나불(毘盧遮那佛)이라는 설이 있다. 금강산이 《화엄경(華嚴經)》에 근거한 담무갈보살 신앙이 크게 융성해 있는 곳임을 고려할 때, 이 불상은 비로자나불로 보는 게 옳겠으나, 묘길상은 본래 문수보살(文殊菩薩)로 《화엄경》에서는 비로자나불(毘盧遮那佛)의 협시보살(脇侍菩薩)이므로 이름과 불상이 맞지 않는다. 문수보살은 대승(大乘) 불교에서 지혜를 상징하며, 보현보살(普賢菩薩)과 더불어 비로자나불을 좌우에서 보좌하며 삼존불(三尊佛)을 이루고 있다. 한편 묘길상암은 신라 시대에 창건하였고 고려 말 나옹(懶翁)이 중창한 절로, 조선 시대에 폐허가 되었는데, 이민구가 이곳을 유람할 당시에 이미 크게 훼손되었던 것이다.

172 산중에선……자자하네 : 금강산에 오기 전에는 묘길상 이야기를 많이 들었는데, 금강산에 들어와 보니 온통 담무갈(曇無竭) 이야기만 전하고, 묘길상은 훼손된 상태라는 말이다. 담무갈은 법기보살(法起菩薩), 혹은 법용보살(法勇菩薩)로, 금강산에 거주하고 있다는 보살이다. 77쪽 각주65 참조.

백운대에서

白雲臺

뾰족한 산 빼어난 경치 새벽에야 분간되니	攙峯秀色曉纔分
만학에 넘실대는 기운 온통 흰 구름일세	萬壑氛氳總白雲
산중에 특별한 게 없다는 말을	任道山中無別物
다만 궁궐 임금님께 보낼 만하다[173]	只堪持贈玉宸君

173 산중에……만하다 : 도홍경(陶弘景)의 고사를 인용하여 백운대에 구름 가득한 절경을 읊은 것이다. 남조(南朝) 제(齊)나라 고제(高帝)가 산중에 은거하는 도홍경에게 산중에는 무엇이 있느냐고 묻자, 도홍경이 〈산중에 무엇이 있느냐고 물으시므로 시를 지어 답하다〔詔問山中何所有 賦詩以答〕〉라는 시를 지었다. 그 시에 "산중에 무엇이 있는가 하면, 산등성이 위에 흰 구름 많아, 다만 스스로 기뻐할 뿐, 임금님께 보내줄 수는 없습니다.〔山中何所有, 嶺上多白雲. 只可自怡悅, 不堪持贈君.〕"라고 하였다. 《太平廣記 卷202 高逸 陶弘景》

원적동에서

圓寂洞

청려장 짚고 숲 지나려니 돌길 멀어	藜杖穿林石路長
흰 구름과 붉은 골짝 갈수록 아득하다	白雲丹壑轉微茫
신령한 근원 인간 세계와 동떨어지지 않아	靈源不隔人間世
흐르는 물 따라 찾아가니 줄곧 향기롭다	流水行尋一味香

비로봉에서 동회옹의 시를 차운하다

毗盧峯 次東淮翁

갈바람이 한 번 쓸어 구름 없이 깨끗하니	秋風一掃淨無雲
시야에 아득히 푸른 바다 끝까지 들어온다	雙眼茫茫碧海垠
오직 부상이 있는 동쪽 끝 너머는	唯有扶桑東極外
천지의 청탁을 분간할 수 없구나[174]	乾坤淸濁未曾分

174 오직……없구나 : 동해의 수평선 너머는 천지를 분간할 수 없다는 말이다. 부상(扶桑)은 전설상의 나무 이름으로 해가 떠오르는 동쪽에 있다고 한다. 청탁(淸濁)은 "기의 가볍고 맑은 것이 하늘이 되고, 무겁고 탁한 것이 땅이 되었다.〔其輕淸者爲天, 重濁者爲地.〕"라는 주자의 말을 인용한 것이다. 《朱子語類 卷1》

동회옹이 비로봉에 올랐을 때 구름이 가려 사방을 바라볼 수 없었기에 앞의 운자를 써서 농담하다
淮翁之上毗盧 雲蔽不得四望 用前韻戲之

동회 신선은 구름 탈 줄 알았으나	東淮仙子解乘雲
흐르는 기운 아득하게 팔방을 덮었으니	游氣濛濛混八垠
아마 구천 위의 노오라도	想得盧敖九天上
인간인지 산해인지 분간하지 못했으리[175]	人間山海摠難分

175 아마……못했으리 : 신선이 된 노오(盧敖)가 하늘 위에서 내려다보아도 구름에 덮인 세상이 인간 세상인지 산해인지 구분할 수 없었을 것이라는 말로, 동회 신익성(申翊聖, 1588~1644)이 비로봉에서 아무 경치도 보지 못했을 것이라고 읊은 것이다. 노오는 진 시황(秦始皇) 때 사람으로, 시황이 그를 박사로 삼고 신선을 구하게 하였는데, 그는 노산(盧山)에 은거하다가 뒤에 신선이 되었다고 한다. 《회남자(淮南子)》 〈도응훈(道應訓)〉에 "노오는 북해(北海)에서 노닐고, 태음(太陰)을 경유하여 현궐(玄闕)로 들어갔다."라고 하였다.

동회 노인의 비로봉 20운[176]에 맞춰 짓다

次淮叟毗盧二十韻

땅이 홍몽[177]에서 갈라질 때	地載鴻濛判
신이 조화의 솜씨 모았네	神司造化鍾
웅장하게 서린 신령한 봉우리 장엄하고	雄盤靈嶠壯
읍하는 뭇 산들 공손하다	揖遜衆山恭
신라 왕자가 숨은 곳이며[178]	羅嗣肥貞域
담무갈[179]이 세상에 드러낸 자취로다	曇禪現世蹤
하늘 찌를 듯 늘어선 여러 봉우리 가운데	攙霄俱列岫
북극성 짝하는 최고봉일세	配極最高峯
남과 북으로 음지와 양지 나뉘고	南北陰陽割

176 동회……20운 : 신익성(申翊聖, 1588～1644)의 작품은 《낙전당집(樂全堂集)》 권2에 수록된 〈비로봉이십운(毗盧峰二十韻)〉이다.

177 홍몽(鴻濛) : 여러 가지 뜻이 있으나, 여기서는 우주가 형성되기 이전의 혼돈 상태를 뜻한다.

178 신라……곳이며 : 나사(羅嗣)는 신라의 왕위를 계승할 사람〔新羅嗣位〕을 줄인 표현으로, 마의태자(麻衣太子)를 가리킨다. 그는 신라 경순왕의 태자로, 935년(경순왕 9)에 신라가 후백제 견훤과 고려 왕건의 신흥 세력에 대항할 길이 없어 항복하자, 이에 반대하여 금강산으로 들어가 마의(麻衣)를 입고 풀뿌리와 나무껍질을 먹으면서 여생을 보냈다고 한다. 비정(肥貞)은 《주역》 〈돈괘(遯卦)〉에 "구오는 아름다운 은둔이니, 정하여 길하다.〔九五, 嘉遯, 貞吉.〕"라고 한 정(貞)과 "상구는 여유 있는 은둔이니, 이롭지 않음이 없다.〔上九, 肥遯, 无不利.〕"라고 한 비(肥)를 합한 말로, 마의태자의 은둔을 가리킨다.

179 담무갈 : 금강산에 거주한다는 법기보살을 가리킨다. 77쪽 각주65 참조.

어둡고 밝아 산세 장중하다　　昏明體勢重
맑은 햇살이 우거진 비췻빛 숲을 열어　　晴光開蔚翠
빼어난 기운 연꽃처럼 드러나네　　秀氣露芙蓉
자라가 이고 있다는 말 바다에서 들었는데[180]　　鼇戴徒聞海
벌레의 의심 문득 겨울을 지키네[181]　　蟲疑却守冬
높은 산 오를 생각뿐이니　　秖思凌嶒嵲
세찬 물결 건넘을 두려워하랴　　肯畏涉瀧洶
쌓인 바위는 눈을 높이 들어야 겨우 보이고　　積石纔嵬眼
피어나는 구름은 벌써 흉금을 씻어 준다　　崩雲已蕩胸
곤륜산 불길에도 옛 옥 남았는가[182]　　崑炎餘舊玉

180 자라가……들었는데 : 봉래산(蓬萊山)이 바다에 떠 있다는 말만 들었는데, 지금 금강산이 육지에 있음을 알았다는 말이다. 봉래산은 동해 가운데 있다는 봉래, 방장(方丈), 영주(瀛洲)의 삼신산(三神山) 가운데 하나인데, 자라가 이 신산(神山)을 이고 왔다는 전설은 다음과 같다. 발해(渤海)의 동쪽에는 대여(岱輿), 원교(員嶠), 방호(方壺), 영주, 봉래의 다섯 신산이 있었는데, 이 산들이 조수에 밀려 표류하며 정착하지 못하였다. 천제(天帝)가 혹 이 산들이 서극(西極)으로 표류할까 염려하여, 처음에 금색의 자라〔金鼇〕 열다섯 마리로 하여금 이 산들을 머리에 이고 있게 함으로써 비로소 정착하게 되었는데, 뒤에 용백국(龍伯國)의 거인이 단번에 이 자라 여섯 마리를 낚아 감으로 인하여 대여와 원교 두 산은 서극으로 표류하고, 나머지 세 산만 남았다고 한다. 《列子 湯問》

181 벌레의……지키네 : 충의(蟲疑)는 벌레의 의심이라는 말로, 《장자(莊子)》 〈추수(秋水)〉에 "여름 벌레와는 얼음에 대해 말할 수 없으니, 이는 계절에 구애받기 때문이다."라고 하였다. 여기서는 얼음을 알지 못하는 여름 벌레가 있듯이, 이민구가 말로만 듣던 비로봉의 아름다운 모습을 직접 눈으로 보고서야 믿게 되었다는 말이다.

182 곤륜산(崑崙山)……남았는가 : 비로봉의 아름다움을 읊은 것이다. 곤염(崑炎)은 곤륜산의 불길인데 곤륜산은 옥이 나는 곳이며, 그 산에 불이 나면 옥과 돌이 함께

칼 담금질해 새 날을 깎은 듯하다	劍淬削新鋒
옮겨 가는 떠돌이별에 닿을 듯하고	似接漂星轉
해 목욕하는 곳에 곧장 임해 있네[183]	平臨浴日春
하나라 공은 처음에 정하지 않았고[184]	夏功初闕奠
한나라 옥검으로 옛날 봉선하지 않았네[185]	漢檢昔迷封
바람을 탈 줄 모르니	未借風爲馭
응당 번거롭게 쇠지팡이 만드네	應煩鐵作笻
무늬만 보고 어찌 표범을 본뜨랴[186]	窺斑寧擬豹

탄다고 한다. 그 불길 속에서 남은 것처럼 비로봉이 아름답다는 말이다.

183 해……있네 : 비로봉에서 해가 뜨는 동해를 바라볼 수 있다는 말이다. 욕일(浴日)은 해를 목욕시킨다는 의미로, 《회남자(淮南子)》 〈천문훈(天文訓)〉에 "해는 양곡에서 떠올라, 함지에서 목욕한다.〔日出於暘谷, 浴於咸池.〕"라고 하였다.

184 하(夏)나라……않았고 : 하나라 우(禹) 임금이 고산(高山)과 대천(大川)을 정할 때 금강산은 넣지 않았다는 말이다. 《서경》 〈우공(禹貢)〉에 "우는 토지를 분별하고 산을 따라 나무를 제거하여, 고산과 대천을 정해 놓으셨다.〔禹敷土, 隨山刊木, 奠高山大川.〕"라고 하였다.

185 한(漢)나라……않았네 : 금강산에 와서 하늘에 제사하지 않았다는 말이다. 한나라 때 사마상여(司馬相如)가 임종(臨終) 직전에 〈봉선문(封禪文)〉을 지어서, 무제(武帝)에게 동쪽으로 가서 태산(泰山)에 봉선하여 공업(功業)을 현창시키도록 청했으므로, 뒤에 무제가 그의 말대로 태산에 가서 봉선을 행하였다. 《한서(漢書)》 〈무제기(武帝紀)〉에 "태산에 올라 봉 제사를 행하다.〔登封泰山〕"라고 하였는데. 그 주에 "금책(金策) 석함(石函)과 금니(金泥) 옥검(玉檢)을 들고 올라가 봉(封)을 행한다."라고 하였다. 금니는 황금으로 도색하는 것을 말하고, 옥검은 옥첩서(玉牒書)를 봉함한 궤이다.

186 무늬만……본뜨랴 : 규반(窺斑)은 표범 가죽의 무늬 하나만을 보았다는 규표일반(窺豹一斑)의 준말로, 일부분만을 보고 완전한 정체(整體)를 보지 못했다는 뜻이다. 여기서는 몇 곳의 명승지만을 보고서 세상의 모든 명승지를 알 수 없다는 말로, 금강산 비로봉의 모습이 그동안 이민구 자신이 보아왔던 다른 산들과는 전혀 다르다는 것을

종이만 뚫었으니 더욱 가련한 벌이로다[187] 鑽紙益憐蜂
오악은 중원의 작은 부분이고 五嶽中原小
황하도 구파[188]가 모인 것이지 黃河九派淙
오래 머물다가 저녁 아지랑이에 시름겨워 淹留愁暮靄
돌아와 쉬며 가을 풀에 앉았네 歸息坐秋茸
장한 뜻을 오직 외로이 따를 뿐 壯志唯孤狥
여러 신선을 어찌 쉬 만날까 群仙豈易逢
기이한 유람은 도리어 망상이니 奇游還妄想
멸진의 가르침 크게 보면 大觀滅眞宗
만난 경치도 끝내 허상이고 寓境終虛幻
머리 돌리면 실상 병들고 못난 사람이네[189] 回頭實病慵
저 멀리 수많은 봉우리들 遙岑千萬點
손꼽아 세며 높은 소나무에 기댔네 屈指倚喬松

표현한 것으로 보인다.

187 종이만……벌이로다 : 《전등록(傳燈錄)》에 "신찬 선사(神瓚禪師)가 하루는 벌 새끼가 칭지(窓紙)를 뚫고 들어오는 것을 보고서 말하기를 '세계가 저렇게 광활한데 선뜻 나가지 못하고 고지(故紙)만 뚫는구나.' 하였다."라는 내용이 있다. 세상 사람들의 편협한 시각과 경험을 폄하한 말로, 여기서는 이제야 비로봉의 장관을 보게 된 이민구 자신을 묵은 종이만 뚫고 있는 벌에 비유하여 표현한 것으로 보인다.

188 구파(九派) : 황하의 아홉 개 지류(支流)를 말한다.

189 기이한……사람이네 : 금강산 유람을 통해 빼어난 경관을 많이 보았지만 크게 보면 모두가 환상이고, 자신도 세속의 용렬한 사람일 뿐이라는 말이다. 멸진종(滅眞宗)은 고통을 멸하고 참된 실상을 깨닫는 가르침으로 불교를 가리킨다.

수점에서 내산승을 전송하며 이도장[190]에게 부치다
水岾送內山僧 寄李道章

명산에서 여러 신선 마을 두루 다녀 보고	名山踏遍列仙鄕
가마 타고 동쪽으로 가니 길 더욱 멀구나	籃筍東行路更長
짙은 안개 숲에 가득하더니 비가 되고	昏靄滿林仍作雨
갈바람에 잎 떨어지니 서리와 무관하네	秋風下葉不關霜
청도[191]의 꿈속 세상 연하 속에 머물렀는데	淸都夢境煙霞住
속세로 돌아갈 시기 세월은 바삐 가는구나	塵世歸期歲月忙
고개 돌려 봉래 원화동[192] 바라보니	回首蓬萊元化洞
옛 사람도 나는 학도 모두 아득하다	故人飛鶴共茫茫

190 이도장(李道章) : 이소한(李昭漢, 1598~1645)으로, 본관은 연안(延安), 자는 도장, 호는 현주(玄洲)이다. 《東里集 卷14 先府君行狀》

191 청도(淸都) : 옥황상제가 산다는 천상(天上)의 궁전을 가리킨다. 《楚辭 遠遊》

192 원화동(元化洞) : 금강산 만폭동(萬瀑洞) 주변을 가리킨다. 윤증(尹拯)의 《명재유고(明齋遺稿)》 권2에 〈봉래도차자동운(蓬萊島次紫洞韻)〉이라는 작품이 수록되었는데, 그 시의 소주에 "만폭동에 원화동천이라고 새겨져 있다.〔萬瀑洞, 刻元化洞天.〕"라는 내용이 있다. 이 글씨는 명종과 선조 연간에 회양 부사로 있던 봉래(蓬萊) 양사언(楊士彦)이 새긴 것이라고 한다.

은신암에서 비에 막히다

隱身庵阻雨

오래된 절에서 스님 의지해 머물렀는데	古寺依僧住
단풍 숲은 바라봐도 열리지 않네	楓林望不開
가을 구름이 저물녘 비가 되니	秋陰成暮雨
밤에 앉아 신선 누대 떠올리네	夜坐憶仙臺
먼 바다는 깊이를 알기 어렵고	遙海深難辨
높은 구름은 아득히 돌아온다	高雲莽自回
이 사이의 고요한 뜻이	此間岑寂意
세모에도 또 돌아오려나	歲晩且歸來

밤에 누워서

夜臥

향로의 푸른 연기 가늘게 피어오르고	香爐青篆細氤氳
먼 절간 맑은 종소리 새벽에 들리네	遙寺寒鍾徹曉聞
외로운 등불 아래 한밤에도 잠 못 드니	孤燭未成中夜夢
온 산 가을 낙엽에 빗소리 요란하다	滿山秋葉雨紛紛

곡식을 끊은 승 보주

休糧僧寶珠

유마 거사[193]가 병든 뒤 선방 닫았듯	維摩病後閉禪房
앉아서 미진[194] 살피니 만겁처럼 길었네	坐閱微塵萬劫長
모든 업연[195]을 깨달음의 길로 돌이켜	摠把業緣歸覺路
홀로 청정함 지니고 자항[196]에 올랐네	獨持淸淨上慈航
부엌에 불씨 식어 까마귀가 쪼고	香廚火冷從烏啄
시렁에 이끼 수북이 자라 쥐가 숨는다	庋閣苔深寄鼠藏
흐르는 물과 흰 구름처럼 머물지 않으니	流水白雲無住着
온 산의 솔잎이 가을 식량일세	滿山松葉是秋糧

193 유마 거사(維摩居士) : 석가(釋迦)와 같은 시대의 사람으로 병이 들었다고 자리에 누운 뒤, 병문안을 온 여러 보살들에게 불이법문(不二法門)의《유마경(維摩經)》을 설했다고 한다.

194 미진(微塵) : 더 이상 나눌 수 없는 작은 먼지라는 뜻이다.《능엄경(楞嚴經)》권4에 "한 털끝에서 보왕의 세계를 나타내며, 작은 먼지 속에 앉아서 큰 법륜을 굴린다.〔於一毛端, 現寶王刹, 坐微塵裏, 轉大法輪.〕"라고 하였다.

195 업연(業緣) : 불교 용어로 인과응보(因果應報)를 끌어 일으키는 인연(因緣)을 가리킨다.

196 자항(慈航) : 불교를 가리킨다. 불교에서 불보살(佛菩薩)이 자비로 중생을 생사의 바다에서 구제하는 것이 마치 배로 사람을 태워서 바다를 건네주는 것과 같다 하여 붙여진 이름이다.

9월 9일 산속에서 비에 막히다
九日山中阻雨

구일에 단정히 앉아 애써 스스로 달래는데	九日端居强自寬
서쪽 숲 비바람이 차갑게 창을 때린다	西林風雨打窓寒
타향에서 맞은 중양절 가을 다하기를 재촉하는데	殊方今節催秋盡
고향으로 돌아가고픈 마음 밤에 간절하네	故國歸心入夜闌
한 바리에 의지해 스님 홀로 머물고	一鉢只依僧獨住
수많은 절벽 험한 광경을 객이 함께 보누나	千崖併阻客同看
국화도 산속의 물건이라	黃花也是山中物
아침 내내 따고도 차마 먹지 못하네	采掇終朝不忍餐
어둠침침 하늘 낮게 드리우고 구름 감돌아	泱漭天低雲氣廻
온 산의 낙엽이 빗속에 바삐 떨어지네	千山落葉雨中催
교룡이 경사진 골짜기에 어찌 숨을까	蛟龍急峽何曾蟄
기러기도 찬 모래에 오지 않누나	鴻雁寒沙遂不來
구일 거센 바람에 모자 떨어졌는데[197]	九日高風從落帽
일 년 중 좋은 날을 산 오르며 마치네	一年佳節罷登臺
누가 적막한 도잠을 가련하다 하랴	誰憐寂寞陶彭澤

197 구일 거센……떨어졌는데 : 유쾌하게 흠뻑 취했던 예전의 술자리가 그립다는 말이다. 낙모(落帽)는 모자를 떨어뜨린다는 말로, 진(晉)나라 맹가(孟嘉)가 중구일(重九日)에 환온(桓溫)이 베푼 용산(龍山)의 주연(酒宴)에 참석했다가, 술에 흠뻑 취한 나머지 바람에 모자가 날아가는 것도 깨닫지 못했다는 고사가 있다. 《世說新語 識鑑》

강주의 탁주 술잔마저 끊겼어라[198] 併斷江州白酒杯

늙고 병든 몸 숲속에서 지내며 老病僑居祇樹林
아득한 가을날 서글피 시만 읊조린다 茫然秋日謾悲吟
용 서렸으니 구름 속에 날 생각 끊이지 않고 龍蟠不斷排雲想
학 야위어 이슬 경계하는 마음 괜히 가엾구나 鶴瘦虛憐警露心
만리 천지는 몸 밖에 광활하고 萬里乾坤身外闊
백년 호해는 눈 속에 깊건만 百年湖海眼中深
쓸쓸한 사영운의 등산 나막신 蕭條謝氏登山屐
홀로 홍애 마주하고 지금껏 앉았노라[199] 獨對洪厓坐至今

198 누가……끊겼어라 : 도잠(陶潛)에게는 술을 보내 주는 사람이 있었지만, 지금 이민구에게는 술을 가지고 찾아오는 사람조차도 없다는 말이다. 도팽택(陶彭澤)은 팽택 현령(彭澤縣令)을 지냈던 도잠을 가리킨다. 도잠이 중양절(重陽節)에 마실 술도 없이 국화꽃을 따다가 울타리 옆에 앉아 있는데, 멀리 흰옷 입은 사람 하나가 오는 것이 보였다. 그는 바로 강주 자사(江州刺史) 왕굉(王宏)이 보내는 술을 가지고 온 사람이었다는 고사가 있다. 《續晉陽秋 恭帝》

199 쓸쓸한……앉았노라 : 비에 갈 길이 막혀 스님과 마주하고 있는 이민구 자신의 처지를 읊은 것이다. 사씨등산극(謝氏登山屐)은 사영운(謝靈運)의 등산 나막신을 말한다. 남조 송(南朝宋)의 시인 사영운은 심산유곡(深山幽谷)을 탐색하기를 좋아하였는데, 그럴 때면 꼭 나막신을 신고 다녔다는 고사가 있다. 《宋書 卷67 謝靈運列傳》 여기서는 이 고사를 인용하여 이민구 자신의 금강산 유람을 말하고 있는 것이다. 홍애(洪厓)는 홍애 선생(洪厓先生)을 가리킨다. 그는 본래 황제(黃帝)의 신하 영륜(伶倫)인데, 도술을 얻어 신선이 된 뒤에 홍애라 불렀다. 한나라 때 선인(仙人) 위숙경(韋叔卿) 등이 종남산(終南山)에서 그와 함께 바둑을 두며 손을 잡고 놀았다고 한다. 《神仙傳 韋叔卿》 진(晉)나라 곽박(郭璞)의 〈유선(游仙)〉에 "왼손으론 부구의 옷소매를 끌어당기고, 오른손으론 홍애의 어깨를 어루만지네.〔左挹浮丘袖, 右拍洪崖肩.〕"라는 내용이 있다. 여기서는 이민구와 함께 머물고 있는 스님을 홍애로 표현한 것이다.

9월 9일 풍우가

九日風雨歌

중양절에 근심스레 즐겁지 않아　九日之日令我愁不樂
앉아서 동쪽 벼랑 바라보니 천 길 바위로다　坐望東厓千丈石
세찬 바람 바다에 불어 파도가 하늘에 닿고　驚風駕海波滔天
뿌리는 비 매서워 산과 골짜기 컴컴하네　飛雨慘慘霾山壑
텅 빈 숲 곳곳에 뻗은 돌길 어두워　空林雜沓巖逕昏
도깨비가 찬 나무에 기대 낮에도 부르짖네　魑魅晝號依寒木
구정봉 앞에서 용이 밤새 우니[200]　九井峯前龍夜泣
유리궁[201] 안에는 물이 말라 가네　琉璃宮中水枯涸
쏟아져 내려 인간 세계 온갖 물줄기 되고　瀉作人間百道川
세차게 흘러 남강에 배가 일찍 끊겼네　奔流早斷南江船
남강에 유람하던 나그네 돌아가지 못해　南江游客歸未得
미인을 보지 못하니 속절없이 애틋하다　美人不見空娟娟
요대[202] 소식 아득하니 어떠한고　瑤臺消息杳何許

200 구정봉……우니 : 용이 울어 비가 내린다는 말이다. 참고로 《택당집(澤堂集)》 권5 〈불정대기사(佛頂臺記事)〉의 소주(小註)에 "불정대 동쪽에 구정봉이 있는데, 여기가 바로 아홉 마리의 용이 잡혀 우물로 된 곳이다.〔臺之東, 有九井峯, 卽九龍所攫爲井處.〕"라는 구절이 있다.

201 유리궁(琉璃宮) : 방장산(方丈山) 위에 있다는 신선의 궁전으로, 동방삭(東方朔)이 지은 《십주기(十洲記)》에 그 내용이 있다.

202 요대(瑤臺) : 신선이 산다는 주옥(珠玉)으로 장식한 화려한 누대를 가리킨다.

구름 얽혀 가을 무지개 고울 테지 雲氣繚繞秋虹鮮
비로봉 신선 사다리 오래도록 보일 듯 말 듯 毗盧仙梯舊明滅
신령한 사슬 당기는 이 없어 아득하구나 靈鎖掣斷仍茫然
아아 좋은 일은 참으로 사라지기 쉬우니 嗚呼勝事眞易朽
어제의 장관을 이제 돌아보노라 昨日壯觀今回首
온통 백발로 좋은 날 만났으니 總饒白髮對佳辰
어찌 맑은 기쁨 내 수중에 들어올까 豈有淸歡入吾手
초인은 평소 수유 주머니를 중히 여겼고[203] 楚人雅重茱萸囊
진나라 풍속은 국화주 더욱 즐겼지[204] 晉俗尤耽菊花酒
즐기는 마음 이미 소년의 즐거움 사양했고 賞心已謝少年樂
모임 맺어 잠시 스님[205]과 짝했네 結社暫與頭陀偶

203 초인(楚人)은……여겼고 : 중국 양(梁)나라의 종름(宗懍)이 쓴《형초세시기(荊楚歲時記)》에 의하면, 9월 9일 중양절에 초 땅 사람들이 붉은 주머니에 수유(茱萸)를 담아서 팔뚝에 걸고 높은 산에 올라가 국화주를 마셔 재액(災厄)을 물리치는 풍속이 있었다. 주머니에 수유를 담는 데에 관한 내력은 선인(仙人) 비장방(費長房)의 고사에서 왔다. 후한(後漢) 때 환경(桓景)이 비장방에게 가서 유학(遊學)했는데, 하루는 비장방이 환경에게 이르기를 "9월 9일 너의 집에 재앙이 있을 것이니, 급히 가서 집안사람들로 하여금 각각 붉은 주머니에 수유를 담아서 팔뚝에 걸고 높은 산에 올라가서 국화주를 마시게 하면 이 재앙을 면할 것이다." 하였다. 환경이 그의 말에 따라 9월 9일에 온 가족을 거느리고 산에 올라갔다가 저물녘에 내려와 보니 닭, 개, 소, 양 등의 가축만 일시에 다 죽어 버렸고 사람은 무사했다고 한다.

204 진(晉)나라……즐겼지 : 진나라 때의 처사 도잠(陶潛)은 유독 국화를 좋아하였는데, 그의 시에 "동쪽 울 밑에서 국화를 따고, 하염없이 남산을 바라보네.〔採菊東籬下, 悠然見南山.〕"라고 하였다.《陶淵明集 卷3 飮酒》또한 송대(宋代) 주돈이(周敦頤)가 지은〈애련설(愛蓮說)〉에도 "진나라 도연명은 유독 국화를 사랑했다.〔晉陶淵明獨愛菊〕"라고 하였다.

스님은 곡기를 끊고 마음도 비웠으니　頭陀休糧且休心
세상살이 쉬이 가는 세월 아쉬워 않네　閱世不惜催光陰
내가 스님 따라 담담함 배운다면　我從頭陀學枯淡
들 학이 갇힌 새 따르는 것과 어이 다르랴　曷異野鶴隨籠禽
동쪽으로 바다에 떠서 달을 불러내며　東浮沆瀣呼月出
칼로 긴 구름 끊어 내어 안개 쓸고서　劍決長雲掃氛靄
돌아와 불정대에서 취해 누워　歸來醉臥佛頂臺
금 술잔 깨끗이 닦아 마시며 달빛[206] 즐기리라　淨洗金觥翫銀闕

205 스님 : 두타(頭陀)는 범어(梵語)로 두다(杜多)라고도 한다. 세속에서 중이 돌아다니며 밥을 빌어 고행(苦行)을 닦는 것을 두타라고 칭한다.

206 달빛 : 은궐(銀闕)은 도가(道家)의 말로, 천상에 있다는 백옥경(白玉京)이다. 신선 또는 천제(天帝)가 사는 곳으로, 여기서는 달을 가리킨다.

비를 무릅쓰고 유점[207]으로 내려가며 동행한 스님에게 주다
冒雨下楡岾 贈同行僧

견여 타고 비 맞으며 유점으로 내려가려　肩輿帶雨下名藍
여장 꾸리니 한 짐 가득한데　收拾裝囊滿一擔
석장 짚고 가뿐히 마음대로 가니　杖錫飄然隨意去
선가의 풍미 나를 부끄럽게 한다　禪家風味發吾慙

207 유점(楡岾) : 유점사(楡岾寺)를 말한다. 강원도 고성군 서면 백천교리 금강산에 있는 명찰이다. 원래 신라 남해왕 원년에 지은 사찰이다. 고려 때 민지(閔漬)가 찬한 〈유점사기(楡岾寺記)〉에 의하면, 서역(西域)의 월지국(月支國)에서 일찍이 53구(軀)의 부처가 무쇠로 만든 종(鐘)을 타고 신라의 안창현(安昌縣) 포구(浦口)에 닿았다. 이때 안창 현재(安昌縣宰) 노춘(盧偆)이 관속들을 거느리고 가보니, 부처는 보이지 않고 부처가 나뭇가지에 종을 걸어 놓고 쉰 흔적만 있었다. 이리저리 부처를 찾던 도중, 한편에서 종소리가 나는 것을 듣고 그곳으로 가보았다. 그곳에는 못이 하나 있고 못 위에 느릅나무가 있었는데, 느릅나무 가지에 종을 걸어 놓고 여러 부처들이 못 언덕에 죽 늘어서 있으면서 이상한 향기를 풍겼다. 노춘은 관속들과 함께 부처 앞에 나아가 예배하였다. 관청으로 돌아간 노춘은 이 사실을 왕께 아뢴 다음, 이 자리에 절을 창건하여 그 부처들을 봉안(奉安)하고 유점사라 하였다고 한다. 또 고려 때 보덕암(普德菴)의 중이 찬했다는 〈금강산기(金剛山記)〉에 의하면, 한(漢)나라 평제(平帝) 원시(元始) 4년인 서기 4년에 서역으로부터 황금 불상 53구가 바다에 떠와서 이 산에 이르렀으므로, 인하여 이곳에 절을 짓게 되었다고 한다.

휴정 자휴 보운[208] 세 선사의 부도

休政自休寶雲三禪浮屠

어디서 와서 머물지 않고 바삐 가셨는가	來何不住去何忙
서쪽 하늘에 소매 떨쳐 깨달음의 길 장구했건만	拂袖西天覺路長
오직 이끼 낀 한 조각 돌만 남았으니	唯有莓苔一片石
풍등[209]에 그림자 사라지듯 갈수록 아득하다	風燈無影轉茫茫

208 휴정(休政) 자휴(自休) 보운(寶雲) : 휴정(1520～1604)은 조선 중기의 고승(高僧)이자 승군장(僧軍將)이다. 부도가 금강산 유점사(楡岾寺)에 있다. 112쪽 각주118 참조. 자휴와 보운은 휴정의 제자인 듯하나 자세한 내용은 상고할 수 없다.

209 풍등(風燈) : 바람 앞의 등불이라는 말로, 짧은 시간, 또는 덧없는 인생에 비유된다. 《만선동귀집(萬善同歸集)》 권5에 "무상이 신속하여 생각마다 변천하니, 돌이 부딪쳐서 이는 불과 바람 앞의 등잔불, 흘러가는 물과 지는 낙조, 이슬 젖은 꽃과 번갯불 그림자로도 비유할 수 없다.〔無常迅速, 念念遷移, 石火風燈, 逝波殘照, 露華電影, 不足爲喩.〕"라고 하였다.

한밤중에

夜半

산 속에 들어와 지내면서부터	自入山中住
청허한 기운 날마다 사람을 감싸네	淸虛日襲人
도가 보존되어야 세상의 망녕됨 볼 수 있고	道存觀世妄
싸워 이겨야 내 진면모를 알 수 있지	戰勝見吾眞
쓸쓸한 골짜기에 바람 불어 소리 일고	哀壑風生籟
텅 빈 집에 비 내려 먼지 가라앉네	虛堂雨壓塵
차가운 종소리 들리는 아득한 한밤에	寒鍾遙夜半
잠 깨어 문득 정신 번쩍 든다	睡覺便精神

유점사[210] 중건을 읊은 16운
重建楡岾寺 十六韻

금강산[211]이 북쪽에서 뻗어 오고	怾怛山從北
비로봉 산세 동으로 흐르네	毗盧勢注東
수리 빙빙 도는 곳에 좋은 터 마련하고	鷲盤開妙域
용이 봉헌하여 신궁을 지었네[212]	龍獻闡神宮
노씨가 남긴 자취 환상적이었고	盧氏遺蹤幻
가람 법회 웅장했는데[213]	伽藍法會雄
재해의 해에 불타 사라졌으니	災年遭燼劫
불력이 정통함을 사양했네	佛力謝精通
기러기 섬돌 불타며 처량하게 소리 내고[214]	雁砌焚哀玉
무지개 들보 떨어져 새까만 동이 되었네	虹梁落暗銅

210 유점사(楡岾寺) : 강원도 고성군 서면 백천교리 금강산에 있는 명찰이다. 155쪽 각주207 참조.

211 금강산 : 기달(怾怛)은 금강산의 다른 이름이다. 133쪽 각주163 참조.

212 용이……지었네 : 노춘(盧偆)의 건의로 남해왕이 유점사를 창건했다는 말이다. 155쪽 각주207 참조.

213 노씨(盧氏)가……웅장했는데 : 노씨는 안창 현재(安昌縣宰) 노춘인데, 당시에 53불을 모셔 유점사를 짓고 웅장하게 법회를 열었음을 말한다. 155쪽 각주207 참조.

214 처량하게 소리 내고 : 애옥(哀玉)은 옥이 울리는 소리가 처량하고 맑은 것이다. 두보가 상대방의 시를 칭찬하여 "맑은 글은 애옥을 울리는 듯하고, 도를 보는 것은 신형에서 나온 것 같아라.〔淸文動哀玉, 見道發新硎.〕"라고 하였다.《杜少陵詩集 卷19 奉酬薛十二丈判官見贈》

절에서는 좋은 업보 지어　諸天仍勝業
사찰을 서둘러 새로 세웠네[215]　初地倏新功
보배로운 코끼리[216] 여전히 그대로 있고　寶象還依住
꿩이 날 듯한 처마[217] 능숙한 솜씨로세　飛翬儼擅工
금륜[218]은 해 따라 빛나고　金輪隨日轉

215 절에서는……세웠네 : 소실된 유점사를 중건했다는 말이다. 제천(諸天)과 초지(初地)는 모두 불교 사원이나 암자의 별칭으로 쓰이는 말로, 여기서는 유점사를 가리킨다. 두보의 시에 "등나무 덩굴 저 너머에 암자가 있으련만, 깜깜해진 뒤에나 겨우 꼭대기에 오르겠군.〔諸天合在藤蘿外, 昏黑應須到上頭.〕"이라는 구절이 있다.《杜少陵詩集 卷12 涪城縣香積寺官閣》

216 보배로운 코끼리 : 유점사 경내에 있는 코끼리 상을 가리킨다. 율곡(栗谷) 이이(李珥, 1536~1584)가 금강산을 유람하며 유점사에 들렀을 때, 이 상을 보고 "푸른 사자와 흰 코끼리, 입 쩍 벌리고 두 눈 부릅떴네.〔青獅與白象, 呀口瞋雙目.〕"라고 하였다.《栗谷全書拾遺 卷1 余之遊楓嶽也……觀者勿嗤》

217 꿩이……처마 : 중건한 유점사의 처마 모습을 읊은 것이다.《시경》〈사간(斯干)〉에 "사람이 몸을 곧게 세워 공경함과 같으며, 화살이 곧게 날아감과 같으며, 새가 놀라 낯빛을 변함과 같으며, 꿩이 날아가는 것과 같으니, 군자가 올라가서 정사를 다스릴 곳이로다.〔如跂斯翼, 如矢斯棘, 如鳥斯革, 如翬斯飛, 君子攸躋.〕"라고 하였는데, 그 주에 "처마가 화려하고 높으며 날아갈 듯함은 꿩이 날아 날개를 펴는 것과 같다.〔其簷阿華采而軒翔, 如翬之飛而矯其翼也.〕"라고 풀이하였다.

218 금륜(金輪) : 금륜은 유점사 9층석탑 상층부에 있는 원 모양의 장식을 가리킨다.《택당집(澤堂集)》 권5 〈유점사(楡岾寺)〉에 "밖엔 보탑 금륜 우뚝 솟아 있고, 안엔 지편 옥검 깊이 봉안되었네.〔寶塔金輪表, 芝編玉檢封.〕"라고 하였는데, 소서(小序)에 "이 절은 재차 화재를 만났다가 이제 중건되었다. 그런데 이 절 안에 대왕대비를 위시하여 공주와 소용이 직접 쓴 불경 수백 권을 새로 소장하였기 때문에, 지편옥검이란 말을 썼다. 그 나머지는 모두 절의 고적을 읊은 것이다.〔寺再經火, 重建纔完. 寺中有大王大妃與公主昭容手書內與數百卷新藏可寶玩, 故有芝編玉檢之句. 餘皆寺中古迹也.〕"라고 하였다.

푸른 탑[219]은 덮어쓴 먼지 씻었네　碧塔洗塵蒙
옛 우물에는 까마귀가 아직도 쪼는데[220]　古井烏猶啄
커다란 종은 화재로 이미 녹았구나　豐鍾火已融
누대 비어 시내에 그림자 비치고　樓虛溪寫影
처마 고요해 풍경이 바람 머금었다　簷靜鐸含風
흥폐가 신령한 지경에도 찾아오는데　興滅尋靈境
머물러 지내려니 늙은이 부끄럽네　棲遲媿老翁
오묘한 방편[221]을 불경[222]에서 깨닫고　妙筌聆貝葉
가을 감상을 서리 맞은 단풍에 맡기노라　秋賞寄霜楓
뜬세상의 일을 어찌 말하랴　浮世何堪說
진선도 도리어 허무하구나　眞禪却易空
고해[223] 건널 뗏목은 없고　迷津無筏渡

219 푸른 탑 : 유점사 9층 석탑을 가리킨다.

220 옛……쪼는데 : 오탁정(烏啄井)이 남아 있다는 말이다. 정엽(鄭曄, 1563~1625)은 유점사에 샘이 생긴 내력에 대하여 "그곳에는 본래 샘이 없었다. 어느 날 여러 마리의 까마귀가 날아와 땅을 쪼았는데, 신령한 샘물이 갑자기 넘쳐흘렀다. 지금의 오탁정이 바로 그것이다.〔又其地本無泉, 一日群烏來集啄地, 靈泉忽流溢. 今之烏啄井是也.〕"라고 하였다. 《守夢集 卷3 金剛錄》

221 오묘한 방편 : 묘전(妙筌)은 목적을 달성하기 위한 오묘한 수단이나 방편을 가리킨다. 《장자(莊子)》〈외물(外物)〉에 "통발은 고기를 잡는 것인데 고기를 잡고 나면 통발은 잊어버리고, 올가미는 토끼를 잡는 것인데 토끼를 잡고 나면 올가미는 잊어버리는 것이다.〔筌者所以在魚, 得魚而忘筌, 蹄者所以在兎, 得兎而忘蹄.〕"라고 하였는데, 올가미나 통발은 곧 어떤 목적을 달성하기 위한 도구, 또는 방편의 뜻으로서 즉 도를 얻은 다음에는 형식 따위는 잊어야 한다는 뜻에서 한 말이다.

222 불경(佛經) : 패엽(貝葉)은 인도의 패다라(貝多羅) 나뭇잎이라는 뜻이다. 이 잎사귀에 불경을 서사(書寫)하였으므로, 보통 불경을 가리키는 말로 쓰인다.

홀로 가는 인생 곤궁한 길만 있네	獨往有途窮
겁먹은 비둘기[224]처럼 부처께 의탁할까 생각하고	怖鴿思投佛
시름겨운 새처럼 새장에서 벗어나길 원하네	愁禽願脫籠
천태산 습득[225] 따라	天台隨拾得
마침 암벽 속으로 들어왔네	會入石厓中

223 고해(苦海) : 미진(迷津)은 오계(悟界)의 피안(彼岸)에 대하여 번뇌(煩惱)와 미망(迷妄)의 세계인 차안(此岸)을 일컫는 말로 고해를 뜻한다.

224 겁먹은 비둘기 : 포합(怖鴿)은 불교 전설에 보이는 말로 "비둘기 한 마리가 매에게 쫓겨 부처의 곁으로 날아들었는데, 부처가 자신의 그림자로 비둘기를 가려주니, 비둘기가 두려워하지 않았다.〔一鴿爲鷹所逐, 飛向佛旁, 佛以身影蔽鴿, 鴿乃不怖.〕"라고 하였다. 《涅槃經 卷28》

225 습득(拾得) : 당(唐)나라 정관(貞觀) 연간에 한산(寒山)과 함께 천태산(天台山) 국청사(國淸寺)에 있던 고승이다. 풍간 선사(豐干禪師)가 이 지역 자사로 부임한 여구윤(閭丘胤)에게 "한산과 습득은 문수보살(文殊菩薩)과 보현보살(普賢菩薩)이다."라고 말하였다. 이 말을 듣고 여구윤이 찾아가서 절하자, 습득과 한산이 암벽 속으로 들어갔다. 여기서는 속세를 떠나고 싶은 이민구의 소망을 표현하였다.

오십삼 불
五十三佛

항하[226]의 나룻배 가없이 넓어	恒河津筏廣無邊
복지[227]로의 귀의 각각 인연이 있었네	福地歸依各有緣
만일 쇠 종으로 바다를 건널 수 있었다면	若使鐵鍾能渡海
어찌 번거롭게 영명 연간에 꿈에 나타났으랴[228]	何煩入夢永明年

226 항하(恒河) : 항하는 인도(印度)의 갠지스(Ganges) 강을 가리킨다.

227 복지(福地) : 신선이 사는 곳으로, 도교(道敎)에 72복지의 설이 있다. 보통 도관(道觀)을 가리키는데, 사찰의 뜻으로도 쓰인다.

228 만일……나타났으랴 : 53불이 쇠 종을 타고 바다를 건널 수 있는 능력이 있었다면, 어찌 꿈에 나타나 도움을 바랐겠느냐는 말이다. 쇠 종으로 바다를 건넜다는 것은 신라 남해왕 때 53불(佛)이 월지국(月氏國)으로부터 쇠 종을 타고 와 안창포(安昌浦)에 정박하였다는 전설을 말한다. 영명(永明)은 483년부터 493년까지 사용된 남조(南朝) 제나라 무제(武帝)의 연호이다. 그러나 영명 연간의 꿈은 누구의 어떤 꿈을 말하는지 자세하지 않다.

산영루[229]에서

山映樓

온 숲 붉은 단풍이 물에 비쳐 누대 밝히고	千林紅葉水明樓
하룻밤 푸른 산에 있자니 비가 가을 보내네	一夜靑山雨送秋
다리 아래 냇물들 쉬지 않고 흐르니	橋下百川流不息
언제 동으로 가서 창주[230]에 도달할까	幾時東去到滄洲

229 산영루(山映樓) : 유점사 앞의 시내를 가로질러 지은 누각 이름이다.

230 창주(滄洲) : 푸른 물가라는 뜻으로, 보통 은자의 거처나 신선이 사는 섬으로 사용되는데, 여기서는 동해를 가리키는 것으로 보인다.

오탁정[231]에서

烏啄井

산 앞 샘구멍에 웅덩이 열려　　山前泉眼一泓開
벽돌 둘러진 맑은 샘에 그림자 맴돌다가　　石甃虛明抱影回
기판 소리 적막하고 향적전[232] 닫히자　　齋磬寂寥香積閉
주린 까마귀 날개 접고 푸른 이끼에 내린다　　飢烏捩翅下蒼苔

231 오탁정(烏啄井) : 유점사에 있는 샘으로, 정엽(鄭曄)의 《수몽집(守夢集)》 권3 〈금강록(金剛錄)〉에 그 유래가 보인다. 160쪽 각주220 참조.

232 향적전(香積殿) : 향적(香積)은 유점사에 있는 향적전을 말한다.

선담에서

船潭

연꽃처럼 빼어난 일만 봉우리 앞에 芙蓉擢秀萬峯前
푸른 물 깨끗하니 거울 속 하늘일세 碧水澄涵鏡裏天
태을진인은 일을 좋아하여 太乙眞人還好事
푸른 연잎으로 물에 뜨는 배를 만들었네[233] 青荷葉作泛波船

233 태을진인(太乙眞人)은……만들었네 : 태을진인은 천신의 이름이다. 송(宋)나라 화가 이공린(李公麟)이 일찍이 〈태을진인연엽도(太乙眞人蓮葉圖)〉를 그렸는데, 태을진인이 하나의 큰 연잎 위에 누운 채 책을 읽는 모습이었다. 한구(韓駒)의 〈제태을진인연엽도(題太乙眞人蓮葉圖)〉에 "태을진인 연잎 배 타고, 두건 벗고 맨머리 내놓아 찬바람에 날린다오. 가벼운 바람은 돛이 되고 물결은 노가 되니, 누워서 옥 같은 글자 보며 중류에 떠가네.〔太乙眞人蓮葉舟, 脫巾露髮寒颼颼. 輕風爲帆浪爲檝, 臥看玉字浮中流.〕"라고 하였다. 《古文眞寶 前集》 여기서는 연잎을 못에 뜬 배로 묘사한 것이다.

운수동에서

雲水洞

바위 골짝 비 개고 폭포수 불어나니 巖洞新晴瀑水肥
가벼운 뇌성 골짝에 울리며 비단 물결 길게 날리네 輕雷動壑練長飛
신선이 진정 산봉우리에 산다면 神仙定在峯頭住
난학 타고 가을 하늘 날며 깃옷 말리겠지 鸞鶴秋空晒羽衣

만경대에서

萬景臺

구름 머문 만경대 가을 풍경 하늘[234]에 닿고	雲臺秋色接淸都
달빛이 하늘 가로질러 공중에 외롭구나	銀闕橫霄積氣孤
마침내 인간 세상에서 천제의 자리에 통하게 되니	遂有人間通帝座
참으로 해약[235]을 부리고 천오[236]를 춤추게 하네	眞令海若舞天吳
누선을 저물녘 삼산의 그림자에 띄우고[237]	樓船晩泛三山影
옥녀봉 맑게 개니 오악도 펼쳐 본다[238]	玉女晴開五嶽圖

234 하늘 : 청도(淸都)는 옥황상제가 산다는 천상(天上)의 궁전을 가리킨다. 《楚辭 遠遊》 여기서는 하늘의 의미로 사용되었다.

235 해약(海若) : 북해약(北海若)의 준말로, 해신(海神)을 가리킨다. 《楚辭 遠遊》 《莊子 秋收》

236 천오(天吳) : 사람 얼굴에 머리가 여덟 개인 수신(水神)의 이름이다. 《산해경(山海經)》 권9 〈해외동경(海外東經)〉에 "조양곡(朝陽谷)에 천오라는 신이 있는데, 이가 바로 수백(水伯)이다. 몸은 범과 같고 얼굴은 사람과 같으며, 머리와 다리와 꼬리가 모두 여덟이며 청황색이다." 하였다.

237 누선(樓船)을……띄우고 : 만경대에서 바라다 보이는 동해를 보면서, 삼신산의 영약(靈藥)을 찾으러 가겠다는 생각을 읊은 것이다. 삼산(三山)은 신선이 살고 있다는 봉래(蓬萊), 방장(方丈), 영주(瀛州) 등 삼신산(三神山)을 가리키는데, 이 산들은 동해에 있다고 한다. 진 시황(秦始皇)이 서불(徐市)과 동남동녀(童男童女) 수천 명을 보내 삼신산의 불로초를 구하게 했다는 전설이 있다. 《史記 卷6 秦始皇本紀》

238 옥녀봉……본다 : 만경대에서 맑게 갠 옥녀봉 등 금강산의 풍경을 바라보며 오악을 유람하고픈 마음이 생긴다는 말이다. 오악도(五嶽圖)는 오악을 그린 그림으로, 오악은 동악(東嶽) 태산(泰山), 서악(西嶽) 화산(華山), 남악(南嶽) 형산(衡山), 북악(北嶽) 항산(恒山), 중악(中嶽) 숭산(崇山)을 가리킨다.

좋은 글을 서둘러 써서 금학에게 부치며	催寫瓊章付金鶴
태을에게 적령부를 새로 기원하네[239]	新祈太乙赤靈符

239 태을(太乙)에게……기원하네 : 태을진인(太乙眞人)에게 건강을 빈다는 말이다. 태을은 천신(天神)을 가리키고, 적령부(赤靈符)는 재액을 피하기 위해 가슴에 차는 부적이다. 진(晉)나라 갈홍(葛洪)의 《포박자(抱朴子)》〈잡응(雜應)〉에 "어떤 이가 오병을 피하는 도리를 묻자,……혹 5월 5일에 적령부를 만들어 가슴에 찬다.〔或問辟五兵之道,……或以五月五日作赤靈符, 著心前.〕" 하였다. 경련(頸聯)에서 삼신산과 오악을 찾아가겠다는 포부를 밝혔으므로, 여기서는 자신의 건강을 바란다고 읊은 것이다.

만경대에서 비로봉을 바라보다

萬景臺 望毗盧峯

일만 골짝 맑게 개어 백옥빛 봉우리 바라보니	萬壑晴開白玉巒
하늘에 서린 자기 속에 별빛이 차갑게 번뜩인다	盤霄紫氣動星寒
층층 봉우리로 지는 해가 운무 헤치니	層臺落日披雲霧
다시 중천 향해 천제의 자리 보노라	更向中天帝座看

은신대에서 12폭포를 바라보다[240]

隱身臺望十二瀑

구름사다리 타고 올라 바위 끝에서 굽어보니　　足躡雲梯俯石稜
마주한 낭떠러지에 옥룡이 오르는 듯　　懸厓正對玉龍騰
누가 은하수 삼천 장을 가져다가　　誰將銀漢三千丈
빼어난 바위 절벽에 거꾸로 십이 층 매달았나　　倒掛瓊臺十二層

240 은신대(隱身臺)에서 12폭포를 바라보다 : 은신대는 외금강에 있으며, 수점(水岾)에서 북쪽으로 10여 리쯤 떨어진 은신암(隱身菴) 앞에 있다.《樂全堂集 卷7 遊金剛內外山諸記》 김창협(金昌協, 1651~1708)의 《농암집(農巖集)》 권23 〈동유기(東游記)〉에 "은신대의 북쪽에는 천 길 높이의 바위 절벽이 버티고 서 있는데, 드높게 깎아지른 기세가 매우 장대하였다. 절벽에는 폭포가 걸려 있는데, 어디에서 발원하는지는 알 수 없으나 절벽 틈을 따라 떨어져 내렸으며, 워낙 높아 총 12층을 이루었다.〔臺北正對千仞石壁, 磅礴戍削勢甚壯偉. 有懸瀑, 不知所繇來, 從壁間下墜, 高凡十二疊.〕"라고 하였으므로, 12폭포는 한 줄기 폭포가 12층을 이루고 있는 것임을 알 수 있다.

불정대
佛頂臺

무지개다리 골짜기 건너 절벽 타고 오르니　　虹梯跨壑絶攀登
푸른 바다 동편에 푸른 기운 엉겼어라　　滄海東偏縹氣凝
고작 아침마다 오르는 산 정상의 해이건만　　秖是朝朝峯頂日
사람들은 오래도록 방광등이라 지목하네[241]　　人間長指放光燈

241 고작……지목하네 : 불정대(佛頂臺)는 부처의 정수리를 닮은 바위라는 의미인데, 이민구는 사람들이 바위 봉우리 위에 해가 떠오르는 모습을 보고서 불정대라고 명명한 것뿐이라고 읊은 것이다. 방광(放光)은 부처의 아미 사이에 있는 백호에서 나오는 빛을 가리키는데, 일출 당시의 모습을 사람들이 방광으로 인식하여 불정대라 한다고 본 것이다.

불정대는 비교될 곳이 없을 만큼 빼어났다. 이날 마침 구름이 짙게 끼어 내 한 몸 밖은 홍몽[242]처럼 분간할 수 없었다. 상상해보건대 태극이 나뉘지 않았을 때, 항해[243]를 타고 한 기운의 위에 떠서 큰 바다를 내려다보면, 아득히 끝이 없는 것이 또한 이와 같았을 것이다. 유선[244]이 두려워서 올라가지 못하고 눈이 휘둥그레져 먼저 달아나니 시로 놀리다

佛頂臺奇絶罕比 是日適雲氣蓊浡 自一身外鴻蒙不辨 想太極未判時 乘沆瀣浮於一氣之上 俯視大瀛海 茫然無畔岸者 當亦爾也 惟善魄慴不克上 瞠然先走 詩以戲之

한 기운 타고 끝없는 운기 속에 뜨니 身浮一氣泛無方
팔방이 온통 어두워 세상을 볼 수 없네 八表同昬世界妨
우습다 해가 옛 우물 엿보는데 堪笑車輪窺古井
등 넝쿨에 매달리니 비장방에게 실로 부끄럽다[245] 懸藤眞媿費長房

242 홍몽(鴻濛) : 홍몽은 천지가 나누어지기 이전의 혼돈 상태를 가리키는 말이다. 《장자(莊子)》 〈재유(在宥)〉에는 물아일체의 혼돈한 경지를 의인화한 인물로 홍몽이 나온다.

243 항해(沆瀣) : 맑은 밤이슬을 가리킨다.

244 유선(惟善) : 허보(許寚, 1585~1659)로, 본관은 양천(陽川), 자는 유선, 호는 동강(東岡)이다. 《東州集 文集 卷10 處士東岡許公墓碣銘 幷序》

245 해가……부끄럽다 : 허유선이 겁을 내고 달아난 것을 놀리는 말이다. 차륜(車輪)은 일월(日月)을 말하는데, 지금은 낮이므로 해를 가리키고, 고정(古井)은 옛 우물로, 마음이 외물에 흔들리지 않고 고요한 상태를 가리키는 말이다. 비장방(費長房)은 후한

(後漢)의 여남(汝南) 사람으로 호공(壺公)을 따라 호리병 속으로 뛰어 들어가 신선술을 배웠다는 인물이다. 《後漢書 卷112下 方術列傳 費長房》 비장방은 호공을 따라 호리병 속에 과감히 들어가 별천지를 보았는데, 허유선은 밝은 대낮에도 안개가 끼었다는 이유로 두려움에 떨며 달아났으므로 이렇게 읊은 것이다.

속칭 미후도[246]라는 산열매를 먹다

喫林果 俗名獼猴桃

높은 나무에 빽빽이 드리운 덩굴	喬木深垂蔓
가을 줄기가 서리 흠뻑 맞았네	秋條正飽霜
유람하는 사람 자주 폐가 말라	游人頻渴肺
따는 열매 반드시 연방[247]이구나	摘子必連房
부드럽기는 서시유[248] 떠오르고	滑憶西施乳
맑기는 옥녀장[249]을 알 만하네	清知玉女漿
고향 산에는 늦게 떨어질 터	鄉山後搖落
돌아가 늦가을 숲에서 맛봐야지	歸及晩林嘗

246 미후도(獼猴桃) : 다래를 말한다. 다래나무과에 속하는 낙엽 덩굴 식물로, 우리나라의 깊은 산골짜기나 산기슭의 마른 땅에서 자란다.

247 연방(連房) : 식물의 두 씨방이 합해져서 하나의 꽃이나 이삭이 나는 것이나, 혹은 하나의 씨방에서 두 개의 꽃이나 이삭이 나는 것을 가리키는데, 옛날에 상서로운 조짐으로 여겼다. 한유(韓愈)의 《주변주득가화가과장(奏汴州得嘉禾嘉瓜狀)》에 "이전의 가화 등은 혹 두 뿌리를 함께 심어서 한 이삭이 연방을 이루었다.〔前件嘉禾等, 或兩根幷植, 一穗連房.〕라고 하였다.

248 서시유(西施乳) : 복어 배 속의 살지고 흰 기름덩이를 가리킨다. 맛이 너무 좋아 월(越)나라의 미녀 서시의 가슴에 비유한 것이다. 송(宋)나라 조언위(趙彦衛)의 《운록만초(云麓漫鈔)》 권5에 "복어는 배가 볼록 튀어나오고 무늬가 있어서 매우 추하다. 배 속에 하얀 것을 눌이라고 하고 간을 지라고 한다. 눌이 가장 달고 살져서 오나라 사람들이 맛있게 먹는데, 이것을 서시유라 한다.〔河豚腹脹而斑狀甚醜. 腹中有白曰訥, 有肝曰脂, 訥最甘肥, 吳人甚珍之, 目爲西施乳.〕"라고 하였다.

249 옥녀장(玉女漿) : 선녀인 명성 옥녀(明星玉女)가 화산(華山)에서 복용하고 백일(白日)에 승천(昇天)했다는 옥장(玉漿)을 말한다. 《太平廣記 卷59 集仙錄》

백련암의 법견 장로[250]

白蓮庵法堅長老

삼신[251]이 이미 정결하니 어디에 의지하랴　　三身已淨欲何依
홀로 불탑 짝해 숲에 앉았구나　　獨伴僧龕坐翠微
제자는 오지 않고 가을 경치 다 저물어　　弟子不來秋色盡
밝은 달 아래 찬 잎만 숲 가득 날린다　　月明寒葉滿林飛

250 법견 장로(法堅長老) : 1552~1634. 조선 중기의 승려로 호는 기암(奇巖)이다. 서산 대사(西山大師) 휴정(休靜)의 고제(高弟)로, 시문에 능하였다. 임진왜란에는 의승장(義僧將)으로 활약하였다. 주로 지리산과 금강산에서 수도하였는데, 지리산에 있으면서 많은 제자들을 길러 냈다. 저서에 《기암집(奇巖集)》이 있다.

251 삼신(三身) : 부처의 세 가지 몸, 즉 법신(法身), 보신(報身), 화신(化身)을 말한다. 여기서는 법견 장로의 고결한 풍채를 말한다.

응상[252]이 와서 자다

應祥來宿

맑은 풍경 소리 한밤에 들리는데 幽磬泠泠半夜稀
불등 비추는 아래 담담히 서로 의지했네 佛燈低照淡相依
선승은 또 산 구름 따라 떠나리니 禪蹤又逐山雲去
숲 이슬 마르기를 기다리지 않겠지 不待前林草露晞

252 응상(應祥) : 1572~1654. 조선 중기의 승려로, 호는 송월(松月)이다. 구월산 성연(性衍)의 제자가 되었다가, 뒤에 사명당(泗溟堂) 밑에서 공부하여 법맥(法脈)을 이었다. 스승인 사명당으로부터 받은 보물들을 유점사(楡岾寺)에 보관하고 오대산에 들어가서 좌선하다가, 금강산으로 옮겨 30년 동안 후학들을 지도하였다. 저서로《송월집(松月集)》이 있다고 전한다.

네 다리[253] 명월교 · 백운교 · 삼협교 · 단풍교

四橋 明月 · 白雲 · 三峽 · 丹楓

용궁 바라보니 무지개다리에 닿았고	龍宮晴望接虹橋
다리 위 피리 소리 푸른 하늘에서 내리네	橋上鸞笙降碧霄
삼협과 단풍은 가을 풍경 속에 있고	三峽丹楓秋色裏
백운과 명월은 밤에 아스라하다	白雲明月夜迢迢

253 네 다리 : 금강산에 있는 네 개의 다리를 가리킨다. 어유봉(魚有鳳)의 《기원집(杞園集)》 권20 〈유금강산기(遊金剛山記)〉에 "12폭 동북쪽에 구정봉이 있고, 발연 위에 폭포암과 불사의암이 있다. 그 아래로 조금 떨어진 곳에 신계사가 있고, 신계사 북쪽으로 온천과 백정봉이 있다. 신계사 주변의 가장 높은 고개가 유점인데, 그 동남쪽으로 명월교, 백운교, 단풍교, 삼협교가 있다.〔十二瀑東北, 有九井峯, 鉢淵上, 有瀑布菴不思議菴. 其下稍遠, 有神溪寺, 神溪北, 有溫泉百井峯. 寺之冣鉅者曰楡岾, 東南有明月橋白雲橋丹楓橋三峽橋.〕" 하였다.

웅변의 시축에서 동회옹의 운자에 맞춰 짓다

雄卞軸 次淮翁韻

정상에서 발밑의 우레 소리 듣고[254]	峯頂纔聞脚底雷
선경에 돌아오니 꿈 비로소 깨는구나	歸來仙境夢初回
승방에서 다시금 고승과 담소할 제	禪窓更接高僧話
산 밖의 속된 마음 반은 사라진다	山外塵心一半灰

254 정상에서……듣고 : 이민구의 여정을 감안할 때 은신대에서 12폭을 바라보고, 불정대를 거친 다음에 이 시를 쓴 것으로 보이므로, 여기서 우레 소리는 12폭의 폭포 소리를 가리키는 것으로 보인다.

웅변이 철쭉 지팡이를 우리 일행에게 맡겨 동회옹에게 보내다

雄下將躑躅杖憑吾行 餉淮翁

꽃나무 뿌리 잘라 그대 위해 만든 지팡이	剔取花根總爲君
서리 맞은 껍질 끊지 않아 늙은 용처럼 무늬졌네	霜皮不斷老蛟紋
돌아가는 여장에 괴이하게도 신선 기운 있으리니	歸裝怪有神仙氣
산사람의 다리 아래 구름을 띠고 가기 때문이리	政帶山人脚底雲

구정봉[255]에서

九井峯

명성 옥녀[256]가 노을 치마 끌며　明星玉女曳霞裳
정상에 걸어 올라 새벽 서리를 쓸고　步上峯顚掃曉霜
아홉 웅덩이 금정의 물을 떠서　酌取九泓金井水
옥가루 새로 조리해서 동황[257]께 바치네　新和瓊屑獻東皇

무제가 신선되려 칠십 년이나 바랐건만[258]　武帝祈仙七十年
무릉에는 송백만 푸르구나[259]　茂陵松柏但蒼然
모르겠다 옥가루와 쟁반의 이슬이　不知玉屑盤中露
어찌 요화 같은 우물의 샘물 같았으랴[260]　何似瑤華井底泉

255 구정봉(九井峰) : 웅덩이 아홉 개가 있어 붙여진 이름으로, 가뭄이 심한 때에도 마르지 않는다고 한다.

256 명성 옥녀(明星玉女) : 선녀의 이름이다. 화산(華山) 정상에 선녀인 명성 옥녀가 머리를 감던 세숫대야 형태의 돌 웅덩이가 있었는데, 그 가운데에 푸른 물이 담겨 있어 불어나거나 줄어드는 일이 없었다는 전설이 남조 송(南朝宋) 왕소지(王韶之)의 《태청기(太淸記)》에 나온다. 구정봉에 아홉 개의 웅덩이가 있으므로, 이 선녀의 고사를 인용하고 있는 것이다.

257 동황(東皇) : 봄을 관장하는 천신(天神)의 이름이다.

258 무제(武帝)가……바랐건만 : 한 무제는 신선이 되기 위하여 하늘의 이슬을 받아 먹으려고 궁중에 200척 높이의 선인장(仙人掌)을 만들었다.

259 무릉(茂陵)에는 송백만 푸르구나 : 한 무제가 신선이 되기를 바랐지만 결국 신선이 되지 못한 채 죽어, 그의 능에 소나무와 잣나무만 무성히 자랐다는 말이다. 무릉은 무제의 능호(陵號)이다.

260 모르겠다……같았으랴 : 한 무제가 승로반으로 하늘의 이슬을 받아먹는 것보다는 구정봉의 샘물을 먹는 것이 더 나았을 것이라는 표현이다. 요화(瑤華)는 백옥색(白玉色)의 꽃을 말한 것으로, 즉 선화(仙花)를 가리키는데, 구정(九井)의 맑고 깨끗한 물을 비유한 것이다.

안문점에서

雁門岾

일월봉[261] 앞으로 지세 뻗어 나왔는데	日月峯前地勢來
어둑어둑 구름 안개 언제나 개려나	冥冥雲霧幾時開
풍진 속세는 삼천계와 떨어졌으니[262]	風塵隔斷三千界
기러기가 어찌 여기에 왔었으랴	鴻雁何曾到此回

261 일월봉(日月峯) : 일출봉과 월출봉을 합해서 말한 것이다.

262 풍진……떨어졌으니 : 삼천계(三千界)는 불교에서 이 우주를 삼천 세계(三千世界)라 하는데, 우리가 살고 있는 이 세계가 천(千)으로 된 것을 소천 세계(小千世界), 소천 세계가 천으로 된 것을 중천 세계(中千世界), 중천 세계가 천으로 된 것을 대천 세계(大千世界)라 한다. 여기서는 운무에 싸인 안문점(雁門岾)이 속세와는 단절된 것 같다는 의미이다.

대장동에서

大藏洞

오랜 비에 막혀 시름하다가　久雨滯愁慵
산뜻하게 날 개자 유람 나서네　新晴事探討
바위 벼랑에 가을이 저물어 가니　巖厓涉秋晩
지팡이와 나막신으로 아침 일찍 출발하네　笻屐乘日早
안문점에서 떠나 와서　地從雁門來
아름다운 백전암 지나니[263]　庵經柏田好
동천[264]은 신비하여 보배롭고　洞天祕靈寶
바위 숲에 서리 기운 마르네　石林霜氣槁
낭함[265]이 불타[266] 유실되고　琅函漏劫燼
얼마나 상전벽해 겪었던가　幾閱桑海燥
즐비한 군옥부[267]의 서적에서　縱橫群玉府

263 안문점(雁門岾)에서……지나니 : 대장동에 이르는 여정을 말한 것이다.

264 동천(洞天) : 도가(道家) 용어로, 신선이 사는 곳을 뜻한다. 인간 세상에는 36개의 동천이 있다고 한다.《述異記 卷下》 여기서는 대장동을 가리킨다.

265 낭함(琅函) : 귀중한 서적을 비장(秘藏)한 상자로, 전하여 선가(仙家)의 귀중한 서적을 뜻하는 말로 사용된다. 이민구가 현재 대장경이 숨겨져 있다는 대장동에서 시를 쓰고 있기 때문에 이렇게 말한 것으로 보인다.

266 불타 : 겁신(劫燼)은 불교 용어로, 말세에 재앙을 받아 타고 남은 재를 말하는데, 주로 전란의 여파를 의미한다.

267 군옥부(群玉府) : 주(周)나라 역대 제왕(帝王)의 서책(書冊)을 소장했던 곳으로, 전하여 왕가(王家)의 도서실(圖書室)을 의미한다.

도질[268]을 끝내 누가 상고할까 道帙竟誰考
왕렬은 학식이 부족했고 王烈寡學識
혜강은 번뇌에 괴로웠네[269] 嵇康苦煩惱
참된 비결이 날마다 어긋나니 眞訣日蹉跎
백발 때문에 문득 시름이 뇌리에 가득하다 白髮忽滿腦
방황하는 위우산[270]에서 棲棲委羽山
서글피 중승의 도[271]를 바라본다 悵望中繩道

268 도질(道帙) : 도가의 서적을 말한다. 〈북산이문(北山移文)〉에 "도가의 책이 영원히 배척되고, 불법을 강론하는 자리가 오래도록 매몰되었다.〔道帙長擯, 法筵久埋.〕"라고 하였다. 《古文眞寶 後集 卷2》

269 왕렬(王烈)은……괴로웠네 : 왕렬과 혜강(嵇康)은 모두 양생법(養生法)을 닦았던 인물이다. 위(魏)나라 때의 선인(仙人) 왕렬이 혜강과 함께 태항산(太行山)에 갔을 때, 갈라진 암석 틈에서 석수(石髓) 즉 석종유(石鍾乳)가 엿처럼 흘러나오는 것을 보고 자신이 먼저 반절을 복용한 뒤에 나머지를 혜강에게 주었는데, 그때는 이미 딱딱한 청석(靑石)으로 굳어 있어서 먹지 못했다는 기록이 전한다. 《晉書 卷49 嵇康列傳》 왕렬은 328세가 되도록 젊은이의 얼굴과 같았다고 하며, 혜강은 40세에 참소를 받아 죽었다.

270 위우산(委羽山) : 북극의 어두운 곳에 있다고 하는 산으로, 도교에서 말하는 36개의 동천 가운데 하나이다. 36개의 동천 가운데 세상에 알려진 것은 10개로, 왕옥산동(王屋山洞), 위우산동(委羽山洞), 서성산동(西城山洞), 서현산동(西玄山洞), 청성산동(靑城山洞), 적성산동(赤城山洞), 나부산동(羅浮山洞), 구곡산동(句曲山洞), 임옥산동(林屋山洞), 괄창산동(括蒼山洞) 등이 있다. 여기서는 이민구가 머물고 있는 금강산을 가리킨다.

271 중승(中繩)의 도 : 먹줄에 맞는 도라는 말로, 중도(中道)를 말한다.

백전에서

柏田

산 앞의 해백[272] 몇 천 그루　　山前海柏幾千株
가을 산뜻한 숲에 듬성듬성 열매 달렸네　　秋後新林結子疏
올해 고을 관리가 늦게 수확하니　　今歲縣官收得晚
절반은 응당 다람쥐가 먹겠지　　應將一半餉鼪鼯

272 해백(海柏) : 해송(海松)이 있으므로, 잣나무를 이렇게 표현한 것으로 보인다.

성문백천동[273]

聲聞百川洞

고운 노을에 골짜기 잠기고 석문 깊어	瓊霞洞鎖石門深
백 갈래 시내가 푸른 산 감싸고 흐르네	百道流川繞碧岑
비록 복사꽃이 물을 따라 떠가도	縱有桃花隨水去
봄날 만 골짝을 찾기 어려우리[274]	春來萬壑定難尋

273 성문백천동(聲聞百川洞) : 이경석(李景奭, 1595~1671)의 기록에 "내수점 좌측이 성문백천동이다.〔內水岾左邊, 乃聲聞百川洞.〕" 하였다. 《白軒集 卷10 楓嶽錄》

274 비록……어려우리 : 도잠(陶潛)의 〈도화원기(桃花源記)〉를 보면, 진(晉)나라 때 무릉(武陵)의 어부가 복사꽃이 흘러 내려오는 물길을 따라 거슬러 올라갔다가, 진(秦)나라의 난리를 피해 들어온 사람들을 만났는데, 그곳이 워낙 선경(仙境)이라서 바깥세상의 변천과 세월의 흐름도 잊고 살았다는 내용으로 되어 있다. 여기서는 그 고사를 염두에 두고, 비록 복사꽃이 흘러가도 물줄기가 백 개나 되기 때문에 찾아오기 어려울 것이라고 읊은 것이다.

노춘정에서

盧偆井

소탐이 떠난 지 천 년인데 蘇耽去後一千年
벽락의 이름 가진 신선 몇이던가[275] 碧落名標第幾仙
옛 샘이 이제는 솟지 않아 古井秖今寒不起
벽라 덩굴에 가을비 내려 옅은 안개만 피어나네 薜蘿秋雨淡疏煙

275 소탐(蘇耽)이……몇이던가 : 사람들의 병을 고쳐 준 신선이 몇 명이나 되느냐는 말이다. 소탐은 한 문제 때의 선인(仙人) 소선공(蘇仙公)이다. 《여지기승(輿地紀勝)》에 "소선공이 일찍이 신선이 되어 떠나가면서, 그 어머니 반씨(潘氏)에게 이르기를 '명년에 이 침현(郴縣)에 재앙이 있어 큰 전염병이 유행할 것이니, 어머니는 귤잎을 우물물에 달여서 마시십시오.' 하였다. 과연 다음 해에 큰 전염병이 돌았는데, 고을 사람들이 그 말을 따라 다투어 귤잎을 달여 마시니, 전염병이 즉시 나았다." 하였다. 벽락(碧落)은 벽락 시랑(碧落侍郎)을 의미한다. 진(晉)나라 심희(沈羲)는 촉중(蜀中)에서 도(道)를 배워 재앙을 없애고 병을 치료하며 백성을 구제하였을 뿐, 약물(藥物)을 복용할 줄은 알지 못하였다. 그 공덕이 하늘에 사무쳐서 천신(天神)이 이를 알고, 세 명의 선인(仙人)을 내려 보내 백옥판(白玉板)과 청옥계(靑玉界)와 단옥자(丹玉字)를 심희에게 주며 벽락 시랑으로 임명했다는 기록이 보인다.《神仙傳 沈羲》유점사의 53불이 안창현에 내렸을 때 노춘(盧偆)이 그 발자국을 따라 가다가 목이 말라 샘을 파서 마신 곳이 노춘정(盧偆井)이기 때문에 이렇게 읊은 것으로 보인다.《新增東國輿志勝覽 卷45》

이대에서
尼臺

가을 산 낯선 길을 홀로 한가롭게 갔더니 秋山迷路獨閑行
한 조각 운근[276]이 평평히 펼쳐졌네 一片雲根面勢平
길 가리킨 선고는 볼 수 없고[277] 不見仙姑來指點
때때로 참선하는 야호정만 있구나[278] 參禪時有野狐精

276 운근(雲根) : 벼랑이나 바윗돌을 뜻하는 시어(詩語)이다. 126쪽 각주152 참조. 여기서는 이대를 가리키는 말로 사용되었다.

277 길……없고 : 선고(仙姑)는 신선 마고(痲姑)를 가리킨다. 남효온의 글에 "바위 위에 앉아 길을 인도하는 비구니가 있었으니, 그 땅 이름이 이대이다.〔有尼坐石上導其路者, 地名曰尼臺.〕"라고 하였는데, 여기서 선고는 당시 길을 인도했던 비구니를 가리키며, 지금은 그녀를 볼 수 없다고 읊은 것이다.《秋江集 卷5 遊金剛山記》

278 때때로……있구나 : 참선을 통해 도를 깨달았다고 자칭하는 스님만 있다는 말이다. 야호정(野狐精)은 본래 불교 용어로, 야호(野狐)의 정매(精魅)가 변환(變幻) 작용을 하여 사람을 속인다는 뜻에서, 견성오도(見性悟道)했다고 자칭하여 남을 속이는 중을 비유하는 말이다.

산을 내려오다

下山

갈바람 속에 손 흔들어 산신령과 헤어지니　　秋風揮手謝山靈
골짝 안개와 봉우리 이내 갈수록 자욱하다　　壑霧峯嵐轉杳冥
푸른 바다에서 삼일포 찾으려고　　滄海欲尋三日浦
조각배 타고 또 사선정[279] 향하노라　　扁舟又向四仙亭

279 사선정(四仙亭) : 강원도 고성군 삼일포(三日浦) 안의 섬에 있는 정자 이름인데, 옛날에 네 신선이 여기서 놀다가 3일 동안이나 돌아가지 않았다 하여 붙여진 이름이다. 《농암집(農巖集)》 권23 〈동유기(東游記)〉에 "삼일포는 둘레가 10여 리쯤 되는데, 밖으로는 36개의 봉우리가 둘러싸고 있고, 안에는 작은 섬 하나가 있다. 붉은 누각이 그 위에 높이 세워져 있으니, 사선정이라고 한다. 사선에 대해 세상에 전해 오는 말에 의하면, 이들은 신라 시대 사람으로 일찍이 관동의 여러 명승지를 두루 유람하다가 이곳에 이르러 3일 동안 돌아갈 줄을 몰랐다. 포와 정자가 모두 이 때문에 그러한 이름을 얻게 된 것이라고 한다.〔三日浦, 周遭可十餘里, 外有三十六峰環之, 中則小島兀然. 朱甍出其上, 曰四仙亭. 四仙者, 世傳新羅時人, 嘗徧游關東諸名勝, 至此三日忘歸, 浦與亭, 皆以是得名云.〕"라고 하였다.

백천교[280]에서

百川橋

푸른 산에서 나와 신선[281]과 떨어지니　　青山一別隔仙眞
예전 그 모습으로 속세에 던져졌네　　依舊前身落世塵
백천교 아래 냇물만이　　唯有百川橋下水
십 리나 따라와 돌아가는 사람 전송한다　　相隨十里送歸人

280 백천교(百川橋) : 외금강 유점사(楡岾寺) 아래에 위치한 다리이다.

281 신선 : 선진(仙眞)은 도가(道家)에서 신선의 경지에 올랐거나 득도(得道)한 사람을 일컫는 말이다.

남강[282]을 배로 건너는데 이극보[283]가 나와 맞이하다
南江船中 李克甫出迓

마중 나온 관리가 모래밭에서 말하길	候吏依沙語
조각배를 옆쪽 언덕에 대라네	輕舟傍岸移
구름 개자 가을 들녘 드넓은데	雲晴秋野闊
하늘 멀리까지 저녁 물결 흐른다	天遠暮流遲
석양은 자리 밑까지 깔리고	落景低筵盡
미풍은 모자 스쳐 기울이네	微風拂帽欹
하늘 끝에서 흥겹게 노는 자리	天涯且歡謔
반차는 따지지 말게나	取次莫相疑

282 남강(南江) : 강원도 고성군 금강산 차일봉 동쪽 계곡에서 발원하여 동해로 흘러드는 강이다.

283 이극보(李克甫) : 이경인(李敬仁, 1575~1642)으로, 본관은 전주(全州), 자는 극보, 호는 정촌(亭村)이다. 《승정원일기》 인조 8년 10월 19일 기사에 이경인이 고성군수(高城郡守)로 부임하기 위해 하직하였다는 기록이 있다.

해산정[284]에 도착하였다. 이 날 동양위[285]는 열산[286]을 향해 출발하고 도장[287]은 비로소 유점사에 도착하여, 세 행렬이 서로 아득히 바라보고 있으니, 앞뒤로 각각 2유순[288]의 거리였다. 이에 서글픈 마음으로 시를 짓다

到海山亭 是日東陽發向烈山 道章始至楡岾 三行落落相望 前後各間二由旬 悵然賦之

나막신 신고 애초 같은 길 나섰으니 蠟屐初同路

284 해산정(海山亭) : 《신증동국여지승람(新增東國輿地勝覽)》 권45 〈강원도(江原道)〉에 "해산정은 고성(高城) 읍내에 있는데, 서쪽으로는 금강(金剛)과 마주하고 동쪽으로는 창해(滄海)가 보이며 남쪽으로는 장강(長江)이 빙 둘러 있어, 크고 작고 그윽하고 밝기가 장관이다. 정자의 동쪽에 칠성암(七星岩)이 있는데, 옥을 다듬어 세워 놓은 듯하다. 또 남쪽에는 고산대(高山臺)가 있는데, 남강(南江)이 그 아래로 흐른다."라고 하였다.

285 동양위(東陽尉) : 신익성(申翊聖, 1588~1644)으로, 본관은 평산(平山), 자는 군석, 호는 낙전당(樂全堂)·동회거사(東淮居士), 시호는 문충(文忠)이다. 선조의 딸 정숙옹주(貞淑翁主)와 결혼하여 동양위에 봉해졌다. 《淸陰集 卷26 東陽尉申公神道碑銘 幷序》

286 열산(烈山) : 강원도 고성군 지역의 옛 지명이다. 본래 고구려의 승산현(僧山縣)이었는데, 757년(경덕왕16)에 동산(童山)으로 고쳐, 수성군(守城郡)의 영현으로 하였다. 그 뒤 고려 때 열산으로 고쳐, 간성군에 예속시켰다.

287 도장(道章) : 이소한(李昭漢, 1598~1645)으로, 본관은 연안(延安), 자는 도장, 호는 현주(玄洲)이다. 《東里集 卷14 先府君行狀》

288 유순(由旬) : 옛날 인도의 거리 단위이다. 범어(梵語) yojana의 음역으로 80리, 60리, 40리 등 여러 설이 있다. 유순나(由旬那), 유순(由巡), 유연(由延), 유선나(踰繕那) 등으로도 쓰인다.

서리 맞은 단풍 숲 풍경 다르지 않았지[289] 霜楓不異林

앞뒤로 겨우 하루만큼 어긋났고 參差纔一日

전후로 열 봉우리 떨어졌네 前後間十岑

소사가 푸른 난새 타고 날아가고[290] 蕭史青鸞去

관문에 자색 기운 서리겠지[291] 關門紫氣臨

별들을 저 멀리까지 바라보며 星辰瞻望極

백리 멀리서도 그리는 마음 함께 간절하리 百里共深心

289 나막신……않았지 : 이민구와 신익성, 이소한이 각각 여행하고 있지만, 출발 시점이 비슷하고 경유한 길도 같다는 말이다. 납극(蠟屐)은 밀랍을 발라서 반질반질하게 한 나막신을 말하는데, 남조 송(南朝宋)의 사영운(謝靈運)이 평소 등산을 좋아하여 항상 나막신을 신고 등산을 하였다고 한다.

290 소사(蕭史)가……날아가고 : 이도장과 신익성의 여정을 감안하여 비유적으로 읊은 것이다. 소사는 춘추 시대 진 목공(秦穆公) 때의 인물로, 피리의 명인이다. 목공의 딸 농옥(弄玉)과 결혼하여 봉대(鳳臺)에서 살다가 몇 년 후에 봉황을 따라 하늘로 날아 올라갔다고 한다. 《列仙傳 卷上 蕭史》 신익성이 정숙옹주와 혼인하였으므로 그를 비유적으로 말한 것이다.

291 관문에……서리겠지 : 이소한의 여정을 노자(老子)의 고사에 비유하여 읊은 것으로 보인다. 《열선전(列仙傳)》에 의하면, 함곡관 영(函谷關令) 윤희(尹喜)가 함곡관 위에 자줏빛 서기가 서려 있는 것을 관측했는데, 이윽고 노자가 푸른 소를 타고 그곳을 지나가므로, 그에게 부탁하여 《도덕경(道德經)》 오천언(五千言)을 받았다고 한다.

고성 사영
高城四詠

남강 南江

남강에 비바람 휘몰아치더니	南江風雨急
밤새 배[292]가 흠뻑 젖었네	一夜渙舟濕
포구 건너에 인가 보이건만	隔浦望人家
안개 낀 물결을 건널 수 없어라	煙波不可涉

칠성석 七星石

바다가 가없이 넓게 펼쳐져	積水浩無窮
저녁 하늘과 어우러져 푸르구나	暮天相與碧
뿌연 운무 사이로	冥濛雲霧間
일곱 개 가을 별이 희게 빛난다	七點秋星白

포구산 浦口山

포구 저 끝까지 캄캄한데	極浦去冥冥
안개 낀 파도 푸른 언덕에 부딪치네	煙濤拍岸靑

292 배 : 환주(渙舟)는 배를 의미한다. 《주역》〈환괘(渙卦) 괘사(卦辭)〉에 대한 주자 본의(本義)에 "손의 목과 감의 수가 합했으니 주즙의 상이다.〔又以巽木坎水, 舟楫之象.〕"라고 하였다. 윤행임(尹行恁, 1762~1801)의 《석재별고(碩齋別稿)》 권18 〈신호수필(薪湖隨筆)〉에도 "간의 산과 감의 수는 상의 시작이고, 이괘의 그물과 환괘의 배는 기물의 형상이다.〔艮山坎水, 象之始也, 離網渙舟, 器之形也.〕" 하였다.

내일 아침 시골 장이 일찍 서리니 明朝村市早
달빛 띠고 비린 생선 보내겠지 帶月送魚腥

석범산 石帆山

듣자하니 안기생의 신[293]이 聞道安期舃
오래도록 바닷가 정자에 머물렀다지 長留海上亭
응당 봉래산으로 가지 않아 未應蓬島去
천 년 동안 석범산 푸르구나 千載石帆青

293 안기생(安期生)의 신 : 안기(安期)는 신선 안기생을 가리킨다. 유향(劉向)의 《열선전(列仙傳)》 권상(上) 〈안기선생(安期先生)〉에 "안기 선생은 낭야 부향 사람이다. 동해가에서 약을 팔았는데, 당시 사람들은 천세옹이라 하였다. 진 시황이 동쪽에서 노닐다가, 그를 만나 사흘 밤낮 동안 이야기를 나누고 많은 금은보화를 주었으나 모두 받지 않았다. 떠나면서 편지 한 통과 붉은 옥으로 만든 신발 한 쌍을 남겼는데, 그 편지에 '몇 해 뒤 봉래산에서 나를 찾으라.' 하였다. 이에 진시황이 서불 등을 시켜 동남동녀 수백 명을 데리고 동해에 배를 띄워 봉래산을 찾아가게 하였다.〔安期先生者, 瑯琊阜鄉人也. 賣藥於東海邊, 時人皆言千歲翁. 秦始皇東遊, 請見與語三日三夜, 賜金璧度數千萬出於阜鄉亭皆置, 去留書以赤玉舃一雙爲報曰, 後數年, 求我於蓬萊山, 始皇卽遣使者, 徐市盧生等數百人入海.〕"라고 하였다.

고산정에서

孤山亭

강가 외로운 산에 초정 하나	江上孤山一草亭
하늘가 물결이 아득히 푸르구나	天邊波浪渺浮青
추풍이 다시 신선 뗏목에 불어온다면	秋風更着仙槎影
오늘 밤 은하수에 객성 뜨겠지[294]	今夜銀河泛客星

294 신선……뜨겠지 : 선사(仙槎)는 은하수를 오가는 뗏목으로, 사신이 타고 가는 배를 가리킨다. 옛날에 은하수와 바다가 서로 통해 있어서 해마다 8월이면 시기를 놓치지 않고 뗏목을 타고 올라갔는데, 어떤 사람이 10여 일 동안 뗏목을 타고 가다가 한 성(城)에 이르러, 어떤 장부(丈夫)가 물가에서 소에게 물을 먹이는 것을 보았다. 장부에게 여기가 어딘지를 물으니 장부는 "그대가 촉군(蜀郡)에 가서 엄군평(嚴君平)을 찾아가 물어보면 알 것이다."라고 대답하였다. 그 후 촉군에 가서 엄군평에게 묻자, 엄군평은 "모년 모월 모일에 객성(客星)이 견우성을 범하였다."라고 대답하였는데, 그 날짜를 헤아려 보니 바로 그 사람이 은하수에 도착한 때였다고 한다. 《博物志 卷10 雜說下》

단혈[295]에서

丹穴

바위 밑에 서린 노룡이 놀라 일어나니	巖根驚起老龍蟠
굴 속 널리 통해 하나하나 보이네	嵌石旁通一一看
갈홍이 일찍이 수령 되었기에	總爲葛洪曾作令
지금 신령한 구멍에 남은 단사 적구나[296]	秖今靈穴少餘丹

295 단혈(丹穴) : 단사(丹砂)가 나오는 광혈(鑛穴)을 말한다. 강원도 고성군 남쪽 11리에 있다. 민간에 "네 신선이 놀던 곳이다."라는 말이 전한다. 《新增東國輿地勝覽 卷45 江原道》

296 갈홍(葛洪)이……적구나 : 갈홍이 단약을 만들기 위해 단사를 가져갔으므로, 지금은 남아있는 단사가 조금 밖에 없다는 말이다. 갈홍은 동진(東晉) 구용(句容) 사람으로 자는 치천(稚川), 호는 포박자(抱朴子)이다. 세상에서 소갈선옹(小葛仙翁)이라고도 부른다. 갈홍이 교지(交阯)에서 단사(丹砂)가 나온다는 말을 듣고 구루 영(句漏令)을 자청해 나가서 연단(鍊丹)했다는 고사가 전한다. 《晉書 卷72 葛洪列傳》

현종암[297]에서
懸鍾巖

하늘 서쪽 길이 막혀 석주[298] 가로 놓였고	天西路阻石舟橫
밤새 내린 가을 서리에 골짝마다 청량하다	一夜秋霜萬壑淸
아득히 차가운 종소리 먼 절[299]에서 들릴 제	杳杳寒鍾蕭寺遠
푸른 바다 동쪽 끝에 큰 고래 울어대네	滄溟東畔吼長鯨

297 현종암(懸鍾巖) : 남강 부근에 있는 바위이다. 정엽(鄭曄, 1563~1625)의 《수몽집(守夢集)》 권3 〈금강록(金剛錄)〉에 "13일, 아침 일찍 출발하여 남강 20리쯤에 도착하였다. 그곳에 현종암이 있었는데, 〈법희기〉에 '종이 바다에 떠와서 안창현에 도착하니 바위에 매달았다.'라고 한 것이 바로 이 바위이다.〔十三日, 早發到南江二十里許, 有懸鍾巖, 法喜記中, 鍾泛海到安昌, 懸于巖者此也.〕"라는 내용이 있다.

298 석주(石舟) : 금불(金佛)이 서역국에서 올 때 타고 온 배를 말한다. 《白湖全書 卷34 楓岳錄》

299 절 : 소사(蕭寺)는 불교를 독실하게 믿던 남조 양(南朝梁)의 무제(武帝)가 사찰을 지은 다음, 자신의 성(姓)인 소(蕭) 자를 쓰게 한 일에서 유래하여 사찰을 뜻하는 말로 사용되었다.

감호에서

鑑湖

땅은 명사[300]로 가는 길에 닿았고	地接鳴沙路
호수에는 정씨 정자[301] 있구나	湖開鄭氏亭
홍취에 이끌려 올라서	登臨牽謾興
조금 술 깬 눈빛으로 바라본다	眺望屬微醒
고요한 물결에 가을 구름 이르고	浪靜秋雲到
열린 처마로 석양이 지나누나	簷虛落日經
오늘 밤은 붉은 난간에서 굽어보며	今宵俯朱檻
하나하나 차가운 별이나 세련다	歷歷數寒星

300 명사(鳴沙) : 강원도 고성군 간성읍 남쪽 18리에 있다. 모래 색이 눈 같고, 인마가 지날 때면 부딪쳐서 소리가 나는데, 쟁쟁(錚錚)하여 쇠소리 같다. 대개 영동(嶺東) 지방이 모두 그러하지만 그 중에서도 간성과 고성(高城) 간에 제일 많다고 한다.《新增東國輿地勝覽 卷45 江原道》

301 정씨 정사 : 남강(南江) 상류에는 발연사(鉢淵寺)가 있고, 곁에는 감호(鑑湖)가 있다. 옛날 봉래(蓬萊) 양사언(楊士彦)이 호숫가에다 정자를 짓고 손수 비래정(飛來亭)이란 글자를 크게 써서 벽에 걸어 두었다. 어느 날 벽에 걸어 둔 비(飛) 자가 갑자기 바람에 날려 하늘로 올라갔는데, 간 곳을 알 수 없었다. 비 자가 날아간 날짜와 시각을 알아보니, 바로 양사언이 세상을 떠난 그날 그 시각이었다.《林下筆記 卷37 蓬萊秘書》 이것으로 볼 때, 감호에 있는 정자는 비래정일 것이다. 그런데 이것을 정씨 정자라고 한 것은 정씨 소유이거나 정씨라는 사람과 얽힌 사연이 있을 법한데 자세한 내용을 알 수 없다.

남강에서 밤에 배 띄우다

南江夕泛

물빛은 하늘과 어우러져 멀리 이어지고　水色兼天永
물가의 안개 섬에 닿아 뿌옇다　汀煙接嶼冥
차가운 모래에서 오리와 기러기 날리며　寒沙起鳧雁
배가 잠자리 멍에 씌워 가노라　晴舫駕蜻蜓
하얀 달빛이 금빛 물결에 흔들리고　白月金波動
밝은 은하에 하얀 안개가 지나간다　明河素氣經
실컷 마셔도 전혀 취하지 않아　百觴渾不醉
밤에 해산정에 묵노라　夜宿海山亭

2

물안개가 백사장에 이어져 하얗고　水霧連沙白
바람 부는 강에 달그림자 흐른다　風江動月流
거듭 찾아온 남쪽의 저물녘 풍경　重來南浦夕
모두가 고향의 가을과 같구나　一似故鄉秋
해내에 오직 지기들만이　海內唯知己
하늘가에서 이 멋진 유람 즐기네　天涯此勝遊
차가운 하늘 기러기 떼 바라보나니　寒空望鴻雁
오늘 밤 어느 물가에서 자려는가　今夜宿何洲

일출

日出

대지의 동편 해가 목욕하는 연못[302]에서	大地東偏浴日池
부상[303]의 새벽 그림자 옮겨 가며 해가 뜬다	扶桑曉影轉昇曦
사람이 백발 되는 것 잠깐이니	人間白髮須臾事
모두 아침마다 지체 없이 뜬 때문이지	總爲朝朝出未遲

302 해가 목욕하는 연못 : 중국의 고대 신화에 의하면 "여와씨(女媧氏)가 오색 돌을 구워서 터진 하늘을 꿰매고, 희화(羲和)가 감연(甘淵)에서 해를 목욕시켰다."라고 한다. 《列子 湯問》

303 부상(扶桑) : 전설상의 나무 이름으로, 해가 뜨는 동쪽을 가리키는데, 해가 뜰 때 이 나무 아래에서 솟아나 나무를 스치고 떠오른다고 한다.

월출

月出

옥도끼로 새로 다듬어 계수나무 그림자 둥글고　玉斧新修桂影團
항아[304]의 가을 살쩍 추위를 막지 못하네　姮娥秋鬢不禁寒
술 마시며 앉아 달빛[305] 오르기를 기다렸는데　淸尊坐待金波上
곧장 중천에 올라 한밤중에 보노라　直到中天半夜看

304 항아(姮娥) : 달 속에 산다는 전설상의 여신(女神)이다.

305 달빛 : 금파(金波)는 달빛 또는 달빛이 수면에 비쳐 금물결을 이루는 것을 말한다.

몽천사[306]에서
夢泉寺

잔잔한 호수 구름 덮여 가을 경치 펼쳐지니 平湖雲物展秋容
빼어난 경치 멀리 구정봉에서 나뉘었네[307] 秀色遙分九井峯
무엇보다 사선정[308]에 달 오르고 最是四仙亭上月
깊은 밤 바람[309]이 차가운 종소리 보내온다 夜深虛籟送寒鍾

306 몽천사(夢泉寺) : 삼일포 북쪽 언덕 송림 속에 사철 차고 맑은 물이 솟아오르는 몽천 샘터가 있고, 그 옆에 몽천사가 있었다. 신라 시대 경치 좋은 이곳에 절을 지으려 하니 우물이 없어 걱정하던 중, 꿈에 백발노인이 나타나 알려준 곳을 파서 샘물을 얻었으므로 몽천이라 하였다.

307 빼어난……나뉘었네 : 몽천사의 몽천(夢泉)이 구정봉(九井峯)의 구정(九井)과 근원이 같다고 읊은 것이다. 구정봉은 금강산의 봉우리로, 아홉 마리 용이 잡혀 우물이 되었다는 곳이다.

308 사선정(四仙亭) : 신라 시대 사선(四仙)인 영랑(永郞), 술랑(述郞), 남랑(南郞), 안상(安詳)을 추모하기 위해, 고성 삼일포(三日浦) 앞의 소도(小島)에 세운 정자이다. 189쪽 각주279 참조.

309 바람 : 허뢰(虛籟)는 바람을 말한다. 두보(杜甫)의 〈유용문봉선사(遊龍門奉先寺)〉에 "응달진 산골짝에 바람이 일고, 숲속에 달빛 흩어지네.〔陰壑生虛籟, 月林散淸影.〕"라는 시가 있는데, 청(靑)나라 양륜(楊倫)의 전주(箋注)에 "허뢰는 바람을 말한다.〔虛籟, 謂風也.〕"라고 하였다.

단서[310]

丹書

봉래산 화랑[311]은 다만 이름 남기길 좋아해	蓬島仙郎只好名
붉은 글씨로 기록하였으니 옛적 지나간 곳일세	丹書爲記舊經行
호수 가운데 한 조각 뜬 구름 같은 바위에	湖心一片浮雲石
이끼조차 감히 자라지 않는구나	縱有莓苔不敢生

310 단서(丹書) : 삼일포 포구의 암벽에 붉게 새겨진 영랑도남석행(永郎徒南石行)이라는 여섯 글자를 가리킨다.

311 봉래산 화랑 : 금강산에 놀러 왔던 영랑(永郎), 술랑(述郎), 남랑(南郎), 안상(安詳) 등 네 명의 신라 화랑을 가리킨다.

매향비[312]

埋香碑

신선 그림자 끊어졌으니 언제 돌아오려나	瓊仙影斷幾時還
천년토록 찬 모래만 바닷가 산에 접했네	千載寒沙接海山
한 조각 바위는 이제야 함께 말할 만하니	片石只今堪共語
푸른 이끼 마치 자고반[313]처럼 찍혀 있네	蒼苔猶點鷓鴣斑

312 매향비(埋香碑) : 《신증동국여지승람(新增東國輿地勝覽)》 권45 〈강원도(江原道)〉에 "삼일포 남쪽에 있는 비이다. 원나라 지대 2년 기유년(1309, 충선왕 원년)에 강릉도 존무사 김천호 등이 산승 지여와 함께 향나무를 해변 각 고을에 묻고서, 그 묻은 위치와 가지 수효를 적어서 단서 곁에 세운 것이다.〔在三日浦之南. 元至大二年己酉, 江陵道存撫使金天皓等, 與山僧志如, 埋香木于沿海各官, 誌其地與條數, 竪於丹書之傍.〕"라고 하였다.

313 자고반(鷓鴣斑) : 자고새의 가슴처럼 흰 반점이 박혀 있는 흑갈색의 향 이름이다.

사선정[314]에서 동회옹이 남겨 준 시에 차운하다
四仙亭 次淮翁留贈

붉은 정자는 자라 머리를 베고	紅亭枕鼇頂
푸른 물은 차갑게 흐르지 않네	碧水寒不流
전생에 술랑의 무리	前身述郎徒
도기가 원단구[315]와 같았네	道氣元丹丘
평생 한 켤레 나막신으로	平生一雙屐
돌아본 곳이 구주의 반이었지	所歷半九州
여기 이르러 사미[316] 갖추어지니	及此四美具
시원스레 먼 유람에 어울리네	曠然諧遠遊
늘 그리웠지 동양옹	永懷東陽翁

314 사선정(四仙亭) : 강원도 고성 삼일포에 있는 정자이다. 189쪽 각주279 참조.

315 원단구(元丹丘) : 이백(李白)과 친교한 도사이다. 이백의 〈원단구가(元丹丘歌)〉에 "원단구 님은 신선을 흠모하여 아침에는 영천의 맑은 물을 마시고, 저녁에는 숭산으로 돌아오시네. 삼십육 봉우리 주유하시니, 주유할 땐 별과 무지개를 밟고 다니시네. 몸은 비룡 타고 귓가로 바람 날리며, 황하를 가로질러 동해를 건너서 하늘에 오르시네. 나는 알지, 당신의 노는 마음 무궁한 줄을.〔元丹丘愛神仙, 朝飮潁川之淸流, 暮還嵩岑之紫煙. 三十六峰長周旋, 長周旋躡星虹. 身騎飛龍耳生風, 橫河跨海與天通. 我知爾游心無窮.〕"라고 하였다.《李太白文集 卷五》

316 사미(四美) : 네 가지 아름다운 것으로, 좋은 때〔良辰〕, 아름다운 경치〔美景〕, 완상하는 마음〔賞心〕, 즐거운 일〔樂事〕 등을 말한다. 당나라 왕발(王勃)의 〈등왕각서(滕王閣序)〉에 "사미가 갖추어지고, 이난이 함께하였다.〔四美具, 二難幷.〕"라고 하였다.《江西通志 卷150》

이별의 정 갈수록 유유하다	離別轉悠悠
물길을 그 끝까지 볼 수 없어	川路不可極
눈길이 가을 갈대에서 끊기누나	目斷蒹葭秋

포구를 나가다

出浦

서리 이슬이 무성한 갈대숲에 흠뻑 내리고	霜露蒼蒼蘆葦多
미풍 부는 남포에 차츰 물결 일렁인다	微風南浦漸生波
뗏목 띄워 다시 바닷길로 들어서며	浮槎更接滄洲路
가을 강에서 직녀의 은하 바라보네	秋水相望織女河

삼일포에서 남강에 배를 띄웠는데 맑은 밤에 흥취가 있었다

自三日浦挐舟南江 淸夜有興

탁 트인 호수에 바람 살살 불어	湖闊風微動
배 타고 가니 물결도 잔잔하다	舟移浪又平
백사장 따라 백 길을 나와서	緣沙牽百丈
포구 벗어나 고성 바라보네	出浦見高城
물은 멀리 펼쳐져 하늘과 함께 깨끗하고	水遠兼天淨
성긴 별빛은 달과 함께 밝아라	星疏竝月明
두둥실 떠서 푸른 바다로 가니	浮遊滄海去
차츰 봉래와 영주[317]에 가까워진다	稍稍近蓬瀛

317 봉래(蓬萊)와 영주(瀛洲) : 봉영(蓬瀛)은 봉래와 영주의 병칭이다. 방장(方丈)과 함께 삼신산(三神山)으로 불리며, 바다 가운데 신선이 산다고 전해진다.

발연[318]에서

鉢淵

한 골짝을 달려온 물결 모여 못을 이루고	奔波一壑滙成淵
바위에 고였다가 숲 뚫고 동천에 들어간다	坐石穿林入洞天
다시 산승에게 물놀이 제공하며	更有山僧供水戲
순리대로 흐르고 고이니 소승선과 같구나	安排流坎小乘禪

318 발연(鉢淵) : 외금강 신계사 남쪽에 있는 연못이다. 42쪽 각주18 참조.

봉래도[319] 세 큰 글자는 봉래 양사언[320]이 썼고 또 시를 새겨 놓은 것도 있다

蓬萊島三大字 楊蓬萊筆 又有詩刻

동부[321]에 가을 구름 덮여 열리지 않고	洞府秋雲鎖不開
신선들 노는 길 가까이 봉래산 접했네	仙遊路近接蓬萊
세 유생[322] 바위 위에서 시 지었던 곳	三生石上題詩處
읊조리던 넋이 학 되어 오리라	應有吟魂化鶴來

319 봉래도(蓬萊島) : 발연(鉢淵)에 양사언이 새겨놓은 글씨이다.

320 양사언(楊士彦) : 1517~1584. 본관은 청주(淸州), 자는 응빙(應聘), 호는 봉래(蓬萊)・해객(海客)이다. 《龍洲遺稿 卷15 府使蓬萊楊公墓碣銘 幷序》

321 동부(洞府) : 도교(道敎)의 용어로, 신선들이 사는 지역이라는 뜻이다.

322 세 유생 : 봉래도(蓬萊島)란 큰 글씨에 삼오칠언(三五七言)시가 새겨져 있는데, 이 시를 남긴 양사언과 차식(車軾), 그리고 최호(崔顥)를 가리킨다. 시의 전문을 보면 "백옥경 봉래도에, 아득히 퍼지는 연기 물결 예스럽고 따뜻하니, 바람과 햇살 좋아라. 벽도화 아래에 한가로이 오가니, 학 울음 피리 소리 천지도 늙어 가네.〔白玉京蓬萊島, 皞皞煙霞古, 熙熙風日好. 碧桃花下閑來往, 笙鶴一聲天地老.〕"라고 하였다.

구룡동[323]에서

九龍洞

아름다운 골짜기 속의 옥부용[324]	瓊華洞裏玉芙蓉
운해에 잠긴 봉우리[325] 푸르게 몇 겹인가	蘸海螺鬟翠幾重
유혈[326]에는 낮에도 서릿빛 박쥐 날고	乳穴晝飛霜色鼠
돌아 나가는 연못은 봄날 비올 때 용으로 변하네	洄潭春化雨時龍
산에 물안개 덮여 자욱하게 어우러지고	山籠水霧霏霏合
골짜기에 맑은 샘 흘러 가늘게 물소리 울린다	壑轉瑤泉細細舂
계수나무 아래 갈바람 맞으며 돌아가지 않으니	桂樹秋風不歸去
달 아래 신선을 정녕 만나리라	神仙月下定相逢

323 구룡동(九龍洞) : 유점사의 동북쪽에 있는 큰 폭포이다. 물줄기가 쏟아져 내리며 패인 구멍으로 아홉 층을 이루고 각 구멍마다 용(龍)이 있다고 해서 구룡동이다.

324 옥부용(玉芙蓉) : 본래는 백련(白蓮)의 별칭이다. 눈 쌓인 봉우리를 형용하기도 하는데, 구룡동 안쪽에 있는 봉우리를 가리키는 말로 사용되었다.

325 봉우리 : 나환(螺鬟)은 소라 껍질과 쪽진 머리라는 말로, 산들이 둥글둥글 겹쳐 있는 모습을 비유적으로 표현하는 말이다.

326 유혈(乳穴) : 본래는 풍수지리에서 말하는 혈 자리 중의 하나인데, 여기서는 종유석(鐘乳石)이 자라는 동굴을 가리키는 것으로 보인다.

동석동[327]에서

動石洞

구름 덮인 산 동쪽에 작은 골짜기 雲嶠東偏小洞天
등라 우거진 오솔길을 부여잡고 오르네 藤蘿一逕費攀緣
높은 봉우리는 끝이 없는 비로봉 바위이고 危峯不盡毗盧石
날리는 폭포는 멀리 구정봉 샘에서 나뉘었네 飛瀑遙分九井泉
햇살 아래 바닷가 산은 빼어난 경치 펼쳐지고 日下海山開秀色
가을 깊어 초목에는 찬 안개 걷힌다 秋深草樹霽寒煙
적송자 이미 떠나고 선양만 누워 있으니[328] 赤松已去仙羊臥
두 귀밑머리 세어 가는 인간의 삶 더욱 쓸쓸하다 雙鬢人間更颯然

327 동석동(動石洞) : 외금강에 있는 계곡이다. 금강산에서 봄이 가장 빨리 온다고 하는 영춘대(迎春臺) 위에 있는 바위가 지렛대를 받치고 힘을 주면 움직인다고 해서 동석인데, 이 바위로 말미암아 이름이 붙여졌다.

328 적송사(赤松子)……있으니 : 적송사는 고내 전설상의 선인(仙人)인데, 여기서는 《신선전(神仙傳)》 권2에 보이는 황초평(皇初平)을 가리킨다. 황초평이 15세 때 양치기로 있다가, 어느 날 한 도사를 따라 금화산(金華山)에 들어가 신선술을 연마하였다. 40여 년이 흘러 그의 형 초기(初起)가 동생을 찾아 금화산에 이르렀다. 두 형제가 그동안에 쌓인 회포를 풀고 나서 초기가 양들의 행방을 묻자, 초평이 금화산 동편 푸른 초원에 흩어져 있는 흰 돌을 가리키며 "양들아, 일어나라."라고 하자 돌들이 순식간에 수만 마리의 양으로 변했다고 한다. 여기서는 이민구가 동석동에서 시를 짓고 있으므로, 그곳의 동석(動石)을 황초평의 양에 빗대어 읊은 것이다.

양진역[329]에서 구월 보름 날 바다 위에 달이 올라 마치 낮처럼 밝고 하늘에는 티끌 하나 없었다. 이극보[330]가 술을 가지고 따라와 이별하니 슬픈 노래가 격렬하게 일어나 소리가 숲에 진동하였다

養珍驛 九月望日 海月如晝 天無纖翳 李克甫携酒追別 悲歌激烈 聲振林樾

하늘 끝 둥근 달	天末團團月
밝은 빛이 대지 가득 빛난다	蟾光滿地寒
강과 바다 멀리 이별함에 놀라	自驚江海遠
함께 마주 앉아 술로 위로하네	共對酒杯寬
꿈같은 이 자리 파하면 기쁨도 사라질 터	夢罷歡如失
가을 깊어 이별도 어렵구나	秋深別又難
슬픈 노래를 맑은 밤에 부르노라니	悲歌淸夜發
별빛이 밝게도 빛난다	星斗正闌干

329 양진역(養珍驛) : 강원도 고성군 외금강면에 있는 지역 이름이다. 남쪽의 고성과 북쪽의 통천을 연결하는 지역이다.

330 이극보(李克甫) : 이경인(李敬仁, 1575~1642)으로, 본관은 전주(全州), 자는 극보, 호는 정촌(亭村)이다. 왕손으로 이괄의 난을 평정하는 데 공을 세워 원종 공신에 녹훈되었다.

명사[331]에서

鳴沙

맑은 모래 사박사박 말발굽에 울리고　　晴沙蔌蔌馬蹄鳴
바닷가 미풍이 얼굴 스쳐 상쾌하다　　近水微風拂面淸
두 눈은 찬 파도를 멀리까지 따라가는데　　雙眼只隨寒浪遠
바다 어귀 지는 해에 흰 갈매기 밝게 빛난다　　海門斜日白鷗明

331 명사(鳴沙) : 강원도 고성군 간성읍 남쪽 18리에 있다. 199쪽 각주300 참조.

옹천[332]에서
甕遷

삼도[333]에 가을 구름과 신기[334] 개어　　三島秋雲蜃氣晴
바다 동쪽 바라보니 봉래와 영주 보인다　　滄溟東望見蓬瀛
누대 앞에 다시 교룡의 바위 있어도　　臺前更有蛟龍石
긴 바람 타면 고작 하룻길이지　　只是長風一日程

332　옹천(甕遷) : 강원도 고성군과 통천군의 경계에 있는 높은 벼랑 이름이다. 독벼루라고 하는데, 이는 옹이가 바닷물에 거꾸로 박혀 있는 것과도 같다고 해서 붙여진 이름이다. 벼랑에 두어 자 되는 길을 내었는데, 말이 교행하지 못할 정도로 좁다고 한다. 아래에는 바다의 파도가 솟구쳐서 흉용(洶湧)하니, 거기에 가보면 몸이 어찔하고 떨리며 발바닥이 시고 움직이지 못한다고 한다. 민간에서 전하여 오는 말에 옛날 왜구들이 들어왔을 때 관군이 이를 쳐서 모두 바다에 빠뜨렸으므로, 왜륜천(倭淪遷)이라고도 한다고 한다. 《新增東國輿地勝覽 卷45 江原道 通川郡》

333　삼도(三島) : 동해 바다에 있다는 봉래(蓬萊), 방장(方丈), 영주(瀛洲) 등 삼신산(三神山)을 말한다.

334　신기(蜃氣) : 신기루(蜃氣樓)이다. 사막이나 물에 나타나는 기상 현상인데, 이무기가 토한 기운이라 하여 신기라고 하였다. 《본초(本草)》에 "이무기는 뱀 같으면서도 더 크고 뿔이 있어 용과 같으며, 갈기와 허리 이하에는 비늘이 거꾸로 되었고 제비를 즐겨 먹으며, 비가 오려면 기운을 토해 내어 누대(樓臺)와 성곽(城郭)의 모양을 형성한다."라고 하였다.

문암에서

門巖

동쪽 끝 별들이 곱게 빛나고	東極星辰秀氣濃
하늘가에 옥부용 늘어섰네[335]	天邊散作玉芙蓉
선계가 아래로 유리계에 닿았으니[336]	仙關下接琉璃界
정녕 경루[337]의 몇 겹 안일까	定是瓊樓第幾重

335 하늘가에 옥부용 늘어섰네 : 저물녘 하늘가에 늘어선 산봉우리를 읊은 것이다.

336 선계가……닿았으니 : 이민구가 있는 곳의 분위기가 신선 세계와 같다는 표현이다. 유리계(琉璃界)는 유리로 된 세계라는 뜻으로, 유리처럼 깨끗하고 광채가 나는 세계를 말한다.

337 경루(瓊樓) : 달 속에 있다는 화려한 누각, 또는 선경(仙境)에 있다는 구슬로 장식한 열 두 누대(樓臺)를 가리킨다.

금란굴행

金幱窟行

그대 보지 못했나 바닷가 금란굴[338] 君不見海上金幱窟
거령이 손가락으로 서릿빛 자라 뼈를 부쉈네[339] 巨靈擘破霜鼇骨

338 금란굴(金幱窟) : 강원도 통천군 통천면에 있는 굴이다. 안축(安軸)의 《근재집(謹齋集)》 권1 〈금란굴시(金幱窟詩)〉의 소서(小序)에 이 굴의 모습과 전설이 소개되어 있는데, 이민구의 시를 이해하는 데 도움이 되므로 옮겨보면 다음과 같다. "통주 남쪽 교외에 꼭대기 벗겨진 봉우리가 둥그스름한 것이 동쪽으로 큰 바다에 임했는데, 그 봉우리의 깎아지른 벼랑에 굴이 있으니, 넓이가 7, 8척은 되고 깊이가 10여 보는 된다. 쳐다보면 양쪽 벽이 나직하게 합하였고, 내려다보면 물 깊이를 알 수 없다. 굴이 원래 깊고 물기에 젖어 있기 때문에 언제나 으슥하고 축축하며 바람이 일면 놀란 물결이 들이쳐서 갈 수가 없다. 서로들 전하여 오는 말이 '이 굴은 원래 관음보살의 진신이 항상 거처하는 곳이므로 사람이 지성으로 귀의하면 보살이 바윗돌에 나타나고 푸른 새가 날아오니 이래서 신령하게 여긴다.'라고 한다. 내가 작은 배를 타고 굴에 도착했는데, 이날은 다행히도 풍랑이 고요하게 멎었다. 굴 안으로 깊이 들어가서 자세하게 그 형상을 보니, 굴 구석에 석벽이 석 자쯤은 높고, 돌무늬가 누렇고 아롱다롱하여 중들의 이른바 가사의 금란과 같고 면목견비의 몸체 형상은 없다. 사람들이 이것을 보고서 관음보살의 진신이 돌 아래 나타났다고 하는 것이다. 또 돌이 높고 그 빛이 좀 푸른 것이 있는데, 사람들이 이것을 연대라고 한다. 아, 이것이 과연 관음보살의 진신인가. 돌무늬가 부처의 의복 같다고 하여 존경한다고 하면 옳겠지만, 이것을 가지고 관음보살의 진신이라고 한다면 나는 믿지 못하겠다.〔通州南郊, 有禿峯穹隆, 而東臨大海, 峯之懸崖有窟, 廣可七八尺, 深可十餘步. 仰而兩壁互合, 俯而水深不測, 窟旣深而水氣浸漬, 故常幽暗淋漓, 有風則驚濤洶湧 不可到. 相傳云, 窟是觀音眞身常住處, 人有至誠歸心, 則眞身現于巖石, 而青鳥飛來, 以此靈之. 余乘小舟到窟, 是日幸風浪靜息, 深入窟中, 細觀其狀, 窟之隩, 石壁高三尺許, 石紋黃而爛斑, 如浮屠所謂袈裟之金幱, 無面目肩臂體相. 人見此, 以爲觀音眞身現于石下. 有石磊嵬而其色微青者, 人以此爲蓮臺. 噫, 此果是觀音眞身耶. 若曰, 石紋如佛服, 故尊敬則可矣, 以此爲觀音眞身, 則余未之信也.〕"

커다란 돌이 입 벌려 작은 동굴 되었고	嵌石呀成小空洞
치는 파도가 갉아 황웅[340]의 굴 되었네	舂濤齧作黃熊穴
쇠처럼 단단하고 높은 암벽 몇 백 장일까	鐵壁巉巖幾百丈
나는 구름도 푸른 절벽 위에 이르지 못하네	飛雲不到靑厓上
황홀하게 대낮에 신비로움 보고서	恍惚白日覩神怪
허망하게 천추에 닮은 모습이라 전하네[341]	誕幻千秋傳仿像
고승이 자취 숨길 줄 알았다고 하지만	只道高禪解隱蹤
어찌 돌 생김새가 참 모습과 같으랴	何曾石狀如眞容
자세히 보고 조화의 근원을 따지지 말라	細觀莫詰造化源
좋은 감상은 문견을 뛰어넘는 법	勝賞自超聞見宗
하동 부자[342]는 어진 주인이라	河東夫子賢主人
나의 동쪽 유람 맞이해 바다에 배 띄웠네	邀我東遊泛滄津
작은 나룻배[343]에 자리 깔고	撅頭小舟容展席

339 거령(巨靈)이……부쉈네 : 거령은 황하(黃河)의 신 이름이다. 동해의 삼신산(三神山)을 자라가 머리에 이고 있다는 전설이 있는데, 거령이 그 자라의 뼈를 손가락으로 파서 금란굴을 만든 것 같다고 읊은 것이다.

340 황웅(黃熊) : 전설 속의 동물 이름이다. 《춘추좌씨전》 소공(昭公) 7년 기사에 "옛날 순 임금이 곤을 우산에서 죽였는데, 그 신이 우연에 들어가 황웅으로 변하였다.〔昔舜殛鯀, 其神入于羽淵, 化爲黃熊.〕"라고 하였다.

341 황홀하게……전하네 : 금란굴의 신비로운 모습을 보고 사람들이 관음보살의 진신(眞身)과 닮았다는 전설을 만들어 냈다는 말이다.

342 하동(河東) 부자 : 누구를 가리키는 것인지 미상이다. 앞서 〈감호(鑑湖)〉에 정씨의 정자가 언급된 바 있는데, 그의 본관이 하동이고 지금 금란굴 여행에도 함께 한 것이 아닌가 추측된다.

343 작은 나룻배 : 궐두(撅頭)는 궐두선(撅頭船)과 같은 말로, 배의 앞과 뒤가 분명

노 저어 굴로 들어가니 파도 잔잔하다　搖櫓入窟波色淪
서둘러 술상 준비해 고래를 회 치니　促具杯盤鯨作膾
천오[344]를 멍에 씌워 하늘 밖에 닿을 듯　擬駕天吳戛天外
곁의 바위 두드리니 천둥 같은 소리에 놀라　傍巖擊鼓雷作駭
늙은 악어와 둥근 거북이 나와 허둥지둥　老鼉穹龜出狼狽
금세 바람 일어 찬 물결 치솟으니　須臾風起寒浪湧
모두들 말없이 두려운 낯빛 완연하다　四座無言色頗動
동강의 유람객은 돌아가려는 마음 번쩍 드는데　東岡遊客歸思遽
늙은이는 뱃전 두드리며 흥 더욱 힘차구나　老夫扣舷意彌勇
이태백 불러대며 미친 듯 즐기고　數呼太白顚且狂
큰 소리로 격렬히 노래하니 배도 흔들흔들　高歌激烈船低昂
내가 사공에게 이르기를 주저 말고　我謂舟子莫倉卒
돛을 올려 부상[345]까지 곧장 가세　掛帆直去淩扶桑
부상의 선인들이 올라와 늘어서서　扶桑仙人上森列
날 불러 구름 타고 열결[346]로 굽어보리　招我乘雲俯列缺

하게 구분되지 않는 작은 배를 가리키며, 굴두선(掘頭船)이라고도 한다.

344 천오(天吳) : 사람의 얼굴에, 머리가 여덟 개인 수신(水神)이다. 《산해경(山海經)》 권14 〈대황동경(大荒東經)〉에 "우리나라에 신인이 있는데, 머리가 여덟이고 사람의 얼굴을 하고 있으며, 호랑이 몸에 꼬리가 열 개이니 이름이 천오이다.〔蓋余之國有神人, 八首人面, 虎身十尾, 名曰天吳.〕"라고 하였다.

345 부상(扶桑) : 전설상의 나무 이름으로, 해가 뜨는 동쪽을 가리키는데, 해가 뜰 때 이 나무 아래에서 솟아나 나무를 스치고 떠오른다고 한다. 여기서는 동해 끝을 의미한다.

346 열결(列缺) : 높은 공중에 있는 틈으로 이곳에서 번개가 일어난다고 한다. 130쪽 각주159 참조.

한가롭게 취해 삼만 년 살아가며	婆娑一醉三萬年
금란굴 내려보면 개밋둑 같겠지	下視金幱眞蟻垤

총석에서 동회가 거듭 동자 운을 써서 바다를 읊은 20운 시에 맞춰 짓다[347]

叢石 次淮翁再用冬字賦海二十韻

동해[348]에 일찍이 끝이 되어	鼇海曾標極
부처가 옛적에 종을 띄웠지[349]	金仙昔泛鍾
푸른 흙비 걷혀 시야 넓게 펼쳐지고	青霾開望豁
누런 모자 쓴 사공[350] 배를 공손히 대네	黃帽艤船恭

347 총석(叢石)에서……짓다 : 총석은 강원도 통천군 고저(庫低)에 있다. 동해에 돌출한 해식애(海蝕崖) 지대에 있으며, 그 아래 바다 속에 현무암 돌기둥이 무리 지어 서 있어 절경을 이룬다. 관동 팔경의 하나이다. 그 위에 총석정이 있다. 이민구가 차운한 동회 신익성(申翊聖, 1588~1644)의 시는《낙전당집(樂全堂集)》권2에 수록된〈청간정에서 자시 이민구가 보내온 시를 보고 다시 비로봉 시의 운자를 사용하여 바다를 읊어 부치다〔淸澗亭 見子時寄詩 又用毗盧峯韻 賦海却寄〕〉이다.

348 동해 : 오해(鼇海)는 큰 바다를 의미하는데, 우리나라 문인들이 사용한 용례를 살펴보면 동해를 의미하기도 한다. 예를 들어 이우(李堣)의《송재집(松齋集)》권1〈청간역도중(淸澗驛途中)〉에 "높은 고개가 서쪽에 첩첩이고, 큰 바다가 동쪽에 넓고 깊다.〔大嶺西嶙峋, 鼇海東滉瀁.〕"라고 하였고, 김득신(金得臣)의《백곡집(柏谷集)》책4〈두타사(頭陀寺)〉에 "꽃 핀 역로에 남방의 비 개고, 해 뜨는 큰 바다에 장기 구름 붉다.〔花發驛程蠻雨霽, 日昇鼇海瘴雲紅.〕"라고 하였다. 동해에 있는 삼신산을 자라가 이고 있다는 전설이 있기 때문에 이렇게 표현한 것으로 보인다.

349 부처가……띄웠지 : 금선(金仙)은 금빛 나는 신선이라는 뜻으로, 불타(佛陀)의 별칭이다. 당 무종(唐武宗) 때 부처의 호를 대각금선(大覺金仙)으로 고쳤고, 송 휘종(宋徽宗) 때 석가는 금선(金仙)으로, 보살은 대사(大士)로, 승려는 덕사(德士)로 고친 일이 있다. 53불이 철종(鐵鍾)을 타고 와서 안창현에 내렸다는 고사를 읊은 것이다. 162쪽 각주228 참조.

넓은 물은 떼를 띄웠던 길이고[351] 水闊乘桴路
낯선 산길은 약초 캐던 자취로다[352] 山迷採藥蹤
천신굴[353]에 돛 펼치고 나가 張帆千蜃窟
사선봉[354]을 감상하네 寄賞四仙峯
옥기둥이 하늘에 닿을 듯 나란하고 玉柱凌虛竝
구슬 언덕이 해안에 쌓여 겹겹이네[355] 瓊堆積岸重
새겨서 푸른 완염 이루었고[356] 鐫成靑琬琰

350 누런……사공 : 황모(黃帽)는 뱃사람을 뜻하는 표현이다. 토(土)가 수(水)를 이긴다는 뜻에서, 뱃사공이 토의 색깔인 황색(黃色) 모자를 썼으므로, 황모랑(黃帽郎) 혹은 황두랑(黃頭郎)이라고 했다 한다. 《漢書 卷93 佞幸傳 鄧通》

351 넓은……길이고 : 《논어》 〈공야장(公冶長)〉에 "도가 행해지지 않으니, 뗏목을 타고 바다에 뜨리라.〔道不行, 乘桴浮于海.〕"라고 하였는데, 여기서는 이를 염두에 두고 동해를 읊은 것이다.

352 낯선……자취로다 : 《사기(史記)》 〈진시황본기(秦始皇本紀)〉에 "제(齊)나라 사람 서복(徐福)이 상소하여, 바다 가운데 삼신산이 있고 그곳에는 신선과 불사약이 있으니, 재계를 한 다음 어린 남녀 아이들을 데리고 가서 구해 오겠다고 요청하자, 진 시황이 그의 말을 듣고 수천 명의 동남동녀(童男童女)를 데리고 가서 불사약을 구해 오게 하였다."라고 하였는데, 여기서는 총석정 주변의 오솔길을 서복 일행이 약초를 캐던 자취라고 읊은 것이다.

353 천신굴(千蜃窟) : 특정한 지명이 아니고, 온갖 신기루가 일어나는 바다를 표현한 것이다.

354 사선봉(四仙峯) : 총석정에 있는 네 개의 큰 돌기둥을 말한다. 전설에 의하면 신라의 술랑(述郎), 남랑(南郎), 영랑(永郎), 안상(安詳)이 여기에서 유상(游賞)하였다고 해서 사선봉이라 일컫는다.

355 옥기둥이……겹겹이네 : 바닷물에 침식되어 기둥 모양으로 형성된 총석의 모양을 읊은 것이다.

356 새겨서……이루었고 : 총석에 새겨져 있었다는 비문을 읊은 것으로 보인다. 완염

빼어난 경관 비췻빛 부용처럼 일어나네 秀發碧芙蓉
우레 같은 파도 소리 낮에 우렁차고 雷作聲喧晝
얼음은 겨울로 접어들길 재촉한다 氷摧勢激冬
교인은 서글피 밤에 울고[357] 鮫人悲夜泣
용궁[358]은 가을 물결 두려워하네 貝闕慴秋洶
하수를 본 눈에는 개구리 다리 가엾고[359] 河目憐蛙足
제나라 자랑은 초나라 복판에 좁았네[360] 齊誇隘楚胸

(琬琰)은 보옥(寶玉)인데, 《효경(孝經)》의 서문에 "완염에 쓰노니, 장래에 도움이 있을 것이다.〔寫之琬琰, 庶有補於將來.〕"라고 하였다. 여기서는 석비(石碑)를 가리킨다. 이곡(李穀, 1298~1351)의 《가정집(稼亭集)》 권5 〈동유기(東遊記)〉에서 사선봉을 설명하면서 "동쪽 봉우리에 오래된 비갈이 있는데, 비면이 떨어져 나가고 닳아 없어져서 한 글자도 알아볼 수 없으니, 어느 시대에 세워진 것인지 확인할 수 없다.〔又於東峯有古碣, 剝落磨滅, 無一字可識, 不知何代所立也.〕"라고 하였다.

357 교인(鮫人)은……울고 : 교인은 전설 속의 인어(人魚)를 말한다. 남해 물속에 사는 교인이 비단을 잘 짰는데, 물 밖으로 나와 인가에 머물면서 매일 비단을 짜다가, 작별할 무렵에 눈물을 흘려서 구슬을 만들어 주인에게 주었다는 이야기가 있다. 《太平御覽 卷803》 여기서는 총석에 부딪히는 파도 소리를 표현한 것으로 보인다.

358 용궁 : 패궐(貝闕)은 자색(紫色)의 조개껍질로 장식한 궁궐인데, 수신(水神) 하백(河伯)이 산다는 곳이며, 속칭 용궁(龍宮)을 말한다.

359 하수를……가엾고 : 미상이다. 하목(河目)은 본래 하목해구(河目海口)의 줄임말로, 공자(孔子)의 눈과 입을 가리키는 말이다. 그러나 여기서는 아래 구절과 비교해 볼 때, 황하를 본 사람의 안목 정도의 의미로 추측된다. 즉, 황하를 본 사람의 넓은 안목에는 우물 안 개구리의 좁은 식견이 가엾게 보인다는 말로 이해된다.

360 제(齊)나라……좁았네 : 사마상여(司馬相如)의 〈자허부(子虛賦)〉를 살펴보면, 초(楚)나라 사람 자허(子虛)가 제(齊)나라에 사신으로 갔을 때, 제나라 왕이 직접 군사들을 이끌고 사신 자허와 함께 사냥을 나갔다가 돌아왔다. 오유선생(烏有先生)이 사냥이 즐거웠는지 묻자, 자허가 즐거웠다고 말하였다. 오유선생이 잡은 짐승이 많았는지

무지개다리에서 해 수레 마주하고[361] 虹橋臨日御

고래 회 치려니 서슬 퍼런 칼이 생각난다 鯨膾憶霜鋒

약목[362]은 서쪽 가지 끊어졌고 若木西枝斷

추어[363]가 구멍마다 드나든다 鰌魚萬穴春

우이가 우 임금 경략과 달라[364] 堣夷殊禹略

적현이 요 임금 봉함에서 빠졌네[365] 赤縣漏堯封

묻자, 자허가 많지 않았다고 답하였다. 오유선생이 그럼 무엇이 즐거웠는지 묻자, 자허가 "저는 제나라 왕의 자랑하려는 마음을 즐겼습니다.〔僕樂齊王之欲夸〕"라고 대답하였다. 제나라 왕이 자신을 위해 사냥 대회를 열어준 것을 제나라의 자랑을 위한 것이라 생각하였던 것이다. 이어서 제나라 왕에게 초나라 운몽택(雲夢澤)에 대해 장황히 설명하면서, 그것은 초나라의 작은 것에 불과하다고 말하여 제나라 왕의 기를 꺾었던 사실을 말하였다. 여기서는 이 고사를 인용하여 총석정을 보지 못한 사람의 좁은 안목이 마치 제나라 왕이 초나라의 운몽택을 보지 못한 것과 같다고 읊은 것이다.

361 무지개다리에서……마주하고 : 홍교(虹橋)는 무지개다리로 신선들이 다니는 다리이며, 일어(日御)는 고대 신화 속에 나오는 해를 모는 신인 희화(羲和)인데, 일반적으로 해를 가리킨다. 여기서는 총석정 앞바다에서 바라보는 일출을 읊은 것이다.

362 약목(若木) : 해 지는 서쪽 바다에 있다는 상상(想像)의 신목(神木)이다.

363 추어(鰌魚) : 역도원(酈道元)의 《수경주(水經注)》에 보이는 물고기 이름이다. 그 내용에 의하면, 해추어(海鰌魚)는 길이가 수천 리나 되고 해저(海底)에서 혈거(穴居)한다. 해추어가 굴에 들어가면 바닷물이 밀물이 되고 굴에서 나오면 밀물이 물러가는데, 그것이 굴을 드나드는데 일정한 질도가 있기 때문에, 조수에 시간이 있게 되는 것이라고 한다.

364 우이(堣夷)가……달라 : 총석정이 동해 끝에 있는데, 이곳이 우 임금이 경략(經略)했던 청주(淸州)의 동쪽 끝 우이와 다르다는 말이다. 우이는 전설상의 해가 뜬다는 곳이다. 《서경》 〈요전(堯典)〉에 "희중에게 나누어 명하여, 우이에 머물게 하셨다.〔分命羲仲, 宅嵎夷.〕"라는 말이 나오고, 〈우공(禹貢)〉에 "우이가 이미 경략되었다.〔嵎夷旣略〕"라는 말이 나온다.

365 적현(赤縣)이……빠졌네 : 우리나라가 요 임금에 의해 봉해지지 못했다는 말로

주나라 왕의 수레를 다 따르지 못한 채[366]	未遍周王轍
다만 한나라 사신의 지팡이 소리만 들리네[367]	徒聞漢使節
고깃배가 포구의 기러기 따라 들어오니	漁舠隨浦雁
어부들 집[368]이 벌집처럼 늘어섰네	蜑戶散房蜂
백 번 꺾여도 골짜기로 돌아갈 줄 아니[369]	百折知歸壑

풀이된다. 적현은 본래 전국 시대 제(齊)나라 추연(鄒衍)이 중원(中原) 지방을 신주적현(神州赤縣)이라고 일컬은 데에서 유래하여 중국을 가리키는데, 여기서는 국내의 모든 주현(州縣)을 가리키는 말로 사용된 듯하다.

366 주나라……채 : 주 목왕(周穆王)의 유람을 다 따라 하지 못한다는 말이다. 주왕(周王)은 주 목왕을 말한다. 목왕이 정사를 돌보지 않은 채 팔준마가 모는 수레를 타고 천하를 두루 유람하다가, 곤륜산 꼭대기의 요지(瑤池)에 가서 전설적인 선녀 서왕모(西王母)를 만나 환대를 극진히 받았다는 이야기가 전해진다. 《列子 周穆王》

367 다만……들리네 : 한사(漢使)는 누구를 가리키는지 미상이다. 한나라 인물로 유람을 많이 한 사람으로는 박망후(博望侯)에 봉해진 장건(張騫)을 들 수 있지만, 그는 서역(西域)을 개척한 인물로 여기와는 어울리지 않는다. 《사기(史記)》에 의하면 한나라 원봉(元封) 원년 3월에 무제(武帝)가 동쪽으로 가서 해상(海上)을 순행하고 팔신사(八神祠)에 제사를 모셨는데, 제(齊)나라 사람이 신괴기방(神怪奇方)에 대하여 말하는 사람이 수만 명이었으나 아무런 효험이 없었다. 이에 무제가 바다에 신선이 산다고 말한 사람 수천 명으로 하여금 봉래산(蓬萊山)의 신선을 찾아 데려오게 하였다고 한다. 《史記 卷28 封禪書》 지금 이민구가 동해 총석정을 읊고 있으므로, 무제가 보낸 사람들을 한사로 표현한 것이 아닐까 추측된다.

368 어부들 집 : 만단(蠻蜑)은 본래 남방의 부족 이름이다. 대부분 배를 타고 물 위에서 생활하기 때문에, 단호(蜑戶)라고도 한다. 여기서는 어촌에 늘어선 어부들의 집을 가리킨다.

369 백 번……아니 : 강물이 바다를 향해 간다는 말이다. 백절(百折)은 백절필동(百折必東)과 같은 말로, 어떤 어려움이 있어도 변치 않고 계속 유지되는 것을 말한다. 《순자(荀子)》 권20 〈유좌편(宥坐篇)〉에 "강물은 일만 번 꺾여도 반드시 동쪽으로 향한다.〔其萬折也, 必東.〕" 하였다.

작은 물줄기에 쏟아지는 물소리 느끼네　微涓感瀉淙
연기 낀 백사장은 아득한 이내에 잠겼고　煙沙沈杳靄
서리 맞은 풀은 꽃다운 생기 잃었네　霜艸變丰茸
즐거운 때는 진실로 얻기 어려운 법　歡會眞難得
평생에 몇 번이나 만날까　平生幾度逢
높이 나는 기러기 같은 왕희지며[370]　鴻翮王逸少
봉모처럼 훌륭한 문장의 사초종일세[371]　鳳蔚謝超宗
지역 멀어 외로운 생각 간절한데　地遠懸孤想
시를 읊어 한 게으름뱅이 일으키네[372]　吟成起一慵

370 높이……왕희지(王羲之)며 : 환로(宦路)에서 벗어나 지내는 신익성을 왕희지에 비유하여 읊은 것으로 보인다. 일소(逸少)는 진(晉)나라 왕희지의 자(字)이다. 왕희지가 회계 군수(會稽郡守)로 있을 때, 평소 경멸하던 왕술(王述)의 감찰을 받게 되자, 이를 치욕스럽게 생각한 나머지 병을 핑계로 사직한 뒤에, 부모의 묘소 앞으로 나아가서 "앞으로 다시 벼슬길에 나아가면 부모님의 아들이 아닐 것임을 해를 두고 맹세한다."라고 서약하였으므로, 조정에서도 이를 존중하여 다시는 부르지 않았다는 고사가 전한다. 《晉書 卷80 王羲之列傳》 신익성 역시 선조의 딸 정숙옹주(貞淑翁主)와 혼인하여 동양위(東陽尉)에 봉해지고, 관직도 맡지 않은 상황이기 때문에 이렇게 말한 것으로 보인다. 기러기를 인용한 것은 《양자법언(揚子法言)》 〈문명(問明)〉에 "기러기가 먼 하늘 위에 날거니, 주살 가진 사람이 어떻게 쏘아 잡으랴.〔鴻飛冥冥, 弋人何簒焉.〕"라고 하였는데, 이 말은 세속 밖에 초연하여 환해(患害)를 멀리하는 것을 비유하는 말로 쓰이기 때문인 것으로 보인다.

371 봉모(鳳毛)처럼……사초종(謝超宗)일세 : 신익성의 문장이 아버지 신흠(申欽, 1566~1628)을 잘 계승했다는 말이다. 남제(南齊) 때의 왕모(王母) 은 숙의(殷淑儀)가 죽었을 때, 사영운(謝靈運)의 손자 사초종(謝超宗)이 그 뇌사(誄詞)를 지어 올리자, 제(帝)가 그 글을 보고 대단히 탄상(歎賞)하여 이르기를 "초종은 남달리 봉모가 있어, 영운이 다시 나온 듯하다.〔超宗殊有鳳毛, 恐靈運復出.〕"라고 하였다. 《南齊書 卷36 謝超宗列傳》 이는 곧 사초종의 문장이 그의 조부 사영운의 문장에 방불한다는 말이다.

양하[373]가 함께 창화하지 않으니 羊何無共和
바위 옆 소나무에서 부질없이 쓰노라 虛寫石頭松

372 지역……일으키네 : 이민구와 신익성의 일정이 달라 서로 먼 거리에 있으면서도 신익성이 시를 지어 남겨줌으로써 이민구 자신을 격려하고 있다는 말이다.

373 양하(羊何) : 남조(南朝) 송(宋)의 사영운(謝靈運), 사혜련(謝惠連)과 함께 문장이 뛰어나서 사우(四友)로 불렸던 태산(泰山)의 양선지(羊璿之)와 동해(東海)의 하장유(何長瑜)를 가리킨다. 여기서는 이민구가 누군가를 염두에 두고 이 사람을 인용한 것인데, 함께 여행을 떠났던 허보를 생각한 것이 아닌가 추측된다.

동회옹이 심회를 읊어 부쳐온 시에 맞춰 짓다

次淮翁寫懷見寄

세밑 하늘가에 이별한 마음 애틋한데　　歲暮天涯別意稠
사람도 떠나는 제비[374] 따라 머물지 않네　　人隨社燕不曾留
산 높아 밝은 해는 무정히 넘어가고　　山高白日無情落
땅 넓어 긴긴 강은 아련히 흘러가네　　地闊長江動眼流
총석정 맑은 구름에 홀로 가는 신세 가련하고　　叢石晴雲憐獨往
경포호 밝은 달빛에 함께 놀던 때가 떠올랐지　　鏡湖明月憶同遊
뉘 알았으랴 쓸쓸한 장평자가　　誰知寂寞張平子
푸른 구슬 쥐고 〈사수시〉 지을 줄을[375]　　自把青瑤賦四愁

강릉에서 동쪽 바라보며 이별한 마음 서글픈데　　江陵東望別魂傷
아득한 구름 모래 백리나 길게 뻗었어라　　浩渺雲沙百里長

374 떠나는 제비 : 제비는 춘사일(春社日)에 왔다가 추사일(秋社日)에 떠나므로, 여기서 사연(社燕)은 추사일에 떠나는 제비를 의미한다.

375 뉘……줄을 : 신익성이 시름겨운 내용의 시를 짓게 될 줄은 몰랐다는 말이다. 제목에서 신익성이 심회를 읊어 보내 온 시가 있음을 알 수 있는데, 그 시에 신익성의 수심(愁心)이 담겨 있었던 것으로 보인다. 평자(平子)는 후한(後漢) 장형(張衡)의 자이며, 사수(四愁)는 그가 지은 〈사수시(四愁詩)〉를 가리킨다. 이 작품은 장형이 하간왕(河間王)의 상(相)으로 나가서 세상이 점차 쇠폐해짐을 걱정하여, 동서남북 사방을 바라보며 울적한 심정을 토로한 시이다. 《文選 卷29》 이 시에는 "미인이 나에게 수놓은 비단을 주시니, 무엇으로 보답할까, 청옥안이로세.〔美人贈我錦繡段, 何以報之, 青玉案.〕"와 같은 유형의 구가 반복적으로 나타나고 있는데, 여기서 청옥안은 답시(答詩)를 뜻한다.

아마도 선인은 가을 포구에 머물며	遙憶仙人在秋浦
고양에서 헤어진 술친구 그리겠지[376]	應憐酒侶散高陽
바다와 산에서 붓 휘두르는 그대 한가롭고	揮毫海嶽君方逸
거문고와 술에 박자 맞추는 나는 미치광이	擊節琴尊我自狂
어찌하면 환이의 삼롱적[377] 얻어	安得桓伊三弄笛
호상[378]에 걸터앉아 날 위해 불어 줄까	爲余吹徹坐胡床

376 아마도……그리겠지 : 신익성이 예전 함께 술을 마시던 친구들을 그리워하고 있을 것이라는 말이다. 고양(高陽)은 미상이다. 다만 초한(楚漢) 때의 역이기(酈食其)가 유방(劉邦)에게 자신을 소개하면서, 고양의 술꾼〔高陽酒徒〕이라고 말한 고사가 있는데, 고양은 역이기의 고향이므로 술과 연관지어 인용한 것으로 추측된다.

377 환이(桓伊)의 삼롱적(三弄笛) : 환이는 진(晉)나라 초국(譙國) 질현(銍縣) 사람으로, 젓대를 잘 불었다. 삼롱은 옛 악곡(樂曲) 이름인 매화삼롱(梅花三弄)의 약칭인데, 또는 세 곡조 연주의 뜻으로도 쓰인다. 환이가 청계(淸溪)를 지날 적에 서로 전혀 알지 못하던 왕휘지(王徽之)가 사람을 시켜 그에게 젓대 한 곡을 불어 달라고 요청하자, 그가 문득 수레에서 내려 호상(胡牀)에 걸터앉아, 세 곡조를 연달아 불어 마치고 갔던 데서 온 말이다. 《晉書 卷81 桓伊列傳》

378 호상(胡床) : 접을 수 있게 만들어진 일종의 간편한 의자를 가리킨다.

추지령[379]에서

椒池嶺

동북으로 산 가로질러 천지 나뉘는데	東北山橫天地分
올라서서 말 세우고 석양에 기대섰네	登臨歇馬倚斜曛
산머리에 해 밝아도 비 드리우고	峯頭白日還垂雨
저 아래 푸른 바다는 구름 쓸어낸 듯 깨끗하다	脚底滄溟淨掃雲
아득한 변방 기러기 날아오지 않는데	杳杳塞鴻飛不到
떠들썩한 하늘 음악을 앉아서 부질없이 듣노라	嘈嘈天樂坐空聞
앞으로 화천현[380] 향하리니	前途轉向和川縣
숲에서 범과 표범 무리 뚫고 지나야겠지	林壑應穿虎豹群

379 추지령(楸池嶺) : 강원도 통천군 벽양면(碧養面)과 회양군 안풍면(安豐面) 사이에 있는 고개이다.

380 화천현(和川縣) : 강원도 금강군 화천리 일대에 있던 옛 고을이다.

신안에서

新安

신안현으로 점차 내려가니	稍下新安縣
산 아지랑이와 물안개 어우러진다	山嵐混水煙
사람 부르는 시골길 궁벽지고	喚人村逕僻
말을 매는 들 정자 외졌어라	繫馬野亭偏
짧은 처마를 솔가지가 보충하였고	簷短松枝補
성긴 울에는 박 잎이 매달렸네	籬疏瓠葉懸
아침상에 막걸리 기울이며	朝盤傾白酒
무던히 앉아 날 개길 기다린다	堅坐待晴天

길에서 백전암으로 돌아가는 엄 상인을 만나다

路逢嚴上人還柏田庵

바위 꼭대기 선방을 몇 년이나 떠났던가	巖頂禪扉別幾年
유랑하던 발길 동중의 하늘로 돌아가려 하네	遊蹤欲返洞中天
다니던 옛 길을 내가 새로 지나왔으니	經行舊路吾新過
가을 구름 가득한 골짜기에 벽려 늘어졌더이다	滿壑秋雲薜荔懸

동주집

전집 제7권

詩 시

을해년(1635, 인조13) 가을에 나는 예조 참판을 맡고 있다가 관동 지방을 다스리게 되었다.[1] 그때 막하에서 보좌하는 이들의 재주와 능력이 매우 뛰어났고, 예부터 선경(仙境)이라고 일컬어지는 지역이었으므로 유람하는 곳마다 반드시 시문으로 남겨 마침내 큰 권(卷)을 이루었다. 지금 거두어 모은 것은 겨우 반에 불과하지만, 그런대로 보존해서 훗날의 회상거리로 삼는다.

강원도 관찰사에 임명되어 입으로 불러 읊다
拜關東方伯 口占

나막신 신고 가을 중반에 나서니 理屐乘秋半
휘장 걷고[2] 바다 끝 동쪽으로 가노라 褰帷極海東
거문고 연주하면 뭇 산이 메아리치고[3] 鳴琴衆山響

1 을해년……되었다 : 《인조실록》 13년 기사에 의하면, 이민구는 6월 21일에 예조 참판(禮曹參判)에 임명되었다가 7월 14일에 강원 감사(江原監司)에 임명되었다.

2 휘장 걷고 : 건유(褰帷)는 지방 상관으로 부임하면서 민생(民生)을 살피는 것을 뜻한다. 후한(後漢)의 가종(賈琮)이 기주 자사(冀州刺史)로 부임하면서, 백성의 생활을 두루 보고 듣기 위하여 그동안의 관례를 무시한 채 수레의 휘장을 걷어 올리게 하면서 "지방 장관은 멀리 보고 널리 들어서 좋고 나쁜 점을 살펴야 하는데, 어찌 도리어 수레의 휘장을 드리워 스스로 귀와 눈을 가리겠는가.〔刺史當遠視廣聽, 糾察美惡, 何有反垂帷裳, 以自掩塞乎.〕"라고 말한 고사가 전한다. 《後漢書 卷61 賈琮列傳》

3 거문고……메아리치고 : 명금(鳴琴)은 거문고를 연주하면서 백성을 잘 다스리는 것을 의미한다. 공자(孔子)의 제자인 복자천(宓子賤)이 성품이 매우 인애(仁愛)하여

약초 캐면서 십주로 통하리라[4] 採藥十洲通
달빛 비칠 때 일찍이 계수나무 부여잡았고 月照曾攀桂
서리 짙게 내리던 옛날 단풍 구경했었네[5] 霜濃舊賞楓
인하여 소문나겠지 새로 부임한 원님 仍聞新賜履
동천을 겸해서 맡았다고[6] 兼管洞天中

일찍이 선보(單父)를 다스릴 적에 항상 거문고만 타고 당(堂) 아래를 내려가지 않았으나, 선보가 잘 다스려졌다는 데에서 유래하였다. 《說苑 卷7 政理》 여기서는 이민구가 관찰사로 부임하면서 선정을 베풀면 백성들이 호응할 것이라고 생각한 것이다.

4 약초……통하리라 : 십주(十洲)는 신선들이 산다는 바다 속 열 개의 섬으로 조주(祖洲), 영주(瀛洲), 현주(玄洲), 염주(炎洲), 장주(長洲), 원주(元洲), 유주(流洲), 생주(生洲), 봉린주(鳳麟洲), 취굴주(聚窟洲)를 말한다. 《海內十洲記》 여기서는 약초를 캐듯 관동의 여러 명승지를 돌아보겠다는 말이다.

5 달빛……구경했었네 : 1631년(인조9) 이민구가 금강산 유람을 하면서 관동지방을 여행했던 사실을 읊은 것이다. 반계(攀桂)는 계수나무를 부여잡는다는 말로, 은자(隱者)가 사는 곳을 상징한다. 한(漢)나라 때 회남왕(淮南王) 유안(劉安)이 문사(文士)들을 모아 사부(辭賦)를 짓게 하고는 이들을 대산(大山)과 소산(小山)으로 나누었다. 이 중 소산에 속하는 문사가 지은 〈초은사(招隱士)〉에 "계수나무 숲 우거져 산이 그윽하니, 구불구불 뻗은 줄기 가지 서로 얽혔어라.〔桂樹叢生兮, 山之幽, 偃蹇連蜷兮, 枝相繚.〕"라고 하여, 은자가 사는 산중 풍경을 묘사하였다. 《楚辭章句 卷12 招隱士》

6 인하여……맡았다고 : 이민구가 승경(勝景)을 좋아하므로 관찰사의 임무와 함께 유람을 즐길 것이라는 말이다. 사리(賜履)는 임금이 하사한 봉지(封地)를 이르는 말로, 여기서는 방백(方伯)에 임명된 것을 말한다. 《춘추좌씨전》 희공(僖公) 4년 기사에 "우리 선군에게 봉지를 내려주었다.〔賜我先君履〕"라고 하였다. 동천(洞天)은 신선이 산다는 선경으로 이 세상에 서른여섯 곳이 있다고 한다. 《述異記 卷下》

하직 인사하려고 임금을 뵌 뒤에 도성을 나서다

陛辭登對後 出城

임금[7]께 하직하니 눈물이 옷깃 적셔	欲辭丹陛淚霑襟
오늘 한 치의 마음 온통 녹아내리네	今日眞銷一寸心
천상의 임금님 말씀 귀에 생생하니	天上玉音猶在耳
오색구름[8] 궁궐이 꿈속 깊이 들어오리	五雲宮闕夢中深

7 임금 : 단폐(丹陛)는 천자(天子)가 있는 궁궐의 뜰에 붉게 칠한 섬돌을 가리키는데, 전하여 임금이나 대궐을 뜻한다.

8 오색구름 : 오운(五雲)은 오색구름으로, 상서(祥瑞)를 뜻하는 말이다. 보통 제왕의 거처를 나타낼 때 쓰는 표현이다.

행차가 창연정에 도착하자 동회옹이 광주 목사를 데리고 와서 전별하므로 그 운에 맞추어 짓다[9]

行到蒼然亭 淮翁携廣牧來別 仍次其韻

불어난 강물 줄기 푸른 마름 흔드는데	高江一道轉青蘋
두 강 중간에서 다시 나루터 묻노라[10]	二水中間更問津
부절 잡으니 누가 관외의 객 가련타 하랴만	持節誰憐關外客
배 타고 광주 목사까지 데려왔구나[11]	移舟兼引廣陵人
산천은 쓸쓸한데 정자에 올라서서	山川冷落登臨後

9 행차가……짓다 : 창연정(蒼然亭)은 현재의 경기도 남양주시에 있는 신익성(申翊聖)의 정자이고, 회옹(淮翁)은 동회(東淮) 신익성을 가리킨다. 이민구가 차운한 신익성의 시는 《낙전당집(樂全堂集)》 권3에 실려 있는 〈배에서 관해 이민구에게 부치다.〔舟中寄觀海〕〉이다.

10 다시 나루터 묻노라 : 진(晉)나라 때 무릉(茂陵) 사람이 하루는 물고기를 잡다가 갑자기 도화림(桃花林)을 만났다. 그곳에 들어가서 옛날 진(秦)나라 때 피난 와서 사는 사람들로부터 융숭한 대접을 받고 돌아왔다. 그 후 그가 다시 그곳을 가 보려고 하였으나 길을 잃어 가지 못했다. 또 남양(南陽)의 고사 유자기(劉子驥)도 그 말을 듣고 친히 가 보려고 했으나, 역시 이루지 못하고 죽음으로써 나루터를 묻는 사람이 없게 되었다는 고사에서 온 말로, 별천지(別天地)를 찾는 사람을 의미한 말이다. 《陶淵明集 卷5 桃花源記》 여기서는 이민구가 신익성의 창연정을 선경(仙境)으로 설정하고, 그곳을 찾아감을 읊은 것이다.

11 부절……데려왔구나 : 지절(持節)은 부절을 잡는다는 말로, 여기서는 이민구가 강원도 관찰사로 부임하는 것을 말한다. 지금 강원도 관찰사로 부임해 가는 길이니, 비록 관외(關外)로 가지만 가련할 것도 없는데, 신익성이 광주 목사와 함께 와서 전별해 주고 있음을 읊은 것이다.

술 마시고 시 지으며 떠나고 남는 사람이네	酒賦蹉跎去住身
저물녘 울리는 행차 음악 소리에 어쩌지 못해	向晚不堪鐃吹發
나무 그늘 모래밭으로 수레를 움직이네	樹陰沙階動征輪

월계협[12]에서

月溪峽

광주의 강물 빛깔 이끼보다 푸르러	廣陵江色碧於苔
한 줄기 맑은 물 거울처럼 펼쳐졌다	一道澄明鏡面開
양쪽 언덕 단풍 숲 가을 그림자 속을	夾岸楓林秋影裏
물은 서쪽으로 가고 나는 동쪽에서 왔노라	水流西去我東來

12 월계협(月溪峽) : 현재의 팔당대교 부근의 광나루에서 양수리에 이르는 협곡의 옛 이름으로 달냇골이라고도 한다.

지평[13] 길가에서 택당[14]이 다과를 들고 나와 작별하다
砥平路左 澤堂携茶果出別

잔돌이 물에 쓸려 구르고	細石縈流動
높은 숲이 물가에 맑구나	高林傍階淸
연기 나는 곳 찾아 말 멈추고	尋煙停馹騎
차 마시며 벗과 정담 나누노라	啜茗話朋情
이슬 젖은 국화는 가을을 맞이하고	露菊迎秋氣
바람 맞은 갈대는 저물녘 소리 다투네	風蘆戰暮聲
나그네 여정 참으로 정해져 있으니	客程眞取次
벌써 이별의 마음이 싹트누나	已復別心生

13 지평(砥平) : 경기도 양평군 지역의 옛 이름이다. 택당 이식이 이곳에 택풍당(澤風堂)을 짓고 기거하기도 하였다.

14 택당(澤堂) : 이식(李植, 1584~1647)으로, 본관은 덕수(德水), 자는 여고(汝固), 호는 택당이다.《宋子大全 卷203 澤堂李公諡狀》이정귀(李廷龜, 1564~1635), 신흠(申欽, 1566~1628), 장유(張維, 1587~1638)와 더불어 한문4대가(漢文四大家)로 꼽히는 인물이다.

원주로 가는 길가에서 외숙의 거사비[15]를 보다

原州路傍 見舅氏去思碑

시든 풀 우거진 비석 앞길　　衰艸碑前路
말 타고 지나는 팔월 초순　　征驂八月初
풍류 즐기던 옛 누대 있으니　　風流舊臺榭
칭송하는 노래 마을에서 불렀겠지　　歌詠自村閭
기족은 당년에 굽혔지만[16]　　驥足當年屈

15 외숙의 거사비(去思碑) : 거사비는 전임 감사나 수령의 선정을 추모하여 백성들이 세운 비를 말한다. 이민구의 외숙은 김대섭(金大涉, 1549～1594)의 아들 김확(金矱, 1572～1653)이다. 김확의 자(字)는 정경(正卿), 호는 금사(金沙)이며, 젊어서 하곡(荷谷) 허봉(許篈)의 문하에서 수업하였다. 이민구가 지은 묘지명(墓誌銘)에 "김확은 을축년(1625, 인조3)에……원주 목사로 부임하여 자신의 몸에 있는 병을 제거하듯 병폐를 통렬히 제거하고 강당을 수리하여 학교를 일으키는 등 모든 일이 잘 거행되어 조정에 보고되자, 임금이 비단을 하사하였다. 재임 1년 만에 관찰사를 거슬러 파직되어 돌아왔다. 고을 사람들이 유임해 줄 것을 요청하였으나 회답이 없었다. 정묘년(1627)……이듬해에 순창 군수로 부임하여 원주에 있을 때보다 정사를 더 주도면밀하게 거행하였다.……가을에 관찰사와 친척이라는 혐의로 해임되었다. 전후 두 고을에 부임하여 모두 1년이 차지 않았으나, 그 고을 사람들이 비석에 선정을 새겨 추모하였다.〔乙丑,……除原州牧使, 痛剗刮疵瘼, 若瘵在躬, 繕廨宇興學校, 百爲具擧, 事聞賜帛. 居一歲, 忤方伯罷歸. 州人告闕乞留, 不報. 丁卯,……明年, 守淳昌郡, 其施措方略, 視原益密.……秋以方伯親嫌解任, 前後臨二邑, 俱未浹歲, 其人輒勒石以寓遺愛.〕"라고 하였다. 《東州先生文集 卷8 舅氏尙衣院正金公配淑人鄭氏墓誌銘》

16 기족(驥足)은 당년에 굽혔지만 : 김확이 훌륭한 인물이었으나, 관찰사에게 밉보여 파직되었음을 말한다. 기족은 준마의 말발굽으로, 전하여 재주나 지략이 뛰어난 사람을 말한다. 여기서는 김확의 뛰어난 능력을 가리키는 말이다.

홍니는 후대에 남았어라[17] 鴻泥後代餘
만약 양씨의 공적비와 논해 본다면 倘論羊氏石
떨어지는 눈물이 진정 어떠할까[18] 墮淚定何如

17 홍니(鴻泥)는 후대에 남았어라 : 홍니는 홍조설니(鴻爪雪泥)라고도 하는데, 눈 위에 난 기러기 발자국이란 뜻으로 지난 일의 흔적을 비유한 말이다. 여기서는 김확이 훌륭하게 원주 고을을 다스리다가 파직되었지만, 그 흔적은 비석에 새겨져 오늘날까지 전해 온다는 말이다.

18 만약……어떠할까 : 김확의 선정을 양호(羊祜)와 비교해 볼 때 전혀 손색이 없을 것이라는 말이다. 양씨석(羊氏石)은 양호의 비석을 가리킨다. 진(晉)나라 명장인 양호가 형양(荊襄)의 도독(都督)으로 있을 때 인심을 크게 얻었는데, 그가 죽은 뒤에 군민들이 현산(峴山)에 비(碑)를 세우고, 그 비를 바라볼 때마다 눈물을 흘렸다. 두예(杜預)가 타루비(墮淚碑)라고 명명했던 고사가 있다. 《晉書 卷34 羊祜列傳》

판교에서 원씨에게 시집간 누이[19]를 찾아 가다
板橋 就元氏姊

해 뜨자 거도[20] 선발하여　　日出簡車徒
누이 찾아 가노라　　行行就姊氏
옛 오솔길 그윽한 풀섶 헤치며 나가니　　古徑披幽艸
싸리울이 산기슭에 둘러 있네　　柴籬繞山趾
흐트러진 오이 덩굴 지나　　離披瓜蔓陰
문에 당도하니 마루와 섬돌이 보이네　　到門見堂戺
헤어져 지낸 지 삼십 년 만에　　契闊三十年
서로 마주하니 슬프기 그지없다　　相對悲未已
지난날 이야기에 둘 다 목메어 우니　　話故兩嗚咽

19 원씨(元氏)에게 시집간 누이 : 신흠(申欽)이 쓴 이민구의 조부 이희검(李希儉, 1516~1579) 비명(碑銘)에 "1남 4녀를 두었는데, 아들은 이수광이다. 딸은 장녀가 이인가에게, 차녀가 참봉 유석준에게, 삼녀가 민수경에게 시집갔고 사녀는 요절하였다. 이수광은 2남 1녀를 낳았는데, 장자는 이성구이며, 이민구는 차자이다. 장녀는 권경에게 시집갔다. 이인가는 2남 1녀를 낳았으니, 아들은 이언눌과 이언액이고, 딸은 원해관에게 시집갔다. 유석준은 3남을 낳았으니, 유대붕과 유진붕과 유유붕이고, 민수경은 딸을 낳아 송몽인에게 시집갔다.〔生一男四女, 男參議君也. 女長李仁可, 次參奉柳錫俊, 次幼學閔守慶, 次早夭. 參議生男二人女一人, 男曰聖求, 文科承文院正字, 曰敏求, 進士狀元. 女曰權黴, 進士. 仁可生男二人女一人, 男曰言訥言詻, 女曰元海寬, 參奉生三男, 曰大朋眞朋有朋, 守慶生女曰宋夢寅.〕"라고 하였다.《象村稿 卷26 贈大臣輔國崇祿大夫……李公神道碑銘》이러한 내용을 통해 볼 때 원씨자(元氏姊)는 이민구의 고모부 이인가의 딸로, 원해관에게 시집간 이민구의 고종 누이일 것으로 추정된다.

20 거도(車徒) : 거병(車兵)과 도병(徒兵), 또는 수레와 병졸을 가리킨다.

어린애들 번갈아 힐끔힐끔 쳐다보네	童稚迭窺覗
고모 댁은 예전에 가세가 기울어	姑家昔喪亡
딸을 가난한 선비에게 시집보냈지	嫁女與寒士
골육들 오래전에 뿔뿔이 헤어지고	骨肉舊星散
남편의 일문마저 의지하기 어려웠네	夫宗又難倚
척박한 땅이라 수확 적고	薄土寡田收
황폐한 마을이라 생계 어려웠지	荒村少生理
다행히도 두서넛 자녀들은	子女幸數輩
혼인하여 모두 가까이 사니	昏娶皆近里
늘그막에 장차 위로야 되겠지만	臨老且慰眼
자립을 마침내 어찌 믿으리오	成立竟焉恃
이야기 할수록 거듭 한숨만 나와	語闌重歔欷
솟는 눈물이 두 사람 눈가에 비친다	迸淚俱映眥
서둘러 음식 차리려니	急欲具盤飧
가난한 집 살림이라 네댓 번 일어나네	貧家四五起
이토록 수고롭게 마련한 정성에 감동하여	感此苦意深
씀바귀와 비름도 맛있어라	蓼莧亦香美
세상 혼란하여 만나기 어려운 줄 알아	世亂知會稀
나이 들어 쇠하니 정에 이끌림 깨닫네	年衰覺情累
관직에 있는 몸 오래 머물기 어려워	官人難久留
세 번 탄식하며 발길 돌리노라	三歎乃旋軌

막부에서
幕府

막부에 맑은 가을 흰 이슬 내리니	幕府清秋白露溥
이름난 고을도 계절 초목 시드는 때 만났네	名都物候屬凋殘
마을 주변 배와 대추는 서풍에 여물고	村邊梨棗西風熟
산 아래 소와 양은 저물녘에 춥구나	山下牛羊落日寒
좋은 계절 국화도 나처럼 늙어 가니	令節黃花依我老
쇠한 얼굴 멀리 온 나그네를 누가 보아주랴	衰容遠客倩誰看
하늘가 적막한 타향에서 시름과 병마저 겸했으니	天涯寂莫兼愁病
술 넘쳐나도 취하기 어렵구나	縱有深觴醉自難

가을날 즉흥시를 여러 사람과 함께 짓다
秋日卽事 同諸人賦

시든 풀 가을날에 향기 덜하고　寒蕪秋日減芳菲
짙은 이슬 쓸쓸히 적셨네　重露凄凄濕不稀
밝은 달은 다만 나그네의 한을 더할 뿐인데　明月只應添客恨
맑은 달빛 짐짓 사람 옷에 가득 비춘다　清光故欲滿人衣
공무 여가에 질탕하게 술 즐기나니　公餘跌宕壺觴在
노년에 미끄러져 뜻한 일 어긋났네　歲暮蹉跎志力違
이미 울밑 꽃이 눈앞에 핀 것도 싫은데　已厭籬花當眼發
무슨 마음에 변방 기러기는 서리 띠고 날아가나　何心塞雁帶霜飛

먼 성 고각 소리에 느지막이 문 닫으니　遙城鼓角閉門遲
나그네의 외로운 마음 이도저도 마땅찮다　旅客孤心百不宜
달이야 일 년에 오늘 밤이 가장 곱지만　月較一年今夜好
계절은 사철 중 구월이 슬프구나　天分四序九秋悲
찻값 내던 사람들 무덤으로 모두 떠났으니　茶錢古墓人皆去
서리 이슬 내린 기친 들판 나만 홀로 안다네　霜露荒原我獨知
찬 걸상에서 이경에 귀뚜라미 소리 들려　寒榻二更聞蟋蟀
책상머리 촛불 옆에서 눈썹 찡그린다　案頭官燭傍摧眉

운자를 거듭 써서 짓다

疊韻

향기 내뿜는 섬돌 국화에 이슬 살짝 내리고	階菊舒芳露氣菲
텅 빈 하늘에 별들 흩어져 희미하다	天虛星斗散還稀
온 산 낙엽 소리 기댄 안석에 들려오고	渾山落木侵憑几
사방 벽에 찬 서리 내리니 옷 줄 때 가깝네[21]	四壁淸霜近授衣
관새에서 온 편지 위급한 경보 빈번하니	關塞來書頻急警
강호로 돌아갈 꿈 갈수록 자꾸 어긋나네	江湖歸夢轉多違
어찌하면 스스로 조각배 타고 가서	何方自駕扁舟去
종일토록 나부끼는 장오[22]를 누워 바라볼까	臥見檣烏盡日飛

늙고 병든 몸 일어나기도 더디니	衰疾蹉跎欲起遲
높이 올라 멀리 바라봄 모두 마땅찮다[23]	登高望遠摠非宜
강산 곳곳에 교룡 숨었고	江山滿地蛟龍蟄

21 사방……가깝네 : 가을이 깊어간다는 말이다. 수의(授衣)는 옷을 준다는 뜻으로, 옛날에 9월이 되면 미리 겨울옷을 만들어 주었던 것을 말한다. 《시경》〈칠월(七月)〉에 "칠월에 대화심성이 서쪽으로 내려가거든, 9월에는 옷을 만들어 주느니라.〔七月流火, 九月授衣.〕"라고 하였다.

22 장오(檣烏) : 돛 위에 매단 까마귀 모양의 풍향계(風向計)를 말한다.

23 늙고……마땅찮다 : 늙고 병든 몸이라 자리에서 일어나는 것도 마음대로 되지 않는 형편이므로, 중양절의 풍속을 따르기가 여의치 않다는 말이다. 등고(登高)는 높은 곳에 오른다는 말로, 중양절에는 높은 곳에 올라 재액(災厄)을 피하는 풍속이 있었다.

서리와 이슬 하늘까지 이어져 기러기 슬퍼하네　霜露連天鴻雁悲
묻혀서 별을 쏘아도 스스로 빼어나기 어려우니[24]　埋後衝星難自拔
〈유수곡〉 연주한들 뉘라서 알아주랴[25]　彈餘流水許誰知
가을이라 한 방울 술도 폐에 해로우니　秋來肺氣妨涓滴
금 술잔에 그린 눈썹 비치게 말라　莫遣金杯映畫眉

24 묻혀서……어려우니 : 훌륭한 자질을 가지고 있어도 스스로 발휘되기는 어렵다는 말이다. 매후충성(埋後衝星)은 용천(龍泉)과 태아(太阿)라는 두 보검(寶劍)에 얽힌 고사를 말한다. 진(晉)나라 때 장화(張華)가 예장(豫章) 사람 뇌환(雷煥)에게 두성(斗星)과 우성(牛星) 사이에 특이한 기운이 있는 것이 무엇을 의미하는지 물었다. 뇌환이 "그것은 보검의 정채가 하늘에까지 닿았기 때문이며, 현재 예장 풍성에 있다."라고 대답하였다. 이에 장화가 그를 풍성 영(豐城令)으로 보내 그 보검을 찾게 하였더니, 감옥으로 사용했던 집터에서 석함(石函)이 하나 나왔고, 그 석함 속에 용천과 태아라는 쌍검(雙劍)이 있었다고 한다.《晉書 卷36 張華列傳》 이 고사는 버려진 뛰어난 인물이 은연중에 그의 존재를 드러내고 있다는 비유로 자주 쓰인다.

25 유수곡(流水曲)……알아주랴 : 자신의 마음을 알아주는 진정한 친구가 곁에 없다는 말이다. 유수(流水)는 〈유수곡〉을 말한다. 춘추 시대 백아(伯牙)가 다고 그의 벗 종자기(鍾子期)가 들었다는 거문고 곡조로, 〈고산유수곡(高山流水曲)〉 또는 〈아양곡(峨洋曲)〉이라고도 한다. 백아가 거문고를 잘 탔는데, 종자기는 이것을 잘 알아들었다. 백아가 마음속에 높은 산을 두고 거문고를 타면 종자기는 이를 알아듣고 "훌륭하다, 험준하기가 태산과 같다.〔善哉, 峨峨兮若泰山.〕"라고 하였으며, 백아가 마음속에 흐르는 물을 두고 거문고를 타면 종자기는 이를 알아듣고 "훌륭하다, 광대히 흐름이 강하와 같다.〔善哉, 洋洋兮若江河.〕"라고 하였다. 이를 지음(知音)이라 하여 친구 간에 서로 상대의 포부나 경륜을 알아줌을 비유하게 되었다.《列子 卷5 湯問》

운자를 세 번 거듭 써서 짓다
三疊

화려한 집에 향로 향기 짙게 스며들고 華堂爐氣襲菲菲
아쟁과 거문고 연주 밤에도 이어지네 箏甲琴絲夜不稀
가을밤에 촛불 잡고 노는 것 싫지 않지만 莫厭秋宵常秉燭
저녁 이슬에 옷 젖는 것 막아야지 須防夕露浥霑衣
새로 권하는 술에 마음 끌리지만 新拈麴糵關心好
늙어 즐거운 중에도 손에 든 걸 잘못인 줄 아네 老覺懽娛到手違
홍취 발동하면 횡삭부도 꺼리지 않지만[26] 興發不妨橫槊賦
가지를 맴도는 차가운 까치[27] 달 속을 나네 繞枝寒鵲月中飛

이별한 뒤에 동과 서에서 소식 드물었는데 別後東西消息遲
타향에서 마주하니 좋기도 하여라 殊方會面却相宜
풍진 속에 전성[28]의 즐거움 어찌 말하랴 塵埃肯道專城樂

26 홍취……않지만 : 홍취가 일어나면 곧잘 시문을 짓는다는 말이다. 횡삭부(橫槊賦)는 말 위에서 창을 가로로 비껴들고 시를 짓는다는 말로, 진중(陣中)에서 시가를 읊는 풍류를 즐긴다는 뜻이다. 《남제서(南齊書)》 권28 〈원영조열전(垣榮祖列傳)〉에 "조조와 조비는 말에 타면 창을 가로로 비껴들고 시를 읊고, 말에서 내리면 담론을 즐긴다.〔曹操曹丕, 上馬橫槊, 下馬談論.〕"라고 하였다.

27 가지를……까치 : 나그네가 의탁할 곳이 없음을 비유한 말이다. 조조(曹操)의 〈단가행(短歌行)〉에 "달이 밝아 별이 드문데, 까막까치 남으로 날아간다. 나무를 세 바퀴나 돌았지만, 어느 가지에 의지하겠나.〔月明星稀, 烏鵲南飛. 繞樹三匝, 何枝可依.〕"라는 시구가 있다. 《藝文類聚 卷42 樂部》

죽을 날 다가오니 늘그막 인생 서글프다　　存歿同催暮境悲
나는 공영[29]을 마주하여 홀로 마시고　　我對公榮能獨飮
그대는 포숙[30]처럼 가장 잘 알아주네　　君方鮑叔最深知
헛된 명성 없어지면 끝내 무엇이 남을까　　浮名撥去終何有
기운 빠진 준마처럼 마구간에 엎드리리　　騏驥長摧伏櫪眉

목백[31]이 술을 마시지 않아 언급하였다

28 전성(專城) : 목사(牧使)나 관찰사 등 지방 장관을 가리키는 말로, 여기서는 이민구가 강원도 관찰사로 재직하고 있기 때문에 사용한 시어이다.

29 공영(公榮) : 진(晉)나라 사람 유창(劉昶)의 자이다. 잡란하여 불순한 무리들과 어울려 술 마시는 것을 두고 어떤 이가 기롱하자, 답하기를 “나보다 나은 사람과는 함께 마시지 않을 수 없고 나만 못한 사람 또한 함께 마시지 않을 수 없는 까닭으로 종일 함께 마셔 취한다.〔勝公榮者不可不與飮, 不如公榮者亦不可不與飮, 故終日共飮而醉.〕”라고 하였다. 《世說新語 任誕》

30 포숙(鮑叔) : 춘추 시대 제(齊)나라 대부로 관중(管仲)과 친하여, 가난한 그에게 재물을 나누어주고, 그가 옥에 갇혔을 때 환공에게 천거하여 석방되게 하고, 환공을 도와 패업을 이루게 하였다. 관중이 술회한 말에 “나를 낳은 이는 부모이며, 나를 알아준 이는 포숙이다.〔生我者父母, 知我者鮑子也.〕”라고 하였다. 《史記 卷62 管晏列傳》

31 목백(牧伯) : 이중길(李重吉, 1578~?)을 가리키는 것으로 보인다. 《승정원일기》 인조 13년 1월 20일 기사에 이중길을 원주 목사에 임명한다는 기록이 있다.

추월대[32]에서

秋月臺

고을 남쪽 1리쯤에 작은 산이 둥그러니 불쑥 솟아서 오를 만하였다. 내가 목백(牧伯)[33]과 함께 기생을 데리고 올라보니, 아름다운 경치가 대단히 좋았다. 고을 사람에게 산 이름을 물어도 이름을 대지 못하였는데, 때마침 이날이 중추절이라 앞 봉우리에 달이 떠오르기에 드디어 추월대라 이름하였다.

작은 산 눈에 차지 않았는데 小山不滿眼
올라 바라보니 우뚝 솟은 봉우리라 登望乃崔嵬
동쪽 고개에 가을 달 보이기에 東嶺見秋月
마침내 추월대라 이름했네 遂名秋月臺
너른 들판에 추위가 찾아들고 野曠寒事集
한 줄기 강물이 굽이돌아 흐른다 一水去縈廻
저 멀리 마을에 연기 피어나고 漠漠墟里煙
산뽕나무는 서풍에 잎이 지네 桑柘西風摧
시절은 벼가 무르익는 때라 是時秔稻熟
기러기와 물오리 배회하네 雁鶩相徘徊

32 추월대(秋月臺) : 현재의 강원도 원주시 남산 봉우리를 가리킨다. 이민구가 강원도 관찰사로 부임했을 때 붙인 이름이 지금까지 전해지고 있다.

33 목백(牧伯) : 이중길(李重吉, 1578~?)을 가리키는 것으로 보인다. 253쪽 각주31 참조.

우뚝한 영원성[34]	嵯峨鴒原城
옛일 회고하니 마음 아련하다	懷古意悠哉
한참 앉았다가 서리 이슬 두려워	久坐畏霜露
늘그막에 술잔 잡노라	暮境接金杯
좋은 일은 금세 지나는 법	勝事在須臾
노랫소리 피리 소리 맑고도 구슬프다	歌篴淸而哀
경치 마주하고 나그네 마음 달래 보지만	對景慰羈旅
늙어 가는 신세라 애환이 쉬 일어나네	將老悲懽催
모르겠다 천년 후에	不知千載後
누가 나를 이어 오려는가	何人繼我來

34 영원성(鴒原城) : 현재의 강원도 원주시 치악산 남쪽에 있는 산성이다.

원해관[35]이 술을 가져오므로 신월헌으로 자리를 옮기다
元生海寬携酒 移席新月軒

술 마련해 높은 누대에 오르니	置酒臨高臺
기쁜 마음 말로 다할 수 없어라	歡樂不可言
여흥을 갑자기 떨칠 수 없어	餘興未遽已
다시 신월헌에 올랐어라	復登新月軒
등불 끼고 둘러앉으니	四座錯華鐙
좋은 벗과 가까운 친척일세	良友與密親
말술을 약소하다 마시게	斗酒勿云薄
인척간이라 정의가 도탑구나	戚戚義所敦
관곡한 술자리에 나오는 정 꾸밈없고	宴款吐情素
밤 깊어 가니 별이 반짝이네	夜深星宿翻
늙으면 감기를 조심해야 하니	年衰防肺氣
오래 앉아 있자니 찬 서리 걱정일세	久坐念霜繁
돌아보며 녹문옹[36]에게 이르노니	顧謂鹿門翁

35 원해관(元海寬) : 이민구의 고모부 이인가(李仁可)의 사위이다. 246쪽 각주19 참조.

36 녹문옹(鹿門翁) : 후한(後漢)의 은사 방덕공(龐德公)을 가리키는데, 여기서는 원해관을 의미한다. 방덕공은 양양(襄陽) 사람으로 현산(峴山) 남쪽에 살면서 도회지를 가까이하지 않았다. 형주 자사(荊州刺史) 유표(劉表)가 찾아가서 "선생은 농촌에 괴롭게 살면서 벼슬을 받지 않으니, 후세에 무엇을 자손에게 남겨 주겠소.〔先生苦居畎畝而不肯官祿, 後世何以遺子孫乎.〕"라고 묻자, 그가 "세상 사람들이 모두 위태로움을 주는데, 이제 나만은 편안함을 주겠습니다.〔世人皆遺之以危, 今獨遺之以安.〕"라고 하며,

돌아가는 길에 산비탈 조심하시게　　　　歸路愼山樊

처자를 데리고 녹문산(鹿門山)에 들어가 은거하였다. 《後漢書 卷113 龐公列傳》 원해관에 대한 기록을 찾을 수 없어 확인할 수 없으나, 방덕공의 고사를 인용하여 표현한 것으로 보아, 원해관은 관직 생활은 하지 않고 한미한 삶을 살았던 것으로 추측된다.

보름달

望月

공무 여가에 남쪽 마루에 앉으니	官暇坐南楹
싸늘한 공기 저녁에 일어난다	寒氣夕以生
한참 영원성[37] 보노라니	永望鴒原城
둥근달이 벌써 하얗게 떴구나	圓魄皓已呈
엉성하게 숲 그림자 드리우고	扶疏林木影
쓸쓸하게 창 비춰 맑구나	肅肅窓闥淸
앞일도 기약하지 못하거늘	有來不可期
지난 일을 어찌 따지랴	旣往安可營
잠깐 사이에 내 늙음 재촉하며	轉眄催我老
덧없이 계절이 바뀌는구나	倏忽寒暑成
옛 추억에 아련해지는 인생	人生感故物
접하는 경지마다 마음 아프다	遇境輒傷情
천지간에 부쳐 살면서	寄寓乾坤內
오도를 어찌 가늠하랴	吾道將焉程

37 영원성(鴒原城) : 현재의 강원도 원주시 치악산 남쪽에 있는 산성이다.

목백[38]의 운자에 맞춰 짓다
次牧伯韻

맑은 시 한 자 한 자 바람서리 끼고 오니	淸詩字字挾風霜
장미 이슬로 새벽에 일어나 서둘러 세수하네[39]	薇露晨興盥濯忙
먼 강 맑은 물결에 밤빛 걷히고	遠水澄瀾回夜色
높은 숲 붉은 잎은 가을 햇살 띠었구나	高林赤葉帶秋陽
그대는 독수리가 홀로 날아오르는 것 같고[40]	君如鵰鶚孤飛上
나는 선우를 한 손으로 감당하려네[41]	我欲單于隻手當
한 번 명주를 상자에 담은 뒤로	一自明珠收篋笥
객관 처마 끝에 광채가 나는구려[42]	客間簷廡每騰光

38 목백(牧伯) : 이중길(李重吉, 1578~?)을 가리키는 것으로 보인다. 253쪽 각주31 참조.

39 맑은……세수하네 : 목백이 보내온 시를 받고 경건한 마음으로 읽는다는 말이다. 미로(薇露)는 장미 이슬인데, 여기서는 "유종원이 한유가 보내온 시를 얻으면, 우선 장미 이슬로 손을 씻고 옥유향을 뿌린 뒤에 시를 읽으면서 '대아의 글은 마땅히 이와 같아야 한다.'라고 했다.〔柳宗元得韓愈所寄詩, 先以薔薇露盥手, 薰玉蕤香後發讀曰, 大雅之文正當如是.〕"라는 고사를 원용한 것이다. 《雲仙雜記 卷6 大雅之文》

40 그대는……같고 : 목백이 훌륭한 재능을 지니고 발전해 나감을 읊은 것이다.

41 나는……감당하려네 : 이민구가 강원도 관찰사로서 오랑캐를 막으려 한다는 말이다. 선우(單于)는 흉노의 통치자를 가리킨다.

42 한 번……나는구려 : 목백이 보내 준 시를 받아 상자에 담아 둔 뒤로 이민구가 거처하는 집에 빛이 난다는 말로, 목백의 시를 훌륭한 작품으로 칭송한 것이다. 명주(明珠)는 밝게 빛을 발하는 구슬인데, 여기서는 목백의 시를 가리키는 말로 사용되었다.

영동을 순행하러 가는 길에 다시 추월대에 오르다
將巡嶺東 復登秋月臺

관아에 한가한 날 많아서 官齋豐日暇
다시 남대[43]의 가을 경치 감상하네 又賞南臺秋
유람한 때 언제던가 遊矚詎幾時
아득히 묵은 자취에 시름하네 莽然陳跡愁
하늘 높고 남은 해 저물어 가니 天高餘景晏
들녘 바람 소리 날로 스산하네 野風日翛翛
빈 교외에는 가을 기운 빛나고 郊虛金氣晶
벼는 이미 반이나 수확했네 秔稻半已收
농가마다 한 해 농사 마쳐 田家各歲功
아침저녁 낫질도 쉬는구나 鎌銍朝夕休
슬프게도 객지 찾아가는 사람은 所悲客行子
경치 좋은 곳에 오래 머물기 어렵네 勝地難久留
먼 유람이 사람을 늙게 하는데 遠遊令人老
하물며 늘그막의 근심까지 겸했음에랴 況兼遲暮憂
슬픈 노래와 요란한 연주 소리 哀歌與急管
너 때문에 또 수레를 멈췄구나 爲爾且停輈
좋은 때는 기다리지 않고 지나가서 佳期逝不待
서리 이슬이 하얀 머리를 적신다 霜露霑白頭

43 남대(南臺) : 추월대가 원주 남쪽에 위치해 있기 때문에 남대라고 하였다.

잔 내려놓고 먼 길 생각하니 抛杯戀長道
이별하는 마음 참으로 아련하다 離別眞悠悠

횡성에서 서씨와 헤어지다

橫城 別徐生

횡성 관아 텅 비어 싸늘한데	橫城官閣挾虛涼
주렴 낮게 드리운 채 촛농 길게 흘렀네	簾箔低垂蠟淚長
어제 마신 술도 깨지 않았건만	昨日深杯猶未醒
송별연 열린 가을밤에 또 아득히 취하노라	別筵秋夜又茫茫

홍천 관수당[44]에서

洪川觀水堂

민가도 관사도 강가에 있는데	民居官舍盡江濱
무엇보다 앞 언덕이 눈에 새롭게 들어오네	最有前皐洗眼新
누가 화려한 정자를 맑은 물[45]가에 만들었나	誰着紅亭臨沆瀣
어여쁘다 푸른 물결이 의건에 아른대네	渾憐碧浪動衣巾
수레로 약수 지난 게 언제였으며	車通弱水知何日
뗏목으로 영원에 이른 사람 몇이던가[46]	槎到靈源定幾人
맑은 물빛[47] 비단 자리에 아른거림 맡겨둔 채	任使鏡光搖綺席
아득히 홍을 타고 용나루로 내려간다	渺然乘興下龍津

44 홍천(洪川) 관수당(觀水堂) : 강원도 홍천군 홍천강 가에 세워진 공청(公廳) 중의 하나이다.

45 맑은 물 : 항해(沆瀣)는 밤의 수기(水氣)가 엉긴 맑은 이슬로, 신선이 마신다고 한다. 여기서는 홍천강의 맑은 물을 비유적으로 읊은 것이다.

46 수레로……몇이던가 : 약수(弱水)는 《서경》〈우공(禹貢)〉에 나오는 물 이름이다. 영원(靈源)은 황하의 근원을 가리킨다. 한 무제(漢武帝) 때 장건(張騫)이 서역에 사신으로 갔다가 뗏목을 타고 황하의 근원을 거슬러 올라가 은하수에 이르러 직녀를 만나고 왔다는 설화가 있다.《博物志 卷10 雜說下》 여기서는 유람을 좋아하는 이민구가 먼 곳의 산천을 보면서 상상한 내용을 읊을 것이다.

47 맑은 물빛 : 경광(鏡光)은 거울 빛이란 의미인데, 여기서는 깨끗한 홍천강의 맑은 물빛을 의미한다.

요선당[48]에서

邀仙堂

빈집에 바람 불고 이슬 내려 밤 쓸쓸하고　　虛堂風露夜凄凄
뿌연 안개에 들 풍경 흐릿하다　　煙靄蒼茫野色迷
관가에 가을 세금 내고 돌아가는 길 저물어　　秋稅輸官歸路晩
강 따라 내려가는 등불 강촌 서쪽에 있네　　下江燈火水村西

48 요선당(邀仙堂) : 현재의 강원도 춘천시 봉의산 자락에 있던 객사이다. 1573년(선조6) 춘천도호부의 부사 성의국이 건립하고, 1592년과 1635년(인조13)의 화재로 소실된 후 재건되었다가, 1888년(고종12) 이궁(離宮) 건립 때 헐렸다.

소양정[49]에서

昭陽亭

강물 맴돌아 골짜기 열리자 모래섬 드러나고　　江盤峽坼見汀洲
넓은 들판 아득히 천지는 가을빛이네　　平楚茫茫天地秋
높은 누대가 낮은 등성이에 걸터앉아　　忽得危樓跨短麓
높이 절벽 위에서 긴 강물 굽어보네　　高臨絶岸俯長流
섬돌 앞 흐르는 물이 어찌 멈추랴　　階前逝水何曾住
난간 너머 뭇 산들 모두 떠 있는 듯　　檻外群山盡欲浮
저물녘 타향 누대에서 바라보며 한하는데　　落日殊方登眺恨
갈대 물가 목욕하는 해오라기는 시름 모르네　　蒹葭浴鷺不知愁

49 소양정(昭陽亭) : 현재의 강원도 춘천시 봉의산 북쪽에 있는 정자이다. 1605년(선조38)에 홍수로 유실된 것을 1610년(광해군2)에 부사(府使) 유희담이 재건하였다.

청평사[50]에서

淸平寺

짚신 신고 가을날 바위문[51] 두드리니　　芒鞋秋日叩巖扃
고려의 명찰이 복된 뜰에 자리했네　　麗代名藍寄福庭
등불 빛은 삼세의 붉음 남아 있고[52]　　燈暈尙留三世赤
솔 그늘도 백년의 푸르름 변함없다　　松陰不改百年靑
빗돌이 이끼에 묻혀 남은 글 희미하고　　碑埋騣蘚遺文晦
구름에 닿을 듯 솟은 탑은 긴 세월 지냈어라　　塔湧浮雲浩劫經
선탑 오경에 스님은 말없이 조용한데　　禪榻五更僧語靜
누대 가득 서리 달빛에 꿈 비로소 깨노라　　滿樓霜月夢初醒

50 청평사(淸平寺) : 현재의 강원도 춘천시 북산면 청평리의 오봉산에 있는 절이다. 973년(광종24)에 세워진 백암선원(白巖禪院)을 1068년(문종22) 이의(李顗)가 중건해 보현암(普賢庵)이라 했으며, 1089년(선종6) 이자현(李資玄)에 의해 절이 크게 중창되었고, 현재의 절 이름은 1550년(명종5) 보우(普雨)가 극락전과 그 밖의 모든 요사채를 새로 지은 뒤에 고쳐 부른 것이라고 한다.

51 바위 문 : 암경(巖扃)은 자연적으로 된 바위 문으로, 전하여 은자(隱者)가 사는 곳을 가리키는데, 여기서는 청평사 입구를 말한다.

52 등불……있고 : 청평사가 유구한 역사를 간직한 채 보존되었다는 의미이다. 삼세(三世)는 불교에서 흔히 과거, 현재, 미래를 나타내는 말로 사용된다.

배치에서

排峙

올라 보니 천지는 여기서도 높고 낮아	登臨天地此尊卑
천 구비 비탈길[53] 벼랑 끝에 위태롭다	鳥道千盤傍壑危
가파른 골짜기 등나무 덩굴 교묘히 돌에 얽혔고	急峽寒藤工絡石
우거진 숲속 낙엽은 간신히 가지에 의지했네	高林落葉强依枝
어버이께서 어린 시절 몸조심 당부하셨는데[54]	親心弱歲垂堂誡
나랏일로 해마다 마부 꾸짖는 신세 슬퍼라[55]	王事頻年叱馭悲

53 비탈길 : 조도(鳥道)는 새나 넘을 수 있을 만큼 좁고 험한 산길을 말한다.

54 어버이께서……당부하셨는데 : 부모님이 어린 자녀에게 몸조심하라고 당부한다는 말이다. 수당계(垂堂誡)는 처마끝의 경계라는 말로, 《사기(史記)》 권11 〈사마상여열전(司馬相如列傳)〉에 "재산이 천금인 집안의 자식은 마루 끝에 앉으면 안 된다.〔家累千金, 坐不垂堂.〕"라는 속담을 인용하고 있는데, 그 아래에 "처마의 기와가 떨어져 사람을 맞힐까 두렵기 때문이다.〔畏簷瓦墮中人〕"라는 풀이가 있다.

55 나랏일로……슬퍼라 : 나랏일로 험한 길도 마다하지 않고 다니는 자신의 신세가 서글프다는 말이다. 질어(叱馭)는 마부를 꾸짖는다는 말이다. 《한서(漢書)》 권76 〈왕존전(王尊傳)〉에 "왕양이 익주 자사가 되어 관부로 가다가, 공래산 구절판에 이르러 탄식하기를 '부모님께서 주신 몸으로 어찌 이 험한 곳에 오르겠는가.' 하고 뒤에 병을 핑계로 사직하였다. 왕존이 익주 자사가 되어 그 곳에 이르자, 아전에게 '여기가 왕양이 두려워한 길이 아닌가.'라고 묻자, 아전이 그렇다고 대답하였다. 왕존이 어자를 꾸짖으며 '말을 몰아라. 왕양은 효자요, 왕존은 충신이니라.'라고 했다.〔王陽爲益州刺史行部, 至邛郲九折阪, 歎曰, 奉先人遺體, 奈何數乘此險, 後以病去. 及尊爲刺史, 至其阪, 問吏曰, 此非王陽所畏道邪. 吏對曰是. 尊叱其馭曰, 驅之, 王陽爲孝子, 王尊爲忠臣.〕"라는 고사가 있다. 이민구가 배치를 넘고 있기 때문에 이 고사를 인용하고 있는 것이다.

고향 땅 시내와 벌판을 볼 수 없어	故國川原不可望
아련한 생각으로 가을날 산을 내려간다	茫然秋日下山遲

성천에서. 곧 풍악산 백천동의 하류이다

狌川 卽楓嶽百川洞下流

뭇 골짜기도 처음에는 작은 물방울로 시작하여	衆壑初涓滴
긴 강이 여기서 달려 나가지	長江此放奔
고작 사흘 길만 간다면	只窮三日路
응당 백천동 근원 만나리	應涉百川源
맑아서 머리털도 헤아리겠고	毛髮淸堪數
깨끗해 모래와 진흙도 흐리지 않네	沙泥淨不渾
끝끝내 바다로 가려는 뜻을	終然歸海意
밤이나 낮이나 너는 가졌구나	晝夜爾猶存

창도[56]에서 마중 나온 정양사[57]의 승을 만나다

昌道 逢正陽僧來迓

단풍 숲 이별한 지 다섯 해[58] 一別楓崖歲五更
거듭 일만 골짜기 찾으니 눈이 밝아진다 重尋萬壑眼俱明
낙엽에 오솔길 묻혀도 걱정 없어라 不愁落葉埋幽徑
산승이 나의 길 이끌어 가는 걸 已有山僧引我行

56 창도(昌道) : 현재의 북한 쪽에 속하는 강원도 창도군 일대인 것으로 추정되며, 옛날 금성현(金城縣)에 속했던 창도역(昌道驛)을 말한다.

57 정양사(正陽寺) : 정양(正陽)은 금강산에 있는 정양사를 가리키는 것으로 보인다. 이 절은 표훈사(表訓寺) 북쪽 산의 정맥(正脈) 고지대에 위치하며 시계(視界)가 확 트여서 금강산의 제봉(諸峯)을 모두 볼 수 있다고 한다. 참고로 신익성의 《낙전당집(樂全堂集)》 권7 〈유금강내외산제기(遊金剛內外山諸記)〉에 "서남쪽이 보현점인데, 비스듬히 남쪽으로 내려가면 방광대이고, 방광대 아래가 정양사이다.〔西南爲普賢岾, 邐迤而南爲放光臺, 臺下爲正陽寺.〕" 하였다.

58 단풍……해 : 이민구가 금강산 유람을 나섰던 것은 1631년(인조9)의 일이고, 지금 강원도 관찰사로 나간 것은 1635년의 일이다. 따라서 1631년 금강산 유람 당시 들렀던 곳을 이제 다시 가게 되었다는 표현으로 이해된다.

단발령[59]에서

斷髮嶺

곧바로 꼭대기 올라 돌단에 걸터앉아	直上岧嶢踞石壇
중천에 쌓인 푸른 숲을 가까이 바라보네	中天積翠鬱相看
내일 아침이면 구름 나는 곳에 다다를 터	明朝定到雲生處
웅호봉 서쪽에 푸른 기운 차갑다	熊虎峯西縹氣寒

59 단발령(斷髮嶺) : 강원도 금강군과 창도군 경계에 있는 고개이다.

고개를 내려가며

下嶺

아득히 높은 숲 너머로	窅窅高林外
뉘엿뉘엿 석양 지는구나	亭亭暮景西
나그넷길 어이 끝나지 않는가	客行何未已
유람하는 마음 갈수록 처량하다	遊意轉悽迷
뿔피리 앞세워 불어대며	畫角吹前路
외로운 지팡이로 오계[60]에 도착했네	孤筇落五溪
견여 타기 중들에게 부끄럽지만	肩輿愧僧子
편안히 앉아 떠메어 가노라	坐穩荷扶攜

60 오계(五溪) : 금강산 주변의 지명으로 보이는데 미상이다.

장안사[61]에서

長安寺

몇 해나 남은 터가 푸른 산속에 있었나	幾歲遺墟帶碧峯
긴 대들보 올렸으니 저 창룡이었구나[62]	脩梁欻見架蒼龍
사람과 하늘이 힘 합해 새 일 이루었고	人天合沓新功集
신과 부처가 경영해 대단한 장관일세	神佛經營壯觀重
기러기 그림자는 가을 탑에 헤매지 않을 테고	雁影不迷秋後塔
까마귀도 밥 때 종소리에 맞춰 날아든다	烏飛猶趁飯時鍾
가만히 흥망을 생각하니 끝내 허망하여	細思起滅終成妄
홀로 산문 곁에 지팡이 짚고 섰노라	獨傍山門倚短笻

61 장안사(長安寺) : 강원도 회양군 장연리 금강산 장경봉(長慶峯) 아래쪽에 있는 절이다.

62 긴……창룡(蒼龍)이었구나 : 장안사 건축 당시 대들보에 적힌 간지(干支)를 확인해 보니 창룡이었다는 말이니, 창룡은 갑진년(甲辰年)을 의미한다.

영원동에서
靈源洞

가을 산사에서 한번 흉금 풀었더니　秋日山門一散襟
뜬 구름과 흐르는 물 마음을 맑혀 주네　浮雲流水淡人心
외로운 지팡이로 잠시 영원동 비경 찾았더니　孤筇暫叩靈原祕
오솔길이 비스듬히 백탑동 깊숙이 뻗었다　微徑斜通百塔深
서리 뒤에도 울긋불긋 단풍 숲 남았고　霜後尙留紅樹影
이별하고 푸른 등나무 덩굴 그늘만 자랐어라[63]　別來纔長綠蘿陰
안개와 노을 낀 골짜기 지나기 좋은데　煙霞萬壑經行好
하물며 지도림[64] 만났음에랴　何況相逢支道林

곡식을 끊은 승 각성을 만났다.

63 서리……자랐어라 : 1631년(인조9) 이민구가 금강산을 유람했을 때에도 가을이라 단풍 숲을 읊은 시들이 있었다. 여기서는 당시의 모습과 비교해 볼 때 단풍 숲은 여전하고, 등나무 덩굴만 조금 더 자란 것 같다고 읊은 것이다.

64 지도림(支道林) : 도림(道林)은 진(晉)나라의 승려 지둔(支遁)의 자(字)로, 시에 능해 《지둔집(支遁集)》이라는 시집을 남겼다. 《梁高僧傳 4》 여기서는 원주(原註)에 있는 바와 같이 이민구가 만난 각성(覺性)을 가리키는 말로 사용되었다.

송라암 방장 스님

松蘿方丈

송라암 방장은 높은 산에 살고	松蘿方丈寄層巒
구월 층층 바위에 붉은 잎 시들어 가는데	九月重巖絳葉殘
어느 곳 한 스님이 눈빛 장삼 걸치고	何處一僧披雪衲
홀로 일천 게송 외며 구름 단에 앉았는가	獨翻千偈坐雲壇
숲 뒤져 고른 지팡이감 서리 맞은 뿌리 예스럽고	搜林揀杖霜根古
바위에 걸린 샘물 맛보니 옥액[65] 차갑구나	揭石嘗泉玉液寒
신령한 곳에 머물 수 없어 마음 상하는데	靈境神傷不可住
좁은 산길 돌아가기 어려울까 걱정이네	政愁山徑欲歸難

65 옥액(玉液) : 도가(道家)의 말로 먹으면 장생불사(長生不死)한다는 단약(丹藥)인데, 여기서는 맑고 깨끗한 샘물을 의미한다.

을해년(1635, 인조13) 8월 14일에 크게 우레가 치고 비가 내려 만폭동의 학이 깃들어 사는 바위[66]가 무너져 골짜기 안에 쌓였다. 그 소리가 내산[67]에 진동하였는데 이듬해 청나라 군사가 내산을 짓밟았다

乙亥八月十四日 大雷雨 萬瀑洞鶴巢石崩 堆積洞中 聲震內山 翌年 淸兵踐蹂內山

한번 신선 둥지 떠나 돌아오지 못했는데	一別仙巢更不歸
영주와 짝 되어 채색 구름 흩날렸네[68]	瀛洲相伴綵雲飛
산 무너지고 돌 문드러짐도 잠깐의 일인데	山崩石爛須臾事
사람들 사이 시시비비야 말해 무엇하랴	況說人民有是非

66 학이……바위 : 만폭동의 학소암(鶴巢巖)을 가리키는 것으로 보인다.

67 내산 : 금강산 비로봉 서쪽 지역을 가리키는 말이다. 윤휴(尹鑴)의 《백호전서(白湖全書)》 권34 〈풍악록(楓岳錄)〉에 "비로봉 서쪽은 내산이라고 하는데, 바위가 우뚝우뚝 서있고 서풍을 맞으며 석양을 받기 때문에, 나무들이 그리 자라지 못한다. 비로봉 동쪽은 바위 사이로 흙이 꽤 많고, 아침 해가 비치는데다 바다가 가까이 있어 그 기운까지 받기 때문에, 나무들이 무성하게 자라서 해를 가리고 구름 위까지 치솟아 있는데, 그 쪽은 외산이라고 한다.〔毘盧以西, 謂之內山, 山骨矗立, 迎西風而受夕日, 松檜不甚長大. 毘盧以東, 則山間石土脈頗厚, 朝日照之而近襲海氣, 萬目茁壯, 翳日干雲, 謂之外山.〕"라고 하였다.

68 영주(瀛洲)와……흩날렸네 : 제목에 있는 것처럼 큰비가 내려 학이 깃든 바위가 무너졌음을 읊은 것이다. 영주는 봉래(蓬萊), 방장(方丈)과 함께 동해에 있다는 삼신산(三神山) 가운데 하나이다.

의영[69] 장로. 올해 89세

義瑩長老 今年八十九

소사에서 거듭 의영 상인 만나니[70]	蕭寺重逢瑩上人
여전히 물과 달빛 같은 옛 정신이로다	依然水月舊精神
명년에 거듭 유마실 찾는다면	明年再叩維摩室
정녕 선문의 구십 년이네[71]	政是禪門九十春

69 의영(義瑩) : 금강산 삼장사(三莊寺)에 거주하던 스님으로 보인다. 신익성의 《낙전당집(樂全堂集)》 권7 〈유금강소기(遊金剛小記)〉에 "의영 장로는 나이가 90이다. 수염과 눈썹이 새하얗고 눈과 귀가 어둡지 않으며, 순후하고 과묵하여 말수가 적었다. 삼장사에 머물고 있었는데, 오직 곡식 먹기를 끊은 스님 한 분이 모시고 있었다. 장로는 서산 대사의 고제로, 도승으로 불리며 불가에서 종사로 여긴다고 한다.〔義瑩長老, 年九十. 鬚眉皓白, 聰明不爽, 純嘿寡言. 居三莊寺, 唯一休糧僧奉侍. 瑩是西山靜師高弟, 稱道僧, 山門宗師之云.〕"라고 하였다.

70 소사(蕭寺)에서……만나니 : 이민구는 1631년(인조9) 금강산을 유람하면서, 의영 장로를 한 차례 만난 일이 있다. 이 사실은 《동주집(東州集)》 전집(前集) 권6에 수록된 〈삼장암 앞에서 나와 맞이하는 의영 장로를 만나다……〔三藏庵前 逢義瑩長老出候……〕〉라는 작품을 통해 알 수 있다. 소사는 절을 의미한다. 양 무제(梁武帝)가 절을 많이 지었는데, 그의 성이 소씨(蕭氏)이므로 절을 소사라 한다.

71 명년에……년이네 : 현재 의영 장로의 나이가 89세이므로, 내년에 다시 장로를 만나러 온다면 90세가 된다는 표현이다. 유마실(維摩室)은 유마방장실(維摩方丈室)의 준말로, 즉 유마 거사의 처소란 말인데, 여기서는 의영 스님이 머무는 절을 가리킨다.

개심대에서 일출봉과 월출봉을 바라보며

開心臺 望日月峯

만 겹 서리 내린 벼랑 울긋불긋 단풍 덮이고	萬疊霜崖紫翠堆
노을 풍경[72] 하나하나 눈에 펼쳐진다	霞標一一眼中開
얄밉구나 일출봉과 월출봉의 경치	生憎日月雙峯色
길이 나는 탄환 보내 밤낮을 재촉하네[73]	長送飛丸晝夜催

72 노을 풍경 : 하표(霞標)는 붉은 노을을 가리킨다. 손작(孫綽)의 〈유천태산부(遊天台山賦)〉에 "적성에 노을이 일어나 표지를 세우다.〔赤城霞起而建標〕"라고 하였다. 《文選 卷6》

73 얄밉구나……재촉하네 : 일출봉과 월출봉에 해와 달이 계속 떠올라 세월의 흐름을 재촉하니 얄밉다는 해학적 표현이다. 비환(飛丸)은 나는 탄환이라는 말이다. 환은 해와 달을 의미하고 비는 날듯이 빠르다는 말로, 빠른 세월을 의미한다. 한유(韓愈)의 시에 "근심 속에 세월을 보내노니, 해와 달은 도환 같아라.〔憂愁費晷景, 日月如跳丸.〕"라고 하였다. 《御定全唐詩 卷336 秋懷詩》

마하연[74]에서

摩訶衍

도솔에 사람은 머물지 않는데	兜率人間不住天
상방의 누각이 석봉 앞에 있구나[75]	上方樓閣石峯前
구름과 노을을 절로 담무갈[76]에게 맡기고	雲霞自屬曇無竭
수미산 육만 년을 소겁[77]으로 여기네	小刦須彌六萬年

74 마하연(摩訶衍) : 만폭동에 있는 암자로, 신라의 의상(義湘, 625~702)이 창건하였다. 바위 뒤에는 칠보대(七寶臺)가 있고, 동쪽에는 내수점(內水岾), 남쪽에는 금강성(金剛城), 망고대(望高臺), 혈망봉(穴望峰), 서쪽에는 진불점(眞佛岾), 북쪽에는 영랑점(永郎岾)이 둘러싸고 있다.

75 도솔(兜率)의……있구나 : 마하연에 왔던 사람들은 없지만 누각은 그대로 남아 있다는 말이다. 도솔은 불교의 이른바 욕계(欲界) 육천(六天) 가운데 넷째 층에 있는 하늘로, 외원(外院)과 내원(內院)으로 이루어져 있다. 미륵보살(彌勒菩薩)이 내원에서 미래불(未來佛)로 이 땅에 하생(下生)하려고 준비하면서, 천신(天神)들을 지도하고 있다고 한다. 여기서는 마하연을 가리킨다. 상방(上方)은 불가(佛家)에서 주지승(住持僧)이 거주하는 내실(內室)을 말하는데, 또는 일반적으로 불사(佛寺)를 가리키기도 한다.

76 담무갈(曇無竭) : 금강산(金剛山)에 머물고 있다는 보살(菩薩)이다. 금강산에서 1만 2천 명의 권속(眷屬)을 데리고 살며《금강경(金剛經)》을 설법한다는 설화(說話)가 있어 금강산 1만 2천 봉이라는 말이 나왔다.

77 소겁(小刦) : 도가(道家)에서는 3천 6백 주(周)를 소겁이라 하고, 불가에서는 사람의 목숨이 8만 살부터 1백 년마다 한 살씩 줄어들어 열 살이 되기까지의 동안이나, 또는 열 살에서 1백 년마다 한 살씩 늘어서 8만 살에 이르는 동안을 말한다.

원적암에서 죽은 벗 이생인의 제명[78]을 보다
圓寂庵 見亡友李生寅題名

지나가며 남긴 자취에 자색 이끼 돋았으니	經行遺跡紫苔生
삼십 년 세월 순식간이라 놀랍구나	三十年光一瞥驚
땅속에 새로 썩은 백골 이미 묻혔는데	地底已埋新朽骨
산속엔 여전히 옛 제명 남았어라	山中尙有舊題名

78 이생인(李生寅)의 제명(題名) : 이생인(1586~?)의 본관은 전주(全州), 자는 진경(震卿)이다. 제명은 명승지(名勝地) 또는 사원에 등람(登覽)한 날짜와 등람자의 이름 등을 적는 것을 말한다.

원적동에서

圓寂洞

옛 절은 붉은 단풍에 묻히고　古寺藏紅葉
맑은 냇물에 푸른 봉우리 비치네　澄流寫碧峯
벌써부터 걱정일세 산에 해 저물면　預愁山日暮
돌아가는 길에 흰 구름까지 겹겹이겠지　歸路白雲重

2

비바람에 금빛 불상 색 바래고　風雨渝金相
이끼가 검은 감실 덮었네　莓苔翳漆龕
이제는 선탑 그림자 아래에　至今禪榻影
때로 들여우[79]가 섞여 든다　時有野狐參

3

막막하게 잡초 쓰러지고　漠漠艸菅靡
서늘하게 노송 차갑다　泠泠松栝寒
서풍이 끊임없이 불어　西風吹不盡
맑은 이슬이 옷을 흠뻑 적셨네　白露滿衣殘

79 들여우 : 야호(野狐)는 선(禪)을 닦아 아직 득도하지 못했으면서도, 이미 득도한 것처럼 자만(自慢)하는 자를 욕하여 야호선(野狐禪)이라 한 데서 온 말이다.

4

백옥 같은 층층 바위 우뚝 솟아 白玉層臺迥
밝은 별을 고개 들어 보노라 明星擧首看
배회하는 선문자[80]들 招搖羨門子
빈 제단에서 서로 예를 갖추네 相與禮空壇

5

험한 바위 오솔길도 없는데 亂石無行徑
가을 샘물 - 원문 판독 불가- 흐르네 秋泉有▨流
훗날 다시 온다면 他年如再到
깊은 골짜기가 시름 짓게 하겠지 深洞使人愁

80 선문자(羨門子) : 옛날 선인(仙人)인 선문자고(羨門子高)를 말하는데, 진 시황(秦始皇)이 일찍이 동해(東海)에 노닐면서 선인 선문의 무리를 찾았다고 한다. 《史記 卷5 秦始皇本紀》

비로봉에 오르다

上毗盧峯

한 줄기 물빛 무지개 두른 듯 밝으니	川光一道繚虹明
궂은 비 쓸어낸 듯 일만 골짝 개었다	掃盡陰霏萬壑晴
숲에 가려 처음엔 원적동 희미하더니	樹木初迷圓寂洞
구름과 노을이 점차 중향성[81]마저 가리네	煙霞稍隔衆香城
참모습은 그림에서나 볼 수 있는데	眞形僅自圖中見
청정 법계는 부질없이 세상 밖으로 이름 전하네[82]	淨界空傳域外名
비로봉 정상에 다리 뻗고 앉으니	箕踞毗盧峯頂上
세간의 하루살이 같은 삶 모두 덧없는 인생일세	世間蠓蠛摠浮生

81 중향성(衆香城) : 금강산 내금강의 영랑봉 동남쪽을 병풍처럼 둘러싸고 있는 하얀 바위 성이다.

82 참모습은……전하네 : 금강산은 기상 변화가 심하여 참모습은 그림으로나 볼 수 있고, 청정 법계라는 말만 바깥 세상에 전해진다는 말이다.

비로봉에서

毗盧峯

높이 하늘에 올라 무지개 밟고 있으니	高攀霄漢躡虹霓
동쪽 끝 부상도 길 헤매지 않겠네	東極扶桑路不迷
보개산[83] 주변도 두 눈에 다 들어오고	寶蓋山邊雙眼盡
서울은 다만 조각구름 서편에 있구나	長安只在片雲西

83 보개산(寶蓋山) : 강원도 철원군에 있는 산으로, 이 산에는 석대사(石臺寺), 지장사(地藏寺) 등의 절이 있다.

신미년에 동회옹이 산을 읊은 20운에 맞춰 거듭 짓다[84]

叠辛未歲東淮翁賦山二十韻

기판 소리[85] 따라 밥 얻어먹고	辱飯隨齋磬
절 종소리 맞춰 짚신 신고 나선다	芒鞋趁寺鍾
여럿이 유람하니 어찌 병을 핑계하랴만	群遊寧告病
천천히 걷는 것이 어찌 공손해서랴	徐步豈緣恭
숲 우거져 때로 이마 부딪치고	林密時摩頂
수원 깊어 자주 길을 잃는다	源深屢失蹤
처음에는 금이 깔린 곳인가 의심했는데	初疑金布地
갈수록 옥으로 만든 봉우리인 듯	轉訝玉成峯
가는 길 등나무 그늘 엉켜 막히고	去礙藤陰合
발길이 겹겹 바위 형세에 헤매네	行迷石勢重
신발 구멍 나자 칡덩굴로 감아 매고	屨穿添葛藟
바지 찢기면 부용 잘라 가리네	裳綻敗芙蓉
절벽에 쌓인 눈 여름 더위 밀어내고[86]	壁雪排三夏

84 신미년에……짓다 : 신미년(1631, 인조9)에 동회옹이 산을 읊었다는 시는 신익성의 《낙전당집(樂全堂集)》 권2 〈비로봉이십운(毗盧峯二十韻)〉을 가리킨다. 거듭〔叠〕이라고 한 것은 앞서 이민구가 〈총석차회옹재용동자부해이십운(叢石次淮翁再用冬字賦海二十韻)〉이라는 시를 지은 바 있는데, 그 시의 운자가 〈비로봉이십운〉의 운자와 같기 때문이다.

85 기판 소리 : 재경(齋磬)은 기판 소리이다. 불공이나 예불을 드릴 때, 또는 끼니때에 미리 쇠판을 다섯 번 쳐서 소리를 낸다.

벼랑의 얼음 몇 해 겨울 쌓인 건가	厓氷積幾冬
저 멀리 작게 보이는 뭇 산들 어여쁘니	遙憐諸嶽細
곧바로 용솟음치는 큰 물결 압도하네	直壓大波洶
눈앞의 산만 즐겨 보겠는가	肯許山當眼
오직 바다처럼 넓은 마음 가져야지	唯將海作胸
별은 우 임금 도끼[87]의 그림자에 반짝이고	星翻禹斧影
해는 노양공의 창끝[88]을 피해 넘어가네	日避魯戈鋒
좋은 구경 이전의 빚이 있어	勝賞應前債
그윽한 기약 이미 양식 준비했네[89]	幽期已宿舂

86 절벽에……밀어내고 : 절벽에 쌓인 눈이 높은 지대에 있어서 한여름 더위에도 녹지 않고 있다는 말이다.

87 우(禹) 임금 도끼 : 우부(禹斧)는 우 임금이 가지고 있던 도끼를 말한다. 우 임금이 천하 하천(河川)의 물길을 다스릴 적에, 이 도끼로 용문산(龍門山)을 끊어 물길이 통하게 하였다고 하며, 중국 전체를 구주(九州)로 나누어 다스렸다고 한다. 《淮南子》

88 노양공(魯陽公)의 창끝 : 노과(魯戈)는 노양과(魯陽戈)의 준말로, 전국 시대 초(楚)나라 사람 노양공의 창이라는 뜻이다. 《회남홍렬해(淮南鴻烈解)》 권6 〈남명훈(覽冥訓)〉에 "노양공이 한나라와 싸울 때, 한창 전투 중에 해가 기울자 창을 잡고 태양을 향해 휘두르니, 해가 3사를 되돌아왔다.〔魯陽公與韓搆難, 戰酣日暮, 援戈而撝之, 日爲之反三舍.〕"라는 말이 있다. 1사는 30리이므로 3사는 90리이다.

89 좋은……준비했네 : 1631년(인조9) 이민구가 금강산을 유람하면서 구경하지 못한 곳이 있기 때문에, 이번에 금강산을 가면서는 식량을 미리 준비하여 일정이 여유롭다는 말이다. 숙용(宿舂)은 밤에 찧는다는 말로, 《장자(莊子)》 〈소요유(逍遙遊)〉에 "가까운 교외에 가는 자는 세 끼 밥만 가지고 갔다가 돌아와도 배가 여전히 부르고, 백 리를 가는 자는 전날 밤에 양식을 찧어서 준비해야 하고, 천 리를 가는 자는 삼 개월 전부터 양식을 모아야 한다.〔適莽蒼者, 三飡而反, 腹猶果然, 適百里者, 宿舂糧, 適千里者, 三月聚糧.〕"라는 말이 있다.

형산 사당에 안개 흩어지길 빌고	衡祠祈霧散
태산 제사에 구름 잠기길 바라네[90]	岱檢倩雲封
여기저기 유람은 중의 안내에 따르고	歷覽依僧指
높은 읊조림은 나그네 지팡이에 의지했네	高吟倚客筇
나누어진 언덕 개밋둑 닮았고	垤分多似蟻
끊어진 곳은 벌의 허리와도 같구나[91]	腰斷或如蜂
골짜기는 온 숲 어두운 그림자에 가렸고	洞閉千林暝
강물은 만학의 물줄기 삼키네	江呑萬壑淙
구름옷 멀리 솜처럼 흩날리고	雲衣飄遠絮
숲속 냉이 차가운 버섯 사이에 섞였다	樹薺雜寒茸
하늘의 옥황상제 사는 곳과 가까우니	霄漢皇居逼
신선의 깃발[92] 만나겠네	神仙絳節逢
여기 온 건 우연 아니라	探尋玆不偶
산천 제사 이곳이 종주라네[93]	望秩此爲宗

90 형산……바라네 : 이민구가 이튿날 유람을 나설 때, 좋은 날씨와 훌륭한 경치가 펼쳐지기를 바란다는 말이다.

91 나누어진……같구나 : 작은 봉우리들의 모습을 개미와 벌에 비유하여 읊은 것이다. 질(垤)은 개밋둑으로, 작은 산을 니티낸 말이다.

92 깃발 : 강절(絳節)은 상제(上帝)나 신선이 사용하는 의장용 붉은 깃발을 말한다.

93 여기……종주라네 : 이민구가 산천 제사를 올리기 위해 왔다는 말이다. 망질(望秩)은 산천에 제사하는 것이다. 《서경》〈순전(舜典)〉에 "산천을 바라보고 차례를 정하여 제사한다.〔望秩于山川〕"라고 하였는데, 채침(蔡沈)의 주(注)에 "망은 바라보고 차례를 정하여 산천에 제사하는 것이고, 질은 희생과 폐백과 축호의 차례이니, 예컨대 오악은 삼공에 비하고 사독은 제후에 비하고 그 나머지는 백, 자, 남에 비하는 것과 같다.〔望, 望秩以祀山川也. 秩者, 其牲幣祝號之次第, 如五岳視三公, 四瀆視諸侯, 其餘

세상에서 남의 부림을 받으니 宇內從人役
조정에서 게으른 내게 맡겼네 朝端寄我慵
모름지기 벼슬을 그만두고 會須捐組紱
푸른 솔이나 먹고 살아야겠다 服食蔭蒼松

視伯子男者也.〕"라고 하였다.

골짜기를 나오며 앞의 운자[94]를 거듭 사용하여 짓다
出洞 疊前韻

여전히 차마 떠나지 못함은	依然不忍別
다만 바로 최고봉이기 때문이지	只是最高峯
한번 인간 세상에 내려가면	一下人間世
운산은 몇 겹으로 막히겠지	雲山隔幾重

2

이끼가 돌계단에 수북하고	莓苔深石磴
낙엽이 선방을 덮었어라	落葉閉禪龕
고맙게도 난새 탄 신선[95]	爲謝驂鸞客
내게 선경 유람 허락했네	仙遊許我參

3

푸른 산이 돌아가는 나그네 전송하니	靑山送歸客
가을 낙엽에 한 지팡이 쓸쓸하다	秋葉一筇寒
적막하게 절간 문 닫혔고	寂寞禪扉掩
쓸쓸히 저녁 풍경 소리도 잦아든다	蕭蕭暮磬殘

94 앞의 운자 : 앞의 시 〈원적동(圓寂洞)〉의 운자를 말한다.

95 난새 탄 신선 : 참란(驂鸞)은 선인(仙人)이 난새를 타고 노닒을 이르는 말이다. 강엄(江淹)의 〈별부(別賦)〉에 "학을 타고 은하수에 오르고, 난새를 타고 하늘에 오른다.〔駕鶴上漢, 驂鸞騰天.〕"라고 하였다. 《江文通集 卷1》

4

물소리 맞춰 걸어가며	水聲隨步去
산색을 고개 돌려 바라본다	山色轉頭看
유람의 흥취 가시지 않아	不盡登臨興
만경단에 들렀어라	仍過萬景壇

5

여정 따라 산은 북으로 멀어질 테고	將隨山北去
송별하며 물은 서쪽으로 흐르네	相送水西流
풍상 속에 홀로 서서	獨立風霜裏
멍하니 노년에 시름하네	茫然暮境愁

내수점을 넘다

踰內水岾

빈 산에 낙엽 지는 소리 쓸쓸하고 空山落葉響蕭蕭
보일 듯 말 듯 단풍 숲 일만 골짝에 멀구나 隱映楓林萬壑遙
한 번 요대[96]의 신선 꿈 깨고부터 一自瑤臺仙夢罷
돌아가고픈 마음 도리어 백천교에 얽히네 歸心還繞百川橋

96 요대(瑤臺) : 옥으로 장식한 누대로 신선이 거처하는 곳을 말하는데, 여기서는 금강산을 말한다.

백천교를 내려가며

下百川橋

이문 사절한 산중의 포객[97]	山中逋客謝移文
한 번 홍애와 이별하니 문득 속세로다[98]	一別洪厓便世氛
길은 백천교 아래 물을 따라 뻗었고	路繞百川橋下水
몸은 삼일포 주변의 구름과 같이 가네	身同三日浦邊雲
아른아른 잠자리에도 연하가 있고	依依枕席煙霞在
아득히 먼 바다에 섬들이 분명하네	渺渺滄洲島嶼分
청아한 흥취 나는 학 따라 멀리 가니	淸興却隨飛鶴遠
발연사[99] 가을 경치를 살짝 취한 채 보리라	鉢淵秋色倚微醺

97 이문(移文)……포객(逋客) : 이민구가 공무를 떠나 잠시 금강산에 들어왔음을 말한 것이다. 이문은 서로 예속되지 않는 관서 또는 동등한 관서 사이의 공문서를 말한다. 포객은 은사(隱士)를 말한다. 남제(南齊) 때 주옹(周顒)이 처음 북산(北山)에 은거하다가 벼슬길에 나가자, 친구 공치규(孔稚圭)가 〈북산이문(北山移文)〉에서 "속사의 수레를 돌려라. 그대를 위하여 포객을 사절하노라.〔請迴俗士駕, 爲君謝逋客.〕"라고 한 데서 온 말이다. 《古今事文類聚 前集 卷33》

98 한 번……속세로다 : 금강산을 떠나 속세로 돌아왔다는 말이다. 홍애(洪厓)는 황제(黃帝)의 신하 영륜(伶倫)의 선호(仙號)로, 전설상의 신선이다.

99 발연사(鉢淵寺) : 발연(鉢淵)은 발연사를 말한다. 금강산 미륵봉(彌勒峰)에 있었던 절로, 770년에 진표(眞表)가 세웠다. 미륵봉 동쪽의 험준한 계곡 아래 발연이라는 못이 있는데, 이는 주위의 바위 모양이 발우(鉢盂) 모양과 같다고 하여 붙여진 이름이며 절 이름도 여기에서 기인하였다.

발연사에서 조자실의 운[100]을 차운하다

鉢淵寺 次曺子實韻

사원[101]의 풍경 그윽한 정취에 맞으니	招提雲物愜幽情
풍경 소리와 선방의 등불 긴 밤에 맑구나	齋磬禪燈永夜清
찬비가 산 가득 내려 남은 취기 깨니	寒雨滿山殘酒醒
오경에 꿈인 양 샘물 소리 들린다	五更和夢聽泉聲

100 조자실(曺子實)의 운 : 자실(子實)은 조문수(曺文秀, 1590~1647)로, 본관은 창녕(昌寧), 자는 자실, 호는 설정(雪汀)이다.《西州集 卷10 曾王考工曹參判夏寧君行狀》1633년(인조11) 10월 16일 고성 군수에 임명되었다. 이민구가 차운한 작품은 조문수의 《설정시집(雪汀詩集)》 권5 〈발연사에서 유숙하며 기록하여 동주에게 보내다〔宿鉢淵寺錄奉東州〕〉의 2수(首) 가운데 두 번째 작품이다.

101 사원(寺院) : 초제(招提)는 범어(梵語) caturdeśa의 음역(音譯)으로, 사원의 별칭이다.

신미년(1631, 인조9)에 가지고 왔던 죽장을 유점사에 두었는데 지금 도성이 죽장을 가지고 내산[102]에서 나를 맞이하였다. 이별할 때 남겨 두어 후일의 신표로 삼았다

辛未歲 將所携竹杖 寄置楡岾 今者道成以杖迎余於內山 臨別留贈 以爲日後之信

맑은 소리[103] 나는 대지팡이 세상에 드무니	哀玉寒筇世所稀
십 년이나 짚고 다니며 그림자처럼 의지했지	携持十載影相依
일찍이 화표에 남겨 다시 오리라 기약했으니[104]	曾留華表重來約
마치 조주에서 옛적 옷을 준 것과 같구나[105]	政似潮州舊贈衣
갈피에서 용으로 변해 가지 않고[106]	不向葛陂龍化去

102 내산(內山) : 금강산 비로봉 서쪽 지역을 가리키는 말이다. 276쪽 각주67 참조.

103 맑은 소리 : 애옥(哀玉)은 옥 소리처럼 차고 맑은 소리를 말하는데, 여기서는 대나무 지팡이에서 나는 소리를 의미한다.

104 일찍이……기약했으니 : 이민구가 1631년(인조9) 금강산을 유람할 때 자신의 지팡이를 유점사에 남겨두면서 다시 찾아오겠다는 약속을 했다는 말이다. 화표(華表)는 다리, 궁전, 성벽이나 능묘 앞에 장식을 겸하여 세운 거대한 기둥을 말하는데, 여기서는 유점사를 가리키는 말로 사용되었다.

105 마치……같구나 : 이민구가 지팡이를 남겨두었던 의미를 한유(韓愈)가 옷을 남겨 두었던 일에 비유하여 읊은 것이다. 당(唐)나라 한유가 조주 자사(潮州刺史)로 있을 때 친하게 지냈던 노승 태전(太顚)과 작별하면서 자신의 의복을 남겨 주었다는 이야기가 그의 글에 실려 있다.《韓昌黎文集 卷3 與孟簡尙書書》

106 갈피(葛陂)에서……않고 : 이민구가 유점사에 남겨 두었던 지팡이가 없어지지 않고 남아 있다는 말이다. 후한(後漢) 비장방(費長房)이 호공(壺公)에게서 신선술을 배운 뒤 죽장(竹杖)을 타고 집으로 날아와 갈피 호수 속에 죽장을 던지니, 그 정령이

도리어 난야 따라 학과 다투어 날았네[107] 還隨蘭若鶴爭飛
풍상 거친 계절에 잘 있기를 은근히 바라며 殷勤好在風霜節
만 겹 운산을 홀로 돌아가노라 萬疊雲山獨自歸

청룡(青龍)으로 화하여 구름 속으로 사라졌다는 고사가 전한다.《後漢書 卷112下 方術列傳 費長房》 이 고사를 이용하여 이민구의 지팡이는 용으로 변해 사라지지 않고 남아있다고 읊은 것이다.

107 도리어……날았네 : 지팡이가 조용한 수행처에 남아있었다는 말이다. 난야(蘭若)는 범어 āranyaka의 음역인 아란야(阿蘭若)의 준말로, 출가자가 수행하는 조용한 곳, 즉 사원을 말한다.

자실[108]과 함께 삼일포에서 놀다

同子實 遊三日浦

구름 속 오솔길 산 북쪽으로 나 있고	雲徑通山北
안개 낀 백사장 바다 동쪽에 닿았어라	煙沙接海東
삼일포에 거듭 놀러 오니	重遊三日浦
한 번 떠나고 다섯 번째 갈바람이네[109]	一別五秋風
이끼 자라 비석에 자줏빛 더하고	苔長添碑紫
단풍 시들어 산기슭 붉은색 덜하다	楓凋減岸紅
뉘 알았으랴 옛 신선들	誰知舊仙侶
다시 오니 벌써 늙었을 줄을[110]	再到已成翁

2

조각배로 옮겨 앉아	改席扁舟上
포구 동쪽 끝에 노 멈췄네	停橈極浦東

108 자실(子實) : 조문수(曺文秀, 1590~1647)로, 본관은 창녕(昌寧), 자는 자실, 호는 설정(雪汀)이다. 《西州集 卷10 曾王考工曹參判夏寧君行狀》 1633년(인조11) 10월 16일 고성 군수에 임명되었다.

109 삼일포에……갈바람이네 : 1631년(인조9) 이민구가 금강산을 유람하면서 삼일포에 들른 적이 있었는데, 지금 다시 찾게 되니 5년의 세월이 흘렀다는 말이다.

110 뉘……줄을 : 삼일포에 다시 찾아왔을 때 이민구 자신과 조문수가 늙은이로 변해 있을 줄 몰랐다는 말이다. 선려(仙侶)는 신선을 가리키는데, 여기서는 이민구와 조문수를 가리키는 말로 사용되었다.

호수는 간밤 비에 불었고	湖添前夜雨
언덕에는 늦가을 바람 차갑구나	岸冷九秋風
취할수록 잔 속 좋은 술[111] 사랑스럽고	醉愛杯心綠
맛볼수록 얇고 붉은 회 탐하누나	嘗耽鱠縷紅
하늘가에서 멋진 일 실컷 즐기니	天涯窮勝事
우습다 습지옹[112]이여	笑殺習池翁

111 잔 속 좋은 술 : 배심록(杯心綠)은 술잔 속의 푸른색이라는 말인데, 여기서 녹(綠)은 술의 이칭인 녹의(綠蟻)를 줄인 것이다. 아래의 홍(紅)과 대를 맞추기 위해 사용한 것이다.

112 습지옹(習池翁) : 습씨(習氏)의 연못에서 놀던 산간(山簡)을 가리킨다. 진(晉)나라의 산간이 양양(襄陽)에 있을 때 호족 습씨의 못을 고양지(高陽池)라 부르며 날마다 그곳에서 배 띄우고 술 마시며 놀다가 흠뻑 취해 돌아왔다. 당시 아이들이 "산공은 어디로 가는가, 고양지로 가는 게지. 해 저물녘 말에 거꾸로 실려 돌아오나니, 술에 흠뻑 취해서 아무것도 모른다네.〔山公出何許, 往至高陽池. 日夕倒載歸, 酩酊無所知.〕"라고 노래하였다고 한다.《晉書 卷43 山簡列傳》

태강정에서

太康亭

남쪽 포구 미풍에 이별주 술기운 깨는데	南浦微風別酒醒
돌아봐도 해산정[113] 보이지 않네	回頭不見海山亭
명사[114] 오솔길에 해당화 시들고	鳴沙細路棠花晩
차가운 파도만 푸른 해안에 부서진다	唯有寒濤拍岸靑

113 해산정(海山亭) : 강원도 고성군에 있는 정자이다. 삼일포와 더불어 좋은 경치를 이루는 것으로 유명하다.

114 명사(鳴沙) : 강원도 고성군 간성읍 남쪽 18리에 있다. 모래 색이 눈 같고, 인마가 지날 때면 부딪쳐서 소리가 나는데, 쟁쟁(錚錚)하여 쇠소리 같다. 대개 영동(嶺東) 지방이 모두 그러하지만 그 중에서도 간성과 고성(高城) 간에 제일 많다고 한다. 《新增東國輿地勝覽 卷45 江原道》

능파대[115]에서
凌波臺

누대 아래 가을 파도 일고 신기루 개니	臺下秋波蜃氣晴
부상의 서쪽 여기가 봉래와 영주구나	扶桑西畔是蓬瀛
누가 스스로 신선의 풍골 자랑하며	何人自詑神仙骨
술에 취해 신령한 거북의 정수리를 다니나	醉回靈鼇頂上行

115 능파대(凌波臺) : 강원도 고성군 동쪽 10리 해안에 있는 바위 이름이다. 예전에는 추암(秋巖)이라 하였는데, 한명회(韓明澮)가 이름을 능파대로 고쳤다고 한다. 《新增東國輿地勝覽 卷44》

선유담[116]에서

仙遊潭

천 이랑 맑은 호수 잔잔히 흐르지 않고　千頃澄湖淨不流
갠 물결에 아른아른 가을 산 비친다　晴波冉冉碧峯秋
놀던 신선 떠난 뒤로 소식 없으니　仙遊一散無消息
홀로 푸른 난새 타고 십주[117] 지나가네　獨御青鸞過十洲

116 선유담(仙遊潭) : 강원도 고성군 간성읍에 있는 호수이다. 윤휴의 《백호전서(白湖全書)》 권34 〈풍악록(楓岳錄)〉에 "간성(杆城)의 북천교(北川橋)를 건너고 읍성(邑城)을 지나 소나무 숲속으로 10여 리를 가니, 중간에 둘레가 3리쯤 되어 보이는 호수 하나가 있었다. 남쪽에는 멧부리가 못 속까지 들어와 있고, 고색창연한 바위에 모래알들은 하얀데, 게다가 푸른 소나무가 울창하고 못 안에는 순채잎이 가득하여, 그야말로 천리호 순챗국에다 된장만 풀지 않은 격이었는데, 이른바 선유담이라는 곳이었다."라고 하였다.

117 십주(十洲) : 고대의 전설에 신선이 산다는 열 개의 섬으로, 조주(祖洲), 영주(瀛洲), 현주(玄洲), 염주(炎洲), 장주(長洲), 원주(元洲), 유주(流洲), 생주(生洲), 봉린주(鳳麟洲), 취굴주(聚窟洲)를 가리킨다. 《海內十洲記 提要》

열산관[118]에서

烈山館

변방의 초목 일찌감치 시드니	邊隅艸木早凋殘
객지 나그네 저무는 세월에 놀라노라	客裏偏驚歲序闌
돌아갈 꿈은 머나먼 관산 길 걱정인데	歸夢政愁關路遠
창에 뿌리는 비바람마저 오경에 차갑다	洒窓風雨五更寒

118 열산관(烈山館) : 강원도 고성군에 속한 열산현 관사를 가리킨다.

청간정[119]에서 수성[120]에 머물고 있는 도사에게 부치다
清磵亭 寄都事留迃城

말 타고 백사장 지나며 바다 구름 바라보니	跋馬汀沙望海雲
높은 하늘 한 기러기가 무리 떠나 나는구나	高空一雁政離群
앞으로 새로운 시 적다고 이상타 마소	前途莫怪新詩少
남겨 놓은 경치[121] 모두 그대 위한 거라오	物色分留摠爲君

119 청간정(清磵亭) : 강원도 고성군에 있는 정자이다. 이곳에서 바라보는 일출(日出)과 낙조(落照)를 비롯한 동해안 풍경이 일품이어서 예부터 많은 시인과 묵객들이 글을 남겼다.

120 수성(迃城) : 강원도 고성군의 옛 명칭이다.

121 남겨 놓은 경치 : 물색분류(物色分留)는 시인 묵객들이 그곳의 경치를 너무 많이 읊어서, 뒤에 오는 사람이 새롭게 시를 쓰기가 어려울 것이라는 의미로 사용되는 말이다. 두보(杜甫)의 시에 "송공이 쫓겨난 뒤 시 지어 걸어 놓고, 남겨진 경치 노부를 기다리네.〔宋公放逐曾題壁, 物色分留待老夫.〕"라고 하였다.《杜少陵詩集 卷22 嶽麓山道林二寺行》

영랑호[122]에서

永郎湖

이름난 호수 지축에 자리 잡아	名湖據坤軸
만경창파 빈 골짝에 파고들었네	萬頃浸空曲
서쪽으로는 서린 대관령[123]을 깎아 먹고	西剗大嶺蟠
옆에는 푸른 바다 가깝구나	旁占滄溟甓
천지가 처음 만들었을 적에	天地所委鑿
처음부터 청탁이 나뉘지 않았으니	未始分淸濁
둥근 못이 드넓게 펼쳐져	環泓浩涯涘
만물을 모두 함축하였네	百物俱含蓄
관동에는 호수 많아	關東富淵澤
넘실대는 물결 날마다 보지만	氾濫日在目
여기 와서 까마득히 넓은 물 보니	及此獲渼淼
앞서 본 것들 아련히 잊게 된다	茫然喪前矚
자욱하게 가을 안개 깔려	冥濛秋靄集
물과 하늘 어우러져 푸르다	水與空色綠
숨었다 나타났다 모래섬 많아	隱見洲渚多

122 영랑호(永郎湖) : 강원도 속초시 장사동, 금호동, 영랑동 일대에 걸쳐 있는 석호이다. 신라의 화랑 영랑(永郎)이 이곳의 풍취에 도취되어 머물렀다는 전설에서 이름이 유래하였다.

123 대관령 : 대령(大嶺)은 대관령을 가리킨다. 대관령은 강릉의 진산(鎭山)으로 신라 때는 대령, 고려 때는 대현(大峴) 혹은 굴령(堀嶺)이라 했다.

오르내리려니 물굽이 알 길 없다　沿溯迷隈隩
일찍이 듣자니 옛 선인이　嘗聞古仙人
여기 외진 곳에서 놀았다지[124]　遊戲玆區僻
영랑이 다시 오지 않으니　永郎不重來
누가 신선 마차[125] 보았으랴　孰睹飆車迹
아득히 상상할 겨를도 없이　未暇寄遐想
조화옹 솜씨에 감탄하네　感歎造化績
높은 산 깊은 물 자연스레 만들어져　崇深鍾自然
우 임금 공로에도 열리기를 마다했네[126]　禹功謝疏闢
사해가 모든 강물 받아 주니　四海受群流
실로 우주의 주머니이거늘　實惟宇宙橐
어찌 이 거대한 골짝[127] 밖에　奈何巨壑外
따로 용과 맹꽁이 사는 영역 열었나　別開龍黽域
방장산 사이를 한계로 삼아　限以方丈間
염수와 담수로 성질 나눠네[128]　鹹淡性分易

124 일찍이……놀았다지 : 신라의 화랑 영랑(永郎)이 이곳을 유람했다는 말이다.

125 신선 마차 : 표거(飆車)는 회오리바람을 타고 올라가는 신거(神車)를 가리킨다. 환린(桓驎)의 《서왕모전(西王母傳)》에 서왕모가 사는 궁궐에는 표거우륜(飆車羽輪)이 아니면 이르지 못한다는 말이 나온다. 《雲笈七籤 卷114》

126 높은……마다했네 : 영랑호가 자연적으로 깊게 만들어져서 치수(治水) 사업을 했던 우 임금의 공로에도 바다와 통하지 않고 호수로 남았다는 말이다.

127 거대한 골짝 : 거학(巨壑)은 바다를 가리킨다.

128 방장산……나눠네 : 영랑호가 동해와 대단히 가까이에 있음을 표현한 것이다. 염담(鹽淡)은 짠 바닷물과 싱거운 호수의 물을 가리킨다.

나는 제방을 터서 我欲決堤防
모두 섞어 막히지 않게 하고파라 渾淪使不隔

천후산 권토성 비룡폭포 식당동 권금성 선정암을 유람하다[129]

遊天吼山權土城飛瀑食堂洞權金城禪定庵

산사[130] 저물녘에 서늘한 바람 부는데　祇林暮景涼翛翛
나와 고을 수령 설악에 올랐어라　我與使君登嶽遙
옥을 깎아 만든 당황이며 안치를 배열한 듯[131]　玉削堂皇排雁齒
은하수 기울이고 무지개 허리 걸어 놓은 듯[132]　銀傾河漢掛虹腰
쇠줄 엮어 맨 신선 사다리 보일 듯 말 듯하고　仙梯鐵鎖明還滅
우담바라 핀 각로는 고요하다가 표풍 이네　覺路曇華定又飄
골짝 안 구슬 나무[133]에 학이 깃들려는데　洞裏欲棲珠樹鶴

129 천후산(天吼山)……유람하다 : 강원도 속초시 일대의 명승지를 돌아보고 읊은 시이다. 천후산은 강원도 속초시의 북서쪽 외설악(外雪嶽)에 위치한 울산바위의 다른 이름이다. 권토성(權土城)은 미상이다. 비폭(飛瀑)은 외설악 화채봉(華彩峰)의 북쪽 기슭에 있는 비룡폭포로, 상류 쪽에 토왕성폭포(土旺城瀑布), 하류 쪽에 육담폭포(六潭瀑布)를 동반하고 있다. 식당동(食堂洞)은 비선대의 옛 이름이 식당암이고, 식당암이 있는 골짝을 식당동이라 한다. 권금성(權金城)은 강원도 속초시의 서쪽 설악산에 위치한 석성이다. 선정암(禪定庵)은 미상이다.

130 산사 : 기림(祇林)은 사찰을 가리킨다. 인도(印度) 사위성(舍衛城) 남쪽에 있던 기타태자(祇陀太子)의 동산이란 뜻인데, 수달장자(須達長者)가 이 땅을 사서 절을 지어 부처에게 바쳤다.

131 옥을……듯 : 천후산의 모습을 읊은 것으로 보인다. 당황(堂皇)은 사방 벽이 뚫린 관리의 사무실을 의미하고, 안치(雁齒)는 다리 난간에 나무나 돌을 깎아서 나란히 세운 것이 마치 기러기의 행렬이나 이〔齒〕의 모양 같다고 해서 한 말이다.

132 은하수……듯 : 비룡폭포를 읊은 것으로 보인다.

세상에는 부질없이 〈백운요〉[134]만 퍼졌구나　　　　人間空播白雲謠

133　구슬 나무 : 주수(珠樹)는 삼주수(三珠樹)의 준말로 구슬이 열린다는 신선 세계의 나무이다. 《산해경(山海經)》〈해외남경(海外南經)〉에 "삼주수는 염화 북쪽, 적수 가에 자라는데, 그 나무가 잣나무와 같고 잎은 모두 구슬이다.〔三株樹, 在厭火北, 生赤水上, 其爲如栢葉, 皆爲珠.〕"라고 하였다.

134　백운요(白雲謠) : 불로장생을 기원하는 노래이다. 주 목왕(周穆王)이 곤륜산(崑崙山)에 가서 선녀 서왕모(西王母)와 잔치할 때, 서왕모가 주 목왕을 위해 부른 노래에 "백운은 하늘에 있는데, 산릉만 절로 생기네. 길은 멀고 산천이 가로막히었나니, 청컨대 그대는 죽지 말고 다시 오기를 바라노라.〔白雲在天, 山陵自出. 道里悠遠, 山川間之, 將子無死, 尙能復來.〕"라고 하였는데, 주 목왕이 이에 답하여 노래하기를 "내가 동토에 돌아가 중국을 잘 다스려서, 만민이 고루 태평해지거든, 내가 다시 와서 너를 보리라.〔予歸東土, 和治諸夏, 萬民平均, 吾顧見汝.〕"라고 하였다. 《穆天子傳 卷3 古文》

도사가 뒤따라 낙산에 도착하였기에 농담삼아 써서 시를 재촉하다

都事追到洛山 戲筆督詩

그대의 재주 본래 왕로[135]를 뛰어넘고	君才本自邁王盧
관동 산천은 특별히 아름답지	嶺外山川又別區
차마 시 없이 풍경을 마주하랴	可忍無詩對風景
어쩌다 영랑호를 훌쩍 지나쳤구나	忽然走過永郎湖

135 왕로(王盧) : 당나라 초기 문장으로 명성이 높았던 왕발(王勃), 양형(楊炯), 노조린(盧照鄰), 낙빈왕(駱賓王) 네 사람 중 왕발과 노조린 두 사람을 가리킨다.

낙산사[136]에서 일출을 보다

洛山寺 觀日出

여섯 용이 해 받들어 하늘 높이 올라오니[137]	六龍扶日上層霄
망망한 은빛 바다에 자욱한 안개 사라진다	銀海茫茫積霧消
희화에게 알리노니 고삐 느슨히 잡아라	爲報羲和徐按轡
우연 서쪽 두둑이 멀지 않단다[138]	虞淵西畔未全遙

136 낙산사(洛山寺) : 강원도 양양군 강현면 전진리에 있는 절이며, 관동팔경(關東八景)의 하나로 꼽힌다.

137 여섯……올라오니 : 일출을 읊은 것이다. 희화(羲和)가 새벽마다 여섯 마리의 용이 끄는 수레에 태양을 싣고 용을 몰아 허공을 달려 서쪽의 우연(虞淵)에까지 이르러 멈춘다고 한다. 《山海經 卷10 大荒南經》

138 희화(羲和)에게……않단다 : 해가 천천히 가기를, 즉 세월이 더디 가기를 바라는 마음의 표현이다. 희화는 태양을 모는 마부 이름이다. 우연(虞淵)은 희화가 해를 몰고 서쪽으로 가서 멈춘다는 곳이다. 《天中記 卷1 日》

낙산의 9월 9일 연회에서

洛山九日宴集

자라 머리에 산 감돌아 용의 기세 서렸고	鼇頂山回龍勢蟠
단청 칠한 절 문 장관이네	寺門丹碧壯新觀
오래도록 신기[139]가 금빛 현판에 불었고	長時蜃氣吹金牓
이 밤 달빛을 옥쟁반에 보내오네	此夜蟾光送玉盤
아름다운 곳 생황 노래에 머문 나그네 취하고	特地笙歌留客醉
중천의 별빛이 사람을 춥게 하네	中天星斗動人寒
높이 오르고 모자 떨굼[140]은 모두 한가한 일	登高落帽渾閑事
곧바로 가벼운 바람 빌려 붉은 난새 타리라	直借冷風跨紫鸞

139 신기(蜃氣) : 신기루(蜃氣樓)이다. 사막이나 물에 나타나는 기상 현상인데, 이무기가 토한 기운이라 하여 신기라고 하였다. 《본초(本草)》에 "이무기는 뱀 같으면서도 더 크고 뿔이 있어 용과 같으며, 갈기와 허리 이하에는 비늘이 거꾸로 되었고 제비를 즐겨 먹으며, 비가 오려면 기운을 토해 내어 누대(樓臺)와 성곽(城郭)의 모양을 형성한다."라고 하였다.

140 높이……떨굼 : 9월 9일 중양절을 맞아 높은 곳에 올라 국화주를 마셨던 풍속을 말한 것이다. 등고(登高)는 높은 곳에 오른다는 말로, 중양절에는 높은 곳에 올라 재액(災厄)을 피하는 풍속이 있었다. 낙모(落帽)는 모자를 떨어뜨린다는 말로, 진(晉)나라 맹가(孟嘉)가 중양절에 환온(桓溫)이 베푼 용산(龍山)의 주연(酒宴)에 참석했다가, 술에 흠뻑 취한 나머지 바람에 모자가 날아가는 것도 깨닫지 못했다는 고사가 있다. 《世說新語 識鑑》

동해묘[141]에서

東海廟

동해묘 옆 소나무 숲	東海廟傍松樹林
짙푸르게 해 가려 낮에도 늘 그늘이네	蔥青蔽日晝常陰
한 봄 비바람은 신령한 변화 있고	一春風雨有靈變
사철 피리 소리 화음을 돕누나	四節笙竽相和音
무당의 말 술자리에 황당하게 전하고	巫語盤筵傳怳怳
신의 거처에 장막 닫힌 채 침침하구나	神居帷幕閉沈沈
올 농사 하나도 덕 보지 못했으니	今年穡事渾無賴
가을 제사에 보새하는 마음 쓰리겠네[142]	秋社空傷報賽心

141 동해묘(東海廟) : 강원도 강릉시 정동에 있으며, 동해의 용왕을 모신 사당이다. 창건 연대는 자세하지 않다.

142 올……쓰리겠네 : 동해묘에 풍년을 기원하는 제사를 올렸지만 농사 작황이 좋지 못해 제사하는 마음이 좋지 않을 것이라는 말이다. 보새(報賽)는 해마다 가을에 농사를 마치고, 신(神)의 공덕과 은혜에 보답하여 지내는 제사를 말한다.

경포에서 부백 목탕경[143] 등 여러 사람과 배를 띄우고 입으로 불러 읊어서 유세이[144]가 화진포[145]가 경포보다 낫다는 말에 대해 재미 삼아 답하다

鏡浦 同府伯睦湯卿諸人 泛舟口占 戲答柳洗耳花津勝鏡浦之說

언덕 희고 호수 맑으며 모래톱 펼쳐져	岸白湖淸洲渚開
물과 구름 그림자가 함께 배회하네	水容雲影共徘徊
누가 적막한 화진섬[146]을	誰將寂寞花津嶼
드디어 경포대와 비교하려 하나	遂欲爭衡鏡浦臺
바닷가에 머무는 새 관찰사가	海上淹留新使節
하늘가 벗님의 술잔에 웃고 즐기누나	天涯歡笑故人杯
사공은 진정 부상으로 가는 길 알 터	篙師定識扶桑路
날 위해 배 띄워 가서 돌아오지 마시게	爲我張帆去不回

143 목탕경(睦湯卿) : 목대흠(睦大欽, 1575~1638)으로, 본관은 사천(泗川), 자는 탕경, 호는 다산(茶山)·죽오(竹塢)이다. 1624년(인조2) 이괄(李适)의 난에 공을 세웠으며, 1633년 강릉 부사가 되었다. 《記言 別集 卷25 茶山睦公墓碣銘》

144 유세이(柳洗耳) : 유영(柳穎, 1603~1646)으로, 본관은 진주(晉州), 자는 세이, 호는 유항(柳巷)이다.

145 화진포(花津浦) : 강원도 고성군 거진읍 화포리와 원당리 및 현내면 죽정리와 초도리와 산학리 일대에 걸쳐 있는 호수이다.

146 화진섬 : 화진포를 가리킨다.

찰방 김충각의 초당에서 정우복[147]의 운자에 맞춰 짓다

金察訪忠慤艸堂 次鄭愚伏韻

아담한 누각이 호수 앞에 솟았고	小閣臨湖湧
그윽한 오솔길에 천죽[148] 자랐네	幽蹊踐竹生
거문고 연주는 흥을 이끌고	絃歌牽謾興
잔술에서 깊은 정성 보노라	杯酒見深誠
늙어서 처음 만난 즐거운 자리인데	老去初歡會
가을이라 다시 이별의 정 안타깝다	秋來更別情
쓸쓸한 백사장 가에 달빛 비출 제	蕭蕭沙際月
돌아가는 말에 긴 갓끈 흔들흔들	歸馬動長纓

147 정우복(鄭愚伏) : 정경세(鄭經世, 1563~1633)로, 본관은 진주(晉州), 자는 경임(景任), 호는 우복이다. 1623년 인조반정 뒤 부제학, 전라도 관찰사, 대사헌, 이조판서 등을 역임하였다. 《愚伏集 別集 卷9 愚伏鄭先生神道碑銘 幷序》

148 천죽(踐竹) : 키가 작은 대나무를 가리키는 것으로 보이나, 미상이다.

강릉 객관의 동헌을 새로 짓고 탕경의 운[149]에 맞춰 짓다

江陵客館新搆東軒 次湯卿韻

화재[150]가 발생한 지 몇 년인데 이때에 이르러 복원하였다.

부사의 호기 늙은 나이 아랑곳없이	使君豪氣撥年衰
화려한 집 새로 지어 날아갈 듯 기와 드리웠다	新構華堂翼瓦垂
백성들은 일에 달려감을 생각하는 날이었고	民力正思趨事日
연회는 또 일 완공 때에 부치었네	賓筵又屬斷工時
푸른 바닷가 풍경 바라보다 안석에 기대고	滄溟物色還憑几
붉은 두공에 걸린 구름 안개에 다시 시 짓노라	朱栱雲煙更賦詩
봄 되면 거듭 부절 멈추고	擬及春來重駐節
푸른 연과 비바람 속에 두 못에서 취해 보리[151]	綠荷風雨醉雙池

149 탕경(湯卿)의 운 : 탕경은 목대흠(睦大欽, 1575~1638)의 자이다. 이민구가 차운한 목대흠의 시는 《다산집(茶山集)》 권2에 수록된 〈유여상의 운자에 맞춰 임영관 동헌에 쓰다〔次柳汝常韻題臨瀛館東軒〕〉라는 작품이다. 이 작품의 원주(原註)에 "숭정 8년 봄에 위의 동헌을 중수하였다.〔崇禎八年春, 上東軒重修.〕"라고 하였으므로, 1635년(인조13)에 중수되었음을 알 수 있다.

150 화재 : 강릉 객관은 임영관(臨瀛館)을 가리킨다. 《승정원일기(承政院日記)》 인조 5년 12월 25일 기사에 "임영관이 화재로 소실된 지 얼마 되지 않았다.〔臨瀛館失火未久〕"라는 내용이 있으므로, 이 시기에 화재가 발생했음을 알 수 있다.

151 봄……보리 : 현재는 가을이므로 이듬해 봄에 다시 찾아와 푸른 연잎과 비바람 속에 취해 보겠다는 말이다. 주절(駐節)은 부절을 멈춘다는 뜻으로, 여기서는 다시 찾아와 머문다는 의미이다. 쌍지(雙池)는 미상인데, 강릉 객관 주위에 있던 두 연못으로 추측된다.

우계현[152]에서 임석천이 시를 지어 말하기를 "파도 소리 들으며 밤에 우계현에 들어왔다가 비 내려 아침에 나그네 채찍 멈췄네. 다만 하늘이 보리 살찌우려는 것이니 군왕 위해 해마다 풍년 들길 노래하네."[153]라고 하였는데 필적이 빼어났다. 마침 이날 밤에 비바람이 몰아치고 파도 소리가 집을 흔들었으므로 서글피 느낌을 적고 탕경에게 붙여 함께 화운하게 하였다[154]

羽溪縣 林石川有詩曰 濤聲夜入羽溪縣 雨氣朝停行客鞭 只是天心欲肥麥 爲君王誦屢豐年 筆蹟遒逸 適是夜 風雨濤聲撼屋 悽然紀感 寄湯卿同和

혼탁한 세상 신선 같던 임석천　　濁世仙人林石川
나그네 채찍 일찍이 우계현에 머물렀지　　征鞭曾駐羽溪邊
파도 소리와 비 기운 이 밤도 여전한데　　濤聲雨氣還今夜

152 우계현(羽溪縣) : 강원도 강릉시 옥계면 일대에 있던 옛 고을이다.

153 임석천(林石川)이……노래하네 : 임석천은 임억령(林億齡, 1496~1568)으로, 본관은 선산(善山), 자는 대수(大樹), 호는 석천이다. 을사사화(乙巳士禍) 때 금산군수(錦山郡守)로서 그의 동생 임백령(林百齡)이 소윤(小尹) 일파에 가담하여 대윤(大尹)의 많은 선비들을 축출하고 죽이는 데 앞장서자 자책을 느껴 벼슬을 사퇴하고 귀향했다. 이민구가 인용하고 있는 시는 《석천시집(石川詩集)》 권7에 〈우계현에서 자다〔宿羽溪縣〕〉라는 제목으로 수록되어 있다. 다만 결구(結句)의 송(誦)이 송(頌)으로 되어 있다는 점에서 차이가 있다.

154 탕경(湯卿)에게……하였다 : 탕경(湯卿)은 목대흠(睦大欽, 1575~1638)의 자이다. 목대흠이 차운한 작품은 《다산집(茶山集)》 권2 〈차동주사상운오수(次東州使相韻五首)〉 가운데 세 번째 시이다.

누런 땅과 푸른 산은 벌써 백 년 지났어라　黃壤靑山已百年
붓 아래 이는 풍운은 봉황이 나는 것 같고[155]　筆下風雲纚鳳翥
처마 사이 광휘 규성 자리를 쏘는구나[156]　簷間光景射奎躔
처량한 후대 사람 어진 이를 그리는 마음인데　悽涼異代懷賢感
이별의 시름까지 더해져 더욱 멍멍하네[157]　添却離愁更惘然

155 붓……같고 : 임억령이 지어 기록한 시의 필체가 생동감이 있다는 표현이다. 한유(韓愈)의 글에 "오랜 세월에 어찌 자획 이지러짐을 면하랴만, 잘 드는 칼로 산 교룡과 악어를 잘라낸 것 같네. 난새 봉새가 날고 뭇 신선이 내려온 듯하고, 산호와 벽옥나무 가지가 서로 엇걸린 듯하네. 금줄과 쇠사슬을 얽어 놓은 듯 웅장도 하고, 고정이 물에 뛰어들고 용이 북처럼 나는 듯도 하네.〔年深豈免有缺畫, 快劍斫斷生蛟鼉. 鸞翔鳳翥衆仙下, 珊瑚碧樹交枝柯. 金繩鐵索鎖紐壯, 古鼎躍水龍騰梭.〕"라고 하였다. 《韓昌黎集 卷5 石鼓歌》

156 처마……쏘는구나 : 임억령의 시가 훌륭하다는 말이다. 규전(奎躔)은 28수(宿)의 하나인 규성(奎星)의 자리로, 그 별자리의 모양이 문자의 형태를 이루고 있다 하여, 문장(文章) 혹은 문운(文運)을 주관하는 것으로 인식되었다. 여기서는 임억령의 시가 적힌 현판이 규성을 쏜다고 하여, 그의 시가 매우 훌륭하다고 읊은 것이다.

157 처량한……멍멍하네 : 임억령의 시를 보고서 그의 어진 성품을 그리워하는데, 목대흠과의 이별까지 더해져 정신이 멍하다는 표현이다.

죽서루[158]에서
竹西樓

높은 성에 낙엽이 우수수 지는데	高城落葉政紛紛
홀로 높은 누대에 올라 기러기 떼 세어 본다	獨上危樓數雁群
두 눈은 매양 산 너머 해를 바라보건만	雙眼每瞻山外日
한 몸은 오히려 바다 가운데 구름에 누웠어라	一身猶臥海中雲
강물이 성곽 둘러 한기 남아 있고	河流帶郭寒仍在
하늘 가로 지른 고갯길 아득해 분간 못하겠네	嶺路橫天杳不分
늘그막에 천 리 나그네 신세 가슴 아픈데	遲暮自傷千里客
애끊는 호가 소리 쓸쓸하게 이때에 들린다	哀笳蕭瑟此時聞

158 죽서루(竹西樓) : 강원도 삼척읍(三陟邑)에 있는 누각이며, 관동팔경(關東八景)의 하나이다.

네 번 거듭 종 자 운을 써서 바다를 읊다

四疊鍾韻 賦海

번개 치는 하늘을 본래 안에 품었고	列缺元包內
땅 구덩이에 물을 쌓아 모았네	坤墟積水鍾
개구리가 우물에서 노는 즐거움 가련하고	蛙憐遊井樂
자라가 산을 공손히 이고 있는 줄을 아노라[159]	鼇識戴山恭
대붕은 부요의 기세 빌리고[160]	鵬藉扶搖勢
용은 변화의 자취 의지했네	龍依變化蹤
양후[161]가 파도로 나라 만들었고	陽侯波作國
하늘 기둥은 뼈로 봉우리 삼았네	天柱骨爲峯
용궁은 천 길 깊이 잠겼고	貝闕淪千仞
구슬 언덕은 만 겹 중첩일세	珠厓疊萬重
빠르기는 달리는 화살 같아 놀랍고	迅驚奔竹箭

159 자라가……아노라 : 동해의 삼신산을 신령한 거북이가 이고 있다는 말이다.

160 대붕(大鵬)은……빌리고 : 대붕이 바다에서 이는 거센 바람 기운을 타고 멀리까지 날아갈 수 있다는 말이다. 《장자(莊子)》 〈소요유(逍遙遊)〉에 "붕새가 회오리바람을 타고 구만 리 상공으로 올라간다.〔摶扶搖而上者, 九萬里.〕"라고 하였는데, 부요(扶搖)는 회오리바람을 뜻한다.

161 양후(陽侯) : 파도를 일으킨다는 물귀신의 이름이다. 《회남홍렬해(淮南鴻烈解)》 권6 〈남명훈(覽冥訓)〉에 "양후는 능양국의 후이다. 그 나라는 물에 가까워 물에 빠져 죽었는데, 그 신이 큰 파도를 일으켜 상해를 입히는 일이 있었다. 그래서 양후의 파도라고 하였다.〔陽侯, 陵陽國侯也. 其國近水, 溺死於水, 其神能爲大波, 有所傷害, 因謂之陽侯之波.〕"라고 하였다.

조용하기는 부용도 딸만 하다 恬擬採芙蓉
눈빛 물결이 여름에 항상 일렁이고 雪浪恒翻夏
얼음덩이는 겨울에도 얼지 않는구나 氷澌未結冬
짠 서리가 물기 머금어 홍건히 내리고 鹽霜資液澇
보배로운 기운 여울 품어 세차게 솟는다 寶氣孕湍洶
넓구나 부질없이 발을 적셨고[162] 曠矣空濡足
멀구나 얼마나 가슴을 확 트이게 해주나 悠哉幾豁胸
집어삼키니 강토를 개척하나 의심되고 幷呑疑拓土
맞부딪치니 칼로 다투는 듯 觸激類爭鋒
굳세게 높이 뛰어오르려 하고 强欲當高躍
험한 곳을 만나 두드리려 하네 偏思遇坎舂
교화는 우공이 전해진 데서 물들었고 化漸傳禹貢
이름은 당요가 봉한 기록의 끝에 있네 號極紀唐封
고작 삼신산을 얻어 들을 뿐인데 只得聞三島
어쩌자고 한 지팡이를 잡았나 何由着一筇
달은 항상 고토를 띄우고[163] 月常浮顧兎

162 부질없이 발을 적셨고 : 진 시황(秦始皇)과 한 무제(漢武帝)의 일을 말한 것으로 보인다. 《세설신어(世說新語)》 〈언어(言語)〉에 "가령 진나라와 한나라의 임금이라면, 분명히 바지를 걷어 올리고 발에 물을 적셨을 것이다.〔若秦漢之君, 必當褰裳濡足.〕"라는 말이 나오는데, 진과 한의 임금은 각각 진 시황과 한 무제를 가리킨다. 《사기(史記)》 권28 〈봉선서(封禪書)〉에 "봉래(蓬萊), 방장(方丈), 영주(瀛洲)의 삼신산에 선인(仙人)과 불사약(不死藥)이 있다는 방술사(方術士)의 말을 듣고 진 시황과 한 무제가 직접 동해(東海)까지 갔다가 돌아왔다."라는 내용이 실려 있다.

163 달은……띄우고 : 달빛이 바다에 비치는 것을 읊은 것이다. 고토(顧兎)는 달 속에 토끼가 산다는 전설에서 전하여 달을 가리킨다. 《초사(楚辭)》에 "달에게는 무슨

조수는 매양 아봉에 응하네[164]	潮每應衙蜂
큰 골짝이 큰 물 펼쳐지니	巨壑開環混
여러 물줄기가 적은 물을 바쳤네	群流效滴淙
돌은 채찍질하는 곳으로부터 붉고[165]	石從鞭處赤
뽕나무는 물 얕은 때에 이르러 무성하네	桑到淺時茸
그 끝을 헤아리기 어려운 줄 아노니	涯涘知難測
천지가 만난 곳에 있겠지	方圓在所逢
진등[166]은 호기를 맘껏 부렸고	陳登任豪氣

덕이 있기에, 죽었다가 곧 살아나는고. 그 속에는 무슨 이로움이 있기에, 돌아보는 토끼가 항상 뱃속에 있는고.〔夜光何德, 死則又育. 厥利維何, 而顧菟在腹.〕"라고 하였다.《楚辭補注 卷3 天問章句 離騷》

164 조수는……응하네 : 밀물과 썰물이 반복됨을 읊은 것이다. 아봉(衙蜂)은 꿀벌들이 매일 아침과 저녁 두 차례씩 모여서 왕봉(王蜂)을 옹위(擁衛)하는 것이 마치 옛날 관리들이 매일 오전과 오후 두 차례씩 아문(衙門)에 출사(出仕)하는 것과 같다고 해서 이른 말이다.

165 돌은……붉고 : 진 시황(秦始皇)의 석교(石橋)에 대한 전설을 인용한 것이다. 진 시황이 동해(東海)에 바윗돌로 징검다리를 놓아 바다를 건너가서 해가 뜨는 곳을 보려고 하자, 신인(神人)이 바위를 바다로 몰고 가면서 채찍질을 하였으므로 바윗돌이 모두 피를 흘리며 붉게 변했다는 이야기가 진(晉)나라 복심(伏深)의《삼제약기(三齊略記)》에 나온다.

166 진등(陳登) : 호기(豪氣)가 높기로 이름났던 삼국 시대 위(魏)나라 사람으로, 자는 원룡(元龍)이다. 그의 사후에 당시 국사(國士)로 이름이 높던 허사(許汜)와 유비(劉備)가 형주 목사(荊州牧使) 유표(劉表)와 함께한 자리에서 천하의 인물을 논하면서 "진원룡은 호해(湖海)의 선비라, 그 호기가 없어지지 않았다."라며 불평하였다. 이에 유표가 무슨 일이 있었느냐고 묻자, 허사가 "지난날 난리를 만나 하비(下邳)를 지나다가 그를 방문하였는데, 손님을 맞는 예(禮)도 갖추지 않고 오랫동안 아무 말도 하지 않은 채, 자신은 큰 침상 위에 올라가 눕고 손님은 침상 아래에 눕게 하였다."라고 대답하였

원랑[167]이 어찌 사람 가운데 으뜸이리오　　袁閬豈人宗
시 쓰기 마치니 재주는 호걸에게 부끄럽고　　綴賦才慙傑
표주박 기울이니 늙은이 게으름 한하네[168]　　傾蠡老恨慵
외로운 뗏목으로 은하를 방문하리니　　孤槎問河漢
너 굽은 반송이 있어야겠다　　須汝屈盤松

다. 이에 유비가 "나 같으면 백 척의 누각 위에 자고 그대를 땅에 재울 것이니, 어찌 침상의 위와 아래의 차이뿐이겠는가."라고 하였다. 《三國志 卷7 魏書 陳登傳》

167 원랑(袁閬) : 동한(東漢) 당고(黨錮) 때의 선비로, 자는 봉고(奉高)이다. 공부(公府)에 부임하라는 명을 자주 사양하였으며, 특별한 지조를 지키지 않았지만 당대에 명성을 날렸던 인물이다. 곽임종(郭林宗)이 젊어서 원랑의 집을 방문하였을 때, 유숙하지 않고 나와 황헌(黃憲)의 집으로 가서 여러 날을 묵었는데, 혹자가 그 점을 궁금하게 여기자 곽임종은 "원랑의 국량은 흐르는 샘물 같으니, 맑아서 떠 마시기는 쉽다. 그러나 황헌은 규모가 대하 장강과 같아서 헤아릴 수가 없다."라고 하였다. 《後漢書 卷53 黃憲列傳》

168 표주박……한하네 : 표주박으로 바닷물을 헤아리려고 하는 것처럼, 이민구가 큰 이치를 알지 못한다고 한탄한 것이다. 유신(庾信)의 〈애강남부(哀江南賦)〉에 "표주박으로 바닷물을 헤아리고, 대롱 구멍으로 하늘을 본다.〔旣傾蠡而酌海, 遂測管而窺天.〕"라고 하였다. 《庾子山集 卷2》

총석 20운에 맞춰 짓다

次叢石二十韻

공무 여가에 남여 타고 나와	官暇籃輿出
이름난 산에 지팡이 짚고 오른다	名臺杖策登
몸에 얽어매는 장애 없으니	身無拘罣礙
발로 험하고 높은 곳 찾아가네	足有踐崚嶒
곧게 서서 천 척도 넘고	直竪過千尺
옆으로 늘어서 백 층이나 된다	平排得百層
자라 비녀[169]에 비단 상투 비껴 묶고	鼇簪橫錦髻
용검[170]으로 이끼 낀 능선 깎아낸 듯	龍劍斸苔稜
가만히 귀신 솜씨 부리도록 허락했더니	默許神功運
온전히 훌륭한 장인의 능력으로 돌려놓았네	全歸巧匠能
깊이 가르는 데는 도끼를 썼고	剖深偏用斧
오밀조밀 깎는 데는 먹줄 친 것 같구나	削妙細加繩
세워진 하표만 사모했더니	只慕霞標建
지주[171] 무너질까 길이 안타깝다	長憐砥柱崩

169 자라 비녀 : 이백(李白)의 시에 "봉래산의 바위가 바로 큰 자라의 비녀임을 알겠도다.〔卽知蓬萊石, 却是巨鼇簪.〕"라고 하였다. 《李太白文集 卷14 送紀秀才遊越》

170 용검 : 보검(寶劍)을 뜻한다. 옛날에 용연(龍淵)과 용천(龍泉)이라는 보검이 있었는데, 이로 인해 보검을 가리켜 용검이라 한다.

171 지주 : 하남(河南) 삼문협(三門峽) 동북쪽 황하 중심에 있는 산 이름이다. 황하의 물결이 아무리 거세게 흘러도 이 산을 무너뜨리지 못하다가, 이 지점에 와서 두

기이함 다툰다면 독단하기 어렵겠고 爭奇難獨擅
수려함 겨룬다면 누가 나으려나 競秀定誰勝
세찬 파도 소리 어지럽게 받고 亂受濤聲激
바다 풍광과 얽혀 맑게 어우러졌네 晴和海色凝
하늘 기우고[172] 옛 공적 남았고 補天餘舊績
표준 세워 이전의 징험 기록했네 立極紀前徵
처음 보니 탄식 자아내고 創覲成吁駭
높은 곳에 있으니 찜통더위 가시네 嵬居散鬱蒸
높게 쌓여 깎아지른 절벽에 서니 高堆當絶岸
반쯤 드러나 언덕을 넘어설 듯하네 半露爲襄陵
외로운 비석엔 신선의 자취 남아 있고 孤碣仙蹤在
그늘진 곳에는 귀신이 의지하네 陰區鬼物憑
풍류를 오래도록 의탁할 만하고 風流終古托
기괴함이 지금도 일컬어지네 瑰詭至今稱
많은 겁란 응당 다 사라지겠지만 浩劫還應竭
험난하고 높아 오를 수가 없네 艱危不可乘

살래로 나뉘어 산을 싸고 흐른다. 흔히 난세에 지조를 지키는 선비의 비유로 쓰인다.

172 하늘 기우고 : 보천(補天)은 돌을 구워 하늘을 메운다는 연석보천(鍊石補天)의 준말로, 불리한 국세(局勢)를 만회하는 것을 가리킨다. 옛날에 공공씨(共工氏)가 전욱(顓頊)과 싸우다가 성이 나서 부주산(不周山)을 머리로 치받자, 하늘 기둥이 부러지면서 하늘은 서북쪽으로 기울고 땅은 동남쪽으로 꺼졌는데, 이에 여와씨(女媧氏)가 "오색의 돌을 구워서 터진 하늘을 메우고, 자라의 다리를 잘라서 땅의 사방 기둥을 받쳐 세웠다.〔鍊五色石以補蒼天, 斷鼇足以立四極.〕"라는 전설에 기인한 것이다. 《淮南鴻烈解 卷6 覽冥訓》

유람 많이 하다 보니 수확기 다가오고　遊多年事逼
저물녘까지 감상하노라니 햇살 맑구나　賞晚日華澄
적벽 따라서 배 띄우니　赤壁舟仍泛
청운의 기운 이미 능가했구나　青雲氣已凌
새 글은 나란히 겨루는 게 부끄럽지만　新編慙竝駕
지난번 황홀하게 함께 오름 만났도다　曩遇怳同升
부질없이 밤새도록 꿈꾸면서　夢想虛通昔
오르기를 몇 번이나 생각했던가　躋攀幾憶曾
봄 물결에 닻줄을 이끌고　春波牽笮纜
다시 등나무 덩굴에 매어 볼까나　重擬繫巖藤

대관령에서

大關嶺

뭇 산들이 만 겹으로 까마득히 둘렀고	群山萬疊莽相圍
고개 위[173] 하늘 문 통하는 작은 외길 나 있네	箭栝天門一路微
골짜기 아래 깊은 샘에서 은은한 소리 들려오고	谷底幽泉饒暗響
숲 머리 찬 햇살은 광채도 적구나	樹頭寒日少光輝
넋은 기러기 따라 넘기 어려울 듯한데	魂隨旅雁初難度
몸과 뜬 구름이 잠시 의지했네	身與浮雲只暫依
으슥한 앞 숲에서 화각 불어대며	窅窅前林吹畫角
두 깃발[174]이 나를 인도해 서쪽으로 간다	雙旌引我向西歸

173 고개 위 : 전괄(箭栝)은 본래 화살의 시위를 거는 곳이나, 여기서는 대관령의 정상을 가리키는 말이다. 《섬서통지(陝西通志)》 권10 〈기산현(岐山縣)〉 기사에 "기산현에 기산이 있는데, 그 산은 두 갈래로 되어 있어, 세속에서 전괄령이라고 부른다.〔岐山縣有岐山, 其山兩岐, 俗呼爲箭栝嶺.〕"라는 말이 있다. 이것으로 보아 두 산줄기가 모아져서 마치 화살의 시위 거는 부분처럼 생긴 것을 전괄로 표현한 것이다.

174 두 깃발 : 감사(監司)가 가지고 가는 한 쌍의 깃발로, 당나라 때 절도사(節度使)에게 쌍정(雙旌)과 쌍절(雙節)을 지급하여 정(旌)으로 포상하고 절(節)로 처벌하게 했던 데서 유래한다.

오대산 월정사[175]에서

五臺山月精寺

천년 고찰 월정사	千年月精寺
물은 한강의 근원이라지	水號漢江源
나그네가 흰 구름과 함께 이르니	客與白雲到
승려가 와서 맑은 밤에 담소하네	僧來淸夜言
탑의 광채 창문에 어른대고	塔光搖戶牖
풍경 소리 마음을 일깨운다	鈴語警心魂
내일 호계 건너면[176]	明日虎溪渡
이 고독원[177] 잊지 못하리	依依孤獨園

175 월정사(月精寺) : 강원도 평창군 진부면 오대산에 있는 명찰로, 643년(선덕여왕 12)에 자장율사(慈藏律師)가 창건하였다. 월정사에는 《조선왕조실록》 등 귀중한 사서(史書)를 보관하던 오대산 사고(史庫)가 있었다.

176 호계(虎溪) 건너면 : 절을 떠난다는 말이다. 호계는 여산(廬山) 동림사(東林寺) 앞에 있는 개울 이름이다. 진(晉)나라 고승 혜원(慧遠)이 손님을 전송할 때 호계를 절대로 건너지 않았는데, 도잠(陶潛)과 육수정(陸修靜, 406~477)을 배웅할 때에는 서로들 뜻이 맞아 무심코 호계를 건넜으므로, 세 사람이 크게 웃었다는 호계삼소(虎溪三笑)의 고사가 전한다. 《山堂肆考 卷24 虎號》

177 고독원(孤獨園) : 기수급고독원(祇樹給孤獨園)의 준말로 사원의 별칭이다. 옛날 인도의 기타태자(祇陀太子) 소유의 원림(園林)을 급고독(給孤獨) 장자가 구입하여 정사를 세운 다음 석가에게 기증한 승원(僧院)으로, 기원(祇園) 혹은 기환(祇桓)이라고도 한다. 여기서는 월정사를 말한다.

사고에서
史庫

훌륭한 사관들 서로 이백 년 전하여　良史相傳二百年
한 시대의 치란이 청사에 기록되었네　一時治亂在青編
예전에 미천한 신하 큰 붓 잡아　微臣舊秉如椽筆
명산의 석실 앞에 성의 다하였지[178]　意盡名山石室前

전해에 여고, 천장, 덕여[179]와 함께 《광해군일기》를 감수하여 여기에 봉안하였기 때문에 말한 것이다.

178 예전에……다하였지 : 이민구가 《광해군일기》를 감수했던 사실을 말한 것이다. 연필(椽筆)은 서까래와 같이 큰 붓이란 말로, 뛰어난 문장이나 중요한 저술을 뜻하는 말이다. 동진(東晉)의 왕순(王珣)이 재학(才學)과 문장으로 효무제(孝武帝)의 총애를 받아 상서성(尙書省)의 고위직에 있었다. 어느 날 꿈속에서 어떤 사람이 서까래처럼 큰 붓을 주었는데, 꿈을 깬 왕순이 옆 사람에게 "이는 필시 큰 문장을 지을 일이 있을 징조이다."라고 하였다. 얼마 뒤에 효무제가 죽었는데, 효무제의 애책(哀冊)과 시의(謚議)를 왕순이 모두 맡아 지었다. 《晉書 卷65 王珣列傳》

179 여고(汝固), 천장(天章), 덕여(德餘) : 여고는 택당(澤堂) 이식(李植, 1584~1647)의 자(字), 천장은 월사(月沙) 이정귀(李廷龜)의 아들 백주(白洲) 이명한(李明漢, 1595~1645)의 자, 덕여는 반금(伴琴) 이경탁(李慶倬, 1572~?)의 자이다.

상원사에서

上院寺

세조대왕과 정희왕후가 이 절에 묵었었는데[180] 옛 자취가 지금도 남아 있다.

하늘의 해와 달 중대[181]에 가까운데	諸天日月近中臺
청량한 곳에 절간 지어 열었구나	地位淸涼棟宇開
지금은 스님의 불사 이야기 황홀하니	佛事僧談今恍惚
예전 임금 행차하여 노닐며 배회하였지	天遊仙蹕昔徘徊
용화 모임[182] 흩어지고 산문은 오래되었는데	龍華會散山門古
상법 시대[183] 법 사라지고 불경[184]마저 꺾였네	象法經亡海藏摧

180 세조대왕(世祖大王)과……묵었었는데 : 주필(駐蹕)은 임금이 거둥하는 중간에 어가(御駕)를 멈추고 머무르거나 묵는 것을 말한다. 세조가 1462년(세조8)과 1466년에 상원사에 거둥한 사실이 있다.《世祖實錄 8年 11月 5日・12年 閏3月 17日》

181 중대(中臺) : 오대산은 태백산맥 중 대관령 북쪽에서 차령산맥으로 분기하는 곳에 우뚝 솟은 산이다. 주봉인 비로봉을 중심으로 호령봉(虎嶺峰), 상왕봉(象王峰), 두로봉(頭老峰), 동대산(東臺山) 등의 고봉들이 있다. 가운데 있는 중대(中臺)를 복판으로 하여 북대, 남대, 동대, 서대가 오목하게 원을 그리고 있는데, 다섯 개의 연꽃잎에 싸인 연심(蓮心) 같은 산세라 하여 오대산으로 부른다. 원래 오대산은 중국 산시성(山西省) 청량산의 다른 이름으로, 신라의 자장율사가 당나라에 유학할 때 공부했던 곳이다. 그가 귀국하여 전국을 순례하던 중 백두대간의 한가운데에 있는 이 산의 형세를 보고 중국 오대산과 흡사하다 해서 그렇게 불렀다고 전해진다.

182 용화 모임 : 용화회(龍華會)는 불교에서 미륵보살이 성불(成佛)한 뒤에 중생을 제도(濟度)하는 법회를 말한다. 미륵보살이 56억 7천만 년 후에 용화수 아래서 성불하고, 화림원(華林園)에 모인 대중에게 경을 설하였다고 한다.

183 상법(象法) 시대 : 불교의 말세관으로 상법의 시대는 부처의 가르침은 사라지고, 절이나 부도탑 건립과도 같은 불사만이 중흥한다는 시기이다. 석가 입멸 후 500년을

시냇가 대나무 숲에 오솔길 남아 있어　　溪畔脩篁餘細路
매년 궁중 사신들이 향불 올리고 돌아가네　　每年宮使薦香回

정법(正法)의 시대, 그 다음 1,000년을 상법의 시대, 그리고 다시 그 뒤의 1만 년을 말법(末法)의 시대로 구분한다. 그리고 정법의 시대는 정법견고(正法堅固), 상법의 시대는 조탑견고(造塔堅固), 말법의 시대에는 투쟁견고(鬪爭堅固)의 특징이 나타난다는 것이다.

184 불경(佛經) : 해장(海藏)은 큰 바다의 용궁에 있다는 보물로서 불경을 말한다. 불교의 전설에 의하면 대장경(大藏經)이 바다 속 용궁 안에 보관되어 있다가 세상에 모습을 드러냈다고 한다.

우통수

于筒水

우통수는 서대 백련암 동북쪽 백보 지점에 있다. 돌을 쪼아 우물을 만들었는데 등나무 덩굴이 덮어 가려서 산승 중에도 아는 자가 드물었다. 백련암 동쪽에 샘이 있어 또한 우통수라고 부르는데 진짜가 아니다.

한 줄기 찬 샘물 마시니 입안에 향기 돌고	一脈寒泉醮齒香
해맑은 돌우물에 하늘빛 어른댄다	虛明石甃澹天光
어여쁘다 도랑물이 조종의 뜻 사라지지 않아	憐渠不盡朝宗意
밤낮 서쪽으로 흘러 한양을 감싸네[185]	日夜西流繞漢陽

185 도랑물이……감싸네 : 우통수 물이 한강으로 흘러가는 것을 말한 것이다. 조종(朝宗)은 제후와 백관이 제왕에게 조회하는 것을 말하는데, 보통 온갖 물줄기가 바다로 흐르는 것을 표현하는 말로 쓰인다. 《서경》 〈우공(禹貢)〉에 "강한이 바다로 흘러간다.〔江漢朝宗于海〕"라는 말이 있다.

우통수를 길어서 차를 끓였다. 옆에 있던 소사가 "이 물을 마시면 총명해진다."라고 하기에 웃으며 시를 쓰다

取于筒水煎茶 傍有小史曰 飮此令人聰明 笑而書之

성스런 물이 인성을 바꿔서	聖水移人性
탁한 성품을 맑게 한다네	能令濁者淸
찻잔 내려놓고 마시고 싶지 않으니	停甌不欲飮
나는 본래 총명함 싫어서지	我自厭聰明

태화굴에서

太和窟

굴속에 신령한 자취가 매우 많다. 다만 어둡고 음침하여 기를 손상하니 깊이 들어가는 것은 마땅하지 않다

태곳적부터 입 벌리고 있어	呛呀自太古
음침한 동굴 저승과도 같네	陰洞合幽冥
물은 어두운 안개 띠어 검고	水帶昏霏黑
바위는 독한 안개 머물러 파랗구나	巖留毒霧靑
천년 묵은 흰 박쥐	千年白蝙蝠
몇 번이나 거위 깃 모양의 흰 석종유 먹었나[186]	幾乳素鵝翎
비록 선약 많다지만	縱說饒仙藥
끝내 성령 손상될까 걱정일세	終憂損性靈

186 천년……먹었나 : 편복(蝙蝠)은 박쥐로 익수류(翼手類)의 관박쥐과, 귀박쥐과, 박쥐과 등에 속하는 짐승의 총칭이다. 박쥐는 복익(伏翼), 비서(飛鼠), 선서(仙鼠), 천서(天鼠) 등이 있다. 천서는 동굴 속 박쥐이다. 《동의보감(東醫寶鑑)》에 "천서는 종유석 동굴에 살며 석종유의 정미한 즙을 마시고, 크기가 비둘기나 까치만 하며 수명이 천년에 이른다."라고 하였다. 동굴 속 박쥐는 석종유의 정기를 빨아먹으며 천년을 산다고 하여, 선가(仙家)에서는 육지(肉芝)라 부르며 장생불사의 묘약으로 여겼다. 아령(鵝翎)은 거위 깃 모양의 석종유를 말한다. 거위 깃 모양의 석종유가 가장 약효가 좋다고 한다.

주천에서 신기재의 시[187]에 맞춰 짓다

酒泉 次申企齋韻

동쪽으로 와서 초승달 몇 번 보았나	東來幾見月初生
날마다 말머리에 구름 낀 숲 맞이하네	日日雲林馬首迎
치악에서 일찍이 머물렀던 곳 찾다가	雉嶽却尋曾駐處
주천에서 예전에 들었던 명성 징험하네	酒泉先驗舊聞名
공산에 낙엽 지는 소리 끊임없이 들리고	空山落木無停響
긴긴 밤 차가운 강물 저절로 소리 내네	永夜寒江不攻聲
베개에 기댄 채 오경에도 잠 못 이루는데	欹枕五更無夢寐
빈 누각에 새벽바람 불어 종이창 울린다	曉風虛閣紙窓鳴

187 신기재(申企齋)의 시 : 기재는 신광한(申光漢, 1484~1555)으로, 자는 한지(漢之), 호는 기재·낙봉(駱峰)·석선재(石仙齋)·청성동주(靑城洞主)이다. 이민구가 차운한 신광한의 시는 《창주유고(滄洲遺稿)》 권5 〈주천청허루차신기재운(酒泉淸虛樓次申企齋韻)〉의 소서(小序)에 기록되어 있다.

경기 관찰사 정백창[188] 만사

鄭圻伯百昌挽詞

실의에 빠진 나를 누가 가엾다 할까 　落拓誰憐我
맑고 아름다움 그대만한 이 드물었지 　淸韶少似君
서로 천고의 업적 기약하였으니 　相期千古業
만인의 무리에서 홀로 빼어났지 　獨秀萬人群
임금 곁에서는 은혜 듬뿍 입었고 　近侍恩私被
경기의 정치와 교화는 소문 자자했네 　邦畿政化聞
어쩌면 황천에서도 　豈應泉壤裏
도리어 문덕을 닦지 못함이 있어서인가[189] 　還有未脩文

2

일찍이 대대로 집안끼리 교분 맺어 　世好通家早
어려서부터 벗으로 사귀었지[190] 　交期弱歲初

188 정백창(鄭百昌) : 1588～1635. 본관은 진주(晉州), 자는 덕여(德餘), 호는 현곡(玄谷)이다. 인조의 장인 한준겸(韓浚謙)의 사위로 폐모론(廢母論)이 일어나자 현재의 양주인 양근(楊根) 대탄(大灘) 가에 물러나 살면서 임숙영(任叔英), 이식(李植) 등과 교유하였다. 좌부승지와 부제학을 거쳐 도승지를 지내고, 1634년(인조12)에 경기 관찰사에 부임하여 1635년 8월 22일 재직 중에 병으로 죽었다. 《東州集 文集 卷10 京畿觀察使玄谷鄭公墓碣銘 并序》

189 어쩌면……있어서인가 : 저승에도 문덕이 닦여지지 않아, 정백창의 솜씨를 빌리기 위해 그를 데리고 간 것이 아니겠느냐는 말이다.

190 일찍이……사귀었지 : 세호(世好)는 세교(世交)와 같은 말로, 집안 간에 대대로

주막에서 일찍이 모임 맺어 酒壚曾結社
문단에서 매번 옷깃 나란히 하였지[191] 文苑每聯裾
추정의 대화 끊어졌고[192] 蕪絶趨庭對
대궐 지나는 수레 처량하게 되었네[193] 悽涼過闕車
그대 가문 충효의 업적이 君家忠孝業
이리 되었으니 어찌 하려는가 到此欲何如

교분을 맺는 것을 말한다. 통가(通家)는 대대로 사귀어 온 정분이 깊은 집안 또는 인척(姻戚)을 말한다. 정백창의 아버지 정효성(鄭孝成)과 이민구의 아버지 이수광(李睟光)이 매우 친분이 두터운 사이였으므로 정백창과 이민구는 어려서부터 친하게 지냈다.

191 문단에서……하였지 : 정백창과 이민구는 어려서부터 친분이 두터웠을 뿐 아니라, 1623년(인조1)에는 사가독서(賜暇讀書)를 함께 하였다.

192 추정(趨庭)의 대화 끊어졌고 : 정백창이 아버지보다 먼저 세상을 떠났다는 말이다. 추정은 아들이 어버이에게 가르침을 받는 것을 말한다. 공자가 홀로 뜰에 서 있을 때, 아들 백어(伯魚)가 종종걸음으로 뜰을 지나가자, 공자가 그를 불러 세우고 시(詩)와 예(禮)를 배우도록 가르쳤던 고사에서 유래하였다. 《論語 季氏》

193 대궐……되었네 : 정백창이 운명함으로 인해서 조정에 나가지 못하게 되었다는 말이다. 과궐거(過闕車)는 대궐을 지나는 수레라는 말로, 《소학(小學)》 〈계고(稽古)〉에 "영공이 부인과 함께 밤에 앉아 있다가 들으니, 덜커덩거리는 수레바퀴 소리가 대궐에 이르러 그쳤다가 대궐을 지나자 다시 소리가 났다.……충신과 효사는 밝다고 해서 절의를 드러내려고 하지 않으며, 어둡다고 해서 행실을 태만하게 하지 않습니다. 거백옥은 위나라의 어진 대부입니다. 어질고 지혜로워 윗사람을 섬기는 데 공손하니, 이 사람은 어둡다고 해서 예를 폐하지 않습니다.〔靈公與夫人夜坐, 聞車聲轔轔, 至闕而止, 過闕復有聲.……夫忠臣與孝子, 不爲昭昭信節, 不爲冥冥惰行. 蘧伯玉, 衛之賢大夫也. 仁而有智, 敬於事上, 此其人必不以闇昧廢禮.〕"라는 말이 있다. 이 내용을 인용해서 정백창이 거백옥과 같이 어질고 지혜로운 사람인데, 이제 운명하게 되어 그 수레만 처량하게 되었다고 읊은 것이다.

3

일부러 강가에서 술 마시니	故作臨河飮
헤어질 때처럼 마음 아프네	同傷判袂時
일 년도 오히려 오랜 이별인데	一年猶闊別
하물며 천고토록 긴긴 헤어짐에랴	千古況長辭
치악에서 맑은 가을날 곡하니	雉嶽淸秋哭
섬강[194]의 지는 해 슬프기만 하여라	蟾江落日悲
청산의 삽 메고[195] 다니던 곳에	靑山荷鍤處
옥 묻으니[196] 모두가 의심스럽구나	埋玉摠堪疑

4

청평사[197]에서 부음을 들었다. 그래서 작품 안에서 말하였다

194 섬강(蟾江) : 강원도 횡성군 둔내면과 평창군 봉평면의 경계에 있으며, 태기산(泰岐山)에서 발원하여 원주시를 지나 남한강으로 흘러드는 강이다.

195 삽 메고 : 진(晉)나라 죽림칠현의 한 사람으로 〈주덕송(酒德頌)〉을 지은 유령(劉伶)이 늘 녹거(鹿車)를 타고 술병을 지니고 다녔는데, 그때마다 사람으로 하여금 삽을 메고 따르게 하고는 자신이 죽으면 그 자리에 자신을 묻으라고 한 고사가 있다. 《晉書 卷49 劉伶列傳》

196 옥 묻으니 : 매옥(埋玉)은 옥수(玉樹), 즉 재주가 있는 사람을 묻는다는 뜻이다. 진(晉)나라 유량(庾亮)이 땅에 묻힐 즈음에 하충(何充)이 "옥수를 땅속에 묻으니, 사람의 슬픈 정을 어찌 억제할 수 있으리오.〔埋玉樹著土中, 使人情何能已.〕"라고 한 데서 유래하였다. 《晉書 卷73 庾亮列傳》

197 청평사(淸平寺) : 강원도 춘천시 북산면 청평리 오봉산(五峰山)에 있는 신흥사(神興寺)의 말사(末寺)이다. 973년(광종24)에 영현 선사(永玄禪師)가 창건하고 백암선원(白岩禪院)이라 하였으나, 그 뒤 폐사되었다. 1068년(문종22)에 이의(李顗)가 중건하고 보현원(普賢院)이라 하였다. 1089년(선종6)에 이의의 아들 이자현(李資玄)이

낙엽 지는 고려조의 절에서	落木前朝寺
옷깃 적시며 종일 우노라	霑衣盡日呼
죽음이 우리에게 이르다니	凋零還我輩
생사가 모두 순간의 일일세	存沒摠須臾
세상만사 끝내 무엇이 있으랴	萬事終何有
남은 생이 문득 없는 것 같네	餘生忽若無
산천이 더없이 깨끗한 이 곳	溪山淸絶地
보이는 것마다 온통 곤궁한 길뿐이네	滿眼盡窮途

이곳으로 내려와 은거하자, 도적이 없어지고 호랑이와 이리가 사라졌다고 하여, 산 이름을 청평(淸平)이라 하고 사찰 이름을 문수원(文殊院)이라 하였다. 1555년(명종 10)에 보우(普雨)가 청평사로 개칭하였다.

감사 정세구[198]를 곡하다
哭鄭監司世矩

내가 정대방을 곡하고 나서, 옆에 있는 사람으로 하여금 붓을 들어 장구 한 편을 빠르게 받아 적게 하고, 그 집 사람들로 하여금 궤연에 아뢰게 하였다. 어찌 돌아가신 분이 알랴만 진실로 나의 슬픔을 펼 따름이다.

영원성에 석 자나 눈 쌓였는데	鴒原城中三尺雪
서쪽으로 산과 강 바라보니 눈물 고이네	西望關河眼有血
큰 종과 큰 제기로 조정에 기여할 자질인데[199]	淸鏞大敦廊廟姿
천년의 도량과 덕업 하루아침에 끝났어라	千秋器業一朝畢
호남에서 상서 장례 통보하는데 김기종[200]	湖壖已報尙書葬
경기에서 관찰사 부고 들리네 정백창[201]	圻輔還聞節使喪

198 정세구(鄭世矩) : 1585～1635. 본관은 동래(東萊), 자는 대방(大方), 호는 지가(之家)이다. 1635년(인조13) 전라 감사로 있다가 전주 부윤으로 전직된 뒤 죽었다.

199 큰……자질인데 : 나라에 큰일을 할 수 있는 훌륭한 인물이었다는 말이다. 청용(淸鏞)은 큰 종, 대돈(大敦)은 큰 제기(祭器)로, 모두 그 사람의 그릇이 큼을 나타낸다. 낭묘(廊廟)는 조정의 정사를 논의하는 건물로 조선 시대에는 의정부(議政府)를 가리키며, 묘당(廟堂)이라고도 한다.

200 김기종(金起宗) : 1585～1635. 본관은 강릉, 자는 중윤(仲胤), 호는 청하(聽荷), 시호는 충정(忠定)이다. 이괄(李适)의 난 때, 도원수 장만(張晩)의 종사관으로 종군하여 공을 세웠다.

201 정백창(鄭百昌) : 1588～1635. 본관은 진주(晉州), 자는 덕여(德餘), 호는 현곡

그대도 따라 구천으로 가시니　子又相隨入泉壤
늘그막에 위태한 길 가까이 말아야지[202]　晩歲危途不可傍
아아 장사가 경세제민의 뜻 품었다가　嗚呼壯士抱經濟
주즙 되어 죽으니 가슴 아프구나[203]　舟楫始具傷淪替
세밑 산택에 용과 범 사라지고　山澤窮陰龍虎亡
한겨울 삭풍에 하늘과 땅 닫혔네　玄冬朔風天地閉
아아 조물주는 너무도 이랬다저랬다 하니　嗟哉造物太顚劇
여탈은수 망망하여 알기 어렵구나[204]　予奪恩讎莽難測
혈혈단신 그대 아이 도와주는 이 드물고　汝兒孤孑鮮扶携
백발의 그대 형님 눈물로 가슴 적시네　汝兄白髮淚垂臆
나는 이제 객지 생활 지겹고 노병까지 겹쳐　我今倦遊衰病至
매양 돌아가 그대와 함께 취하려 했지　每擬歸家共君醉
천지 사이에서 아득히 이룬 것도 없이　乾坤錯莫無所成
깊은 밤 찬 등불이 심사를 비추네　夜久寒燈照心事

(玄谷)이다. 334쪽 각주188 참조.

202 늘그막에……말아야지 : 만년에 관직에 나가지 말아야 한다는 말이다. 현재 이민구가 애도하고 있는 이들이 모두 관직에 있다가 사망하였으므로 이렇게 읊은 것이다.

203 장사가……아프구나 : 나라에 중요한 일을 담당할 만한 위치에 올라 죽은 것을 애도한 것이다. 주즙(舟楫)은 배와 노라는 의미로, 임금의 정치를 도와주는 신하를 비유하는 말이다. 《서경》 〈열명 상(說命上)〉에 "큰 냇물을 건널 때는 너로써 주즙을 삼겠다.〔若濟巨川, 用汝作舟楫.〕"라고 하였다.

204 조물주는……어렵구나 : 조물주가 주관하는 사람의 운명을 알기 어렵다는 말이다. 여탈은수(予奪恩讎)는 생명을 주고 앗아가는 것과 은혜를 베풀거나 재앙을 내린다는 말로, 조물주가 부여하는 사람의 운명을 요약한 말이다.

신선을 생각하는 노래

思仙謠

내 생각에 신선은 푸른 바다의 산에 있어	我思仙人乃在碧海之山
파도 소리 아스라이 들리고 연무 한가하련만	波濤縹緲煙霧閑
동으로 천리를 가도 만날 수 없고	東行千里無所遇
서쪽으로 밝은 해 바라보지만 언제 돌아오나	西望白日何當還
불로초는 싹이 없어 영물 감춰지니	大藥無苗靈物祕
흰 귀밑털이 붉은 얼굴 시들게 하네[205]	坐令雪鬢凋朱顏
다만 이제 방장산 옛날 놀던 곳에	只今方丈舊遊處
밤마다 부질없이 운환[206]을 꿈꾸네	夜夜夢想空雲鬟
푸른 일산 무지개 깃발[207]에 육룡을 몰고	翠蓋霓旌六龍駕
홀연히 지나가니 붙잡을 수 없어라	忽然過去不可攀
우레와 번개처럼 빠르게 십주를 지나며	奔雷騰電過十洲
홀로 천지의 빗장을 희롱하네	獨自竊弄天地關

205 불로초는……하네 : 불로초를 구할 길이 없어 늙는다는 말이다. 대약(大藥)은 본래 도교에서 말하는 단약(丹藥)인데, 여기서는 싹〔苗〕을 감안하여 불로초로 풀이하였다.

206 운환(雲鬟) : 구름 같은 쪽머리라는 뜻으로 미인을 비유하는 말인데, 여기서는 선녀의 모습을 형용하였다.

207 푸른……깃발 : 취개(翠蓋)는 푸른 일산이란 의미로, 귀한 사람의 행차에 사용되며, 예정(霓旌)은 무지개 깃발이란 뜻으로, 신선의 기치(旗幟)를 가리킨다. 모두 선인(仙人)의 행차를 형용하는 말이다.

옥황상제의 옛 아전 속세에 있으니 玉皇故吏在塵土
답답하게 세인 사이에 묻혀 있다오 抑塞沈埋世人間
인간 세상 향기로운 꽃 피는 봄 왔으니 人間芳草一春來
해상의 반도 꽃[208] 몇 번이나 필까 海上蟠桃幾度開
칙서로 세성을 불러 자부에서 놀라 하니[209] 勑召歲星游紫府
난봉 타고 곧장 봉래에 오르자꾸나 徑騎鸞鳳上蓬萊

208 해상의 반도 꽃 : 해상반도(海上蟠桃)는 동해의 선경(仙境)에 있다는 복숭아나무이다. 《논형(論衡)》 권22 〈정귀편(訂鬼篇)〉에 "《산해경》에 말하기를 '푸른 바다에 도삭이라는 산이 있는데, 이 산에는 커다란 복숭아나무 있어 그 가지가 3천 리에 걸쳐 있다.' 하였다.〔山海經又曰, 滄海之中, 有度朔之山, 上有大桃木, 其屈蟠三千里.〕"라는 기록이 있다. 또 반도는 서왕모(西王母)가 심은 복숭아이다. 한 무제(漢武帝)가 서왕모(西王母)가 준 복숭아를 먹고 그 씨를 심으려고 하자, 서왕모가 웃으면서 "그 복숭아는 삼천 년에 한 번 열매를 맺는다.〔此桃三千年一生實〕"라고 말했다는 전설이 있다. 《博物志 卷8》

209 칙서로……하니 : 하늘이 세성(歲星)을 통해 자부에서 놀아도 좋다는 허가를 내렸다는 의미이다. 세성은 목성(木星)으로 황도 위를 약 12년 주기로 이동하기 때문에, 고대 중국에서는 이 공전궤도를 12등분하여, 세성의 위치에 따라 해〔年〕의 이름을 정하였다. 이를 세성기년법(歲星紀年法)이라 하며, 세성은 천체 현상을 통해 운명을 결정하는 매우 중요한 별로 여겨졌다. 자부(紫府)는 천상에 있는 신선이 사는 곳이다. 갈홍(葛洪)이 "하늘 위에 이르러서는 먼저 자부를 지나가게 되었는데, 금 침대와 옥 책상이 으리으리하고 번쩍번쩍한 것이 정말 진귀한 곳이었다.〔及到天上, 先過紫府, 金牀玉几, 晃晃昱昱, 眞貴處也.〕"라고 하였다. 《抱朴子內外篇 內篇 卷4 祛惑 第20》

여관에서 육언으로 짓다
旅館 六言

아련하다 먼 숲의 외로운 마을	依依遠樹孤村
아득하다 찬 연기 속에 한 마리 새 날아간다	渺渺寒煙獨鳥
산 너머 세 길 높이의 해 희미하고[210]	山外三竿日微
하늘가에 한 점 별 작구나	天邊一點星小
끊어졌다 이어졌다 인가에 다듬이 소리 울리는데	斷續人家杵鳴
쓸쓸한 객사에 문 닫혔네	蕭條客舍門掩
갈대 머금은[211] 기러기 한 무리 날아가고	銜蘆旅雁一群
숲 맴도는 까마귀 몇 마리인가	繞樹寒鴉幾點
고목은 바람 없어도 절로 쓰러지고	老樹無風自隕
시든 푸성귀는 비 맞아 생기 도네	寒蔬得雨還生
늘그막에 이처럼 서글픈 신세 되었으니	年華致是哀境

210 산……희미하고 : 해가 기우는 모습을 읊은 것이다. 삼간(三竿)은 바지랑대 세 개를 의미한다. 소식(蘇軾)의 〈과해득자유서(過海得子由書)〉에 "문 밖에는 삼간 높이 솟은 해, 강관에는 한 잎에 드는 가을.〔門外三竿日, 江關一葉秋.〕"라고 하였다.

211 갈대 머금은 : 함로(銜蘆)는 입에 긴 갈대를 물었다는 말이다. 기러기는 그물이나 주살을 피하기 위해 본능적으로 그런 행동을 취한다고 하는데 "기러기는 갈대를 물어 그물을 막고, 소는 진을 쳐서 호랑이를 물리친다.〔雁銜蘆而捍網, 牛結陣以却虎.〕"라는 기록이 있다. 《廣博物志 卷44 鳥獸1》

만물의 모습 그대로 세상인심 같구나	物態依然世情

지는 해는 흐르는 물처럼 더 빨라지고	落日河流轉疾
찬 구름은 고갯마루 나무에 더욱 많구나	寒雲嶺樹逾多
아득한 들 나루에 사람들 건너가고	茫茫野渡人去
차츰 초가집 처마 사이로 새들 날아온다	稍稍茅簷鳥過

숲 까마귀 굶주려 울고	林烏只欲啼飢
변방 기러기 추워 우는데	塞雁唯知叫寒
나는 작은 장막에서 술잔 기울이며	我自深杯斗帳
어이해 짧은 읊음과 긴 탄식 하는가	胡爲短詠長歎

방울방울 빈 처마에 빗소리 울리고	滴滴虛簷雨響
가물가물 겹장막에 등불 빛난다	微微複帳燈光
비록 오늘밤 술 마시는 즐거움 넉넉해도	縱饒酒樂今夜
실로 고향에서의 기쁨만 못하구나	實少歡娛故鄉

병 뒤에

病後

병든 몸뚱이 억지로 지탱하며　病後筋骸强自持
작은 창 아래 궤안에 기대 있는 때 많네　小窓憑几獨多時
서리 맞은 국화 쓸쓸히 남아 있고　經霜菊蕊蕭蕭在
비 지난 뒤 이끼가 더부룩이 자랐어라　過雨苔紋冉冉滋
해 지는 시골에 사람 보이지 않으니　日下鄕關人不見
강 사이 구름 비친 물에 기러기 함께 슬퍼하네　江間雲水雁同悲
연래 객지에서 일거리 보탰으니　年來客裏添功課
천 수의 새 시 짓느라 양 귀밑털 세었구나　千首新詩兩鬢絲

목백[212]의 운자에 맞춰 짓다

次牧伯韻

세밀의 관동 유람 갈수록 흥 식어　歲暮東遊轉陸沈
쓸쓸히 월인의 신음 소리만 내고 있다[213]　蕭條唯作越人吟
높은 하늘 병든 기러기는 오래도록 깃 꺾였고　高空病雁長摧翮
긴긴 밤 추운 닭은 우는 소리 그치지 않네　永夜寒鷄不輟音
도성의 풍운을 그리는 천리 밖 눈이요[214]　日下風雲千里眼
하늘가 등불 아래 시름하는 오경의 마음일세　天涯燈火五更心
누가 알았으랴 사부 지으며 오래 머문 곳　誰知詞賦淹留地

212 목백(牧伯) : 이중길(李重吉, 1578～?)을 가리키는 것으로 보인다. 253쪽 각주 31 참조.

213 세밑의……있다 : 세밑에 관동 유람의 흥취는 사라지고 쓸쓸히 고향만 그리워한다는 말이다. 육침(陸沈)은 본래 육지에 물이 없는데도 빠졌다는 말로, 은거(隱居)를 비유하는 말이다. 여기서는 흥취가 가라앉아 사라진 것으로 풀이하였다. 월인음(越人吟)은 월나라 사람의 신음 소리라는 말로, 고국을 잊지 못해 앓는 소리도 고국어로 낸다는 말이다. 월(越)나라 사람 장석(莊舃)이 초(楚)나라에서 벼슬하여 현달(顯達)하였는데 병이 나서 누워 있게 되자, 초왕(楚王)이 "장석은 예전에 월나라에서 미천한 사람이었는데, 지금 초나라에서 높은 벼슬을 하고 부귀하니, 월나라를 생각하지 않겠지.〔舃故越之鄙細人也, 今仕楚執珪貴富矣, 亦思越否.〕"라며 사람을 시켜 살펴보게 하였더니 여전히 월나라 소리로 앓고 있었다 한다. 《史記 卷70 張儀列傳》

214 도성의……눈이요 : 도성으로 돌아가 임금을 가까이에서 모시고 싶다는 말이다. 일하(日下) 는 임금〔日〕의 아래라는 말로 도성을 의미한다. 풍운(風雲)은 《주역》 〈건괘(乾卦)〉의 "구름은 용을 따르고 바람은 범을 따른다.〔雲從龍, 風從虎.〕"라는 말에서 나온 것으로, 명군과 충신이 만남을 말한다.

산비탈 계수나무 숲에 흥취 있는 줄을[215] 興在山阿桂樹林

울 밑의 맑은 눈 밤에 밝게 빛나는데 籬根晴雪夜深明
관문에 천경하는 병사[216] 보기 부끄럽구나 慙愧關門卒踐更
선달 혹한에 센 귀밑머리 마음 아프고 臘月嚴寒傷鬢髮
흐르는 세월에 병 많아 지난 삶 돌아보네 流年多病感平生
하늘가 도로에 몸은 나가기 어렵고 天邊道路身難去
강가 풍파에 꿈 절로 놀라 깬다 江上風波夢自驚
막부의 아름다운 손님 재주와 흥취 넉넉하니 幕府佳賓才興足
때때로 서로 이끌어 술잔 돌리네 時時相引試奔觥

215 누가……줄을 : 목백(牧伯)의 원시(原詩)에 있었던 내용을 말한 것으로, 목백이 초야에서 은자적 삶을 지향하고 있는 줄을 몰랐다는 말이다. 계수림(桂樹林)은 계수나무 숲이라는 말인데, 회남왕(淮南王)의 문객 소산(小山)이 지은 〈초은사(招隱士)〉에 "계수나무 가지를 잡고 하릴없이 머무네.〔攀援桂枝兮聊淹留〕"라고 한 데서 유래하여 은자가 사는 곳을 의미하게 되었다. 《楚辭章句 권12 招隱士》

216 천경(踐更)하는 병사 : 돈을 받고 부역을 대신해 주는 가난한 졸병을 말한다. 한(漢)나라 부역(負役)제도는 23세부터 56세까지 1년을 병(兵)으로 복역하는 병역(兵役)과 20세부터 56세까지 복역하는 요역(徭役)이 있다. 요역은 군이나 현을 위해 매년 1개월씩 복역하고, 병역은 정졸(正卒)로서 1년 동안 중앙 정부의 경위를 맡는 졸경(卒更)으로, 본인이 못할 경우 2천 전을 납부하면 면제되었는데, 이를 천경이라고 한다. 또 수졸(戍卒)로 반드시 변방에 가 3일 동안 지켜야 하는 둔술(屯戍)이 있는데, 3백 전을 납부하면 면제되어 이를 과경(過更)이라고 한다.

도사와의 조촐한 술자리에서 목백이 도사에게 보내온 시의 운자에 맞춰 짓다

與都事小酌 次牧伯抵都事韻

늘그막의 흉금 괴롭게도 펼치지 못하는데	抵老襟懷苦未開
게다가 하늘가에서 닥쳐온 추위 만났음에랴	天涯況值一寒來
비파에는 부질없이 미인의 원망 전하는데	空傳錦瑟蛾眉怨
좋은 자리에서 누구를 짝해 촛농 재촉하나	誰伴瓊筵蠟淚摧
흥 일자 늘어진 흰 귀밑털도 싫지 않고	興發不嫌垂白鬢
병 뒤에도 오히려 금빛 술잔 다 들이키네	病餘猶得盡金杯
술동이 앞에 두 오리의 그림자 드물어	尊前只少雙鳧影
지척 황당에 꿈 자꾸 맴돈다[217]	咫尺黃堂夢屢廻

217 술동이……맴돈다 : 이빈구와 도사가 함께한 술자리에 목백이 함께 있었으면 좋겠다는 바람을 읊은 것이다. 쌍부(雙鳧)는 동한(東漢)의 왕교(王喬)가 섭 현령(葉縣令)에 부임한 뒤에 서울에 올 때마다 두 마리의 들오리를 타고 왔는데, 그 들오리를 잡고 보니 옛날 상서성(尙書省)에 있을 적에 하사받은 신발 한 짝만 남아 있었다는 전설에서 유래한 것으로, 보통 현령(縣令)의 비유로 쓰인다.《後漢書 卷112上 方術列傳 王喬》 황당(黃堂)은 웅황(雄黃)의 염료(染料)를 칠한 태수(太守)의 청사(廳舍)로, 보통 지방 장관을 가리키는 말로 사용된다. 여기서는 모두 목백을 가리키는 말로 사용되었다.

나그네 되어

爲客

타향의 나그네 신세 기쁜 일 드물어	爲客殊方鮮所懽
쓸쓸히 안석에 기대 앉아 장탄식이라	蕭條隱几坐長嘆
바람과 구름 몰려들어 산하는 저물고	風雲併入山河暮
서리와 눈발 서로 재촉해 밤낮 춥구나	霜雪相催日夜寒
이별한 말은 천리 먼 길에 울어대고	別馬嘶鳴千里遠
나그네 새의 삶은 한 가지도 고달파라	羈禽棲息一枝難
맑은 상성으로 원망 서린 금곡 연주하려니[218]	淸商欲奏琴中怨
거울에 비친 백발 부질없이 마음 아프다	白髮空傷鏡裏看

218 맑은……연주하려니 : 상성(商聲)은 맑은 소리이며, 가을 소리를 나타낸다. 오음(五音)의 상(商)은 오행(五行)의 금(金)에 해당하므로 처량(淒涼)한 청성(淸聲)이 된다. 그러므로 상성으로 원망 섞인 거문고를 탄다고 한 것이다.

동짓날에

冬至

동지에 양이 생겨[219] 맑은 기운 재촉할 제	冬至陽生淑氣催
서리 날리고 눈 쌓인 가운데 망향대[220] 올랐네	飛霜積雪望鄉臺
거문고 노래 이 밤에 진실로 그만두기 어려우니	琴歌此夜眞難擲
천지에는 새 봄이 또 오려 하네	天地新春又欲來
천 가닥 흰머리에 한 선이라도 더해지고	華髮千莖添學線
한 치 나그네 마음은 재를 따라 움직인다[221]	羈心一寸動隨灰
궁중의 법주는 소식도 없어	宮壺法酒無消息
시름겨워도 객지의 술잔 멈춘다	愁絶還停客裏杯

219 동지에 양이 생겨 : 동지는 11월에 들어 있는데, 10월은 순음의 곤괘〔䷁〕에 해당하고, 11월이 되면 비로소 양이 하나 생겨나서 복괘〔䷗〕가 된다. 양이 하나도 없다가 비로소 하나가 생겨나기 때문에 이렇게 말한 것이다.

220 망향대(望鄕臺) : 두보(杜甫)의 고향인 성도(成都)에 있던 대(臺) 이름인데, 일반적으로 고향을 바라보며 그리워하는 곳이라는 뜻으로 사용된다.

221 한 치……움직인다 : 옛날에 절기(節氣)를 살피기 위하여 옥으로 만든 열두 개의 율관(律管)을 사용하였다. 율관 끝부분에 갈대를 태운 재를 채운 다음 밀실 안의 목안(木案) 위에 세워 두고서 어느 관의 재가 날아 흩어지는지 관찰하여 그때그때 절기를 알았다. 예컨대 자월(子月)에 속하는 황종(黃鐘)을 표기한 율관에 넣었던 재가 날면, 11월이 되었음을 아는 것이다. 지금 동짓날에 시를 짓고 있으므로 이 사실을 이끌어 읊으면서 11월에 양이 하나 생겨나듯 자신에게도 한 가닥 희망이 생겨나기를 바라는 마음을 은근히 표현한 것이다.

막좌에게 주다

贈幕佐

막부의 젊은이 청고한 재주 맘껏 발휘하니	幕中年少擅淸才
늙은이가 글 짓는 데 다시 손질 않네	老子爲文更不裁
산색은 천추토록 의젓하고	嶽色千秋寒偃蹇
아홉 구비 강물 얽혀 도는구나	河流九曲細縈回
어찌 빼어난 재주로 새 공 이루기만 추구하랴	寧追絶藝新功就
늙음 재촉하는 이별의 시름도 늦추어야지	且緩離愁暮景催
말속에 사람 보는 것이 본래 야박하니	末俗窺人元自薄
상자에 담긴 용검을 누구에게 열어 보일까[222]	匣藏龍劍向誰開

222 말속에……보일까 : 말속의 사람들이 남을 쉽게 인정하지 않으니, 감추어진 뛰어난 재주를 누구에게 보여 주어 인정받을 수 있겠느냐는 말이다. 용검(龍劍)은 보검을 뜻하는데, 고대에 용연(龍淵)과 용천(龍泉) 등의 명검이 있었던 데에서 유래한 것으로, 여기서는 막좌의 뛰어난 재주를 비유하면서 스스로 조심할 것을 당부한 말이다.

선달 그믐밤에

除夕

음양과 주야가 끝없이 반복하여	陰陽晝夜浩無端
그믐밤과 봄 아침이 한 해 끝에 이어졌네	除夕春朝接歲殘
골짜기 입구 은하수는 처마 끝에 흔들리고	峽口星河簷角動
군문에 내린 서리와 눈 창끝에 차갑구나	轅門霜雪戟枝寒
아이들은 다투어 새해의 즐거움 쫓는데	兒童競逐新年樂
나그네는 부질없이 옛 즐거움 떠올린다	客子空懷舊日懽
변방의 타향살이 늙은이 병을 재촉하니	關塞羈棲催老病
밤새 마음 달래는 술잔 놓지 못한다	終宵莫放酒杯寬

정월 대보름 밤에

元宵

대보름 밤 얼음과 눈으로 들판 깨끗하고	元宵氷雪淨郊墟
사람들 말과 마을의 등불 동네에 이어졌네	人語村燈接里閭
서쪽 바라보니 바람과 구름에서 봄빛 일어나고	西望風雲春色起
동쪽 떠오르는 해와 달에 세월 가는구나	東來日月歲時除
산성과 들녘 객관에 찬 매화 향기 멀리 풍기고	山城野館寒梅遠
물길과 강나루에 푸른 물 텅 비었네	川路江津碧水虛
줄곧 타향에 누워 가는 세월에 놀라는데	一臥殊方驚節序
쓸쓸하게도 고향의 편지 볼 수 없어라	蕭條不見故鄕書

밤에 앉아 있다가

夜坐

처마 너머 봄밤 별빛이 흐르는데	簷外春星動欲流
밝은 등불 아래 홀로 앉아 시간 헤아리네	明燈獨坐數更籌
새로 늘어난 흰머리 뽑은들 어찌 다 없애랴	新添白髮拋何得
옛날 아끼던 푸른 산 가려 해도 갈 수 없구나	舊愛青山去未由
얼음과 눈은 잠시 깊은 골짝 안에 의지했고	氷雪暫依窮峽內
바람과 구름은 큰 강 머리에 흩어지지 않네	風雲不散大江頭
맑은 집 적막하도록 찾아오는 이 없으니	淸齋寂寞無人問
처량하게 탁주를 애써 자작하노라	濁酒凄涼强自酬

흰머리

華髮

봄날 흰머리로 강가에 누워	春來華髮臥江沱
천 겹 나그네 시름 초가[223]에 부치노라	旅思千重付楚歌
도성 소식은 시름 속에 드물고	日下音書愁裏少
하늘가 벗들은 꿈속에 자주 보인다	天涯朋友夢中多
자색 인끈으로 영예와 봉록 좇는 신세 부끄러워	慙紆紫綬趨榮祿
청산에서 벽라 곁에 살리라 생각했지	憶向青山傍薜蘿
부절 잡은 지 일 년에 평소 계획 어긋났으니	持節一年違素計
임금 은혜에 보답하려 해도 늙었으니 어이할까	欲酬恩渥老將何

223 초가(楚歌) : 초나라 지방에서 부르는 노래라는 말인데, 직간하다가 쫓겨난 굴원(屈原)의 노래를 의미한다.

저녁 풍경

夕望

높은 누각에 봄바람 부드럽고	高閣春風軟
너른 들판에 저녁 풍경 아득하다	平郊夕望賒
날 흐려 비가 오려는지	天陰常欲雨
햇무리에 쉬 노을 끼누나	日暈易成霞
고향에도 응당 새싹 자랐을 터	故國應新草
타향에는 절로 온갖 꽃 피었네	他鄉自百花
산빛은 먼 불빛에 이어지고	山光連遠燒
강물 거품은 뜬 뗏목 따르네	江沫逐浮槎
세상 어지러워 한탄 금하기 어렵고	世亂難禁恨
나이 많아지니 근심 풀리지 않누나	年侵不解嗟
지는 해에 지팡이 짚고 섰노라니	斜陽懸倚杖
쇠한 머리칼이 갈수록 헝클어진다	衰鬢轉鬖髿

창봉역에서

蒼峯驛

삼월의 창봉역 길	三月蒼峯路
봄날 온갖 풀 자랐어라	方春百草生
산기슭에 늘어선 꽃은 시들려 하고	連山花欲老
물가 나무들이 먼저 무성해지네	近水木先榮
여관에서도 집에 돌아가는 꿈을 꾸니	旅館還家夢
흐르는 세월에 거울 대하는 마음일세	流年對鏡情
자식들 볼 길이 없어	無由見兒女
시름과 병이 날마다 얽히누나	愁病日相嬰

홍천 강가에서 흰 갈매기를 보았다. 영동 지방에 큰 바람이 불면 가끔 날려 오는 경우가 있다고 사람들이 말하였다

洪川江上 見白鷗 人言嶺東大風時 有漂到者

작년 바다 어귀 가을날에 보았을 땐	前年相見海門秋
끝없는 푸른 파도에 점점이 떠 있더니	無限滄波點點浮
오늘은 강 가득 내리는 이슬비 속에	今日滿江煙雨裏
의연히 객지의 시름 함께하네	依然共是客中愁

금대산성[224]에서 차운하다

金臺山城 次韻

천 굽이 비탈길 난 최고봉	千盤徑仄最高峯
골짜기 굽어보며 언개송[225]에 의지하네	臨壑身依偃蓋松
천혜의 험지라 지리에 의지하길 생각하지만	天險只思憑地利
위태한 시대마다 흉한 전란 말하니 괴롭구나	時危每苦說兵凶
해와 달이 선회하는 정상에 기어올라	躋攀日月旋回頂
풍운으로 응어리진 가슴을 씻어 내네	滌蕩風雲芥滯胸
세상일과 나그네 시름 가운데 하산하는 길에	世故羈愁下山路
얽힌 등나무와 교목 사이로 산사 종소리 들린다	亂藤喬木上方鍾

224 금대산성(金臺山城) : 석축 산성으로, 강원도 원주시 판부면 금대리에 있다.

225 언개송(偃蓋松) : 가지가 옆으로 뻗어, 쓰러진 일산(日傘) 모양으로 자란 소나무를 가리킨다. 두보(杜甫)의 시에 "그늘진 비탈에서 서리와 눈 맞은 줄기, 언개 속에 도리어 규룡 달리는 형상이네.〔陰崖却承霜雪幹, 偃蓋反走虯龍形.〕"라고 하였다.《杜少陵詩集 卷6 題李尊師松樹障子歌》

목백[226]이 영원산에서 기우제를 지낸 뒤에 지은 율시 세 수의 운에 맞춰 짓다

次牧伯鴒原山祈雨後三律

강물 말라 파신 원망하니　　江河水涸怨波臣

규벽을 수고롭게 모든 신들에게 다 바쳤네[227]　　圭璧猶勞罄百神

현고로 지맥 돌리는 것을 보지 못했고[228]　　不見玄膏回地脈

다만 적자가 본래 하늘의 백성임을 들었지[229]　　徒聞赤子本天民

226 목백(牧伯) : 이중길(李重吉, 1578～?)을 가리키는 것으로 보인다. 253쪽 각주 31 참조.

227 강물……바쳤네 : 목사가 기우제를 지냈다는 말이다. 파신(波臣)은 동해에 산다는 수족(水族)의 신하인데, 여기서는 곤경에 처한 신하라는 말로 목사를 가리킨다. 《장자(莊子)》〈외물(外物)〉에, 동해의 파신을 자처하는 물고기 한 마리가 수레바퀴에 파인 얕은 물속에서 허우적대면서 한 말이나 한 되의 물이면 살아날 수 있겠다고 하소연을 했는데도, 서강(西江)의 물을 길어다가 구원해 줄 테니 조금만 참으라는 말을 듣고는 "차라리 나를 건어물 가게에서 빨리 찾아보는 것이 나을 것이다.〔曾不如早索我于枯魚之肆〕"라고 말했다는 이야기가 있다. 규벽(圭璧)은 흉년이 들었을 때 신에게 예로 바치는 옥(玉)이다. 《시경》〈운한(雲漢)〉에서 "아, 지금 사람에게 무슨 죄가 있습니까. 하늘이 환란을 내리사 기근이 거듭 이르기에, 신에게 제사를 거행하지 않음이 없으며, 이 희생을 아끼지 아니하여 규벽을 이미 모두 올렸는데도, 어찌하여 내 말을 들어주지 아니하십니까.〔王曰於乎, 何辜今之人. 天降喪亂, 饑饉薦臻, 靡神不擧, 靡愛斯牲, 圭璧旣卒, 寧莫我聽.〕"라고 하였다.

228 현고(玄膏)로……못했고 : 현고는 미상이다. 내용으로 볼 때, 좋은 제수(祭需)로 기우제를 지낸다고 해서 비가 오는 것은 아니라는 말로 생각된다.

229 다만……들었지 : 백성을 가장 근본으로 생각해야 한다는 말이다. 적자(赤子)는 갓 태어난 핏덩이라는 말로, 백성을 가리키는 말이다. 《서경》〈강고(康誥)〉에 "마치

하물며 전란이 오늘 다시 다급해진다면	干戈況復催今日
구학에서 무슨 수로 나의 날을 정하겠는가[230]	溝壑何由定我辰
가렴주구 그치고 부역 덜어 주길 바라노니	願罷誅求寬力役
묘당의 누가 나라를 잘 다스릴 사람인가	廟堂誰是掌邦均

이내 기운 포근하고 서풍[231] 불어오지만	嵐氣微和少女風
동서로 멀리 바라보매 끝이 없네	東西延望浩無窮
하늘이 이미 분명한 본보기 남기기로 정했으니	皇天已定垂明鑑
상야에서 성궁 자책한 사실 들었네[232]	桑野仍聞責聖躬
악독[233]에 정성 다해 제사하여 교감할 때	嶽瀆精禋交會際

핏덩이를 돌보는 것과 같이 한다.〔如保赤子〕"라고 하였다.

230 하물며……정하겠는가 : 구학(溝壑)은 궁지에 빠짐을 말한다. 가렴주구(苛斂誅求)에 시달리는 백성들의 곤궁함을 해결해 주지 않다가 전란이라도 발생한다면 무슨 수로 목민관이 살아남을 수 있겠느냐는 말이다.

231 서풍(西風) : 소녀풍(少女風)은 서풍을 뜻한다. 《주역》에서 태(兌)의 방위는 서쪽이고, 소녀를 상징한 데서 이르는 말이다. 청대(淸代) 황생(黃生)이 지은 《의부(義府)》 권하(下) 〈소녀풍(少女風)〉에 "태는 소녀이고 방위는 서쪽이므로, 이는 바람이 서쪽에서 불어오는 것을 말한다.〔兌爲少女, 位西方, 此謂風從西來耳.〕"라고 하였다. 이 시의 내용을 살펴보면, 서풍에는 비가 내리지 않기 때문에 하늘의 경계를 명심하고, 기우제에만 너무 의지하지 말라는 뜻으로 되어 있다.

232 하늘이……들었네 : 탕(湯) 임금의 고사를 본보기로 삼아야 한다는 말이다. 상야(桑野)는 탕 임금이 기우제를 지냈던 곳이다. 7년 동안 가뭄이 들자 은(殷)나라 탕 임금이 직접 희생(犧牲)이 되어 상림(桑林)의 들에 나가 여섯 가지 일로 자책하며 비니, 말이 채 끝나기도 전에 천 리에 비가 내렸던 일이 있다. 《十八史略 卷1》

233 악독(嶽瀆) : 오악(五嶽)과 사독(四瀆)을 가리킨다. 오악은 중국의 다섯 명산으로 태산(泰山), 화산(華山), 형산(衡山), 항산(恒山), 숭산(崇山)을 가리키고, 사독은

귀신과 사람의 지극한 이치 아득하여라	神人至理混茫中
원컨대 규벽으로 〈운한〉을 노래하지 말고[234]	願休圭璧歌雲漢
차라리 보리 풍년 읊는 소리 들었으면	還聽來牟詠歲豐

태수가 향 피워 정성 바치니	太守行香絜素誠
영원산은 큰 산이라고 이름만 나열되네	鴒原自列大山名
제기에 희생 바치지만 별들은 반짝이고	登牲體俎天星亂
제단에 술 올리자 골짜기에 안개만 피어올랐네	薦醴靈壇壑霧生
도랑과 샘물 모두 불어날까 했더니	澗谷泉源俱欲上
숲 속에 실오라기처럼 가랑비만 자욱할 뿐	林巒絲縷細初縈
죽죽 쏟아지는 소나기[235] 보지 못한 채	未看銀竹滂沲至
주옥같은 시 먼저 보고 술잔 기울이노라[236]	先睹琳琅鑿落橫

네 개의 큰 물로 양자강(揚子江), 황하(黃河), 회수(淮水), 제수(濟水)를 가리킨다.

234 원컨대……말고 : 가뭄을 만나 기우제나 지낼 일이 아니라는 말이다. 규벽(圭璧)은 흉년이 들었을 때 신에게 바치는 옥(玉)이고, 운한(雲漢)은 《시경》의 편명으로, 가뭄을 당해 노심초사하는 임금의 모습을 그린 시이다. 359쪽 각주227 참조.

235 소나기 : 은죽(銀竹)은 굵은 빗줄기를 표현하는 시어이다. 참고로 이백(李白)의 시에 "겨울 산을 비춰 주며 내려오는 하얀 비, 흩뿌리는 그 모습 은빛 대와 흡사하네.〔白雨映寒山, 森森似銀竹.〕"라는 구절이 있다. 《李太白詩集 卷21 宿鰕湖》

236 주옥같은……기울이노라 : 목사가 지은 시를 보고 술잔을 기울인다는 말이다. 임랑(琳琅)은 좋은 시를 가리킨다. 착락(鑿落)은 금은을 새겨 꾸민 술잔을 말한다. 당(唐)나라 백거이(白居易)가 지은 시 《송춘(送春)》에 "은꽃 새긴 술잔 그대에게 권하노니, 금가루 장식한 비파를 날 위해 연주해다오.〔銀花鑿落從君勸, 金屑琵琶爲我彈.〕"라고 하였다.

강 두둑의 마른 우물

江干枯井

5일 뒤에 다시 말랐다.

음지촌의 우물　　有井陰枝村
평상시 수레바퀴 반만큼 컸지　　常時半輪大
올해는 오랜 가뭄 끝에　　今年經久旱
큰 시내도 띠처럼 가늘게 흐르는데　　巨川細如帶
하물며 저 한 움큼의 우물이　　況伊一勺多
어떻게 먼지에 묻히는 꼴 면하랴　　寧免聚塵壒
강물 길어 먹느라 사람들 힘들어하니　　汲江人告病
날마다 이용하는 데 아무 쓸모없네　　日用都無賴
내가 와서 우연히 쉬면서　　我來偶駐節
씻는 것도 먼 여울물 사용했는데　　盥濯資遠瀨
잠깐 사이 바위틈 촉촉해지더니　　俄然石縫潤
작은 물방울이 돌연 밖으로 나왔지　　微泫忽在外
순식간에 웅덩이 차올라　　盈科隨顧眄
이미 부엌에 모아지네　　已與庖廚會
항아리 속을 흠뻑 적시고　　周霑甕盎內
신령한 물이 무성한 꽃에도 뿌려지네　　靈液灑芳藹
떠들썩하게 마을 사람들 모여서　　喧闐里閭集
모두들 신기한 일이라며 의아해했지　　共訝神哉沛
샘물이 빠져나가 다시 막히니　　泉源泄還閉

퐁퐁 솟던 물이 쏙 들어갔네[237]	觱沸限旋旆
현묘한 공덕 주재하는 이 있겠지만	玄功有主宰
이러한 이치는 실로 알 수 없구나	玆理實幽昧
갈증이야 비록 해소되었지만	肺渴雖獲蘇
뜨거운 해는 아직도 괴롭다네	蹇陽尙爲害
원컨대 이 은혜를 넓혀	願言弘此施
흘러가서 밭도랑에 물 대었으면	通流注甽澮

237 퐁퐁……들어갔네 : 선패(旋旆)는 본래 깃발을 돌린다는 뜻인데, 여기서는 솟아나던 물이 다시 말랐다는 표현이다.

신림에서

神林

말 타고 다니며 무슨 일 이루었나	鞍馬成何事
모래 먼지 속에 다시 이 정자 찾아왔네	塵沙復此亭
단풍 숲은 옛 기슭의 모습 아니고	楓林非舊岸
풀빛이 앞뜰 절반 채웠네	草色半前庭
뜨거운 햇빛이 하늘을 붉게 태우는데	熱日燒空赤
음산한 구름은 푸른 산봉우리에 걸렸구나	陰雲罩岫青
어찌하면 천 리의 비를 가져다가	那將千里雨
한 번 교외를 씻을까	一爲洗郊坰

가뭄이 오래 지속되어 비 오기를 빌었다. 상원사에서 밤에 이상한 꿈을 꾸었는데 막 제사를 지내려하자 큰 비가 내렸다
久旱禱雨 上元夜得異夢 方祭而大雨至

명산에서 비 내려 달라 빌며 예를 처음 행하니	名山祈澤禮初行
비 주룩주룩 내려 만물을 흡족하게 하였네	旱覺滂沲愜物情
정녕 임금이 정성껏 빌어서이지	政賴君王能翦爪
사자가 스스로 희생을 바쳐서가 아니라네[238]	非關使者自犧牲
길가의 노래에 이미 풍년의 소망 넘치고[239]	塗歌已溢三農望
들 빛에서 온갖 곡식 여무는 것을 알겠네	野色先占百穀成
내일 전원으로 돌아갈 나의 계책 정해졌으니	明日歸田吾計定
밥 짓고 술 걸러 여생 보내야겠다	炊粱漉酒佐餘生

238 정녕……아니라네 : 비가 내린 것은 이민구 자신이 희생을 바쳐서가 아니라, 임금의 정성이 지극했기 때문이라는 말이다. 전조(翦爪)는 손톱을 자른다는 뜻인데, 기우(祈雨)를 뜻하는 말로 사용된다. 은(殷)나라 탕 임금 때 7년의 큰 가뭄이 들었는데, 태사(太史)가 점하여 "마땅히 사람을 희생으로 하여 빌어야 한다.〔當以人禱〕"라고 말하였다. 탕 임금이 "내가 청하는 것은 백성을 위함이니, 만일 반드시 사람을 희생으로 하여 빌어야 한다면 내가 스스로 그것을 감당하겠다.〔吾所爲請者民也, 若必以人禱, 吾請自當.〕"라고 하고, 드디어 재계하여 손톱을 자르고 머리카락을 잘라 희생을 삼았다는 고사가 있다. 《史略 卷1》

239 길가의……넘치고 : 비가 내리므로 풍년을 바랄 수 있게 되었다는 말이다. 삼농(三農)은 언덕과 습지(濕地)와 평지(平地)의 농사를 말한다. 《주례(周禮)》〈천관총재(天官冢宰) 태재(太宰)〉에 "삼농에서 아홉 가지 곡식을 생산한다.〔三農, 生九穀.〕"라고 하였는데, 정현(鄭玄)의 주(注)에 "삼농은 평지와 산과 택이다.〔三農, 平地山澤也.〕"라고 하였다.

상원사에서

上元寺

바위 언덕 절간에 해 질 녘이 되자	巖畔禪扉倚暮天
처마 끝 맑은 풍경 바람과 안개 속에 울리네	泠泠簷磬韻風煙
금불상 천년 후에도 망가지지 않았고	金身不壞千年後
옥빛 탑은 만겁 전부터 오래도록 있었지	玉塔長留萬劫前
신령한 자취 핏빛 등마석에 새롭고	靈跡血新騰馬石
잔물결 일렁이며 차가운 복룡천에 향기롭네	微瀾香冷伏龍泉
산 높아 오월에도 봄 아직 이르니	山高五月春猶早
배꽃이 한 나무가 곱게 피었구나	政有梨花一樹鮮

흥법사비 노래 병서

興法寺碑歌 幷序

고려 진공선사비(眞空禪師碑)[240]는 예부터 원주 흥법사에 있었으니, 익재(益齋) 이제현(李齊賢)이 현규(玄圭)와 적석(赤舃)으로 조정에서 읍양하는 것처럼 훌륭하다고 칭찬한 그 비석이다.[241] 글은 고려 태조가 지었고, 글씨는 당 태종(唐太宗)의 글씨를 집자(集字)하였으며, 비석 뒷면에는 여러 문도(門徒)와 이 일에 참여한 사람들의 이름을 새겼다. 문체는 전적으로 당나라 말기의 변우(駢偶)[242]를 답습하여

240 진공선사비(眞空禪師碑) : 신라 말기 고승 진공 대사(眞空大師, 869~940)가 입적(入寂)하자, 고려 태조 왕건(王建)이 비문을 짓고 최광윤이 당나라 태종(太宗)의 글씨를 집자(集字)하여 세운 비이다. 《고려사(高麗史)》 권2 태조 23년 기사에 "7월에 왕사 충담이 죽자, 원주 영봉산 흥법사에 탑을 세우고 친히 비문을 지었다.〔秋七月, 王師忠湛死, 樹塔于原州靈鳳山興法寺, 親製碑文.〕"라는 기록이 있다.

241 익재(益齋)……비석이다 : 이제현(李齊賢, 1287~1367)의 자는 중사(仲思), 호는 익재(益齋)·역옹(櫟翁)이다. 이제현이 진공 선사의 비석에 대해 칭찬한 말은 《역옹패설(櫟翁稗說)》 후집(後集)1에 보인다. 그 글에 "북원의 흥법사비는 우리 태조가 비문을 직접 짓고 최광윤이 당 태종황제의 글씨를 모아 돌에 모각하였으니, 사의가 웅심하고 위려하여 현규와 적석으로 소성에서 읍양하는 것 같다.〔北原興法寺碑, 我太祖親製其文, 而崔光胤集唐太宗皇帝書, 模刻于石, 辭義雄深偉麗, 如玄圭赤舃揖讓廊廟.〕"라고 하였다. 현규(玄圭)는 검은 옥으로 만든 홀이다. 《서경》 〈우공(禹貢)〉에 "우가 검은 홀을 주시어, 그 성공함을 고하셨다.〔禹錫玄圭, 告厥成功.〕"라고 하였는데, 우가 홍수를 다스리고 현규를 순(舜) 임금에게 바치며 성공을 고한 것이다. 적석(赤舃)은 왕의 면복(冕服)이나 세자의 관복(冠服)에 착용하던 목이 낮은 붉은색의 신이다. 《시경》 〈한혁(韓奕)〉에 "검은 곤룡포와 붉은 신〔玄袞赤舃〕"라고 하여 공후(公侯)의 차림새를 형용하였다.

제왕가의 기상이 없다. 아마도 그 당시 최승노(崔承老)[243] 무리와 같은 학사들이 임금을 대신하여 초안을 작성하여 선사의 종지(宗旨)와 덕행과 업적, 그리고 영이(靈異)한 죽음을 찬미한 것인데, 대부분 《전등록(傳燈錄)》[244] 등의 책을 모방하고 연역하여 조사(祖師)의 옛 행적이 하나도 실제에 가까운 것이 없다. 고려 태조는 새로운 왕조를 연 임금으로서, 사람의 도리와 사물의 법칙을 써서 후대의 사람들을 일깨워 줄 생각은 하지 않고, 맨 먼저 선지(禪旨)를 발휘하였다. 또 허위(虛僞)에 불과한 것을 사람들에게 보여 주고, 비석에 새겨 장차 당대와 후세를 통솔하려 하였다. 비록 그의 유훈(遺訓)[245]에 기재된 내용도 본래 여기에서 벗어나지 않지만, 500년의 비루한 풍속을 진실로 열어 준 측면이 있다. 익재 이제현은 그 나라의 신하이므로, 이 비석을 지나치게 칭찬하여 세상에 보기 드문 보배라고 했어도, 그리 대단히 괴이할 것이 없다. 비록 그러하나 비석은 함통(咸通)[246] 연간에 완성되었으니, 지금으로부터 칠백여 년 전으로, 이미 산사(山寺)

242 변우(騈偶) : 변문(騈文)이라고도 하며, 후한(後漢) 중기와 말기에 시작되어 남북조(南北朝)와 당대(唐代)에 성행한 한문 문체이다. 문장 전편이 대구로 이루어져 읽는 이에게 아름다운 느낌을 주며 4자와 6자로 된 구를 기본으로 하여 배열한 데서 사륙문(四六文)이라고도 한다. 과도하게 수사를 중시하여 중당(中唐) 이후 한유(韓愈) 등이 일으킨 산문개혁운동에 의하여 서서히 쇠퇴하였다.

243 최승노(崔承老) : 927~989. 본관은 경주(慶州), 시호는 문정(文貞)이다. 신라 6두품인 최은함(崔殷含)의 아들이다. 성종 때 28조에 달하는 시무(時務)를 올렸다.

244 전등록(傳燈錄) : 송(宋)나라의 중 도원(道原)이 지은 책으로 석가 이래 여러 조사(祖師)의 법맥(法脈)을 정리하고 그 법어(法語)를 기록한 것이다.

245 유훈(遺訓) : 고려 태조의 훈요십조(訓要十條)를 말한다.

246 함통(咸通) : 당나라 의종(懿宗, 859~873)의 연호이다.

의 오래된 기물(器物)이고, 정관제(貞觀帝)[247]가 평소 유예(遊藝)를 좋아하여[248] 필체의 기운이 혼융(渾融)하며 과법(戈法)[249]이 완연하여 《순화첩(淳化帖)》[250] 등에 전하는 것과 유사하여 다름이 없다. 가령 중국 금석문의 대열에 둔다고 해도 구양씨(歐陽氏)[251]나 조명성(趙明誠)[252]의 무리가 그것을 빼어 버리겠는가. 대개 익재가 그 비석을 칭찬한 다음부터 나라 사람들의 요구와 주현(州縣)에서의 모탑(模搨)

247 정관제(貞觀帝) : 정관(貞觀)은 당 태종(唐太宗)의 연호이니, 정관제는 태종을 말한다.

248 유예(遊藝)를 좋아하여 : 당 태종이 육예(六藝)를 좋아하였다는 말인데, 여기서는 특히 서예를 좋아하였음을 지적하였다. 《논어》 〈술이(述而)〉에 "도에 뜻을 두고, 덕을 굳게 지키며, 인에 의지하고, 예의 세계에서 노닐어야 한다.〔志於道, 據於德, 依於仁, 游於藝.〕"라는 말이 있다.

249 과법(戈法) : 서예 필법의 하나로 과각(戈脚) 또는 배적법(背趯法)이라고도 한다. 과(戈)나 성(成) 자처럼 왼쪽에서 오른쪽 아래로 갈고리 모양으로 굽혀 끝을 위로 치켜 올리는 획을 말한다.

250 순화첩(淳化帖) : 송 태종(宋太宗) 순화(淳化) 3년(992)에 만들어진 서첩을 말한다. 제왕(諸王)과 대신에게 나누어 준 법첩(法帖)으로, 《순화각첩(淳化閣帖)》 또는 《순화비각법첩(淳化祕閣法帖)》이라고도 한다. 내부(內府)에서 소장하고 있던 역대의 묵적(墨蹟)을 모각(模刻)하여 박아서 편찬한 것이다. 초탁본(初拓本)은 10여 부에 불과하여 곧 원판이 소실된 상태였으므로, 송대에 이미 번각판이 나올 정도였고 역대로 수십 종의 번각판이 나왔다.

251 구양씨(歐陽氏) : 당송 팔대가의 한 사람인 송(宋)나라 구양수(歐陽脩, 1007~1072)를 말한다. 구양수의 자는 영숙(永叔), 호는 취옹(醉翁)・육일거사(六一居士), 시호는 문충(文忠)이다. 전집으로 《구양문충공집(歐陽文忠公集)》이 있고, 《신당서(新唐書)》, 《오대사기(五代史記)》의 편자이며, 금석 각명을 모아 《집고록(集古錄)》을 저술하였다.

252 조명성(趙明誠) : 송 고종(宋高宗) 때 사람으로 부인 이청조와 함께 유물과 고서와 비각 등을 수집 정리하여 《금석록(金石錄)》을 저술하였다.

이 자못 견디지 못할 정도로 많았을 것이니, 사가(四佳) 서거정(徐居正)의 시[253]에 "홍법대 앞에서 비문을 탁본했었지."라는 것이 바로 이러한 예이다. 어떤 한 관리가 탁본하러 왕래하는 것을 힘들게 여겨, 이 비석을 고을 관아에 옮겨 놓았다. 근년에 무인이 이 고을 진영의 영장이 되어 옆에 대장간을 설치하고, 비석 위에 쇠를 대고 두들기는 바람에 비석이 부서져 조각나고 글자가 닳아서 완전하지 못하니, 이는 역산의 백성들이 진각(秦刻)을 불태운 것[254]과 함께 사문(斯文)의 유한(遺恨)이다. 을해년(1635, 인조13) 가을에 내가 강원도 관찰사가 되어 이 비석을 구입하니, 혹은 주춧돌이나 담장의 밑돌, 그리고 비단을 두드리던 다듬잇돌에서 얻어 크고 작은 덩어리가 모두 여덟 개였는데, 대략 한 자쯤 되는 중앙의 몇 조각은 끝내 얻지 못하였다.

253 사가(四佳) 서거정(徐居正)의 시 : 서거정(1420~1488)의 본관은 달성(達城), 자는 강중(剛中), 호는 사가정(四佳亭), 시호는 문충(文忠)이다.《藍溪集 卷3 諸賢讚述》 저술은 시문집으로《사가집(四佳集)》이 있고, 공동 찬집으로《동국통감(東國通鑑)》,《동국여지승람(東國輿地勝覽)》,《동문선(東文選)》,《경국대전(經國大典)》,《연주시격언해(聯珠詩格言解)》가 있으며, 개인 저술로는《역대연표(歷代年表)》,《동인시화(東人詩話)》,《태평한화골계전(太平閑話滑稽傳)》,《필원잡기(筆苑雜記)》,《동인시문(東人詩文)》 등이 있다. 여기서 말한 서거정의 시는《사가시집(四佳詩集)》 보유(補遺) 권3의〈송민정부임원주(送閔貞赴任原州)〉이다.

254 역산(嶧山)의……것 : 역산은 산동(山東) 지방의 추현(鄒縣)에 있는 산이다. 이 산에 진(秦)나라 승상(丞相) 이사(李斯)가 진 시황(秦始皇)의 공덕을 기리어 쓴 소전체(小篆體)의 역산비(嶧山碑)가 있다.《임하필기(林下筆記)》 권1〈사시향관편(四時香館編)〉에 "위 태무(魏太武)가 동평(東平)에서 역산으로 가다가 진시황의 석각(石刻)을 보고 사람을 시켜 밀어서 넘어뜨리게 하였으니, 두보(杜甫)의〈이조팔분소전가(李潮八分小篆歌)〉에 '역산의 비석을 들불이 태우니.〔嶧山之碑野火焚〕'라고 한 구절은 아마도 이때의 일인 듯하다."라는 글이 있다.

이에 공인에게 단을 따라 탁본하여 비석의 모양을 모아 이루니, 그 글을 또한 대략 읽을 수 있었다. 나는 세월이 더 흐르면 더더욱 흩어져 없어질까 염려하여 객관 모퉁이에 작은 집을 지어 비각을 세우고, 또 그 내력을 기록하여 후대에 보는 자들이 이 비석이 이루어지고 훼손됨과 존망을 알아 오래도록 보전할 수 있게 하였다. 때는 숭정(崇禎)[255] 9년 병자년(1636, 인조14) 4월 어느 날에 쓰다.

그대 보지 못했나 흥법대 앞 한 조각 돌을	君不見興法臺前一片石
바위[256]가 검은 거북이 등에 힘차게 얹혔네	山骨屓贔玄龜脊
이무기[257] 높이 서려 열 자 넘고	螭蟠岌嶪踰十尺
세월은 아득히 칠백 년 흘렀어라	年籥蒼茫滿七百
진공 선사는 누구인가	眞空禪師者何人
앉아서 생사가 조석과 같음을 알았지	坐視起滅如朝夕
깨달음의 길에서 수행하여 승려 된 지[258] 오래고	脩行覺路僧臘高
연꽃 돋은 강단 자리에서 불법 설파했네	說法蓮生講壇席
와서는 자취 보이고 가서는 함이 없이	來爲示迹去無爲

255 숭정(崇禎) : 명나라 의종(毅宗)의 연호이다.

256 바위 : 산골(山骨)은 산의 뼈라는 뜻으로 바위를 가리킨다. 한유(韓愈)의 〈석정(石鼎)〉에 "솜씨 좋은 장인이 산의 뼈를 깎아다가, 그 속을 파내고 음식 끓일 그릇 만들었네.〔巧匠斲山骨, 刳中事煎烹.〕"라는 말이 있다. 여기서 바위는 비신(碑身)을 말한다.

257 이무기 : 비수(碑首)에 새겨진 용무늬를 말한다.

258 승려 된 지 : 승랍(僧臘)은 승니(僧尼)가 머리 깎고 계(戒)를 받은 때부터 열반(涅槃)에 이르기까지의 햇수를 말한다.

소매 떨치며 짚신 한 짝 들고 서천으로 떠났네[259] 拂袖西天履一隻
유풍이 날로 멀어져도 빗돌 남아 流風日遠琬琰存
동토의 사찰[260]에 도량 열렸지 東土祇園道場闢
웅건한 문장 용손[261]의 기록에서 시작되었고 遒文始發龍孫紀
뛰어난 글씨 규염[262]의 필적 모았네 絶藝兼摭虯髥蹟

259 소매……떠났네 : 불도(佛道)의 경지가 높은 선승(禪僧)의 죽음을 말한다. 중국 선종의 초조(初祖)인 달마(達磨)가 죽은 지 3년 뒤에, 위(魏)나라 송운(宋雲)이 총령(蔥嶺)에서 달마를 만났는데, 그때 그가 짚신 한 짝만을 들고 서천(西天)으로 가더라는 이야기가 전한다.《五燈會元 東土祖師 初祖菩提達磨祖師》

260 사찰 : 기원(祇園)은 기원정사(祇園精舍)의 약칭으로 사찰을 말한다.《불국기(佛國記)》에 "인도(印度)의 수달장자(須達長者)가 세존(世尊)의 공덕을 듣고, 세존을 매우 존경한 나머지 정사(精舍)를 세워, 세존으로 하여금 내림(來臨)하게 하려 하였다. 당시 기다태자(祇多太子)에게 큰 원지(園地)가 있었으므로, 수달장자가 태자에게 원지를 사겠다고 청하자, 태자가 농담으로 황금을 원지에 가득 깔면 팔겠다고 하였다. 장자가 즉시 자기 황금을 원지에 가득 깔아 덮으므로, 태자가 크게 감동하여 즉시 정사를 지어 세존으로 하여금 그곳에 거주하게 하였다."라는 고사에서 온 말이다.

261 용손(龍孫) : 고려 태조 왕건(王建)을 가리킨다. 고려 김관의(金寬毅)의《편년통록(編年通錄)》에 의하면, 고려 태조 왕건의 선조인 원덕대왕(元德大王) 보육(寶育)이 일찍이 출가하여 지리산에 들어가 수도하고 돌아와, 황해도 우봉현(牛峯縣)의 성거산(聖居山) 마하갑(摩訶岬)에 거처하면서 마침내 거사(居士)가 되었다. 그 당시 잠저(潛邸)에 있었던 당나라 숙종(肅宗)이 천하를 두루 유람하다가 마침 보육의 집에 들러 기숙하면서 보육의 딸 진의(辰義)와 합방하여 임신이 되었는데, 여기서 태어난 아이가 바로 작제건(作帝建)이었다. 작제건이 장성하여 자기 아버지를 만나겠다고 상선을 타고 바다를 건너던 도중, 서해 용왕(龍王)의 딸에게 장가들어 용녀(龍女)와 함께 고향에 돌아와 아들 용건(龍建)을 낳았고, 용건이 마침내 태조 왕건을 낳게 되었다고 한다.

262 규염(虯髥) : 용처럼 위로 돌돌 말려 올라간 수염이라는 뜻으로, 당 태종(唐太宗)을 가리킨다. 두보(杜甫)의《두소릉시집(杜少陵詩集)》〈팔애시(八哀詩)〉에 "규염이 당 태종과 비슷하다.〔虯髥似太宗〕"라고 하였으며,〈송중표질왕예평사사남해(送重表姪王

생각 엮어 정신 몰아가니 조화옹의 솜씨에 가깝고	締思神驅造化逼
못에 임해 홍취 일어나니 바다도 좁았네[263]	臨池興會滄溟窄
이미 낭묘에서 규석의 평[264] 있은 뒤로	已從廊廟睹圭舄
봉황의 깃과 난새의 깃발 많이도 오갔네[265]	鳳羽鸞蕤蔚漂泊
닭과 오리 잡은 것은 백성 구제한 공이고[266]	操鷄縛鴨濟民功
두건덕 왕세충 죽임은 하늘을 연 계책일세[267]	滅德擒充啓天策

砯評事使南海)〉에, 당 태종을 “십팔구 세쯤 된 규염의 소유자〔虯髯十八九〕”라고 묘사하였다.

263 글씨에……좁았네 : 당 태종의 글씨가 훌륭하다는 말이다. 임지(臨池)는 못에 임한다는 말로, 글씨를 익힌다는 뜻이다. 후한(後漢)의 명필(名筆) 장지(張芝)가 글씨를 익힐 적에 집안의 의백(衣帛)에다 글씨를 쓴 다음에 빨곤 했으므로, 그를 일러 “못가에서 글씨를 연습하여 못물이 다 검어졌다.〔臨池學書, 池水盡黑.〕”라고 한 데서 유래하였다. 또 왕희지(王羲之)가 일찍이 어떤 이에게 보낸 편지에 의하면 “장지는 못가에서 글씨를 연습하여 못물이 다 검어졌으니, 누구나 그와 같이 탐닉하기만 한다면, 꼭 장지에게 뒤지지만은 않을 것이다.〔張芝臨池學書, 池水盡黑, 使人耽之若是, 未必後之也.〕”라고 하였다.

264 규석(圭舄)의 평 : 규석은 현규(玄圭)와 적석(赤舄)의 줄임말로 익재 이제현의 평가에서 쓰였던 말이다. 즉 진공선사비에 대한 이제현의 평가를 줄여서 말한 것이다.

265 봉황의……오갔네 : 진공선사비의 탁본을 위해 많은 고관들이 오갔다는 말이다.

266 닭과……공이고 : 고려 태조 왕건이 임금이 되어 후삼국을 통일하고, 개성에 도읍을 정한 것을 말한다. 후량 말제(後梁末帝) 정명(貞明) 3년(917) 3월에 개상(客商) 왕창근(王昌瑾)이 저잣거리에서 어떤 노인한테 거울을 샀다. 그 거울에 “상제가 아들을 진한과 마한에 내려 보내 먼저 닭을 잡고 뒤에 오리를 칠 것이다.〔上帝降子於辰馬, 先操雞後搏鴨.〕”라는 내용이 있었다고 한다.《高麗史 卷1 太祖世家》곧 왕건이 계림으로 불리는 신라를 차지한 다음에 압록강 유역을 쳐서 수복한다는 뜻이었다.

267 두건덕(竇建德)……계책일세 : 당 태종이 천자의 자리에 오른 것을 말한다. 태종이 천자가 되기 전에 태원(太原)에서 일어나 왕세충(王世充)가 두건덕을 베어 죽이고 태평 시대를 열었다. 진공선사비의 글씨는 당 태종의 유묵을 집자한 것이기 때문에

여사의 문장 미루어 영원히 전해지게 하였으니	又推餘事垂不朽
임금[268]의 뛰어난 위의 혁혁하게 빛난다	日角英威照奕奕
번개 불빛이 낮에도 황홀했는데[269]	雷電光芒晝怳惚
가을밤 도깨비 속에 비통한 일 많았네[270]	秋霄罔兩森慘慽
끝없는 영겁의 세월 속에 세상 변하여[271]	浩劫無涯陵谷變
어느덧 순식간에 예와 지금이 되었네	居然俯仰成今昔
누가 탄식하며 기이하고 고아함 사모하여	誰歎咨嗟慕奇古
만 마리 소의 힘 아끼지 않고 끌어왔나[272]	挽致不惜萬牛役
탁본이 파도를 탄 듯 사방으로 퍼져	墨本騰波走四裔
몇 장이면 족히 주린 나그네 배부르게 하였네	數紙足以飽飢客

태조 왕건과 함께 말하고 있는 것이다.

268 임금 : 일각(日角)은 이마의 중앙이 해처럼 융기(隆起)한 골상(骨相)을 말하는데, 관상학(觀相學)에서 대귀(大貴)의 상으로 여겼다. 또는 이마 중앙의 융기한 뼈가 왼쪽 발제(髮際)로 들어간 것을 일각이라 하고, 오른쪽 발제로 들어간 것을 월각(月角)이라 한다. 흔히 제왕(帝王)을 이르는 말로 쓰인다.

269 번개……황홀했는데 : 진공선사비에 집자(集字)된 당 태종의 글씨를 번개에 비유하여 읊은 것이다.

270 가을밤의……많았네 : 진공선사비가 많은 곡절을 겪으면서 조각조각 쪼개진 것을 읊은 것으로 보인다.

271 세상 변하여 : 능곡(陵谷)은 상전벽해(桑田碧海)처럼 세상이 많이 변하는 것을 뜻하는 말이다. 《시경》〈시월지교(十月之交)〉에 "높은 언덕은 골짜기로 뒤바뀌고, 깊은 골짜기는 언덕으로 변했도다.〔高岸爲谷, 深谷爲陵.〕"라는 말이 있다.

272 누가……끌어왔나 : 진공 선사의 비석을 관아 옆으로 옮긴 사람이 누구냐는 말이다. 만우역(萬牛役)은 일만 마리의 소가 하는 일로, 힘이 대단히 센 것을 표현한 말이다. 소식(蘇軾)의 시에 "만우가 땀을 흘리며 힘을 써도 끌어낼 수가 없다.〔萬牛喘汗力莫牽〕"라는 구절이 있다. 《蘇東坡詩集 卷19 咏怪石》

어리석고 사나운 어느 장군이 是何將軍椎且頑
불사르고 쇠 두드려 멋대로 흩어 놓았네 火焚鐵鍛恣狼藉
대추나무에 새긴 역산비도 알아볼 수 없으니[273] 嶧碑棗刻亦茫昧
사나운 불꽃 어찌 곤강의 액보다 너그러울까[274] 烈焰肯饒崑岡厄
내가 지금 제왕의 필적을 소중히 여겨 我今重是帝王筆
거두어 보존하려 높은 비각 세웠네 收拾爲創高棟閣
얻은 것이 이미 석고문 만큼 많은데[275] 所得旣比周鼓多
이지러져 잘못된 글자 칼로 찍은 것보다 적으랴 缺訛況少遭劍斫

273 대추나무에……없으니 : 역비(嶧碑)는 역산비(嶧山碑)로, 진 시황(秦始皇) 28년에 순행(巡行) 도중 역산에 올라가, 진 나라의 공덕을 찬송하며 새긴 비명(碑銘)을 말한다. 진(秦)의 승상(丞相) 이사(李斯)가 소전체(小篆體)로 새겼다고 한다. 조각(棗刻)은 대추나무에 새긴다는 말인데, 두보(杜甫)의 〈이조팔분소전가(李潮八分小篆歌)〉에 "역산의 비를 들불이 소각시키니, 대추나무에 옮겨 새긴 건 살쪄서 참모습 잃었네.〔嶧山之碑野火焚, 棗木傳刻肥失眞.〕"라고 하였다. 이로 보아 역산비가 소실되자 그 비를 본떠서 대추나무에 새겼으나, 본래의 서체와는 다르게 되었음을 알 수 있다. 여기서는 이러한 사실을 인용하여 역산비를 본뜬 것도 실제와 달라서 본래의 면모를 알아볼 수 없다고 읊은 것이다.

274 사나운……너그러울까 : 역산비를 태운 들불이 곤강의 액보다 덜하지 않다는 말로 비석의 손상을 의미한다. 곤강액(崑岡厄)은 착한 사람이나 악한 사람이 다 같이 제앙을 당함을 비유한 말이다. 《서경》〈윤정(胤征)〉에 "곤강에 불이 나면 옥과 돌이 함께 탄다.〔火炎崑岡, 玉石俱焚.〕"라고 하였다.

275 얻은……많은데 : 진공선사비의 조각이 여러 개임을 읊은 것이다. 주고(周鼓)는 석고문(石鼓文)을 말한다. 석고는 주나라 선왕(宣王) 때에 사주(史籒)가 선왕의 공덕을 칭송하는 글을 지어서 새겨 놓은 돌인데, 그 모양이 북과 비슷하다 하여 석고라 한 것이다. 처음에 기양현(岐陽縣)에 세웠는데, 당나라 때 정여경(鄭餘慶)이 섬서성 진창산(陳倉山)에 흩어져 있던 것을 봉상현(鳳翔縣)에 있는 공자묘(孔子廟)로 옮겼다. 이 사실을 읊은 한유의 〈석고가(石鼓歌)〉가 유명하다.

당 태종[276]의 과법 비록 졸렬하다 하나 秦王戈法雖號拙
진대 서법의 전형을 오히려 의지해 알 수 있지 晉世儀刑尙有托
아 삼한을 통일한 저 고려 태조는 歎彼麗祖統三韓
불교[277]에 의지하여 국맥을 떠받치려 하였네 欲憑象教扶國脈
홀로 이 글 남겨 경계를 삼았으니 獨留斯文具鑑戒
험한 길에 어지러운 바퀴 자국 전적으로 이어졌네 亂轍危塗接載籍
아 소릉의 글씨 곡령 노인에게서 나오니[278] 嗚呼昭陵書出鵠嶺老
묵묵히 존망 헤아리며 하염없이 눈물 떨군다 默算存亡淚橫落

276 당 태종(唐太宗) : 진왕(秦王)은 당 태종 이세민(李世民)이 황제에 즉위하기 전의 봉호(封號)이다.

277 불교 : 상교(象敎)는 불교를 달리 이르는 말이다. 석가가 죽은 뒤에 제자들이 그를 사모하여 나무로 그의 형상을 새기고, 그 형상으로써 사람들을 가르친 데서 비롯된 말이다. 남조 양(南朝梁) 원제(元帝)의 〈내전비명집림서(內典碑銘集林序)〉에 "상교가 동쪽으로 유행하니 교화가 남국에 행해졌다.〔象敎東流, 化行南國.〕"라는 말이 있다.

278 소릉(昭陵)의……나오니 : 고려 태조 왕건이 비문을 지음으로써 당 태종의 글씨가 비문에 쓰이게 되었다는 말이다. 소릉은 산시성 예천현 현성 구종산에 있는 당 태종의 능이다. 곡령(鵠嶺)은 송악(松嶽)을 말하므로, 여기서는 고려 태조를 가리킨다. 《동국통감(東國通鑑)》에 "고려 현종(顯宗) 경신(庚申) 11년(1020)에 신라의 집사성 시랑(執事省侍郎) 최치원을 내사령(內史令)에 추증하고, 선성(先聖)의 묘정에 종사(從祀)하게 하였다. 당초 태조(太祖)가 잠저(潛邸)에 있을 때, 고운이 보낸 글 중에 '계림에는 누런 잎이 지고, 곡령에는 소나무가 푸르다.〔雞林黃葉, 鵠嶺靑松.〕'라는 구절이 있었다."라는 말이 나온다.

묘당에서 논의하여 진 도독[279] 접반사를 맡겼으므로 해임되어 조정으로 돌아오면서 오대산 철쭉장에 쓰다

廟堂議充陳都督接伴使 解任還朝 題臺山躑躅杖

중대[280]의 푸른 숲 꿈속에도 아련하고 中臺積翠夢依依
골짝의 안개와 노을 아직도 옷에 가득하다 洞府煙霞尙滿衣
관동에서 떠나는 행장 별다른 물건 없으니 關外行裝無別物
쓸쓸히 지팡이 짝해 돌아간다 蕭然相伴一笻歸

279 진 도독(陳都督) : 명(明)나라 등주 총병(登州總兵) 진홍범(陳弘範)이다.

280 중대(中臺) : 오대산 비로봉을 가리킨다. 옛날에는 가운데 있는 봉우리라고 해서 중대라고 하였다. 328쪽 각주181 참조.

장차 서쪽으로 가게 되었으므로 여러 사람들과 함께 울암사[281]를 유람하다

將作西行 同諸人遊鬱岩寺

양쪽 절벽이 원기로 갈라져　雙崖擘元氣
강물이 밤낮으로 달린다　江水日夜奔
좁은 협곡 비구름 머금은 채　束峽含雲雨
가없이 천고의 세월 보냈네　浩浩千古存
청량한 작은 절[282]　清涼小祇園
적막한 산문에서　寂寞當山門
차 끓여 놓고 가는 사람 이끌어　茶湯延行色
멀리 가는 내 마음 위로하네　慰我遠遊魂
늘그막에 형역에 쫓겨　衰晚迫形役
이별하는 마음 말로 다할 수 없구나　離意不可論
오래 앉았노라니 촛불 짧아지고　坐久蠟炬短
문 나서니 별들 반짝이누나　出戶星宿翻
이 인생 가고 머묾 알 수 없으니　此生迷去住
망연히 천지에 맡길 수밖에　惘然信乾坤

281 울암사(鬱岩寺) : 강원도 원주시 홍업면 월송리에 있던 사찰이다.

282 절 : 기원(祇園)은 사찰을 의미한다. 372쪽 각주260 참조.

도중에 예전에 놀던 일을 기록하다

途次紀舊遊

우연히 명승지로 나와 적성[283] 방문하여	偶出名區訪赤城
초연히 세속의 먼지 잠시 털어 본다	超然暫撥世塵嬰
동아는 우환 속에 사는 슬픔 있었는데[284]	東阿謾有憂生戚
내사는 즐겁게 죽을 마음 많았네[285]	內史仍多樂死情
바닷가 운하는 훗날 밤 꿈에 보이겠고	海上雲霞他夜夢
산속 물과 돌은 지난해의 소리 여전하네	山中水石去年聲
신선놀이 한번 흩어져 요대[286]와 멀어지니	仙遊一散瑤臺隔
예전 그 사람 백발만 늘어 밝구나	依舊人間白髮明

283 적성(赤城) : 도교의 이른바 적성산동(赤城山洞)으로, 선경(仙境)의 하나이다.

284 동아(東阿)는……있었는데 : 동아는 동아왕(東阿王)에 봉해진 조식(曹植, 192~232)을 가리킨다. 그의 자는 자건(子建), 시호는 진사왕(陳思王)이다. 아버지는 조조(曹操), 형은 조조의 후계자가 된 조비(曹丕)이다. 220년 문제(文帝)가 된 조비는 동생의 생활을 되도록 고달프게 하려고 했다. 그에 따른 조식의 좌절과 불행은 그가 지은 시 대부분의 주제가 되었다.

285 내사(內史)는……많았네 : 왕희지(王羲之)의 고사를 인용한 것이다. 내사는 왕희지가 회계 내사(會稽內史)를 역임하였기 때문에 이렇게 부른 것으로 보인다. 《어정연감유함(御定淵監類函)》 권307에 "진나라 왕희지가 관직을 버리고 동토의 인사들과 함께 산수에서 주살질하고 낚시하는 즐거움을 누렸다. 또 도사 허매와 함께 복식을 수행하여 좋은 약초를 두루 캐기 위해 유명한 산을 유람하고 푸른 바다에 배를 띄웠는데, 탄식하며 말하기를 '내가 마땅히 즐겁게 죽을 것이다.' 하였다.〔晉王羲之去官, 與東土人士, 營山水弋釣之娛. 又與道士許邁, 共修服食, 徧采名藥, 遊名山泛滄海, 歎曰, 我當以樂死.〕"라는 내용이 있다.

286 요대(瑤臺) : 옥으로 장식한 누대로, 신선이 거처하는 곳을 가리킨다.

환발편 병서

宦髮篇 幷序

나는 벼슬길에 들어선 게 가장 빨랐으니, 스물네 살에 예조 좌랑(禮曹佐郎)이 되었다. 머리카락이 세기 시작한 것도 빨라 서른세 살에 흰머리[287]가 났으니, 마음으로 슬퍼하며 내심 부끄러워하고 속상해한 지 오래되었다. 그러나 관직은 요행히도 차례를 뛰어 넘어 열경(列卿)에까지 이르렀는데, 그만둘 수 있으나 그만두지 않았고, 흰머리가 보이기 시작한 지 15년에 새치 뽑기를 그만둘 수 있었는데도 그만두지 않으니, 낯 뜨겁게 더욱 부끄럽다. 이제 문득 스스로 맹세하여, 벼슬살이는 예순 살이 되면 그만두고, 흰머리는 쉰 살이 되면 새치 뽑기를 멈추리라 마음먹으니, 의지가 매우 결연하다. 이윽고 또 스스로 웃으며 말하기를 "이것은 기일을 늦춘 것이니 나 스스로에게 관용을 잘 베푼다."라고 하였다. 그러나 내 나이 지금 마흔여덟 살이다. 쉰 살과 예순 살까지는 고작 2년과 12년이 남았으니, 촉박하기도 하고 아득하기도 하다. 뒤숭숭하여 참으로 무료하니, 어찌 쉽게 말할 수 있겠는가. 무릇 사람들이 부귀해지려 하고 아름다움을 지키려는 마음은 늙었다고 하여 어찌 한량이 있겠는가. 저 봉록은 600석에 지나지 않고, 머리가 허옇게 되었는데도 뽑지 않는 것은 말할 것도 없다. 하지만 세상에는 한 벼슬과 한 자급(資級)도 계교하며, 고관대작[288]

287 흰머리 : 이모(二毛)는 흰머리를 말한다. 진(晉)나라 반악(潘岳)의 〈추흥부(秋興賦)〉 서(序)에 "나는 서른두 살 먹었을 적에 흰머리가 나기 시작했다.〔余春秋三十有二, 始見二毛.〕"라고 하였다. 여기에서 유래하여 32세를 이모라고도 한다.

이 되어도 그만두지 않아서 엎어지고 자빠져 조의(朝儀)를 잃고, 만년의 절의에 문제가 있다는 비난을 받는 사람과 늙어서 장차 죽을 정도로 상늙은이가 되어서도 거울을 붙잡고 센 머리 뽑기를 그만두지 않아서 문사들에게 괴로운 말과 거친 말을 듣는 사람이 넘쳐날 정도로 많으니, 내가 뜻한 바와 비교해 보면 차이가 있다. 드디어 고체시 1편을 지어 스스로 해명하는 한편 경계로 삼는다.

벼슬살이는 먼 길을 가는 것과 같아	仕宦如涉遠
가고 가서 갑자기 그만두지 못하고	行行未遽止
백발 뽑는 건 먼지 쓸어냄과 같아	鑷髮如掃塵
눈에 띄면 안 뽑을 수 없구나	在眼不能已
어찌 미리 기한을 정해 두려는 것이랴	豈爲前有期
방에 티끌이 없게 하려는 것도 아니라네	非求室無累
다만 마음이 무료하여	直以意無聊
애써 하고 또 반복할 뿐	黽勉且復爾
먼 길 가자면 길은 끝이 없고	行遠路難極
자주 쓸어내도 먼지는 더욱 쌓이지	掃多塵逾委
사람이 기의 기틀을 탔으니	人生乘氣機
무슨 수로 여기서 벗어나랴	何計得離此

288 고관대작 : 종명(鐘鳴)은 종명정식(鐘鳴鼎食)의 준말로 집안에 사람이 많아서 밥 먹을 시간이 되면 종을 쳐서 모이게 하고, 밥을 먹을 때에는 솥을 늘어놓고 먹는다는 의미로 매우 부귀한 집안을 가리킨다. 왕발(王勃)의 〈등왕각서(滕王閣序)〉에 "마을에 들어찬 집들은 종을 치고 솥을 늘어놓고 먹는 집들이다.〔閭閻撲地, 鍾鳴鼎食之家.〕"라는 말이 있다.

차라리 내 수레를 버리고 未若舍吾車
비질 그치고서 안석에 가득한 것만 못하지 息帚從滿几
비록 그렇지만 상황에 따라 달라지니 雖然靜躁殊
언제나 이런 마음 생길까 걱정이네[289] 常患此心起
내 벼슬은 열경의 반열에 올라 我宦列卿班
요행이 주자[290] 입었고 僥幸被朱紫
내 나이는 지천명[291] 되어 가니 我齒垂知命
늙고 백발 되는 건 당연한 이치라네 衰白固其理
벼슬자리 탐내는 건 진실로 부끄럽지만 進取誠可愧
성성한 백발이야 어찌 수치스러우랴 星星亦奚恥
바라건대 마음속으로 맹세하여 庶幾中自誓
단단히 지켜 죽을 때까지 경계로 삼으리라 執迷戒至死
이 년 뒤에 흰머리 뽑는 일 그만두고 廢鑷期二年
십이 년 기다려 수레 걸리라[292] 懸車待一紀
사람 마음은 괴롭게도 어리석어 人情苦蒙蔽
이미 깨닫고도 다시 뒷날을 기다리니 旣悟更他俟
어찌 닭 훔친 늙은이가 曷異攘鷄翁

289 비록……걱정이네 : 상황에 따라 마음먹은 것을 실천하지 못하고, 벼슬에 나가려는 마음과 흰머리를 뽑으려는 마음이 다시 일어날까 걱정이라는 말이다.

290 주자(朱紫) : 붉은 색과 자주색 옷으로 고관대작이 입는 옷을 가리킨다.

291 지천명(知天命) : 지명(知命)은 지천명으로 50세를 가리킨다.

292 십이 년……걸리라 : 12년 뒤에 벼슬을 그만두겠다는 말이다. 일기(一紀)는 12년이고, 현거(懸車)는 수레를 걸어 놓는다는 의미로, 나이가 들어 밖에 나다닐 필요가 없게 되었음을 나타낸다. 늙어서 벼슬을 그만두고 은퇴한다는 의미로 사용된다.

멍하니 시비를 알지 못함과 다르랴[293] 茫然混非是

293 어찌……다르랴 : 벼슬을 그만두고 흰머리 뽑는 것을 중단하는 것이 옳다는 것을 안다면 곧바로 실행해야 하는데, 그렇게 하지 않는다면 이웃집의 닭을 훔쳤던 노인과 다를 것이 없다는 말이다. 이웃집의 닭을 훔쳤던 노인에 대한 이야기는 《맹자》〈등문공하(滕文公下)〉에 "대영지가 말하기를 '10분의 1의 세법을 실시하고, 관문과 시장의 징세를 폐지하는 것을 지금은 할 수 없으니, 청컨대 경감시켰다가 내년을 기다린 뒤에 폐지하는 것이 어떻겠습니까.' 하였다. 맹자가 말하기를 '지금 날마다 그 이웃의 닭을 훔치는 사람이 있는데, 어떤 사람이 고하여 말하기를 「이것은 군자의 도리가 아닙니다.」라고 하자 그 사람이 말하기를 「청컨대 숫자를 줄여서 달마다 한 마리 닭을 훔치다가 내년을 기다린 뒤에 그만두겠습니다.」라고 하는 것과 같도다. 만일 의가 아님을 안다면 서둘러 그만두어야 할 것이니, 어찌 내년을 기다리겠는가.' 하였다.〔戴盈之曰, 什一, 去關市之征, 今玆未能, 請輕之, 以待來年, 然後已, 何如. 孟子曰, 今有人日攘其鄰之雞者, 或告之曰, 是非君子之道. 曰, 請損之, 月攘一雞, 以待來年, 然後已. 如知其非義, 斯速已矣, 何待來年.〕"라는 말에서 나왔다.

동주집

전집 제8권

詩시

병자년(1636, 인조14)에 나는 진 도독(陳都督)[1]의 접반사(接伴使)로 관동 절도사를 그만두고 조정으로 돌아왔다. 8월이 되도록 진 도독은 오지 않고, 등래도(登萊道) 감군어사(監軍御使) 예장(豫章) 황손무(黃孫茂) 공이 칙서(勅書)를 받들고 오니,[2] 임금께서 특명으로 나의 임무를 감군의 접빈(接儐)으로 바꾸고, 객관에서 영접하는 예를 한결같이 조사(詔使)처럼 하게 하셨다. 이에 종사관(從事官) 김익희(金益熙)[3]와 이행진(李行進)[4]을 데리고 밤을 새워 달려가니, 안주[5]에 도착한 다음 날 감군이 육지에 내렸다. 감군은 초(楚)나라 사람이다. 기질이 거만하고 대단히 굳세며 도도하여 비위 맞추기가 어려웠다. 평양에 도착하자 시 두 편을 내보이며 화답하게 하였다. 나의 시 가운데 한 연(聯)에 말하기를 "의관은 아직도 은나라의 백색을 본받고,

1 진 도독(陳都督) : 명(明)나라 등주 총병(登州總兵) 진홍범(陳弘範)이다.

2 등래도(登萊道)……오니 : 등래도는 중국의 등주(登州)와 내주(萊州)로 오늘날 산동(山東) 지방이다. 《인조실록》 14년 9월 1일 기사에 "감군(監軍) 황손무(黃孫茂)가 칙서를 받들고 오니, 상이 모화관에 나아가 영접하고 인정전에 이르러 의식대로 칙서에 절하였다." 하였다.

3 김익희(金益熙) : 1610~1656. 본관은 광산(光山), 자는 중문(仲文), 호는 창주(滄洲)이다. 《宋子大全 卷158 滄洲金公神道碑銘 幷序》 병자호란 때 척화론자(斥和論者)로서 화의를 반대하였고, 인조를 따라 남한산성에 가서 독전어사(督戰御使)가 되었다. 시호는 문정(文貞)이다.

4 이행진(李行進) : 1597~1665. 본관은 전의(全義), 자는 사겸(士謙), 호는 지암(止菴)이다. 1635년(인조13) 문과에 급제하였고, 조사(詔使) 황손무(黃孫茂)가 왔을 때 접반종사(接伴從事)가 되었다. 현종(顯宗) 재위 당시에는 송도 유수(松都留守)와 경기 감사(京畿監司)가 되었다. 《老村集 卷5 嘉善大夫吏曹參判止庵李公墓表陰記》

5 안주 : 평안북도(平安北道)의 병영(兵營) 소재지이다.

초목은 멀리 태산의 푸르름에 이어졌네."라고 하였다. 감군이 대단히 칭찬하며 품평하기를 "성당(盛唐)의 풍운(風韻)을 지니고 있다. 마땅히 서둘러 글로 새겨서 대아(大雅)의 명성을 울리라."라고 하였다. 이후 나를 각별한 예로 대해 주니, 가대부(賈大夫)의 활쏘기를 보잘것없다고 하지 못할 것이다.[6] 감군과 주고받은 작품과 오가는 동안 지은 작품들은 모두 잃어버리고 남아 있지 않으니, 막료(幕僚)와 수창한 시 수십 편을 기억해 내서 여기에 기록한다.

회란석에서
廻瀾石

임인년(1602, 선조35)에 나는 어린 나이로 아버지를 따라 이곳을 지나갔었다. 이제 35년이 흘러 옛 자취를 거듭 거쳐 가게 되었는데, 어렴풋한 백발이 되었기에 이 시를 써서 감회를 기록한다.

백 길 회란석	百丈廻瀾石
거듭 태사의 비[7] 찾아왔네	重尋太史碑

6 가대부(賈大夫)의……것이다 : 자신이 가진 재주로 큰일을 하였다는 의미로, 이민구가 시작(詩作)의 재주로 거만한 황손무의 태도를 바꾸게 하였다는 말이다. 춘추 시대 때 몹시 못생긴 가대부가 아름다운 부인에게 장가를 들었는데, 부인이 3년 동안 웃지도 않고 말하지도 않았다. 그러던 어느 날 밖으로 나가서 꿩을 쏘아 잡으니, 그 부인이 비로소 웃었다. 그러자 가대부가 말하기를 "재기를 배우지 않아서는 안 된다. 내가 활을 잘 쏘지 못했더라면, 부인은 말하지도 않고 웃지도 않았을 것이다.〔才之不可以已, 我不能射, 女遂不言不笑.〕"라고 하였다. 《春秋左氏傳 昭公28年》

벼랑에는 등나무 덩굴 그림자 짙게 드리우고　　匡添蘿影晦
글자에는 이끼 무늬 수북이 자랐구나　　墨帶蘚文滋
옛 자취를 시냇가에서 상상하노라니　　舊跡臨川想
덧없는 삶 세상살이 서글프다　　浮生閱世悲
누가 알랴 말 탄 나그네　　誰知馬行客
오래 전에 귀밑머리 하얘진 걸　　宿昔鬢成絲

7 백 길……비 : 태사비(太史碑)는 황해도 금천의 남천(南川)에 있는 비석을 가리키며, 회란석은 비석 뒷면에 쓰여진 글자이다. 이해응(李海應)의 《계산기정(薊山紀程)》에 "금릉관(金陵館) 남쪽에는 깎아지른 석벽이 개울가에 치솟아 있다. 이것은 박연(朴淵)의 하류이다. 석벽면에는 영수병(映水屛)이라는 글자가 새겨져 있다. 그 앞에는 귀부(龜趺)의 비석이 민간의 밭 가운데 서 있으니, 바로 명(明)의 조사(詔使) 허국(許國)과 위시량(魏時亮)의 시(詩)가 있는 곳이고, 그 비석 뒷면에는 또 회란석(廻瀾石)이라는 세 글자가 커다랗게 새겨 있다."라고 하였다.

족금계[8]에서

簇錦溪

세상에 태어나 부림 받으니	宇宙從爲役
풍진 세상에 명예 바라지 않네	塵埃不要名
외로운 배는 검은 언덕에 막히고	孤舟防岸黑
한 불빛이 냇물 비쳐 밝구나	一火照川明
달은 망루의 빛깔 감추는데	月隱譙樓色
바람이 수루의 뿔피리 소리 전해 준다	風傳戍角聲
누가 알랴 나루 묻는 사람이	誰知問津者
오히려 깊은 밤에도 가는 줄을	猶自夜深行

8 족금계(簇錦溪) : 황해도(黃海道) 황주(黃州)에 있는 계곡의 이름이다.

해 질 녘에

落日

해 질 녘 시냇가에 있노라니	落日在川上
뉘엿뉘엿 남은 햇살 차갑구나	亭亭餘照寒
텅 비고 밝은 기운은 그친 물 따르고	虛明隨止水
깊고 넓은 물은 달리는 여울 만나네	滉瀁遇奔湍
신령한 본성은 고요하면서도 활발한데	靈性靜猶活
인심은 위태하여 안정되지 못하네	人心危未安
아득한 속에도 지극히 정미한 이치를	冥冥至精理
후천으로만 보지 말아야 하리	莫作後天看

극성[9]에서

棘城

해 질 녘 숲 까마귀 날고 落日林烏起
평평한 모래밭으로 좁은 들길 뻗어 있네 平沙野徑微
이 산하에 수많은 전투 있었으니 山河經百戰
창과 갑옷이 아마도 몇 겹이나 에웠겠지 戈甲想重圍
초목에 병란의 기운 얽혔으니 艸木纏兵氣
바람과 서리에 쇠 갑옷 차갑구나 風霜冷鐵衣
장군의 사당 남아 있어 將軍遺廟在
세상 혼란에 눈물만 부질없이 뿌리노라 世亂涕空揮

9 극성(棘城) : 황해도 황주(黃州)에 있는 진명(鎭名)이다. 이곳은 본디 병란(兵亂)을 자주 겪은 지역으로, 고려 말기에는 관군(官軍)이 홍건적(紅巾賊)을 맞아 싸우다가 모조리 섬멸당하기도 하였다. 그래서 백골이 들판에 여기저기 나뒹굴고 있으므로, 날이 흐리고 비가 내리는 때면 귀신이 나타나서 원통함을 호소하였고, 그것이 끝내는 여기(厲氣)로 변하여 전염병이 번져서 이 지역의 백성들이 많이 죽었으므로, 나라에서 여기에 여단(厲壇)을 만들어 매년 봄가을로 제사를 지내기까지 했다고 한다. 이러한 사실은 《세종실록(世宗實錄)》 24년 8월 4일 기사에 수록된 "지금 경이 아뢰기를 '도내의 나쁜 병에 걸린 사람들은 모두 봉산과 극성의 해골이 빌미인 것으로 생각하여 요사한 의심이 마음속에 가득하게 되므로, 점차 심로의 병을 일으켜서 스스로 죽기에 이르게 되는 것이 틀림없습니다.' 하니, 모름지기 중을 모아 해골을 주어 태워 버려 의혹을 풀어주라. 또 수륙재는 여제의 한 예로서 또한 백성을 구제하는 일이니, 우선 백성들의 소원에 좇아 무오년의 전례에 의하여 다시 거행하는 것이 어떻겠는가.〔今卿啓云, 道內惡病人, 皆以爲鳳山棘城髑髏爲祟, 邪疑滿腹, 漸成勞瘵, 自至死亡必矣. 須募僧拾骨燒之, 以解疑惑. 且水陸齋, 乃癘祭之例, 亦是救民之事, 姑從民願, 依戊午年例復行何如.〕"라는 내용을 통해서도 확인할 수 있다.

종사 이행진[10]의 운자에 맞춰 짓다
次李從事韻

변방 가을날 차가워 기러기 남으로 날아가는데	關河秋冷雁南飛
서쪽 가는 나그네 지는 햇살 향했네	客子西行向落暉
들 밖 뭇 산들 바다에 임해 작게 보이고	野外群山臨海小
하늘가 큰 나무는 마을 주변에 희미하다	天邊喬木傍村稀
시절 위태하여 도로에서 슬픈 뿔피리 소리 듣고	時危道路聞悲角
해 저물어 바람 서리에 수의를 그리워하네[11]	歲晏風霜戀授衣
시름겨운 눈으로 쓸쓸히 먼 곳 자주 바라보지만	愁眼蕭條頻望遠
어찌 고향으로 돌아가는 것만 같으랴	何曾得似故鄕歸

10 이행진(李行進) : 1597~1665. 본관은 전의(全義), 자는 사겸(士謙), 호는 지암(止菴)이다. 조사(詔使) 황손무(黃孫茂)가 왔을 때 접반종사(接伴從事)가 되었다.《老村集 卷5 嘉善大夫吏曹參判止庵李公墓表陰記》

11 해……그리워하네 : 겨울옷으로 갈아입는 때가 되었다는 말이다. 수의(授衣)는 옷을 준다는 뜻으로, 옛날에 9월이 되면 미리 동의(冬衣)를 만들어서 주었던 것을 말한다.《시경》〈칠월(七月)〉에 "칠월에 대화심성이 서쪽으로 내려가거든, 9월에는 옷을 만들어 주느니라.〔七月流火, 九月授衣.〕" 하였다.

황주로 돌아오니 감군[12]이 태허루[13]에서 잔치를 마련하였다
回到黃州 監軍設宴太虛樓

높은 당 화려한 잔치에서 은혜 입으니	高堂華讌辱恩私
술잔 가만히 즐기며 일어나려 않네	盃酒從容欲起遲
자수는 갑자 같음이 스스로 부끄러운데[14]	雌樹自慙同甲子
웅풍은 깃발 바라봄을 다행으로 생각하네[15]	雄風竊幸望旌旗

12 감군(監軍) : 감군어사(監軍御使) 황손무(黃孫茂)를 가리킨다. 1636년(인조14) 심세괴(沈世魁)가 상주한 내용을 본 명나라 의종(毅宗)이 우리나라를 표창하는 조서를 내리면서 감군어사 황손무를 가도(椵島)로 파견했으나, 그 이듬해 내분으로 인해 황손무는 도독 심세괴의 부하에게 피살되었다.

13 태허루(太虛樓) : 황해도 황주군에 있던 누정이다.

14 자수(雌樹)는……부끄러운데 : 이민구와 황손무의 나이가 같다는 말이다. 자수는 당나라 배도(裵度)와 관련된 고사에 보인다. 《설부(說郛)》 권34하(下)에 "배도가 재상으로 있을 때, 어떤 사람이 괴영 하나를 보내오므로 깎아서 베개를 만들고자 하였다. 당시 낭중 유위는 세상 사람들이 박물가라고 일컬었으므로, 그를 불러 감별하게 하였다. 유위가 한참 동안 이리저리 살펴보고 말하기를 '이 괴영은 암나무에서 자란 것이니 사용할 수 없을 것 같습니다.' 하였다. 배도가 말하기를 '낭중의 생년은 언제인가.' 하니 유위가 말하기를 '저는 대감과 같은 갑진년 생입니다.' 하였다. 배도가 웃으며 말하기를 '낭중은 자갑진년 생이다.' 하였다.〔裵晉公度在相位日, 有人寄槐瘿一枚, 欲削爲枕. 時郎中庾威, 世稱博物, 召請別之. 庾捧玩良久白曰, 此槐瘿, 是雌樹生者, 恐不堪用. 裵曰, 郎中甲子多少. 庾曰, 某與令公同是甲辰生. 公笑曰, 郎中便是雌甲辰.〕"라는 내용이 보인다. 이 고사를 인용하여 이민구 자신을 자수라 한 것이다. 황손무의 생년은 미상인데, 이 시의 내용에 의거하여 그도 이민구처럼 1589년생임을 알 수 있다.

15 웅풍(雄風)은……생각하네 : 황손무가 이민구를 만난 것을 다행스럽게 생각한다는 말이다. 웅풍은 초(楚)나라 송옥(宋玉)의 〈풍부(風賦)〉에 보인다. 송옥은 양왕(襄

성 추워지니 밤빛이 서루에 솟고	城寒夜色西樓湧
하늘 어두우니 가을 구름이 북두성에 드리웠네	天暝秋陰北斗垂
훗날 신선 뗏목이 푸른 바다로 막히면	他日仙槎滄海隔
이 몸의 흉금을 누구에게 펼쳐 보일까[16]	此生襟抱向誰披

王)의 질문에 대해, 호화로운 왕이 사는 곳에 부는 바람은 웅풍이요, 곤궁한 백성들의 집에 부는 바람은 자풍(雌風)이라 하여 풍자하였다. 여기서는 황손무를 웅풍으로 표현한 것이다.

16 훗날……보일까 : 감군어사 황손무가 고국으로 돌아가고 나면, 이민구 자신의 흉금을 펼쳐 보일 대상이 없게 된다는 말이다.

재송정[17]에서 기성[18]을 바라보다

栽松亭 望箕城

드넓은 가을 들판에 저녁연기 잔잔할 제	秋郊莽蒼暮煙平
또 조각배에 올라 옛 서울 바라보노라	又上扁舟望舊京
대륙의 풍운에 한기 절로 일고	大陸風雲寒自起
긴 강의 물결은 고요한 가운데 일렁인다	長江波浪靜還生
성과 해자는 천년 세월 변치 않았건만	城隍不改千年在
서리와 이슬이 재촉해 한 해를 이루누나	霜露相催一歲成
역로 오가며 사람 쉬 늙었으니	來往驛程人易老
연광정[19]에 감회 일어난다	練光樓閣只含情

17 재송정(栽松亭) : 평양부(平壤府) 남쪽 11리에 있는 재송원(栽松院)에 있다. 《東國輿地勝覽 卷51 平安道》

18 기성(箕城) : 평양성을 말한다.

19 연광정(練光亭) : 평양의 대동강 가 바위 위에 있는 정자 이름이다.

기자묘[20]에서

箕子墓

기자묘 문에 가을 햇살 곱게 비추는데	箕子墓門秋日鮮
나그네는 석양[21] 앞에 눈물 뿌리노라	行人洒淚石羊前
주나라 운이 열리자 인자와 현자 떠나고[22]	周邦運啓仁賢去
공벽에서 책이 나와 큰 법이 전해졌네[23]	孔壁書開大法傳
강가의 여염집은 어정으로 통하고	江上閭閻通御井
성 주변 경계에서 공전을 알겠네[24]	城邊經界辨公田

20 기자묘(箕子墓) : 은(殷)나라 기자(箕子)를 모신 사당으로, 평양부(平壤府) 북쪽 토산(兎山) 위에 있다. 《新增東國輿地勝覽 卷51 平安道》

21 석양(石羊) : 옛날 귀인의 묘(墓) 앞에 세우는 돌로 깎아 만든 양을 가리킨다.

22 주(周)나라……떠나고 : 은(殷)나라가 망하고 주나라가 일어나자, 은나라의 인인(仁人)과 현자(賢者)가 떠나갔다는 말이다. 기자는 본래 은나라 마지막 임금 주(紂)의 제부(諸父)이다. 주왕이 학정을 일삼아 주나라 무왕(武王)이 혁명을 일으키자, 기자는 종이 되어 《홍범(洪範)》을 무왕에게 전수한 뒤 떠났다. 《논어》 〈미자(微子)〉에 "미자는 떠나가고, 기자는 종이 되었으며, 비간은 간하다 죽었다.〔微子去之, 箕子爲之奴, 比干諫而死.〕"라는 내용이 있다.

23 공벽(孔壁)에서……전해졌네 : 공자의 구택에서 나온 책을 통해 기자의 《홍범(洪範)》이 전해졌다는 말이다. 공벽은 공자 구택의 벽이라는 말로, 한(漢)나라 때 노 공왕(魯恭王)이 궁(宮)을 넓히기 위하여 공자의 구택(舊宅)을 헐다가, 그 벽 속에서 《고문상서(古文尙書)》, 《예기(禮記)》, 《논어》, 《효경(孝經)》등을 얻었다.

24 강가의……알겠네 : 정전법(井田法)을 시행한 자취가 남아 있다는 말이다. 공전(公田)은 사전(私田)과 대칭되는 개념으로, 공동 경작하여 세금으로 납부하던 경작지를 의미한다.

은허의 보리 이삭 깊은 한 그만두었는데	殷墟麥秀休深恨
이곳의 쑥은 또 몇 년이나 자랐나[25]	此地蓬蒿又幾年

25 은허(殷墟)의……자랐나 : 망한 은나라 터에 자란 보리는 예전의 원망을 잊었는데, 지금 기자묘 앞에 자란 쑥은 또 몇 년이나 묵어 황량하냐는 말이다. 은나라가 망한 뒤에, 기자가 옛날 은나라 터를 지나다가 궁실이 모두 무너지고 무성하게 보리 이삭이 팬 것을 보고는 가슴이 아팠는데, 곡을 하자니 안 될 일이고 울자니 부녀자와 비슷하게 될 듯하여, 이에 〈맥수가(麥秀歌)〉를 지어 노래하였다고 한다. 《史記 卷38 宋微子世家》

숙녕관[26]에서

肅寧館

스산한 골짜기에 풍운 일어 밤낮으로 음침하고	哀壑風雲晝夜陰
뭇 산의 초목은 앙상히 시들었네	群山艸木氣蕭森
푸른 등불이 삼경의 꿈 홀로 비추는데	靑燈獨照三更夢
자극에 일촌의 마음 길게 매달렸네[27]	紫極長懸一寸心
서신 기다려도 날 추워 돌아오는 기러기 드물고	書信天寒歸雁少
강호에 해 저물어 용은 깊숙이 숨는구나	江湖歲暮蟄龍深
동으로 흐르는 맑은 물과 서로 지는 해	東流白水西頹日
세월이 귀밑머리에 침범하는 줄을 아노라	早覺年光入鬢侵

26 숙녕관(肅寧館) : 평안도 숙천부(肅川府)의 서쪽에 있던 객관이다.

27 자극(紫極)에……매달렸네 : 도성에 있는 임금이 그립다는 표현이다. 자극은 황제의 궁궐이다. 천제(天帝)는 자색(紫色)의 궁궐에 거처한다 하여 궁궐을 자미궁(紫微宮), 자궁(紫宮), 자달(紫闥) 등으로 표시하기 때문에 붙여진 이름이다.

바다를 건너가는 감군 황손무와 이별하다

奉別黃監軍過海

천자의 조서[28] 내리자 그 빛을 모시고	綸綍從天御墨光
공께서 옥부절 쥐고 궁벽한 나라에 오셨네	公持玉節下偏荒
소 탄 노자가 지나니 관문에 자색 구름 일었고[29]	騎牛柱史關猶紫
돌을 꾸짖은 신선의 성도 본래 황씨였지[30]	叱石仙人姓本黃
막부에서 군대 사열하니 붉은 해 돌아오고	幕府觀兵回赤日
군문에 늘어선 창 맑은 서리처럼 빛나네	轅門列戟耀淸霜
돌아가는 뱃길 가을바람에 맡겨야 하는데	歸檣只信秋風便
바다는 오늘도 고요하여 바람 일지 않네	滄海于今靜不揚

28 조서(詔書) : 윤발(綸綍)은 임금의 조서를 가리키는데, 여기서는 감군어사 황손무(黃孫茂)가 가지고 온 천자의 조서를 의미한다.

29 소……일었고 : 주사(柱史)는 주하사(柱下史)의 약칭으로, 주하사 벼슬을 지낸 노자(老子)를 가리킨다. 《병지(駢志)》 권16 〈신부 하(辛部下)〉에 "《열이전》에 '노자가 서쪽으로 갈 때에 관령 윤희가 바라보니, 자색 기운이 관에 넘실거리고 있었는데, 노자가 과연 푸른 소를 타고 지나갔다.' 하였다.〔列異傳, 老子西遊, 關令尹喜望見其有紫氣浮關, 而老子果乘靑牛而過.〕"라는 내용이 있다. 이 고사를 인용하여 감군어사 황손무에게 신비감을 더해 준 표현이다.

30 돌을……황씨였지 : 황초평(皇初平)의 고사를 인용하여 감군 황손무와 황초평의 성이 같음을 말한 것이다. 황초평은 어느 도사(道士)를 따라 금화산(金華山) 석실(石室) 속으로 들어가서 신선술을 익혔던 인물이다. 그의 형이 찾아 갔을 때 돌들을 꾸짖자 돌들이 모두 일어나 수만 마리의 양떼를 이루었다고 한다. 《神仙傳 卷2 皇初平》

남포의 가을 물결에 나뭇잎 다 날리고	南浦秋波葉盡飛
신선 배는 닻줄 풀어 서쪽 해 따라가네	仙舟解纜趁西暉
하늘 높아 수리와 매는 도리어 더 높이 날고	天高鵰鶚還增擊
땅 넓어 구름과 용은 길이 의지함을 잃었네[31]	地闊雲龍永失依
공의 뜻은 손님이 돌아보지 않음만 알고[32]	公意但知賓不顧
나의 정은 나그네가 돌아가지 않기를 바라네	我情唯願客無歸
이별한 혼이 암암리에 풍상의 색에 맺혀	離魂暗結風霜色
산동 어사의 옷에 오르려 하네	欲上山東御史衣

31 하늘……잃었네 : 이민구와 황손무가 헤어지게 되었음을 말한 것이다. 조악(鵰鶚)은 맹금류인 수리와 물수리의 합칭으로, 전하여 재망(才望)이 출중한 사람을 비유하는데, 여기서는 황손무를 가리킨다. 두보(杜甫)의 시에 "교룡은 운우를 얻은 듯하고, 조악은 가을 하늘에 있는 듯하네.〔蛟龍得雲雨, 鵰鶚在秋天.〕"라고 하였다.《杜少陵詩集 卷5 奉贈嚴八閣老》

32 공의……알고 : 황손무가 미련 없이 돌아간다는 말이다.《논어》〈향당(鄕黨)〉에 "손님이 물러가면 반드시 복명하기를 '손님이 뒤돌아보지 않았습니다.' 하였다.〔賓退, 必復命曰, 賓不顧矣.〕"라는 내용이 보인다.

안주를 출발하다

發安州

사절이 구름 따라 서울로 올라가려	使節隨雲上帝畿
청천강 동쪽 언덕에서 나그네 옷 떨치네	淸川東畔拂征衣
깃털처럼 몸 가벼우니 귀로에 무슨 걱정 있으랴	身輕一羽歸何有
말이 먼 길에 오르니 마치 날아가는 듯	馬就長途去若飛
안북[33]의 누대에서 시름도 함께 사라지고	安北樓臺愁竝失
진서의 조두 소리 꿈에 드물게 들리겠지[34]	鎭西刁斗夢還稀
진중하게 임금께 보고한 뒤	從容草奏金宮後
하상[35]에 국화주 마시는 일 결코 어기지 않으리	菊樹霞觴定不違

33 안북(安北) : 평안남도 안주(安州)로, 예전에 안북부(安北府)가 있었다.

34 진서(鎭西)의……들리겠지 : 변방 군사들이 경계하는 소리를 듣지 않아도 되겠다는 말이다. 진서는 관서지역을 가리킨다. 조두(刁斗)는 낮에는 취사 용구로 쓰다가 밤이 되면 순라(巡邏)를 돌면서 치는 군대의 기물(器物)로, 구리로 되어 있다.

35 하상(霞觴) : 신선(神仙)이 사용하는 술잔을 가리키는데, 여기서는 술잔의 의미로 사용되었다.

감군이 이미 배를 타고 출발하였다가 바람에 막혀 뭍에 내렸다. 밤길을 달려가면서 운자를 거듭 사용하여 머문 막중에 보이다

監軍旣發船 阻風下陸 乘夜馳會 疊韻示留幕

서쪽 가는 손님 보내고 먼 경기로 출발했는데	送客西行出遠畿
인간사의 번복이 구름보다 심하구나	人間翻覆劇雲衣
하량에서 잠시 두 오리 떠나감 안타까웠고[36]	河梁暫惜雙鳧去
송나라는 도리어 육예가 나는 것을 보았지[37]	宋國還瞻六鶂飛
성에서 울리는 군악 소리 너무나 지겨운데	已厭鐃笳城上發
시와 술마저 막중에 드물어 가슴 아프다	仍傷文酒幕中稀
추운 날 다시 청천강 건너가니	天寒更渡淸川水
임금 계신 서울로 돌아갈 계획 갈수록 어긋난다	日下長安計轉違

36 하량(河梁)에서……안타까웠고 : 이별을 애석하게 여긴다는 말이다. 하량은 하수를 건너지른 다리인데, 한(漢)나라 이릉(李陵)이 소무(蘇武)와 작별하면서 준 이별시에 "손을 잡고 하량에 올라가니, 나그네는 저물녘에 어디로 가려는가.〔携手上河梁, 游子暮何之.〕"라는 표현이 있다. 쌍부(雙鳧)는 두 마리의 오리라는 뜻인데, 이릉이 소무에게 위와 같이 이별시를 주자, 소무가 그에 화답한 시에 "두 오리는 북으로 함께 나는데, 외기러기 홀로 남으로 가네.〔雙鳧俱北飛, 一鴈獨南翔.〕"라는 표현이 나온다.

37 송(宋)나라는……보았지 : 감군어사 황손무(黃孫茂)가 바람에 막혀 되돌아오게 되었다는 말이다. 육예(六鶂)는 여섯 개의 깃털을 가진 물새 이름이다. 춘추 시대에 육예가 높이 날다가 거센 바람을 맞아 멈칫거리며 뒤로 밀리자, 송나라 사람들이 재앙이 일어날 조짐으로 여겼다는 고사가 전해 온다.《春秋 僖公16年 杜注》 황손무가 바람 때문에 배를 돌려 돌아왔으므로 이 고사를 인용하여 읊은 것이다.

정주에서 그믐날에

定州 晦日

질병 계속되는 변방의 기나긴 나날	疾病相隨關塞長
가을도 다 저물어가니 나그네 마음 상하네	高秋欲盡旅魂傷
고목에 돌아온 까마귀 천 점으로 보이고	歸鴉老樹還千點
찬 구름에 울며 나는 기러기 떼 한 줄이네	鳴雁寒雲時一行
노쇠한 얼굴에 파리한 몰골이지만	摠有衰顔兼瘦骨
표일한 기운과 굳센 심지마저 사라질까	寧銷逸氣與剛腸
즐거웠던 십 년 세월 부질없이 돌이켜 보노라니	歡娛十載空回首
저녁 비 내리는 산 앞에 석양만 지는구나	暮雨山前只夕陽

신안[38]은 전란 뒤에 만사가 황량하였다. 본대로 지어 모두 다섯 가지 물건을 얻었다

新安亂後萬事荒涼 率賦所見 凡得五物

애써 붉고 검은 용모 베풀어	强施丹漆容
나와 함께 온 밤 지키네	與儂守昏曉
얼마나 아리따운 수줍음 품었는지	爲許抱嬌羞
남은 비춰도 스스로는 비추지 못하누나	照人不自照

위는 나무 등잔을 읊은 것이다.

부러져 스스로 지키지 못하고	摧折不自守
기운데다 초췌하기까지	欹斜復憔悴
오직 일촌의 마음 지녀	唯持一寸心
매양 천 갈래 눈물 흘리누나	每下千行淚

위는 나무 촛대를 읊은 것이다.

오래도록 침소에 둘러 있었으니	舊繞纒綿寢
서로 떨어짐은 생각도 못했이라	分張不可思
비록 붙어 있는 게 많긴 해도	縱然多結束
화려한 모습 부족하구나	只是少葳蕤

위는 부서진 병풍을 읊은 것이다.

38 신안(新安) : 평안북도 정주(定州)의 옛 이름이다.

고작 중심만 남았지만	只保中心在
옛 모습 쇠한 것을 어찌 꺼리랴	何嫌舊樣衰
어여쁘다 연지와 분의 기운에서	可憐脂粉氣
오히려 서로 그리워함을 느끼네	猶自感相思

위는 해진 침낭을 읊은 것이다.

물속에 술 두니	置酒水包內
물 울리는 소리 그윽한 샘처럼 들리네	水鳴聞暗泉
만일 화로의 불이 없다면	若無爐上火
어찌 속이 끓으랴	安得心內煎

위는 오래된 술 데우는 그릇을 읊은 것이다.

공강정[39]에서

控江亭

두 깃발[40] 잠시 큰 강가에 멈췄더니	雙旌暫駐大江頭
마중 온 관리가 조수 타고 채색한 배를 몰아가네	候吏乘潮進綵舟
해 나오자 운하가 포구 끝까지 펼쳐지고	日出雲霞猶極浦
날 맑아 피리와 북소리 중류에도 울리네	天晴簫鼓又中流
늘그막에 질병으로 사람은 건강하기 어려운데	殘年疾病人難健
고향 소식 전할 기러기도 쉬려 하네	故國音書雁欲休
예부터 관서는 경치 좋다 했는데	自古關西形勝地
온 들녘과 우거진 숲에 새 근심만 일어난다	連郊灌莽摠新愁

39 공강정(控江亭) : 평안북도 박천군(博川郡)에 있는 정자이다.

40 두 깃발 : 쌍정(雙旌)은 감사(監司)가 가지고 가는 한 쌍의 깃발로, 당나라 때 절도사(節度使)에게 쌍정과 쌍절(雙節)을 지급하여, 정(旌)으로 포상하고 절(節)로 처벌하게 했던 데서 유래한다. 여기서는 황손무를 맞이하러 나간 이민구 자신의 행차를 말한다.

제승당에서 이 종사관이 유 절도사를 찬미한 시의 운자에 맞춰 짓다[41]

制勝堂 次李從事美柳節度韻

연못이 강처럼 열려 탕지라 불리는데	池開江漢號爲湯
사졸들도 한 마음이라지[42]	士卒還聞一肺腸
명왕[43]으로 하여금 부대로 돌아오게 할 뿐	但使名王歸部曲
교만한 오랑캐가 선봉으로 마주치게 하겠는가	肯令驕虜逆顔行
풍운이 예부터 둘러 있어 산천이 깨끗했는데	風雲舊繞關河白
상로에 막 시들어 초목이 누렇구나	霜露初凋艸木黃
성들을 굳게 지켜 군악 소리 고요하니	鎖鑰列城笳鼓靜
서문엔 오래도록 돈대와 해자 장엄하리	西門終古壯臺隍

41 제승당(制勝堂)에서……짓다 : 제승당은 평안남도 안주(安州)에 있다. 유절도(柳節度)는 1636년(인조14)에 평안도 병마절도사(兵馬節度使)의 직책을 수행한 유림(柳琳, 1581~1643)을 가리킨다. 《인조실록》 14년 2월 29일 기사에 유림을 평안 병사(平安兵使)에 임명한 기록이 있다.

42 연못이……마음이라지 : 제승당의 지리적 여건이 좋을 뿐만 아니라 방비하는 사졸들도 인화(人和)를 이루어 한마음 한뜻으로 뭉쳤다는 말이다.

43 명왕(名王) : 흉노(匈奴)의 제왕(諸王) 가운데 가장 이름이 높은 왕을 가리킨다.

정방산성[44]에서

正方山城

강산 지키는 정방산성 만 길인데	河嶽儲胥萬丈城
중군의 고각 소리 맑은 가을날 울려 퍼진다	中軍鼓角殷秋晴
겹겹 관문으로 요새 만드니 뭇 산들 모인 곳이고	重關設險岡巒集
장교들 나뉘어 지휘하니 조련이 분명하도다	列校分旗組練明
장막 아래 이는 풍운은 새로 세운 진영이고	帳下風雲新作陣
산 앞 초목은 예부터 있던 병사 같다	山前艸木舊爲兵
흉노는 정령의 변방[45]에 접근 마라	匈奴莫近丁零塞
도호부가 이제 무기영[46]에 임한단다	都護方臨戊己營

44 정방산성(正方山城) : 황해도 황주(黃州)에 위치한 산성으로 고려 시대에 축조되었고 1636년(인조14)에 크게 보수하였다. 해서(海西) 지방의 제일 요새로 삼는다.

45 정령(丁零)의 변방 : 정령은 옛 민족 이름으로 정령(丁令)이나 정령(丁靈)이라고도 하였다. 한(漢)나라 때 흉노의 속국이 되었으며, 중국의 북부와 서북부의 광대한 지역에서 유목 생활을 하였다. 따라서 정령의 변방은 흉노족이 거주하는 지역과 중국 본토 사이의 변방을 가리키는 것으로 보인다.

46 무기영(戊己營) : 한(漢)나라 때 서역(西域)에 주둔했던 군영(軍營)이다. 무기(戊己)는 곧 오행(五行)으로 보았을 때 중앙(中央)에 해당하기 때문에, 중앙에서 사방을 진압한다는 뜻을 취한 것이다.

동선[47]을 지나면서 두 종사관 및 정 승지와 함께 짓다
過洞仙 與兩從事鄭承旨 同賦

깃발이 먼 길을 따라서	旌旆隨長路
옛 전장 터를 지나간다	經行古戰場
먼지 낀 모래밭에 푸른 도깨비불 남았고	塵沙餘燐碧
구름이 가린 해는 흙비 속에 누렇구나	雲日溢霾黃
상장군은 근심 걱정 절실하고	上將憂虞切
중군은 성 쌓느라 바쁘구나	中軍版築忙
전쟁이 끝나지 않으니	干戈浩未已
힘써 노력하여 금성탕지 만들어야지	努力愼金湯

2

강산에 성은 부질없이 있지만	河嶽城空在
이 천지에 전장은 몇 곳인가	乾坤戰幾場
진운[48]이 바다에 이어져 검고	陣雲連海黑
병란의 기운 먼지와 섞여 누렇구나	兵氣雜塵黃
군례는 단에 오르자 준엄하고	軍禮登壇峻

47 동선(洞仙) : 황해도 황주(黃州)와 봉산(鳳山) 사이에 위치한 높은 고개로 역원(驛院)이 자리하고 있었다. 고려 고종(高宗) 18년에 몽고의 살리타이〔撒禮塔〕가 군사를 일으켜 쳐들어왔을 때, 이자성(李子晟)이 목숨을 걸고 싸워 지킨 곳이다.

48 진운(陣雲) : 전진(戰陣)처럼 진하게 밀집한 구름이라는 뜻으로, 옛사람들은 이 구름을 전쟁의 조짐으로 여겼다.

변방의 서장은 화살같이 바삐 오네　邊書揷羽忙
모름지기 역사서에서　須令靑史上
진탕의 잘못만 따지지는 말아야지[49]　莫但數陳湯

3

서쪽 변방에 도적의 잔당 남았고　西塞餘殘寇
중원에도 전장이 열렸네　中原闢鬪場
적백낭을 서로 보내느라　囊書交赤白
원마가 누렇게 병들었네[50]　轅馬改玄黃
나라는 절로 정벌 계획으로 다급하고　國自征謀急
사람은 한창 사명 전하느라 바쁘구나　人方擁傳忙
진흙길에 내 마음도 지쳐　泥塗吾意倦
발 씻으려고 잠시 따뜻한 물을 찾는다　濯足暫呼湯

49 모름지기……말아야지 : 오랑캐를 물리쳐야 한다는 말이다. 진탕(陳湯)은 한 원제(漢元帝) 때의 무신이다. 서역 부교위(西域副校尉)로서 외국에 사신 가서 조칙을 가칭하고 군사를 동원하여 질지선우(郅支單于)의 목을 베니, 공적을 인정받아 관내후(關內侯)에 봉해졌다. 그가 조칙을 가칭한 것은 잘못된 일이지만, 선우의 목을 벤 것은 업적으로 인정해야 한다는 말이다.

50 적백낭(赤白囊)을……병들었네 : 변방의 첩보를 전하느라 말들이 계속 오간다는 말이다. 적백낭은 위급한 사태를 조정에 보고하기 위하여 급히 올려 보내는 변방의 행낭(行囊)을 말한다. 현황(玄黃)은 《시경》 〈권이(卷耳)〉에 "저 높은 산마루에 오르고 싶은데, 내 검은 말이 병들어 누렇게 되었네.〔陟彼高岡, 我馬玄黃.〕라고 한 것을 인용하여, 적백낭을 전하기 위해 달리느라 지친 말을 읊은 것이다.

4

나그네 가는 길 변방[51]에 다하고　客路窮乘障
농사일은 타작마당 다질 때 가깝구나[52]　農功近築場
구름 사이로 비친 관문의 햇빛은 밝고　漏雲關日白
지나가는 곳마다 들 물결 누렇구나　行地野流黃
흉년이라 소와 양도 수척하고　歲儉牛羊瘦
숲 성글어 새들도 바쁘네　林疏鳥雀忙
올해는 홍수와 가뭄 겹쳤으니　今年兼水旱
응당 요 임금과 탕 임금으로 경계해야지[53]　應爲儆堯湯

5

당대의 문호로 나타난 두 젊은이[54]　二妙標時傑

51 변방 : 승장(乘障)은 성에 올라 적을 막는 것이다. 여기서는 성이 있는 변방에 도착했음을 의미한다.

52 농사일은……가깝구나 : 수확철이 되었다는 말이다. 축장(築場)은 타작마당을 다진다는 말이다. 《시경》〈칠월(七月)〉에 "구월에는 채마밭에다 타작마당을 닦고, 시월에는 온갖 곡식을 거둬들인다.〔九月築場圃, 十月納禾稼.〕"라고 하였다.

53 요(堯) 임금과……경계해야지 : 요 임금 때는 9년 홍수의 재변이 있었고, 탕(湯) 임금 때는 7년 대한(大旱)의 재변이 있었다. 여기서는 요 임금과 탕 임금의 태평성대에도 자연재해가 발생했으므로, 나라가 혼란한 때일수록 더욱 선정을 펼쳐야 함을 강조한 것이다.

54 두 젊은이 : 이묘(二妙)는 같은 관직에 있으면서 함께 재주가 뛰어난 두 사람을 가리키는 말이다. 진(晉)나라 때 위관(衛瓘)과 삭정(索靖)이 모두 초서(草書)를 잘 썼는데, 위관은 상서령(尙書令), 삭정은 상서랑(尙書郞)의 벼슬에 있었다. 그리하여 당시 사람들이 일대이묘(一臺二妙)라고 불렀다. 《晉書 卷36 衛瓘列傳》 여기서는 두 명의 종사관을 가리킨다.

문단에 나란히 올랐네 聯翩翰墨場
마음으로 함께 술 마시기 기약하지만 心期同擧白
미간은 늘 누렇게 떠 있구나 眉宇每浮黃
하루라도 내가 어른이라 부끄럽고 一日慙吾長
가을 내내 객지에서 바쁜 나날 한스럽다 三秋恨客忙
경기도가 점차 가깝게 보이니 王畿看漸近
내일은 온천에 들러야지 明日過溫湯

6

김 종사관에 관하여

경학에 밝아 중석으로 추대하고[55] 經學推重席
문단에서 한 자리 함께했네 詞壇共一場
표범 무늬 엿본 줄을 아노니 自知窺豹炳
누가 기꺼이 여황을 잃겠는가[56] 誰肯失驪黃

55 경학(經學)에……추대하고 : 종사관 김익희(金益熙)가 경학에 밝아 사람들로부터 인정받았음을 뜻한다. 후한(後漢) 광무제(光武帝) 때, 대빙(戴憑)이 경학에 아주 밝았었다. 한번은 백관(百官)이 모두 모였을 적에 임금이 군신(群臣)에게 명하여, 경(經)을 잘 설명할 수 있는 사람들끼리 서로 경의(經義)를 묻게 하되, 만일 뜻이 잘 통하지 못한 곳이 있을 경우에는 문득 그 사람의 방석를 빼앗아서 뜻이 잘 통하게 설명한 사람에게 보태어 주도록 하였다. 그러자 대빙이 경의에 제일 능통하여 50여 석(席)을 거듭 빼앗아 앉게 되었다는 고사가 있다. 《後漢書 卷79 戴憑列傳》

56 표범……잃겠는가 : 종사관 김익희의 진면모를 사람들이 다 알아주지는 못하지만, 결국은 알게 될 것이라는 말이다. 규표(窺豹)는 표범의 무늬를 엿본다는 말로, 진(晉)나라 왕헌지(王獻之)가 소년 시절에 도박 놀음을 옆에서 지켜보다가 훈수를 하자, 어른들이 "대롱으로 표범을 보고는, 그 반점 하나만을 보는 식이다.〔管中窺豹, 時見一斑.〕"

가까이서 익숙히 흉금 터놓고 造膝披襟慣
마음을 논하느라 걸상 내리기[57] 바쁘다네 論心下榻忙
공직에 나와 그치지 않으니 作公方未已
그대는 한나라 원탕이로세[58] 君是漢袁湯

7

이 종사에 관하여

예전에 담천연이라 불렸는데[59] 舊號談天衍

라고 비웃었던 고사가 있다. 《世說新語 方正》 여황(驪黃)은 노란 천리마라는 뜻이다. 구방고가 백락(伯樂)의 추천을 받고 진 목공(秦穆公)을 위하여 천리마를 찾아낸 다음, 색깔이 노란 수컷〔牡而黃〕이라고 하였는데, 정작 목공이 보니 색깔이 까만 암컷〔牝而驪〕이었으므로, 의심하면서 백락을 책망하였다. 백락이 찬탄하면서 "그는 말의 안에 들어 있는 본질적인 능력만을 볼 뿐, 바깥에 드러나 있는 모양이나 색깔은 보지 않기 때문에 그렇게 된 것입니다."라고 했던 고사가 있다. 《列子 說符》

57 걸상 내리기 : 하탑(下榻)은 손님을 특별히 예우함을 뜻한다. 동한의 진번이 남창 태수(南昌太守)로 있을 때, 걸상 하나를 걸어 두었다가 당시의 은사(隱士) 서치(徐穉)가 오면 이것을 내려서 앉게 함으로써 우대했다고 한다. 《後漢書 卷53 徐穉列傳》

58 공직에……원탕(袁湯)이로세 : 김익희의 집안이 여러 대에 걸쳐 학자와 고관을 배출했음을 나타낸 말이다. 김익희의 증조부는 김계휘(金繼輝), 조부는 사계(沙溪) 김장생(金長生), 부친은 허주(虛州) 김반(金槃), 백부는 신독재(愼獨齋) 김집(金集)이다. 동한(東漢) 때에 원씨(袁氏) 집안에서 고관을 지낸 이가 여러 명인데, 원안(袁安) 이후로 그의 아들 원창(袁敞), 원창의 아들 원탕, 원탕의 아들 원봉(袁逢), 원봉의 아우 원외(袁隗)가 모두 높은 벼슬을 하여, 오공(五公)의 집안이라 일컬어졌다.

59 예전에 담천연(談天衍)이라 불렸는데 : 종사관 이행진(李行進, 1597~1665)이 천문(天文)에 능하다는 말이다. 담천연은 전국 시대 제(齊)나라의 추연(鄒衍)과 관련된 말이다. 추연이 일찍이 천체우주(天體宇宙)에 관하여 글을 저술하였고, 또한 광대(廣大)한 천지의 이치를 잘 말하므로, 당시 사람들이 하늘 이야기하는 연〔談天衍〕이라고

새로 선불장[60] 열었네 新開選佛場
현묘한 말 태백성을 꺼려[61] 玄言嫌太白
급한 길에 준마를 굴레 씌웠구나 促路絆飛黃
함께 산 넘고 물 건너 멀리 가다보니 共涉關河遠
부질없이 계절의 빠름 알겠네 空知節序忙
좋은 술에 절로 취한 나는[62] 醇醪吾自醉
난탕에서 목욕하는 것 같도다[63] 渾似浴蘭湯

하였다. 《史記 卷74 孟子荀卿列傳》

60 선불장(選佛場) : 불당(佛堂)이나 불사(佛寺)를 가리키는 말이다. 당나라 때 천연 선사(天然禪師)가 과거를 보러 장안(長安)으로 가는 길에 선승(禪僧)을 만나 "관리를 뽑는 곳〔選官場〕이 부처를 뽑는 곳〔選佛場〕만 못하다."라는 말을 듣고 출가하여 선승이 되었다고 한다. 《江城名蹟 卷3 證今》

61 현묘한……꺼려 : 태백(太白)은 태백성(太白星)을 가리키는데, 이 별은 병란(兵亂)을 주관한다고 한다. 따라서 이행진이 천문을 살펴 태백성에서 좋지 않은 조짐을 발견했다는 말인 듯하다.

62 좋은……나는 : 이민구가 이행진의 인품에 감동했다는 말이다. 삼국 시대 오(吳)나라 정보(程普)가 주유(周瑜)와의 두터운 교분을 비유하면서 "주공근과 사귀다 보면 마치 전국술을 마신 것처럼 나도 모르게 절로 훈훈하게 취해 온다.〔與周公瑾交, 若飮醇醪, 不覺自醉.〕"라고 했던 고사가 있는데, 공근(公瑾)은 주유의 자이다. 《資治通鑑 卷66 漢紀 建安 15年 12月》

63 난탕(蘭湯)에서……같도다 : 마음이 경건해졌다는 말이다. 난탕은 향기로운 난초를 넣어서 끓인 물을 말하는데, 옛사람들이 난초가 불상(不祥)한 것을 물리칠 수 있다 하여 난탕으로 목욕재계를 했다고 한다. 《대대례기(大戴禮記)》 〈하소정(夏小正)〉에 "단오일에는 난탕으로 목욕을 한다.〔午日以蘭湯沐浴〕"라고 하였다.

8

스스로에 대해 쓰다

벽에 감춰진 책 배우지 못했고[64]	學蔑藏書壁
객과 어울리는 자리에 마음이 없었네	心灰結客場
어찌하면 흰 머리 없앨 수 있을까	那能拋鬢白
허리에 찬 누런 끈이 절로 부끄럽구나	只自愧腰黃
깊은 전각 경연에 여러 번 올랐고	深殿登筵數
날랜 수레로 변방에 나가 바빴지만	輕車出塞忙
어느 해인가 어가 모셨을 적엔	當年陪法從
특별히 임금님 온천을 내려 받았네	別賜御池湯

64 벽에……못했고 : 이민구 자신이 김익희처럼 경학에 뛰어나지 못하다는 말이다. 장서벽(藏書壁)은 공자 구택의 벽에서 나온 경서를 가리킨다.

동주집

시집 제1권

詩시

내가 유배지에 도착하니 그곳은 바로 예전에 철옹성(鐵甕城)[1]을 관할하던 곳이었다. 병영은 이미 안릉(安陵)[2]으로 진(鎭)을 옮겨 성벽과 해자만이 덩그러니 남아 있었다. 고을은 빙 둘러 있는 사방의 산 밑으로 뿔뿔이 흩어져 있었으니 귀와 눈으로 보고 들을 만한 것이 없었다. 또 말을 주고받으며 근심을 털어놓거나 슬픔을 달랠 만큼 서로 알고 지내는 사람도 거의 없었으니, 서로 보아도 대략 말없이 지나쳤다. 외로이 방구석에 틀어박혀 종일 조용히 지내면서 하늘을 우러러 탄식하기를 "무릇 선비 중에 최상은 몸을 닦고 정도(正道)를 지키면서 한 시대를 구제하고 평안하게 하는 것이니 정치를 하는 것일 뿐이고, 그 다음은 후세에 교훈이 될 만한 훌륭한 문장을 지어 스스로 후세에 드러내는 것이니 명예를 얻는 것일 뿐이며, 최하는 살아서는 남들에게 유익함이 없고 죽어서는 후세에 알려질 것이 없는 것이니 초목이나 곤충과 함께 죽고 함께 썩을 뿐이다. 내가 비록 재주가 옛 사람에게는 미치지 못하지만 어찌 반드시 지금 사람들 가운데 가장 아래에 속하겠는가. 곤궁한 가운데 만난 시운이 이와 같을 뿐이다."라고 하였다. 우중상(虞仲翔)이 처음 교광(交廣)으로 쫓겨 갔을 때 "죽어서는 쉬파리로 조문객을 삼을 것이니, 천하에 자기를 알아주는 사람 하나 없어도 또한 한할 것이 없다."[3]라고 하였는데, 이 말은 어쩔

1 철옹성(鐵甕城) : 평안북도 영변(寧邊)에 있었던 성이다. 이민구는 청나라 군사가 강도(江都)를 공격했을 때 방어하지 못했다는 이유로, 1637년(인조15)에 영변 철옹성에 유배되어 1643년 아산현(牙山縣)으로 이배(移配)될 때까지 7년간 생활하였다.

2 안릉(安陵) : 평안북도 병영(兵營)의 소재지인 안주(安州)이다.

수 없는 상황에서 나온 것이다. 그러므로 이처럼 말로 다 표현하기 어려운 말을 한 것이다. 그러나 알아주기를 사람들에게 기필할 수 없는데, 하물며 하늘에 기필할 수 있겠는가. 하늘에 기필할 수 없는데, 하물며 후세의 사람들에게 기필할 수 있겠는가. 알아주느냐 알아주지 않느냐는 진실로 말할 것이 못된다. 내가 늘그막에 우환을 만나고 병마저 점점 더하여 이제 죽을지 저제 죽을지 알 수가 없으니, 오직 마음을 다잡아 내면에 보존하여 만년에 공효(功效)를 거두려는 것뿐이다. 글을 다듬는 것[4]은 관심이 없어서 하지 않을 뿐만 아니라, 비록 종이를 펼치고 붓을 잡더라도 글을 끝까지 엮지 못한 채 문득 다시 정신이 멍하여 스스로 그만두게 되었다. 그러므로 친구 사이에 가볍게 주고받은 것을 제외하면 지은 작품이 매우 적었다. 게다가 거칠기

3 우중상(虞仲翔)이……없다 : 중상(仲翔)은 삼국 시대 오(吳)나라 우번(虞翻)의 자이다. 우번은 기절(氣節)을 숭상한 나머지, 직간(直諫)을 하다가 손권(孫權)에게 미움을 받아 여러 지방으로 쫓겨났다. 최후에 교주(交州)로 쫓겨났는데, 그곳에서 수백 명의 문도(門徒)를 거느리고 강학(講學)에 전념하였다. 이때 그는 스스로 한탄하여 "고고한 절조로 인해 몸뚱이를 굽실거리지 못하고, 윗사람을 범하여 죄를 얻어 바다 한쪽 구석에서 영원히 생을 마치게 되었다. 살아서는 더불어 말할 사람이 없고, 죽어서는 오직 파리 떼를 조객으로 맞을 수밖에 없는 처지가 된 것은 스스로 한스러우나, 천하에 한 사람이라도 나를 알아줄 이만 있다면 족히 한 될 것이 없겠다.〔自恨疏節骨體不媚, 犯上獲罪, 當長沒海隅. 生無可與語, 死以青蠅爲弔客, 使天下一人知己者, 足以不恨.〕"라고 했다고 한다.《三國志 卷57 吳書 虞翻傳》교광(交廣)은 지금의 광동(廣東)과 광서(廣西) 사이 즉 오령(五嶺) 지대를 이른다.

4 글을 다듬는 것 : 연참(鉛槧)은 문필에 종사하는 사람들이 가지고 다니는 도구로, 연분(鉛粉)과 서판(書板)을 말한다.《서경잡기(西京雜記)》권3에 "양자운이 항상 연필을 품고 목판을 들고 다녔다.〔揚子雲, 好事常懷鉛提槧.〕"라고 하였다. 자운(子雲)은 양웅(揚雄)의 자이다.

까지 해서 족히 기록할 만한 것이 못되니, 감히 남이 나를 알아주기를 구한 것이 아니라 그런대로 책 상자에 담아 후손들에게 물려주어 그들에게 집안 대대로 업으로 삼아 지킨 것을 알게 하려는 것이다.

옥중에서 만형[5]에게 올려 고별하다

牢中 奉伯氏爲訣

감옥에서 한밤에 낙숫물 소리 들으며	圜扉簷雨夜聞聲
온갖 걱정 마음 쓰여 오경까지 앉았습니다	百慮關心坐五更
적막한 신세와 명예는 뒷날의 일이요	寂莫身名他日事
단란한 골육의 마음은 지난날의 정의입니다	團圓骨肉向時情
영원의 한 날아간들 어디에 미치리오[6]	鴒原有恨飛何及
강씨의 이불 덮을 사람 없어 꿈에도 놀랍니다[7]	姜被無人夢自驚
내세의 인연을 누가 알겠습니까	來世因緣誰可識

5 맏형 : 이성구(李聖求, 1584~1644)로, 자는 자이(子異), 호는 분사(汾沙), 시호는 정숙(貞肅)이다. 《東州集 文集 卷7 伯氏領議政分沙李公神道碑銘 并序》 1641년(인조 19) 영의정에 올랐으나, 다음해 승지 홍무적(洪茂績)의 탄핵으로 사지하였다.

6 영원(鴒原)의……미치리오 : 이민구의 곤궁한 처지를 형 이성구가 도와줄 수 없다는 말이다. 영원은 언덕에 있는 할미새라는 말로, 《시경》 〈상체(常棣)〉에 "척령이 언덕에 있으니, 형제가 급난을 구한다.〔脊令在原, 兄弟急難.〕"라고 하였다. 척령(脊令)은 척령(鶺鴒)이라고도 하며 할미새를 말한다.

7 강씨의……놀랍니다 : 이민구가 이성구와 이별하게 되었다는 말이다. 강피(姜被)는 강굉공피(姜肱共被)의 준말로, 후한(後漢)의 강굉(姜肱)이 두 아우와 함께 이불을 덮고 자면서 우애로웠다는 고사가 있다. 《後漢書 卷53 姜肱列傳》

다만 역경 속에 여생을 묻습니다[8] 只從湯火問餘生

8 내세의……묻습니다 : 내세에 또 형제로 만날 수 있을지 없을지 알 수 없지만, 어려운 시국에 형 이성구가 어떻게 여생을 보낼 것인지 걱정한다는 말이다. 탕화(湯火)는 부탕도화(赴湯蹈火)의 줄임말로, 끓는 물에 달려가고 활활 타는 불을 밟는다는 말이다.

부채에 써서 친구와 이별하다

書扇別知

오늘 멀리 이별하니	遠別還今日
다시 만날 날 언제런가	重逢定幾年
서글피 변방으로 가는 길	悽然關塞道
벗들 앞에서 눈물 흘리오	涕盡故交前

영변부로 유배 가는 길에 황해도에 이르러 서울로 돌아가는 사위 신변[9]을 전송하다

責配寧邊府 行至海西 送申郎回京

물가 곳곳마다 나루로 통하는데	汀洲無處不通津
이별 정자에 오르려니 문득 마음 아프네	欲上離亭却損神
바다 기운 하늘에 닿아 신기루[10] 떠 있고	海氣接天浮蜃市
물구름이 햇살 가려 비늘처럼 펼쳐졌다	水雲霾照漲魚鱗
관산에서 다시 푸른 바다까지 막히니	關山更隔滄溟岸
눈물 흘리며 떠나고 머무는 이 모두 상심하네	涕淚俱傷去住身
필마로 먼 길에 서로 전송하는 마음	匹馬長途相送意
슬퍼하는 사위와 장인 이 어떤 사람인가	悽然甥舅是何人

9 신변(申昪) : 1610~1664. 본관은 평산(平山), 자는 중열(仲悅), 호는 춘주산인(春洲散人)이다. 이민구의 사위이며 동양위(東陽尉) 신익성(申翊聖)의 아들이다.

10 신기루(蜃氣樓) : 신시(蜃市)는 조개가 기(氣)를 토하여 만들어 낸 해시(海市)로, 신기루를 말한다

배를 타고 관서로 가다

浮海 赴關西

아득히 전운 감도는 서쪽 고을	茫茫兵甲暗西州
유배객은 정처 없이 물 따라 가네	遷客萍蹤逐水流
전란에 가족들은 몇이나 남았나	百口風塵餘幾命
이 한 몸 바다에 뜬 외로운 배에 맡겼네	一身滄海任孤舟
수척한 몸 다 부서져도 한 풀기 어렵고	從銷瘦骨難銷恨
비록 연환은 풀어도 걱정은 풀리지 않네[11]	縱解連環未解憂
늘그막에 정처 없이 갈 곳 몰라 하나니	垂老飄然迷所往
나의 길을 뗏목에 맡기고자 하노라[12]	欲將吾道付乘桴

11 비록……않네 : 이민구의 근심이 절대 사라지지 않는다는 말이다. 연환(連環)은 잇따라 꿰어 놓은 옥고리를 말한다. 신(秦)나라 임금이 연환을 조(趙)나라에 보내면서 이것을 풀어 보라고 하였다. 사람들이 어쩔 줄을 모르고 있는데, 왕후(王后)가 망치를 가지고 그것을 쳐서 깨뜨리더니, 진나라 사신에게 연환을 이렇게 풀었다고 전하라 하였다. 진나라에서는 그의 지혜에 탄복하였다. 여기서는 연환이야 어떻게든 풀어 나눌 수 있지만, 근심은 해결되지 않는다는 말을 하기 위해 이 고사를 인용한 것이다.

12 나의……하노라 : 이민구가 배를 타고 가는 처지이므로, 《논어》 〈공야장(公冶長)〉의 "도가 행해지지 않는지라, 뗏목을 타고 바다에 뜨리라.〔道不行, 乘桴, 浮于海.〕"라는 말을 원용하여 자신의 심정을 이렇게 읊은 것이다.

정축년(1637, 인조15) 윤사월에 유배지에 도착하다
丁丑歲閏四月 到謫所

만 번 죽을 이 천지에서 노년 보내며	萬死乾坤送白頭
전란에 휩싸인 왕실에 하염없이 눈물 흘리네	風塵王室涕長流
곤궁한 처지 황양의 액[13]과 같아	途窮已似黃楊厄
늙은 몸 도리어 철옹성에 갇혔구나	身老還爲鐵甕囚
역로의 소식에 나그네 귀밑머리 쉬 세고	驛路音書催旅鬢
산루의 고각 소리에 변방 걱정 일어난다	山樓鼓角動邊愁
위태한 때 성에 오름[14]도 서생의 일인데	時危乘障書生事
서방은 살 곳이 못 된다고 말들 하네	謾道西方不可留

13 황양(黃楊)의 액 : 황양액(黃楊厄)은 황양목 즉 회양목이 액운을 당한다는 말이다. 이 말은 소식(蘇軾)의 "뜨락의 초목 봄이 오면 무수히 자라건만, 오직 황양목은 윤년에 재앙을 당한다네.〔園中草木春無數, 只有黃楊厄閏年.〕"라는 시에서 나온 것인데, 소식의 자주(自註)에 "속설에 의하면 황양목이 1년에 한 치씩 더디게 자라다가, 윤년을 만나면 오히려 세 치가 줄어든다고 한다.〔俗說, 黃楊歲長一寸, 遇閏退三寸.〕"라고 하였다.《東坡全集 卷6 監洞霄宮兪康直郎中所居四詠 退圃》 한편 송(宋)나라 시인 양만리(楊萬里)의 〈구일국미화(九日菊未花)〉에서는 "전설에 황양이 윤년에 횡액을 당한다 하였네.〔舊說黃楊厄閏年〕"라고 하였다.《廣群芳譜 卷50》

14 성에 오름 : 승장(乘障)은 성 위에 올라 적을 막는 것이다.

골짝 안에서

峽內

골짝 안 셋방에 병들고 게으른 몸 맡긴 채	峽內僑居寄病慵
처마 밑에 앉아 약산[15] 마주했네	茆檐坐對藥山峯
푸른 산에 온종일 바람 불어 나뭇잎 흩날리고	青厓盡日風飛木
오두막집 봄 지나며 비에 담장 무너졌다	白屋經春雨毁墉
객지의 새 친구 멀리 온 나그네 경시하는데	逆旅新知輕遠客
옛 친구 만나면 쇠한 몰골에 놀라누나	故人相見訝衰容
창랑의 어부에게 어찌 물으랴	滄浪漁父何須問
막걸리를 때에 따라 스스로 장만하네[16]	濁酒隨時且自供

15 약산(藥山) : 평안북도 영변에 있는 산이다. 영변은 가장 전형적인 산성취락으로, 주위가 모두 산으로 둘러싸이고 산에는 성벽을 둘러 마치 항아리와 같은 모양을 하고 있어 철옹성(鐵甕城)이라 불리는 요지이다. 성의 서부에 있는 약산은 철옹성의 진산이며, 주위의 다른 산에 비하여 가장 험준하다.

16 창랑의……장만하네 : 시절에 상관없이 술을 마시겠다는 말이다. 굴원(屈原)의 〈어부사(漁父辭)〉에 "온 세상이 모두 탁한데 나 홀로 맑고, 사람들 모두 취했는데 나만 정신이 또렷하네.〔擧世皆濁, 我獨淸, 衆人皆醉, 我獨醒.〕"라는 말이 있다.

사위 신변[17]에게 부치다

寄申郎

아득한 자취 천지간에 섞였는데	茫然蹤跡混乾坤
먼 변방 외로운 성에 병든 몸 홀로 있네	絶塞孤城病獨存
이미 파리와 모기로 조문객 삼았지만[18]	已許蚊蠅來弔客
다만 어린 손자 딸린 딸애 가련하다[19]	只憐兒女帶癡孫
청천강 저 멀리 언제나 구름 덮여 있고	晴川江遠雲常蔽
철옹산[20] 하 높아 날 쉬이 저무누나	鐵瓮山高日易昏
비록 남은 넋이 고향으로 돌아간들	縱有殘魂歸故國
어디에서 대궐문 바라보랴	欲從何處望脩門

17 신변(申昪) : 1610~1664. 본관은 평산(平山), 자는 중열(仲悅), 호는 춘주산인(春洲散人)이다. 이민구의 사위이며 동양위(東陽尉) 신익성(申翊聖)의 아들이다.

18 이미……삼았지만 : 이민구 자신을 알아주는 사람이 없어도 한하지 않겠다는 말이다. 파리와 모기를 조문객으로 삼는다는 말은 삼국 시대 오(吳)나라 우번(虞翻)의 고사에 보인다. 420쪽 각주3 참조.

19 다만……가련하다 : 사위 신변에게 보내는 시이므로 아녀(兒女)는 이민구의 딸을 가리키는 말로 풀이하였다.

20 철옹산 : 평안남도 맹산군(孟山郡)과 함경남도 영흥군(永興郡) 사이에 있는 산 이름이다.

약산 동대[21]에서

藥山東臺

높은 성곽 돌계단은 구름에 닿았고	高城梯逕接雲浮
오월 바람에 옷깃 당겨 여민다	五月天風挾布裘
오래 앉았다가 꾀꼬리 소리에 깜짝 놀라	久坐忽驚黃鳥語
돌아가려니 또 푸른 산에 근심 겹겹이네	欲歸又重翠微愁
산 돌아가는 관로에는 오가는 말 없고	縈山官路無征馬
들판 가로지른 나루터엔 떠나는 배 있구나	畫野河津有去舟
저문 동녘 하늘로 백학 한 쌍 날아가는데	日暮東飛雙白鶴
사람 만나면 내가 서울[22] 그린다 말하네	逢人道我念京周

21 약산(藥山) 동대(東臺) : 평안북도 영변군 영변읍에 있는 산이다. 약산이란 명칭은 약초가 많고, 좋은 약수가 있다고 해서 붙여진 이름이다. 동대는 영변이 옛날에 무주(撫州), 위주(渭州), 연주(延州)라는 세 고을로 나뉘어져 있을 때, 무주에서 보면 동쪽에 있는 산이라는 뜻에서 불리게 되었다.

22 서울 : 경주(京周)는 주(周)나라의 도성을 가리키는 말로, 《시경》 〈하천(下泉)〉에 "잠에서 깨어 탄식하며 저 경주를 생각하노라.〔愾我寤嘆, 念彼京周.〕"라고 하였다. 여기서는 한양을 의미하는 말로 사용되었다.

초가 누각에서

草閣

초가 누각이 높이 연못가에 있어	草閣臨池迥
사립문이 나무 밑에 숨었네	柴門避樹低
물고기 헤엄치니 지극한 즐거움 알겠고	魚游知極樂
새들 잠자니 편안한 서식지임을 느끼네	鳥宿感安棲
혼란한 세상이라 몸 남아 있기 어려운데	亂世妨身在
돌아가고픈 넋은 길 헤맬까 두렵다	歸魂恐路迷
아침마다 고향 바라보는 눈길이	朝朝望鄕眼
늘 봉성 서쪽에 맴돈다	長繞鳳城西

동회 신익성이 부쳐온 시에 답하다

酬東淮寄詩

쓸쓸한 변방에서 가는 세월 느끼며	漂零關塞感年徂
늙은 몸뚱이 지팡이에 의지하네	抵老形骸任杖扶
흐르는 물은 넓은 창해로 갈 줄만 알고	流水但知滄海闊
지는 해는 외로운 약산에 몹시 가깝다	斜陽偏傍藥山孤
하늘가 이별의 꿈 갈지 말지 헤매는데	天涯別夢迷行止
도성으로 돌아가는 사람 있을지 없을지	日下歸人定有無
부끄럽게도 정다운 벗이 고요한 생활 물으니	却愧情親問幽寂
깊은 봄 노루와 사슴이 나의 무리라오	春深麇鹿是吾徒

형님[23]이 행역[24]에서 돌아오지 않음을 생각하다

懷伯氏行役未還

이미 늙었으니 몸은 있어 무엇 하랴	已老身何有
돌아갈 집도 없으니 세상도 부질없다	無家世亦浮
붉은 충심은 하늘 북쪽 끝에 있고	丹心天北極
흰 머리로 바다 서쪽 가에 있네[25]	白髮海西頭
골육간에 정 다하기 어려우니	骨肉情難盡
존망 따라 눈물 함께 흘리네	存亡涕竝流
이별에 상란까지 겸하니[26]	仳離兼喪亂
비바람 속에 척령의 수심만 깊다[27]	風雨脊令愁

23 형님 : 이성구(李聖求, 1584~1644)로, 자는 자이(子異), 호는 분사(汾沙)이다. 《東州集 文集 卷7 伯氏領議政分沙李公神道碑銘 幷序》

24 행역(行役) : 국가의 사명(使命)으로 집을 떠나 봉사(奉仕)하는 것을 말한다. 이성구는 1637년(인조15) 왕세자(王世子)를 수행하여 심양(瀋陽)에 갔었고, 1640년에는 사은사(謝恩使)로 청나라에 다녀왔다. 여기서는 1637년의 행역을 가리킨다.

25 붉은……있네 : 이민구의 형 이성구는 나랏일로 심양에 가 있고, 이민구 자신은 백발로 영변에 있다는 말이다.

26 이별에 상란(喪亂)까지 겸하니 : 상란은 전쟁이나 천재지변 등으로 사람들이 많이 죽는 일을 가리킨다. 이성구와 이민구 형제는 병자호란을 겪으며 가족들을 많이 잃었는데, 여기에 형제간에 이별까지 겹치게 된 상황을 읊은 것이다.

27 비바람……깊다 : 형 이성구의 안위가 염려된다는 말이다. 척령(鶺鴒)은 할미새로, 형제의 우애가 깊고 환란에 서로 돕는 것을 의미한다. 421쪽 각주6 참조.

언기[28] 조사가 안부를 물은 절구에 답하다

酬彦機師寄問絶句

해 바뀌도록 병발[29]이 구름산에 머무니 經年缾鉢住雲山
긴긴 여름 선방에 일마다 한가롭다 長夏禪扉事事閒
바윗길이 흐르는 물 따라 굽이졌는데 巖逕只隨流水轉
사미[30]가 석양 띠고 돌아오네 沙彌正帶夕陽還

28 언기(彦機) : 1581~1644. 조선 중기의 승려로, 호는 편양(鞭羊)이다. 11세에 출가하여 현빈(玄賓)에게 배우고, 후에 묘향산에 가서 서산 대사 휴정(休靜, 1520~1604)의 문하에서 수행하여 그의 법을 이어받았다. 금강산 천덕사(天德寺), 구룡산 대승암(大乘庵), 묘향산 천수암(天授庵) 등에 머물면서 승려들을 지도하다가, 묘향산 내원암(內院庵)에서 입적하였다. 저서에 《편양당집(鞭羊堂集)》이 있다.

29 병발(缾鉢) : 중들이 갖고 다니는 물병과 바리때를 말한다. 전하여 승려를 가리키는 말로 사용된다.

30 사미(沙彌) : 어린 중을 가리키는 말이다. Sramonera의 음역(音譯)으로 자비지(慈悲地)에 안식한다는 의미를 담고 있다.

만 번 죽을 고통

萬死

만 번 죽을 고통 가련하게도 내게 있어	萬死憐吾在
봄 지나도록 너 돌아오길 바라노라	經春望汝歸
넋은 녹아 사라져 파리한 몰골만 남았고	銷魂餘瘦骨
눈물 닦느라 마른 옷깃 적구나	拭淚少乾衣
오랜 비에 강물 희고	積雨夷河白
뭉친 구름 사이로 변방 햇살 희미하다	屯雲塞日微
먼 타향에 손자 있어도	殊方有孫子
다만 볼 수 없구나	只是眼中稀

이사겸[31]에게 화답하여 부치다

和寄李士謙

가을날 편지가 서쪽 변방에 왔기에	秋日書傳西塞隅
새 시에 화답하려니 뛰어난 솜씨에 놀라네	新詩欲和絶驚呼
누가 알랴 두견새[32] 울어 토한 피가	誰知杜宇啼殘血
모두 교인이 울고 난 뒤의 진주[33]인 줄을	摠是鮫人泣後珠
해내에 돌아갈 집도 없이 몸은 반이나 늙었고	海內無家身半老
세상에 어려움 많아 자취가 몹시도 외롭구나	世間多難迹偏孤
사귄 약속을 만 리 밖에서 부질없이 떠올리지만	交期萬里空相憶
눈에 가득한 관산은 온통 위태한 길이구나	滿眼關山盡畏途

31 이사겸(李士謙) : 이행진(李行進, 1597~1665)으로, 본관은 전의(全義), 자는 사겸, 호는 지암(止菴)이다.《老村集 卷5 嘉善大夫吏曹參判止庵李公墓表陰記》

32 두견새 : 두우(杜宇)는 촉(蜀)나라 망제(望帝)의 이름으로, 두우가 원통하게 죽은 뒤에 두견새로 변하여 봄철이면 밤새도록 슬피 울었다는 전설이 있어서, 두견새를 의미하게 되었다. 주로 원한을 읊은 시에 비유되는 말이다.

33 교인(鮫人)이……진주 : 교인은 전설상의 인어(人魚)이다.《박물지(博物志)》 권2에 "남해 밖에 교인이 있는데 물고기처럼 물에 산다. 길쌈을 하는데 진주 눈물을 흘린다.〔南海外有鮫人, 水居如魚, 不廢織績, 其眼能泣珠.〕"라고 하였고,《태평어람(太平御覽)》 권803에는《박물지》를 인용하여 "교인이 물에서 나와 인가에 며칠씩 머물며 비단을 판다. 떠날 때 주인에게 그릇을 하나 달라고 하여 눈물을 흘려 진주를 만들어 그릇 가득 주인에게 준다.〔鮫人從水出, 寓人家, 積日賣絹. 將去, 從主人索一器, 泣而成珠, 滿盤以與主人.〕"라고 하였다. 여기서는 이행진이 읊은 시가 세련되어 진주와 같다고 말한 것이다.

더위가 가시다

熱減

더위 가시니 몸이 가벼워야 하지만 熱減身應健
쌀쌀해져 계획 틀어졌다 涼多計却違
백발 늘어난 줄 아노니 自知添鶴髮
누구를 짝해 우의 속에서 울까[34] 誰伴泣牛衣
끊임없이 숲 바람은 불고 不斷林風氣
흠뻑 내린 풀 이슬 반짝인다 初稠草露輝
천시로나 인사로나 天時與人事
생의가 모두 미약하네 生意恐都微

34 백발……울까 : 백발의 늙은이로 유배지에서 지내고 있는데, 자신의 처지를 말할 대상도 없다는 말이다. 우의(牛衣)는 소의 추위를 막기 위해 짚을 엮어 만든 거적의 일종이다. 한(漢)나라 왕장(王章)이 미천했을 때 장안(長安)에서 아내와 둘이 살았는데, 집이 워낙 가난하여 병들어도 덮을 이불이 없었다. 그래서 우의 속에 들어가 누워서는 이대로 죽을 수밖에 없다고 생각하여 아내와 결별하고 슬피 울었다는 고사가 전한다. 《漢書 卷76 王章傳》

난간에 기대어

倚闌

벼와 기장이 산밭에 익어 가고	禾黍山田熟
오동과 가래나무 우물길에 쓸쓸하다	梧楸井逕寒
가을 풀벌레 스스로 하소연하니	秋蟲偏自訴
밝은 달을 누구와 함께 볼까	淸月共誰看
늙어가며 오로지 안석에 기대다가	老去唯憑几
서글퍼서 다시 난간에 의지했어라	悲來更倚闌
오늘 밤 눈가에 눈물 더하는데	今宵添眼淚
하물며 이슬 흠뻑 맺힌 꽃 마주했음에랴	況對露華漙

우연히 초가 누각을 내려가다가 땅에 떨어져 다치다
偶下草閣 墜地傷病

홀로 지내며 답답함 싫어서	獨處厭煩鬱
집 지어 텅 빈 연못 굽어본다	結宇俯空虛
기우뚱한 기둥에 고작 마루 한 칸이니	欹楝只一楹
새나 짐승의 거처와 다름없지	有類鳥獸居
그래도 골짜기 깊숙이 있어 좋으니	尙愛澗谷邃
아른아른 마을도 보인다	隱映見村墟
게으른 성품이라 조용히 앉아있는 게 익숙하여	性懶習靜坐
뜨락을 거닐 마음조차 끊어졌지	意絶步庭除
오늘 새벽 서늘한 가을 기운 좋아서	今晨喜秋涼
우연히 맑은 개울에 나가보려	偶欲臨淸渠
아픈 삭신 억지로 끌고	强扶筋骨痛
기분이나 풀어 볼까 바랐지	所覬神氣舒
세워 놓은 사다리 굽은 나무 묶었으니	浮梯縛枉木
버티는 힘이 진실로 이미 엉성하네	支撑誠已疏
썩은 새끼줄은 긴긴 여름 보냈는데	朽索涉長夏
하물며 비바람을 만난 다음임에랴	況遭風雨餘
발길 옮기다가 화를 당하여	取禍在移足
한 번 떨어지니 서성일 수 있으랴	一墜肯躕躇
생각도 못했네 청운의 자질로	不謂靑雲姿
진창에 떨어질 줄은	失身委泥淤

싸늘한 한기가 쇠잔한 몸을 침범하고	薄寒凌衰質
뼈마디마다 거저[35]처럼 괴롭다	百節困籧篨
먼 타향에 치료할 방법도 변변찮으니	殊方鮮藥砭
미천한 목숨 서저[36]와도 같구나	微命等棲苴
죄 지어 거친 변방에 유배되었으니	負罪謫荒塞
비록 죽더라도 오히려 마음 편하리	縱死猶晏如
진실로 천금처럼 소중한 존재 아니니	諒非千金重
어찌 역저[37]를 불쌍히 여기랴만	焉恤櫟與樗
칠 척 몸뚱이를 아껴서	七尺却自私
그 처음을 생각하지 않을 수 없네[38]	未免懷厥初
끝내 부끄럽다 초나라 굴원이여	終愧楚左徒
상강에 빠져 물고기 뱃속에 장사했네[39]	湛湘以葬魚

35 거저(籧篨) : 가슴이 앞으로 튀어나와서 구부리지 못하는 병신을 가리키는데, 여기서는 타박상으로 온몸의 관절이 쑤셔서 자유롭게 움직일 수 없음을 의미한다.

36 서저(棲苴) : 가뭄이 들어 나무 위에 바짝 말라 엉겨 붙은 수초(水草)를 가리킨다. 《시경》 〈소민(召旻)〉에 "저 가문이 든 해에, 풀도 뻗지 못하는 듯하며, 나무 위의 시든 부평초와 흡사하니, 내가 이 나라를 살펴보건대, 어지럽지 않은 것이 하나도 없도다.〔如彼歲旱, 草不潰茂, 如彼棲苴, 我相此邦, 無不潰止.〕"라는 말이 있다.

37 역저(櫟樗) : 상수리나무와 가죽나무라는 말로, 쓸모없는 인재를 가리킨다.

38 칠 척……없네 : 부모님께서 낳아주신 몸을 함부로 할 수 없다는 말이다.

39 끝내……장사했네 : 상강에 투신자살하여 부모님이 물려준 몸을 훼손한 굴원(屈原)을 부끄럽게 여긴다는 말이다. 초좌도(楚左道)는 굴원을 가리킨다. 굴원이 초나라에서 좌도 벼슬을 하였기 때문에 붙인 이름이다.

별장 황경기가 기복되어 선독이 되었다가 죄를 얻어 유배되다[40]

黃別將景祺 起復爲船督 得罪流配

강도 순찰한 장수 가운데 그대 같은 이 드물어　巡江諸將似君稀
군영에서의 명성 오호의 위엄처럼 높았네[41]　旗鼓名高五虎威

40 별장……유배되다 : 황경기(黃景祺, 1578~?)의 본관은 풍덕(豐德), 자는 사보(士補)이다. 《승정원일기》 인조 15년 2월 21일 기사에 "또 계하여 말하기를 '신경원 등이 지키던 곳을 김경징에게 물어 처리하는 것이 좋겠다고 전교하셨으므로, 김경징에게 물으니 신경원은 대신의 분부에 따라 교동을 파수하고, 강진흔은 장신의 분부로 연미정을 파수하였다고 합니다.' 하였다. 전교하여 말하기를 '알았다.' 하셨다. 그렇다면 신경원은 크게 죄를 저지른 것이 없는 듯한데, 신경원과 강진흔을 잡아 신문하는 일을 어떻게 처리합니까. 감히 여쭙습니다. 전교하여 말하기를 '강진흔과 황경기 등은 모두 잡아 신문하고, 신경원은 우선 잡아들이지 말라.' 하셨다.〔又啓曰, 申景瑗等所守之處, 問于金慶徵處置可矣事, 傳敎矣, 問于金慶徵, 則以爲申景瑗則以大臣分付, 把守喬桐, 姜晉昕則張紳分付, 把守燕尾亭云云. 傳曰, 知道. 然則申景瑗, 似無大段罪犯矣, 申景瑗姜晉昕拿鞫事, 何以爲之, 敢稟. 傳曰, 姜晉昕黃景祺等, 竝爲拿鞫, 申景瑗, 姑勿拿推.〕" 라는 내용이 있다. 이 내용으로 볼 때, 황경기는 병자호란 당시 강화도 검찰사였던 김경징의 강화도 수비 실패와 관련되어 문책을 받은 인물로 추측된다. 또 같은 해 10월 10일 기사에 "죄인 황경기를 이미 세 차례에 걸쳐 형을 가하며 신문하였습니다. 정배합니까? 더 형벌을 가합니까? 전교하여 말하기를 '정배하라.' 하셨다.〔罪人黃景祺, 已爲刑問三次. 定配乎, 加刑乎, 敢稟. 傳曰, 定配.〕"라는 내용이 있어 그가 유배된 사실을 알 수 있는데, 이민구의 시가 이때의 일을 읊고 있는 것인지는 미상이다.

41 군영에서의……높았네 : 기고(旗鼓)는 깃발과 북으로, 군대의 지휘관을 가리키는데, 여기서는 황경기가 소속되었던 군영을 의미한다. 오호(五虎)는 오호장(五虎將)으로, 즉 관우(關羽), 장비(張飛), 조운(趙云), 마초(馬超), 황충(黃忠)을 가리킨다. 여기서는 황경기의 명성이 오호장 만큼 대단했다고 읊은 것이다.

강개한 마음 애초 전란 때문에 일어났는데	慷慨初因金革起
떠돌이 신세 사면되어 돌아가지 못했네[42]	漂零未賜玉環歸
어찌 적벽에서 배를 태운 잘못 때문이랴	寧緣赤壁焚舟誤
진정 형문에서 배를 묶은 잘못 때문이네[43]	定爲荊門結艦非
늘그막 천지 사이에서 함께 아파하는 마음	衰白乾坤同病意
타향살이를 거듭 서로 의지하였네[44]	異鄉行止重相依

42 떠돌이……못했네 : 황경기가 사면 받아 돌아가지 못했다는 말이다. 옥환(玉環)은《순자(荀子)》권19 〈대략(大略)〉에 "사람을 끊을 때는 결로써 하고, 끊었던 사람을 도로 부를 때는 환으로써 한다.〔絶人以玦, 反絶以環.〕"라고 한 데서 온 말로, 임금이 방축(放逐)했던 신하를 사면하여 다시 부르는 것을 의미하는데, 환(環)은 끝이 이어진 고리 모양의 패옥(佩玉)이고, 결(玦)은 한쪽이 트인 고리 모양의 패옥이기 때문이다.

43 어찌……때문이네 : 조조(曹操)는 적벽대전 당시 군사들의 뱃멀미를 막기 위해 큰 함선을 제조하고, 배와 배를 튼튼한 쇠고리로 연결하여 흔들림을 방지하였다. 그러나 이러한 조치는 전투가 시작되었을 때, 상대방의 화공(火攻)에 적절히 대처하지 못하여 함선을 모두 잃는 원인이 되었다. 여기서는 이 고사를 인용하여 황경기가 유배된 것은 본인의 잘못 때문이 아니라, 상급자의 잘못 때문이라고 말한 것이다. 형문(荊門)은 호북성(湖北省)에 있는 산 이름으로 장강(長江) 가에 있는데, 형세가 몹시 험고하여 파촉(巴蜀)과 형오(荊吳) 사이의 요새이다.

44 타향살이를……의지하였네 : 황경기와 이민구의 유배지가 가까운 곳에 있다는 말이다.《승정원일기》인조 21년 10월 16일 기사에 "위원의 황경기(渭原黃景祺)"라는 기록이 있으므로, 황경기의 유배지가 위원이었음을 알 수 있는데, 위원은 현재의 평안북도 위원군 일대이다.

8월의 달

中秋月

가을 중턱에 서리 내리고	秋半霜還降
하늘가에 달이 또 오른다	天邊月又昇
어찌하면 눈물 맺힌 두 눈으로	那將霣眼血
잠시나마 《옥호빙》을 비춰 볼까[45]	暫映玉壺氷
환하게 숲 빛을 일으키고	爽徹林光發
공허하게 물 기운에 엉기네	虛涵水氣凝
늘그막에 달 바라보며	衰年望蟾兎
내달리는 세월을 감히 한하지 못하노라	不敢恨飛騰

45 어찌하면……볼까 : 유배객의 입장에서 《옥호빙(玉壺冰)》을 달빛에 비춰 읽을 수 없다는 말이다. 《옥호빙》은 명(明)나라 도목(都穆)이 지은 책으로 고상한 선비의 일화(逸話)를 채록(採錄)한 것이다.

삼산의 철쭉 지팡이 노래
三山躑躅杖歌

옛날 내가 동쪽 영해 사이를 유람하였으니	昔我東游嶺海間
풍악산과 오대산이 다 명산이었지[46]	楓嶽五臺皆名山
언제나 철쭉 지팡이 끌고 다니며	提挈須煩躑躅杖
늙고 병들어 무딘 몸 의지했네	扶我老病筋骨頑
가을 숲에 서리 흠뻑 맞아 뿌리와 줄기 단단하고	秋林飽霜根幹勁
아홉 마디 울퉁불퉁 이끼 무늬 얼룩졌다	九節礌砢苔文斑
쩡쩡 도끼 소리 골짜기에 울릴 때	落斧丁丁谷虛應
산 귀신이 아까워도 아끼지 않았네	山鬼惜之不敢慳
무지개다리와 쇠사슬 길도 마음대로 올랐고	虹梯鐵鎖恣攀陟
석경[47]을 스쳐 지날 때 마음과 얼굴 맑히었네	飛過石鏡淸心顔
동산의 지팡이 이미 용의 허물 되었는데[48]	東山之杖已龍蛻
온 골짜기 발자국 소리 꿈속에 돌아오네	萬壑跫音夢裏還
지금도 남은 소리가 바위 숲에 흩어져	至今餘響散巖巒

46 옛날……명산(名山)이었지 : 이민구는 1631년(인조9)에는 휴가를 얻어서, 1635년에는 강원도 관찰사에 임명되어 금강산과 오대산을 다녀왔다.

47 석경(石鏡) : 금강산의 석가봉 아래에 있는 업경대(業鏡臺)를 가리킨다.

48 동산(東山)의……되었는데 : 동산은 절강성(浙江省) 상우현(上虞縣) 동남쪽에 위치한 산이다. 진(晉)나라의 사안(謝安, 320~385)이 초년에 왕희지(王羲之), 지둔(支遁) 등과 교유하며 이곳에 은거하였으므로, 은거지의 대명사로 쓰인다. 여기서는 동산에서 교유하던 사람들이 이미 고인이 되었음을 읊은 것이다.

신선의 옥 노리개 소리 잘랑잘랑 울리는 듯　仙人玉佩俱珊珊
어지러운 세상 떠돌이 신세로 서쪽 산에 이르니　亂世漂零到西嶽
잠시 명승지 찾아가기 어렵지 않구나　暫去濟勝非艱難
태백봉 앞이 구월로 접어든 뒤에　太白峯前九月後
묵은 뿌리가 단군 제단에 서려 있었네　古根盤屈檀君壇
세속 선비들 흘겨보고 선뜻 취하지 않으니　俗士睨之謾不取
조물주가 나에게 진실로 후의를 베푸셨어라　造物餉我良意厚
가장 높은 향로봉에 도착하여　拄到香爐最高頂
늘어선 산들 내려다보니 언덕 같았지　俯視列岫猶培塿
지팡이여 모든 신령들이 보호하는데　杖兮百靈所呵擁
어찌 스스로 녹록하게 먼지 속을 다니겠는가　肯自碌碌塵埃走
내가 이제 너를 끼고 한만을 능가하여[49]　我今攝汝凌汗漫
북두칠성 끌어다가 술을 뜨게 하리라[50]　揭取北斗令挹酒
규룡 타고 붉은 부절[51]로 푸른 하늘 두드려　虯驂赤節叩青冥
호표를 몰아내고 하늘 문을 열리라　虎豹辟易啓天扃

49 내가……능가하여 : 먼지 가득한 인간 세상을 초월하여 세상 밖에서 신선처럼 노닐겠다는 말이다. 한만(汗漫)은 천유(天遊)를 즐기는 자이다. 《신선전(神仙傳)》 권1 〈약사(若士)〉에 "약사는 옛 신선이니, 그 성명은 알지 못한다. 연나라 사람 노오가 진나라 때 북해에서 노닐다가……약사를 만났다.……내가 구해 밖에서 한만과 만나기로 약속했으니, 내가 오래 머무를 수 없다.〔若士者, 古之神仙也, 莫知其姓名. 燕人盧敖, 秦時遊于北海,……見若士焉.……吾與汗漫期於九垓之上, 不可以久住.〕"라고 하였다.

50 북두칠성(北斗七星)……하리라 : 북두칠성이 국자 모양으로 되어 있으므로, 그것을 취해 술잔을 삼아 술을 떠 마시겠다는 말이다.

51 붉은 부절 : 적절(赤節)은 강절(絳節)과 같은 말로, 사신을 상징하는 붉은 절부(節符)이다.

창합문[52] 배회하고 자청궁[53] 돌아보니 徘徊閶闔歷紫淸
너 지팡이가 신령과 통함을 알겠구나 乃知汝杖通神靈
신령한 변화 허공에서 나오니 神靈變化出空虛
겨드랑이에 풍운 끼고 올라 천제를 뵙고서 腋挾風雲觀帝居
시험 삼아 갈옹피 위의 비를 내쳐서 試放葛翁陂上雨
천록각 책을 타게 하지 않으리[54] 不燃天祿閣中書

52 창합문(閶闔門) : 하늘의 문을 말한다. 《說文》

53 자청궁(紫淸宮) : 천상으로, 신선이 사는 곳을 뜻한다.

54 시험……않으리 : 비를 내리게 해서 천록각(天祿閣)에서 독서하는 유향(劉向)을 위해 청려장(靑藜杖)이 타게 하지 않겠다는 말이다. 갈옹피(葛翁陂)는 갈피(葛陂)를 가리킨다. 후한(後漢) 비장방(費長房)이 호공(壺公)에게서 신선술을 배운 뒤 죽장(竹杖)을 타고 집으로 날아와 갈피 호수 속에 죽장을 던지니, 그 정령이 청룡(靑龍)으로 화하여 구름 속으로 사라졌다는 고사가 있다. 《後漢書 卷112下 方術列傳 費長房》 천록각은 한대(漢代)에 궁중의 비서(祕書)를 보관했던 곳이다. 한 성제(漢成帝) 말년에 유향이 천록각에서 교서(校書)의 직책을 수행하면서 매일 밤늦게까지 연구에 몰두하였는데, 어느 날 밤 태일지정(太一之精)을 자처하는 황의노인(黃衣老人)이 나타나 청려장 끝에 불을 붙여 방 안을 환히 밝힌 다음 《홍범오행(洪範五行)》 등 고대의 글을 전수해 주고 사라졌다는 전설이 전한다. 《拾遺記 卷6》

9월 보름에 홍정백[55]의 편지를 받았는데 마침 연일 비와 눈이 내리고 있었으므로 근심스레 심회를 쓰다

九月望日 得洪正伯書 適連日雨雪 悄然書懷

하늘 높고 땅 넓은 철옹성에서	天長地闊鐵城頭
한 조각 편지 받고 남몰래 눈물 흘리노라	一片鴻書淚暗流
북쪽 바라보니 연기와 먼지가 적령[56] 가렸고	北望煙塵霾狄嶺
동에서 오는 비와 눈이 안주 덮었구나	東來雨雪閉安州
변방의 근심 저녁 호가 소리에 자주 들어오고	邊憂屢入胡笳夕
계절 기후는 끝내 고향의 가을 날씨 아니어라	節候終非故國秋
담 두른 국화가 추위에 벌벌 떨며	繞院菊花寒意重
쓸쓸히 쫓겨난 신하의 시름을 잠시 짝하였네	蕭條暫伴逐臣愁

55 홍정백(洪正伯) : 홍헌(洪憲, 1585~1672)으로, 본관은 남양(南陽), 자는 정백, 호는 사촌(沙村)·묵호(默好)·은계(銀溪)이다. 1623년 인조반정 후 사간원 정언에 기용되고 이어서 좌승지 등을 역임하였고, 외직으로 나가 강원도 감사를 지냈다. 《星湖全集 卷64 觀察使洪公墓誌銘 并序》

56 적령(狄嶺) : 평안북도 희천군 동창면과 강계군 화강면 사이에 있는 적유령(狄踰嶺)을 말한다.

이일상[57]이 위원 적소에 있으면서 문득문득 목숨을 가볍게 여기는 뜻이 있었으므로 시로써 위문하다

李一相渭原謫所 忽忽有輕生之意 以詩相問

위수[58]가 서울에서 만 리도 더 되니	渭水從天萬里過
유배객 날마다 찬 물결 소리 듣겠지	流人日日聽寒波
산에 가득 눈 비가 이른 가을에 내리고	漫山雨雪乘秋早
사방 벽 바람 서리 밤에 많이 들어오겠지	繞壁風霜入夜多
고단한 신세 오직 그대와 같은데	身事艱難唯爾共
집안 소식도 뜸하니 내 마음인들 어떠할까	家聲零落奈吾何
두 곳의 유배 생활 동병상련인데	覊棲兩地堪同病
다만 강담이 멱라에 가까워 두렵구나[59]	只恐江潭近汨羅

57 이일상(李一相) : 1612~1666. 본관은 연안(延安), 자는 함경(咸卿), 호는 청호(青湖)이다. 1628년(인조6) 17세로 알성 문과에 급제했으나, 나이가 어려 벼슬 대신 공부에 열중하였다. 1636년 병자호란 때 왕을 호종하지 못하고, 또한 척화신으로서 화의를 반대해, 이듬해 탄핵을 받아 영암(靈巖)으로 귀양 갔다가 다시 평안북도 위원(渭原)으로 이배되었다.《南溪集 續集 卷21 禮曹判書贈右議政李公神道碑銘》

58 위수(渭水) : 중국 장안(長安) 북쪽을 흐르는 강인데, 여기서는 이일상의 적소(謫所)인 위원을 가리킨다.

59 다만……두렵구나 : 이일상이 삶을 포기할까 염려된다는 말이다. 멱라(汨羅)는 초(楚)나라 충신 굴원(屈原)이 투신자살한 곳이다. 이일상의 적소가 위원이므로 굴원의 고사를 인용하여 이일상도 위수(渭水)에 투신할까 염려된다고 읊은 것이다.

밤잠을 자다가 남춘성[60]을 꿈꾸었는데 깨고 나서 9월 2일에 보내 준 편지를 받았다. 당시 남춘성은 심양에 있었다

夜夢南春城 旣覺得九月二日書 時南在瀋陽

기러기 편지 몇 천금처럼 귀하니	鴻羽書來抵幾金
꿈 깨어 밝은 달에 비춰 보며 옷깃 적시누나	夢回明月照霑襟
강담에 해 저물어 바람서리 닥쳐오고	江潭歲晏風霜逼
요좌[61]에 가을 높아 비와 눈이 침범하겠지	遼左秋高雨雪侵
술잔으로 맞이하던 당시의 일이며	杯酒逢迎當日事
제포로 우의 나누던 백년의 마음일세[62]	綈袍交誼百年心
인생 늘그막까지 모두 떠돌아다니니	人生到老俱流落
흰머리로 어떻게 다시 만날까[63]	華髮何由更盍簪

60 남춘성(南春城) : 남이웅(南以雄, 1575~1648)으로, 본관은 의령(宜寧), 자는 적만(敵萬), 호는 시북(市北), 시호는 문정(文貞)이다. 이괄(李适)의 난 때 황주 수성대장(黃州守城大將)으로 도원수 장만(張晩)을 도와 공을 세워 진무 공신(振武功臣)에 책록, 춘성군(春城君)으로 봉해졌다. 1636년(인조14) 병자호란 뒤 소현세자(昭顯世子)가 심양(瀋陽)으로 끌려갈 때 우빈객(右賓客)으로 시종하였다.《龍洲遺稿 卷21 左議政春城府院君市北南公神道碑銘 幷序》

61 요좌(遼左) : 요동의 왼쪽이라는 말로, 본래 우리나라를 가리킨다. 여기서는 남이웅이 있는 심양을 가리키는 말로 사용되었다.

62 제포(綈袍)로……마음일세 : 이민구와 남이웅의 돈독한 우정을 읊은 것이다. 제포는 두꺼운 명주로 만든 솜옷이다. 전국 시대 위(魏)나라의 수가(須賈)가 그의 옛 친구 범저(范雎)가 추위에 떠는 것을 보고 제포를 주었던 고사가 있다.《史記 卷79 范雎列傳》

63 흰머리로……만날까 : 생전에 다시 만날 수 있을지 모르겠다는 말이다. 합잠(盍

簪)은 《주역》 〈예괘(豫卦) 구사(九四)〉에 "말미암아 즐거워하므로 크게 얻음이 있으리니, 의심하지 않으면 벗들이 모여들리라.〔由豫, 大有得, 勿疑, 朋盍簪.〕"라고 한 데서 보이는 말인데, 본의(本義)에 "잠은 모이는 것이고, 또 빠름이다.〔簪, 聚也, 又速也.〕"라고 하였다.

꿈을 기록하여 기쁨을 적다

紀夢志喜

햇살이 금문[64]을 비춰 새벽빛 고우니	日射金門曉色鮮
승정원에서 궁궐 마주했던 때라네[65]	銀臺正直紫微天
붓 휘둘러 손수 문서 끝을 당겨	揮毫手攝文書尾
숭정 십일 년이라 거듭 쓰네	重寫崇禎十一年

64 금문(金門) : 한(漢)나라 궁문인 금마문(金馬門)의 약칭으로 보통 대궐이나 조정을 가리킨다.

65 승정원에서……때라네 : 은대(銀臺)는 승정원을 가리키고, 자미(紫微)는 제왕의 궁궐을 의미한다.

9월 그믐

九月晦

변방에 서리와 싸라기눈 거듭 스산하니	邊隅霜霰重悽悽
객지 외로운 잠자리에서 밤새 우노라	客榻孤衾盡夜啼
찬 기러기는 천 리 먼 곳 소식 전해 오려나	寒雁肯傳千里信
나그네 까마귀는 살던 가지 공연히 그리네[66]	羈烏空戀一枝棲
병장기 눈에 가득하니 삶이 누가 되고	干戈滿眼生爲累
골육의 정은 죽어서도 잊지 못하리	骨肉關情死不迷
늘그막에 난리 만날 줄 어이 알았으랴	垂老豈知遭世亂
쓸쓸한 신세 철성 서쪽에 떨어졌네	蕭條身落鐵城西

66 나그네……그리네 : 이민구가 고향을 그리워한다는 말이다. 일지서(一枝棲)는 서식하던 나뭇가지 하나라는 뜻으로, 《장자》 〈소요유(逍遙遊)〉에 "뱁새가 깊은 숲에 둥지를 틀어도, 의지한 것은 나뭇가지 하나에 지나지 않는다.〔鷦鷯巢於深林, 不過一枝.〕"라고 하였다.

차가운 비

冷雨

푸른 흙먼지 비와 함께 서쪽 봉우리 어둑하고　青霾帶雨暗西峯
그늘진 골짜기 그윽한 샘물 금세 얼어붙었네　陰壑幽泉凍乍封
조각돌은 생각 없이 제비로 변하지만[67]　片石無心思化燕
외로운 구름은 무슨 일로 용을 따르는가[68]　孤雲何事願從龍
성 모퉁이 길에 날 추워 인적 끊기고　城隅道路天寒阻
강 물결은 저물녘에 더 불었구나　江上波瀾日暮重
잠시 시든 꽃과 여린 풀 마주하여　暫對殘花兼細草
생동함과 쇠락함을 보노라　試看生意與衰容

67 조각돌은……변하지만 : 비가 내린다는 말이다. 《천중기(天中記)》 권3에 《상주기(湘州記)》의 말을 인용하여 "영릉산에 석연이 있는데, 비를 만나면 날아가니 제비 같고, 비가 그치면 도로 돌과 같다.〔零陵山有石燕, 遇雨則飛如生燕, 雨止則還如石.〕"라고 하였다.

68 외로운……따르는가 : 《주역》 〈건괘(乾卦) 구오(九五)〉에 "구름이 용을 따른다.〔雲從龍〕"라고 하여, 만물이 동류를 따르는 것을 말하였는데, 여기서는 비가 내리는 것을 의미한다.

그윽한 걱정

幽憂

흩날리는 한 잎 오래도록 바람 타는데	飄零一葉久從風
하물며 용문의 반쯤 죽은 오동나무 마주하랴[69]	況對龍門半死桐
천하의 명성은 외양간 아래에서 얻었고[70]	海內聲名牛屋下
하늘가 자취는 기러기 편지 속에 전해졌지[71]	天涯蹤跡雁書中

69 하물며……마주하랴 : 이민구가 자신의 쓸쓸한 처지를 비유적으로 읊은 것이다. 한(漢)나라 매승(枚乘)의 〈칠발(七發)〉에 "용문의 오동나무는 높이는 백 척이고 가지가 없는데……그 뿌리는 반은 죽고 반은 살아, 겨울에는 매서운 바람과 흩날리는 눈발이 부딪히고, 여름에는 우레와 벼락에 감응한다.〔龍門之桐, 高百尺而無枝,…… 其根半死半生, 冬則烈風漂霰飛雪之所激也, 夏則雷霆霹靂之所感也.〕"라고 하였다. 《文選 卷34 七上》

70 천하의……얻었고 : 진(晉)나라 저부(褚裒)의 고사를 읊은 것이다. 저부가 장안령(章安令)으로 있다가 태위기실참군(太尉記室參軍)으로 천직되었는데, 그의 이름은 이미 드러났으나 지위가 미미하여 그를 아는 사람이 많지 않았다. 저부가 어느 날 전당정(錢塘亭)에 투숙하였는데, 그때 마침 오흥(吳興)의 심충(沈充)이 현령(縣令)으로 있으면서 자기의 손님을 전송하려고 절강(浙江)을 들르게 되었다. 귀한 손님이 오자 정리(亭吏)가 저부를 쫓아내어 외양간으로 옮기게 하였는데, 우연히 심충과의 문답을 통해 심충과 함께 술을 마시게 되었고, 나중에 심충이 현계(縣界)까지 전송해 주었다. 《世說新語 雅量》 저부는 소준(蘇峻)을 평정한 공으로 벼슬이 정토 대도독(征討大都督)에 이르렀고, 대신(大臣) 환이(桓彝)가 일찍이 그를 지목하여 말하기를 "계야는 가죽 속의 《춘추》가 있다.〔季野有皮裏春秋〕"라고 평가하였다.

71 하늘가……전해졌지 : 한(漢)나라 소무(蘇武)의 고사를 말한 것이다. 무제(武帝) 때 소무가 흉노(匈奴)에 사신으로 갔는데, 흉노의 선우(單于)가 그를 굴복시키려고 온갖 회유와 협박을 가해도 소용이 없자, 북해(北海) 주변의 황량한 변방에 그를 안치하

아득히 세월 흘러 가을도 다하고　蒼茫日月三秋盡
서걱서걱 얼음 서리 속에 집안 텅 비었구나　淅瀝氷霜四壁空
추위와 배고픔 없애는 건 몸 밖의 일이니　撥去饑寒身外事
긴 노래로 곤궁한 신세 통곡하지 않으리　長歌未擬哭途窮

젊어서 참았던 눈물 어느덧 줄줄 흐르니　少時禁淚已汍瀾
변방 술로 시름 없애며 스스로 달래본다　塞酒澆愁肯自寬
밤새 꿈에서는 북극에 조회하건만[72]　魂夢通宵朝北極
관산에 막혀 서울 바라볼 길 없네　關山無路望長安
풍랑이 바다 뒤흔드니 궁한 물고기 다급하고　風濤蕩海窮鱗急
눈과 서리에 숲 시드니 외로운 새 춥구나　霜雪摧林獨鳥寒
비록 벗이 있어 죽음 불쌍히 여겨도　縱有故人憐溘死
보내온 편지에 밥 많이 먹으라 권하지도 못하네　來書不忍勸加餐

고 양을 치게 하였다. 뒤에 소제(昭帝)가 흉노와 화친을 맺고 소무를 돌려보내 줄 것을 요청하자, 흉노 측에서는 소무가 이미 죽었다고 속였다. 이에 한나라 사신이 "우리 천자가 상림원에서 기러기를 쏘아 잡았는데, 기러기 발목에 묶인 편지에 '소무 등이 어느 늪 속에 있다.'라고 기록되어 있었다.〔天子射上林中得雁, 足有係帛書, 言武等在某澤中.〕"라고 다그쳐서, 소무가 19년 만에 귀국하게 되었다.《漢書 卷54 蘇建傳 蘇武》

72 밤새……조회하건만 : 꿈속에서도 임금을 그린다는 말이다. 북극(北極)은 북극성을 말하는데, 여기서는 임금을 비유하는 말이다.

이 종사관이 황해 감사에게 보내는 시에 차운하여 주다[73]

次李從事抵海西方伯韻 却贈

아름다운 금옥의 자질 지녀	有美金玉質
꽃다움 비췻빛 옥돌처럼 은은하네	英華隱翠琰
기이한 털 온갖 새들 가운데 빼어나니	奇毛擢萬羽
타고난 자품 실로 부족함 없어라	稟賦實未儉
뛰어난 재주 어려서부터 나타났으니[74]	穎脫自齠齡
맑은 옥에 어찌 티가 있으랴	圭瑩肯受玷
둥글고 밝은 구슬이 탁한 물속에 있어도	圓明濁水珠
발하는 광채를 끝내 가릴 순 없지	發彩終莫掩
준마가 늘그막에 달려 나가	騏驥晚駸駸
청운의 벼슬길 비로소 점진하였네[75]	靑雲始有漸

73 이 종사관이……주다 : 이 종사(李從事)는 미상이다. 해서 방백(海西方伯)은 동명(東溟) 김세렴(金世濂, 1593~1646)을 가리킨다. 《승정원일기》 인조 15년 6월 5일 기사에 김세렴을 황해 감사에 임명한 기록이 보인다. 김세렴의 《동명집(東溟集)》 권5에 〈평산차명고이종사운(平山次鳴皐李從事韻)〉이라는 작품이 수록되었으므로, 이 종사관의 호가 명고(鳴皐)임을 알 수 있다. 명고는 이계(李烓, 1603~1642)의 호이지만, 그가 종사관을 역임한 기록은 없다.

74 뛰어난……나타났으니 : 명고의 뛰어난 자질을 읊은 것이다. 영탈(穎脫)은 송곳의 자루가 튀어나온다는 말로, 재주가 뛰어남을 의미한다. 전국 시대 평원군(平原君)의 식객(食客)이었던 모수(毛遂)가 "진즉에 나를 주머니 속에 들어가게 하였다면, 송곳날 전체가 삐져나왔을 것이니 고작 끝이 삐져나오는 정도가 아니었을 것이다.〔使遂早得處囊中, 乃穎脫而出, 非特其末見而已.〕"라고 하였다. 《史記 卷76 平原君列傳》

이름이 막부의 격문 따라 나오니[76]	名隨幕府檄
천즙으로 기꺼이 장차 천거되리[77]	川楫喜將剡
터벅터벅 눈보라 무릅쓰고	靡靡冒風雪
필마로 험한 관산 넘어가네	匹馬度關險
마음가짐 붉은 실처럼 곧고[78]	秉心朱絲直
도가 커짐에는 자취 더욱 감추었네	道泰跡逾斂
읊은 시에 길가는 사람도 감동하니	諷詠感行路
글을 지어 서쪽 고을로 보내노라	馳辭抵西陝
전아한 아송의 소리이니[79]	舂容雅頌音
이어 지음에 무엇이 부족하랴	述作繼何歉

75 준마(駿馬)가……점진하였네 : 명고가 노년에 종사관이 되어 벼슬이 조금 높아졌다는 말이다.

76 이름이……나오니 : 명고가 황해 감사의 추천을 받아 종사관으로 부임하게 되었다는 말이다.

77 천즙(川楫)으로……천거되리 : 명고가 장차 조정의 중요 직책에 천거되리라는 말이다. 천즙은 물을 건너갈 때 배를 젓는 노라는 말로, 중요한 인물을 말한다. 은(殷)나라 고종(高宗)이 현상(賢相) 부열(傅說)을 얻고 나서 "만일 큰 강을 건너게 되면 내가 그대를 배와 노로 삼을 것이요, 만일 큰 가뭄을 만나게 되면 그대를 단비로 삼을 것이다.〔若濟巨川, 用汝作舟楫, 若歲大旱, 用汝作霖雨.〕"라고 하였다. 《書經 說命上》

78 마음가짐……곧고 : 성품이 강직하다는 말이다. 주사직(朱絲直)은 남조 송(南朝宋) 포조(鮑照)의 〈백두음(白頭吟)〉에 "곧기는 붉은 가야금 줄과 같고, 맑기는 옥호의 얼음 같아라.〔直如朱絲繩, 清如玉壺氷.〕"라고 한 데서 유래하였다. 《文選 卷28》

79 전아(典雅)한 아송(雅頌)의 소리이니 : 명고의 시를 평가한 말이다. 용용(舂容)은 한가한 정취가 우러나면서 전아(典雅)한 분위기를 풍기는 것을 말한다. 아송(雅頌)은 《시경》의 아(雅)와 송(頌)으로, 아는 조정의 조회나 연향에서 연주하는 노래이고, 송은 종묘의 제사에 쓰는 노래이다.

주옥같은 이백 글자	璀璨二百字
글자마다 천 번씩 점검했네	一字千過檢
아름다운 음악이 오래 닫힌 귀 열어 주니	廣樂破久聾
고무되어 듣고 들어도 질리지 않아라[80]	鼓舞聽無厭
조식과 유정을 선배라 부르지만	曹劉號前輩
나란히 달려도 진정 부끄럽지 않으리[81]	方駕眞不忝
세도가 상란의 시기를 만나	世道屬喪亂
곤옥이 거센 불길에 탔어라[82]	崑玉爇巨焰
나는 쫓겨나 거친 변방에 떨어져	我竄落荒塞
괴롭게도 진흙탕에 빠진 신세 되었네	苦遭泥滓染
슬프기는 초수의 울음과 같지만	悲同楚囚泣
일은 가의의 폄직과 다르구나[83]	事異賈傅貶

80 아름다운……않아라 : 명고의 시가 대단히 훌륭해서 반복해 들어도 질리지 않는다는 말이다. 광악(廣樂)은 균천광악(鈞天廣樂)으로 천상의 음악을 가리킨다. 춘추 시대 진(晉)나라 조간자(趙簡子)가 병이 들어 의식을 잃었다가 이틀 반 만에 깨어나서 대부(大夫)에게 이르기를 "내가 상제가 계신 곳에 가 보니 매우 즐거웠다. 온갖 신들과 함께 균천에서 노니는데, 광악 아홉 곡을 연주하고 만인이 춤을 추니, 삼대의 음악과는 같지 않으나 그 소리가 사람의 마음을 동하게 하였다.〔我之帝所, 甚樂, 與百神遊於鈞天, 廣樂九奏萬舞, 不類三代之樂, 其聲動人心.〕"라고 하였다. 《史記 卷43 趙世家》

81 조식(曹植)과……않으리 : 명고의 시가 조식이나 유정(劉楨)과 비견된다는 말이다. 조류(曹劉)는 후한(後漢) 건안(建安) 연간의 시인 조식과 유정의 병칭이다.

82 세도(世道)가……탔어라 : 1636년(인조14) 병자호란으로 인해 많은 인재가 희생되었음을 의미한다. 곤옥(崑玉)은 곤륜산(崑崙山)에서 나오는 아주 좋은 옥을 가리키는데, 《서경》 〈윤정(胤征)〉에 "곤강에 불이 나면 옥이나 돌이 다 타버린다.〔火炎崑岡, 玉石俱焚.〕"라고 하였다. 이 말은 군자나 소인을 가리지 않고 모두 화란(禍亂)을 당한다는 뜻이다.

서로 찾아보며 생사 물으니	相過訊死生
차가운 밤에 등불 하나 빛나네	夜寒燈一點
나랏일로 임무에 제한되니	王事限于役
헤어지면 다시 만나기 어려우리	判袂再難颭
문장은 조조와 동중서 그리는데[84]	文章想晁董
가난과 질병으로 안회와 염경처럼 고달파라[85]	貧病困顏冉
쓸쓸히 문 나서 떠나가니	悽然出門去
이 마음 두고두고 허전하리	此情長慊慊

83 슬프기는……다르구나 : 유배 온 이민구의 입장에서 그 슬픔은 종의(鍾儀)와 같지만, 원인은 가의(賈誼)와 다르다는 말이다. 초수(楚囚)는 진(晉)나라에 포로로 잡혀가서 거문고로 초나라 음악을 연주하며 고향을 그리워했던 종의를 가리킨다.《春秋左氏傳 成公9年》 가부(賈傅)는 태중대부(太中大夫)로 있다가 대신들의 미움을 받아 장사왕(長沙王)의 태부(太傅)로 좌천된 한(漢)나라의 가의를 가리킨다.

84 문장은……그리는데 : 이민구가 조조(晁錯)와 동중서(董仲舒)처럼 훌륭한 문장가가 되기를 염원한다는 말이다. 조동(晁董)은 한(漢)나라의 조조와 동중서를 아울러 일컬은 말이다. 조조는 문제(文帝)가 직접 책문(策問)으로 과거 시험을 보일 때에 수백 명 중에서 장원하여 곧장 중대부(中大夫)로 발탁되었으며, 동중서는 무제(武帝)의 책문 시험에서 유명한 천인삼책(天人三策)을 논하여 강도상(江都相)으로 발탁될 정도로 문재가 뛰어났던 인물들이다.《漢書 卷49 鼂錯傳, 卷56 董仲舒傳》

85 가난과……고달파라 : 이민구 자신의 처지를 읊은 것이다. 안염(顏冉)은 안회(顏回)와 염경(冉耕)을 가리킨다. 두 사람 모두 공자(孔子)의 제자이면서 덕행(德行)으로 일컬어졌으나, 안회는 매우 가난하였고 염경은 병을 앓아 모두 젊은 나이에 죽었다.

함경도 관찰사 목우경[86]이 편지를 부쳐 주고 아울러 생선 두 종류를 보내 준 것에 사례하다

謝北伯睦禹卿寄書 兼致魚二種

강담의 자취 나무꾼과 어부랑 어울려	江潭蹤跡混樵漁
천지간 친구들과 떨어져 지내노라[87]	天地親朋阻索居
시월의 편지 한 마리 기러기에 의지했고	十月書來憑一雁
백 년의 정은 두 마리 물고기에 담겼어라[88]	百年情在見雙魚
서관의 눈서리 시름겨운 귀밑머리에 침범하고	西關霜雪侵愁鬢
북새의 풍운은 역참의 수레 휘감누나	北塞風雲擁傳車
비록 산하가 몸 밖에 멀리 펼쳐졌어도	縱說山河身外闊
안면일랑 꿈에서라도 드물게 보이지 마소	莫教顔面夢中疏

86 목우경(睦禹卿) : 목장흠(睦長欽, 1572~1641)으로, 본관은 사천(泗川), 자는 우경, 호는 고석(孤石)이다. 《漫浪集 卷9 睦參判墓碑銘 幷序》 목장흠을 함경 감사에 임명한다는 기록이 《인조실록》 15년 6월 28일 기사에 실려 있다.

87 강담(江潭)의……지내노라 : 이민구가 유배지에서 외롭게 지내는 모습을 읊은 것이다. 강담은 전국 시대 초나라 굴원(屈原)이 쫓겨난 지역을 말한다. 삭거(索居)는 이군삭거(離群索居)의 준말로, 친지나 벗들과 헤어져서 혼자 외로이 사는 신세를 말한다. 자하(子夏)가 "내가 벗을 떠나 쓸쓸히 홀로 지낸 지가 오래이다.〔吾離群而索居, 亦已久矣.〕"라고 한 데서 유래하였다. 《禮記 檀弓》

88 시월의……담겼어라 : 목장흠이 편지와 생선을 보내 주었기 때문에 이렇게 읊은 것이다. 기러기는 본래 편지를 전하는 새로 자주 인용된다. 쌍어(雙魚)도 멀리서 보내온 잉어의 배를 갈라보니 편지가 들어 있었다는 고사에서 유래하여 편지를 의미하는 말로 사용된다. 그러나 이 시는 목장흠에게 사례하기 위해 지은 것이므로 그가 보내 준 편지와 생선을 의미한다.

허유선[89]이 강릉에서 보낸 편지와 옷감을 받다

得許惟善江陵書兼惠衣資

맑은 가을 지나가는 기러기에 편지 부치기 어려워	淸秋過雁繫書難
상담에 도착하니 한 해가 저무는 때라네[90]	及到湘潭歲向殘
서쪽 해는 매일 멀리 변방 사막으로 지고	西日每沈沙塞遠
동쪽 구름은 여전히 차가운 설봉에 걸렸네	東雲仍阻雪峯寒
꼭꼭 여미어 먼 곳에 비단 보내 주니	題封絶域唯端綺
병들고 궁하지만 애써 밥 먹노라	疾病窮途强一餐
녹문에서 길이 은둔했다지만	見說鹿門長避地
내 신세 생각하니 눈물만 줄줄 흐르네[91]	轉思身許涕汍瀾

89 허유선(許惟善) : 허보(許寶, 1585～1659)로, 본관은 양천(陽川), 자는 유선, 호는 동강(東岡)이다. 《東州集 文集 卷10 處士東岡許公墓碣銘 幷序》

90 맑은……때라네 : 허보에게서 오랜만에 편지를 받았는데, 시기적으로 한 해가 저무는 때였다는 말이다. 상담(湘潭)은 초나라 충신 굴원이 참소를 받고 쫓겨났으며 한 문제(漢文帝) 때 가의(賈誼)가 장사왕 태부(長沙王太傅)로 좌천된 곳이라 하여, 흔히 귀양지의 별칭으로 사용한다. 여기서는 이민구의 유배지인 영변(寧邊)을 의미한다.

91 녹문(鹿門)에서……흐르네 : 관직에 나갔다가 유배 온 자신의 신세를 한탄한 것이다. 녹문은 녹문산(鹿門山)으로, 후한(後漢)의 은자(隱者) 방덕공(龐德公)이 유표(劉表)의 간절한 요청에도 끝내 응하지 않은 채 처자를 데리고 녹문산에 들어가 약초를 캐며 살다가 생을 마쳤다. 《後漢書 卷83 逸民列傳 龐公》

울타리 안

籬內

무 산들 둘러 있고 철성 드높은데 群巒環擁鐵城懸
울타리까지 세워 하늘 볼 수 없네 又揷柴籬不見天
찬 나무가 매번 지는 해 가리지만 寒木每遮將落日
그윽한 도랑에 흐르는 샘 계속 새나가네 幽渠猶洩欲流泉
부질없이 북극 그리는 꿈 많지만[92] 空多北極凝情夢
실로 남쪽 울에서 등 쬐는 잠 적구나[93] 實少南墻曝背眠
오직 약산 봉우리 풍경은 唯有藥山峯頂色
아침마다 보아도 그 모습 그대로네 朝朝相對却依然

92 부질없이……많지만 : 임금을 그리는 일이 많다는 말이다. 북극(北極)은 북극성을 가리키는데, 여기서는 임금을 상징한다.

93 실로……적구나 : 임금께 정성 바칠 기회가 부족하다는 말이다. 폭배(曝背)는 등에 볕을 쬔다는 말로 "옛날 송나라의 한 농부가 항상 누더기 옷을 입고 겨울을 지내다가 봄날을 맞이하여 따뜻한 햇볕을 쬐면서, 천하에 너른 집이나 따뜻한 방, 솜옷이나 여우 갖옷이 있는 줄은 모르고 자기 아내에게 말하기를 '이 등 쬐는 따뜻함을 아무도 알 사람이 없으리니, 이것을 우리 임금님께 바치면 큰 상을 받게 될 것이다.' 했다.〔昔者宋國有田夫, 常衣縕黂, 僅以過冬, 暨春東作, 自曝於日, 不知天下之有廣厦隩室綿纊狐狢, 顧謂其妻曰, 負日之暄, 人莫知者, 以獻吾君, 將有重賞.〕"라는 고사에서 유래하여, 미력(微力)이나마 임금을 위하고자 하는 충성을 비유한다.《列子 卷7 楊朱》

연위 김대덕[94]이 평양에 도착하여 시를 보내 안부를 물으니 이날은 동지이다

金延慰大德到箕城 投詩問訊 是日長至

서성에서 흘린 이별 눈물 옷자락에 남았는데	西城別淚在衣裾
몇 번이나 님 그리며 달[95] 보았던가	幾度懷人對望舒
가시울 안이라 서울 꿈꾸지도 못하건만	籬棘不通秦地夢
편지통에 대동강 서신 오히려 전해 주네	郵筒猶遞浿江書
병든 몸으로 역마 탄 그대 가련하고	憐君疾病仍乘傳
자리잡지 못한 내 자취 부끄럽다	愧我行藏未卜居
관산에서 죽어 가며 마음 이미 꺾였는데	垂死關山心已折
뜬 재가 부질없이 날려 한 양이 처음 생겼네[96]	浮灰虛動一陽初

94 김대덕(金大德) : 1577~1639. 본관은 광산(光山), 자는 득지(得之), 호는 소봉(蘇峰)·이안당(易安堂)이다. 《白軒集 卷48 刑曹參判金公墓誌銘》 연위(延慰)는 연위사(延慰使)로, 외국 사신을 영접하던 임시 벼슬이다.

95 달 : 망서(望舒)는 달이 탄 수레를 모는 신을 말하는데, 보통 달을 가리킨다.

96 뜬……생겼네 : 동짓달이 되었다는 말이다. 고대 중국에서 절후(節候)를 살피는 방법이 있었는데, 갈대 속의 얇은 막을 태운 재를 황종(黃鍾 11월), 태주(大簇 1월), 고선(姑洗 3월), 유빈(蕤賓 5월), 이칙(夷則 7월), 무역(無射 9월), 대려(大呂 12월), 협종(夾鍾 2월), 중려(仲呂 4월), 임종(林鍾 6월), 남려(南呂 8월), 응종(應鍾 10월)의 열두 율관에 넣어 두면 각 절후에 맞춰 재가 움직인다고 한다. 《律呂新書 卷2 律呂證辨 候氣》 일양초(一陽初)는 처음으로 양이 하나 생긴다는 말로, 11월을 가리킨다. 10월은 순음인 곤괘(坤卦 ䷁)에 해당하고, 11월이 되면 양이 하나 발생하여 복괘(復卦 ䷗)에 해당한다.

사위 신변[97]이 회화나무 열매를 보내오다

申郎送槐實

시월에 거둔 회화나무 열매	十月收槐子
단단히 포장해 북쪽 변방에 이르렀네	重封到塞陰
춥고 배고픈 한 목숨	饑寒唯一命
약물이 무슨 소용이랴	藥物更何心
눈물로 이 밤 지새우니	涕淚今宵盡
불치병[98]이 늘그막에 깊어 가네	膏肓暮景深
눈이 밝아진다는 말 들었지만	虛聞祛眼膜
그래도 고향은 볼 수 없다네[99]	不得見家林

97 신변(申昪) : 1610~1664. 본관은 평산(平山), 자는 중열(仲悅), 호는 춘주산인(春洲散人)이다. 이민구의 사위이며 동양위(東陽尉) 신익성(申翊聖)의 아들이다.

98 불치병 : 고황(膏肓)은 치료할 수 없는 깊은 병을 말한다. 춘추 시대 진(晉)나라 경공(景公)이 병이 깊어 진(秦)나라에 의원을 요청하였는데, 진나라 임금이 의원 완(緩)을 보내 치료하게 하였다. 의사가 도착하기 전에 경공이 꿈을 꾸었는데, 병이 두 아이가 되어 "저 의원은 훌륭한 의원이다. 우리를 상할까 두려운데 어디로 도망한다지?"라고 하더니, 그 중 한 아이가 "가슴의 위, 심장의 밑에 있으면 우리를 어쩌겠어."라고 하였다. 의원이 이르러 "병을 고칠 수 없다. 가슴의 위, 심장의 밑에 있으니, 뜸을 뜰 수도 없고 침을 놓을 수도 없고 약물치료도 할 수 없다."라고 하였다. 《春秋左氏傳 成公 10年》

99 눈이……없다네 : 회화나무 열매를 복용해서 시력이 좋아져도 고향을 볼 수 없다는 말이다. 《동의보감(東醫寶鑑)》에 의하면, 회화나무 열매는 눈을 밝게 하고 눈이 잘 보이지 않는 것을 낫게 하며, 수염과 머리털을 검게 한다고 한다.

천랑 노래

天狼行

천랑성 동으로 행해 교만한 오랑캐 비추니　　天狼東行挾驕虜
천하에 누린내가 비바람과 섞였네[100]　　宇縣腥塵雜風雨
남쪽 마한에서 서쪽 용만까지　　南至馬韓西龍灣
백만 백성 승냥이와 호랑이 밥 되었네[101]　　生靈百萬飼豺虎
견융이 어찌 임금의 위엄에 다가섰나　　犬戎那得近天威
열사들 울음 삼키며 마음만 괴로웠네[102]　　烈士呑聲但心苦
사신들 석목진 가는 길 영원히 막혀　　星槎永阻析木津
관리들 도리어 요양 땅 밟는구나[103]　　冠蓋却踏遼陽土

100 천랑성(天狼星)……섞였네 : 병자호란이 발생했다는 말이다. 천랑은 침략을 주관하는 별 이름이다. 흔히 탐잔(貪殘)한 무리 또는 도적 등을 비유하는데, 《초사(楚辭)》〈구가(九歌) 동군(東君)〉에 "청운으로 웃옷 삼고 백예로 아래옷 삼아, 긴 화살 뽑아서 천랑성을 쏘도다.〔青雲衣兮白霓裳, 擧長矢兮射天狼.〕"라고 하였다.

101 남쪽……되었네 : 조선 전역이 전란에 휩싸이고, 백성들이 청나라 군사들에게 유린당했다는 말이다.

102 견융(犬戎)이……괴로웠네 : 인조가 청나라에 항복하는 치욕을 당했지만, 뜻있는 신하들은 어찌할 방법이 없어서 마음만 괴로웠다는 말이다. 견융은 고대 융족(戎族)의 한 부류인데, 여기서는 청나라를 가리킨다.

103 사신들……밟는구나 : 조선과 명(明)나라의 외교관계가 단절되고, 관리들이 청나라 태조 누르하치가 있는 요양(遼陽)으로 간다는 말이다. 석목진(析木津)은 기성(箕星)과 두성(斗星) 사이에 은하수가 있기 때문에 석목의 나루라고 하였다. 《春秋左氏傳 昭公8年》 천문으로는 중국의 유주(幽州)에 해당하는 방위이므로, 여기서는 명나라를 가리킨다. 요양은 청나라 태조가 1621년부터 1625년까지 수도로 삼았던 지역이다.

아아 이런 일이 어느 땐들 없으랴	嗚呼此事何代無
나라 보존한 것도 신의 도움이지	國之不亡神所扶
끊어지고 무너진 법도 다시 정돈하니	絶綱壞紐再整頓
소신의 부지한 목숨 경각에 달렸네[104]	小臣漏命眞須臾
온 가족 영락하여 초망 같은데[105]	百口零落等草莽
이 한 몸 홀로 변방으로 쫓겨났지	一身獨迸沙塞隅
마지못한 삶 이매들과 어울려	黽勉蹤跡混魑魅
몰락 감수하며 진창길 갔어라	分甘汨沒隨泥塗
아침밥에 시장기나 면하는 나그네	朝食饑分逆旅翁
잠자리 추워 우의 속에서 떤다네[106]	夜宿寒就牛衣中
상투 틀고 벼슬한 지 삼십 년	結髮游宦三十年

104 끊어지고……달렸네 : 병자호란 뒤에 문란해진 기강을 바로잡고 패전의 책임자들을 처벌하게 되자, 이민구 자신도 형벌을 면할 수 없었다는 말이다. 누명(漏命)은 미상이다. 《엄주사부고(弇州四部稿)》 권85 〈보채자영파연자중열전(補蔡子英巴延子中列傳)〉에 "싸움에 져서 포로가 되었으나 칼날 아래 살아남아 가시울타리 안에 갇힌 목숨 7년이나 연명했습니다.〔軍敗見俘, 漏命刃下, 荊棘之息, 延及七載.〕"라는 말이 있다. 또 《학고집(鶴皐集)》 권3 〈노생행(魯生行)〉에 "이 사람 서슬 퍼런 칼 아래 살아남아 남쪽 바다로 쫓겨나니 늙은이와 젊은이 함께 가네.〔生也漏命白刃下, 被驅越海耄倪幷.〕"라고 하였다. 이러한 용례로 볼 때, 누명은 형벌에서 죽지 않고 살아난 목숨이라는 뜻으로 이해된다.

105 온 가족……같은데 : 병자호란 당시 이민구의 가족이 희생되었음을 말한다. 당시 이민구의 장남 이원규(李元揆, 1607~1636), 차남 이중규(李重揆, 1614~1637)가 죽었고, 한오상의 아내인 조카딸도 사망하였다.

106 아침밥에……떤다네 : 유배지의 고단한 생활을 읊은 것이다. 우의(牛衣)는 소가 춥지 않도록 소의 등에 덮어 주는 멍석으로, 한나라 때 왕장(王章)의 고사가 있다. 436쪽 각주34 참조.

자손들 눈에 가득하고 집안 넉넉했지　子孫滿眼家室豐
갑자기 난리 겪고 법망에 걸려　忽遭喪亂兼網罟
종일 적소에서 궁한 신세 슬퍼하네　終日坎壈悲途窮
북두성 깊이 서린 원기 없앨 수 있으랴　冤氛肯銷斗墟深
참새도 텅 빈 초가에는 깃들지 않네　鳥雀不棲茅茨空
햇빛 흐려져 높은 들창 닫았더니　陽光黯澹閟高牖
천지간에 성난 천둥소리 울리네　天地爲之雷怒吼
근래의 명신 양용수는　近時名臣楊用脩
젊어서 전남으로 쫓겨나 늙어 죽었지　少竄滇南死白首
나는 지금 늙어서 이 환난 만났으니　我今老朽遘茲患
살아서 돌아가지 못해도 오래 있지는 않겠지[107]　雖未生還亦未久
화복을 생멸하는 이치에 부쳤으니　已將禍福付盈虛
슬픔과 즐거움이 나에게 어찌 다시 있으랴　哀樂於吾復安有
늘어진 소리로 노래하여 숲속에 퍼지는데　漫聲奏歌激林樾
처마를 휘감는 눈서리 대낮에 흩날리네　繞簷霜雪飛淸晝

107 근래의……않겠지 : 양신(楊愼, 1488～1559)은 젊은 나이에 유배되어 적소에서 늙어 죽었지만, 자신은 이미 늙은 나이에 유배되었으므로 살아서 돌아가지 못하더라도 유배생활이 길지는 않을 것이라는 말이다. 용수(用脩)는 양신의 자이고, 호는 승암(升菴)이다. 그는 명(明)나라 세종(世宗) 때 사람으로, 1524년 계악(桂萼) 등이 등용될 때 동지 36명과 함께 반대하다가 황제 앞에서 곤장을 맞고 운남성(雲南省)에 유배되었으며, 그곳에서 저술에 힘쓰다 사망하였다. 경학(經學)과 시문에 탁월하였으며 박학하기로 이름이 높았다. 저서에 《단연총록(丹鉛總錄)》, 《승암집(升菴集)》 등이 있다. 전남(滇南)은 운남성 곤명시 남서쪽에 전지(滇池)라는 못이 있는데, 일명 곤명지(昆明池), 곤명호(昆明湖), 전남지(滇南池), 전남택(滇南澤)이라고 한다.

외로운 밤
獨夜

찬 등불 따뜻한 화로의 토담집은 비었는데	燈寒爐煖土床虛
변방 성에 누운 뒤로 세밑 다가오네	一臥邊城近歲除
먼 들판 흩어진 산세에 사람 떠나고	遙野亂山人去後
눈보라가 창 때리는 오경 밤이라네	撲窓風雪五更初

세상에 나가고 물러남
行藏

세상에 나가고 물러남 사십구 년 그릇되어[108]	行藏四十九年非
홀로 변방에 누워 돌아가지 못하네	獨傍邊頭臥不歸
꿈이 강호에 들면 거센 물결 마주하고	夢入江湖臨駭浪
몸은 천지를 따라 위기를 알겠네	身從天地識危機
군신의 관계는 눈물 속에 여생 다하고	君臣涕淚餘生盡
골육의 음성과 얼굴은 늙어 접할 일 드물구나	骨肉音容抵老稀
궁벽한 시골 쓸쓸하고 인기척도 없어	窮巷悄然人語靜
창 비치는 등불 그림자만 아른댄다	照窓燈影只依依

108 세상에……그릇되어 : 자신의 지난 삶이 잘못되었다는 한탄이다. 행장(行藏)은 세상에 나가고 물러남을 말한다. 《논어》〈술이(述而)〉에 "써주면 도를 행하고 버려지면 은둔한다.〔用之則行, 舍之則藏.〕"라는 말에서 유래하였다. 사십구년비(四十九年非)는 "거백옥이 나이 50세에 49년 동안의 잘못을 깨달았다.〔蘧伯玉, 年五十而知四十九年非.〕"라는 말에서 나왔다. 《淮南子 卷1 原道訓》

유동립 옹이 술을 들고 방문하다

劉翁東立携酒見訪

서한의 머나먼 후손과	西漢遙遙冑
동주의 쓸쓸한 늙은이[109]	東州孑孑翁
새로 사귄 사이로 모두 늙었지만	新知俱老境
예스러운 모습에 유풍까지 지녔어라	古貌況儒風
지팡이 짚고 가시덤불 헤치며	拄杖披叢棘
술 들고 찾아와 떠돌이 위로하네	携壺慰轉蓬
깊이 어부의 뜻을 따라	深憑漁父意
술 마시며 곤궁한 처지 맡기네[110]	餔歠任途窮

109 서한(西漢)의……늙은이 : 유동립(劉東立)과 이민구 자신을 말한 것이다. 유동립이 어떤 인물인지는 알 수 없으나, 유(劉)씨이므로 한(漢)나라를 세운 유방(劉邦)의 후손이라고 말한 것이다.

110 깊이……맡기네 : 유동립이 가져온 술이나 마시면서 곤궁한 처지를 달래겠다는 말이다. 굴원(屈原)의 〈어부사(漁父辭)〉에 "어부가 말하기를 '성인은 사물에 막히거나 얽매이지 않고 세상과 함께 변하여 옮겨가나니,……여러 사람들이 모두 취하였거든 어찌하여 술지게미를 먹고 박주를 마시지 않고, 무슨 연고로 깊이 생각하고 고상하게 행동하여 스스로 추방당하였는가.' 하였다.〔漁父曰, 聖人不凝滯於物, 而能與世推移, …(중략)… 衆人皆醉, 何不餔其糟而歠其釃, 何故深思高擧, 自令放爲.〕"라는 내용이 있다.《楚辭章句 卷7》 포철(餔歠)도 이 작품에서 인용한 말이다.

입춘일에

立春

찬 등불 쓸쓸한데 마주 앉아 슬피 노래하며	寒燈悄悄對悲歌
앉아서 물 흐르는 듯 빠른 세월 보내누나	坐送流光逐逝波
달력 보며 남은 날 적음을 알지만	檢曆已知餘日少
뼈아픈 시대 그나마 오래 살아 다행일세	傷時猶幸得年多
새봄이 내일 아침이면 오겠지만	新春欲趁明朝至
오랜 객지 생활에 하룻밤 보내기도 어렵네	久客難抛一夜過
살쩍과 머리카락 하얗게 세었는데	鬢雪頭霜渾自在
닭 울고 종 울리니 장차 어찌할까	鷄鳴鍾動奈將何

섣달 26일

臘月二十六日

오늘의 슬픔 죽어야 끝날 텐데	茲辰哀怨極天終
하물며 강담에서 세밑 만났음에랴[111]	況値江潭逼歲窮
부질없이 입신양명 바라던 젊은 날 생각하니	虛望立揚懷少日
길이 충효 어겨 남기신 풍도에 부끄럽네	永違忠孝愧餘風
눈물 흘리며 울고 난 삼경의 밤이며	啼殘血淚三更後
몰골 확 변한 십 년의 세월이네[112]	換盡形容十載中
변방 나그네 마음 이미 끊어졌으니	關塞羈心今已斷
고향으로 돌아갈 꿈 갈수록 통하기 어렵네	松楸歸夢轉難通

111 오늘의……만났음에랴 : 《지봉집(芝峯集)》 부록 권1에 장유(張維)가 지은 이수광(李晬光)의 행장(行狀)이 수록되어 있는데, 그 글에 의하면, 이수광은 1628년(인조 6) 12월 26일에 사망하였다. 따라서 이 시는 이민구가 아버지의 기일(忌日)을 맞이하여 지은 것임을 알 수 있다. 여기서는 아버지의 기일이라 슬픈데다가, 한 해가 저무는 시기이므로 그 슬픔이 더하다고 읊은 것이다.

112 몰골……세월이네 : 이 시를 쓰고 있는 때가 1637년이므로, 이수광이 운명한 지 10년째가 되는 해이다. 그 사이에 이민구 자신이 늙었음을 읊은 것이다.

섣달 그믐밤에

除夕

남은 인생 아까울 것 없지만	殘年非所惜
오늘은 몹시도 슬프구나	玆日轉多悲
술을 어찌하면 계속 마실까	杯蟻那由續
창밖의 닭은 빨리도 우는구나	窓鷄不肯遲
몸은 오직 등불과 짝하고	身唯燈作伴
늙음과 질병은 기약한 듯 찾아오네	老與病爲期
누가 근심어린 귀밑머리 보았는가	誰見霎愁鬢
내일 아침 눈물도 함께 흐르리라	明朝淚竝垂

선달 그믐에 금양위가 보내온 시[113]를 받고 차운하여 보내다

除日得錦陽寄詩 次韻却寄

천 리 멀리서 사람이 칠언시 보내 주니	千里人傳七字詩
마침 섣달 그믐이라 이 마음 서글퍼라	正當除夕此心悲
노년에 옛정을 무슨 수로 펼쳐 볼까	頹齡舊好何由展
난세라 앞날을 기약할 수 없어라	亂世前途不可期
양기에 얼음 속 풀싹 돋고	陽氣欲蘇氷底草
햇살이 눈 덮인 울타리 뚫고 들어오네	天光肯透雪中籬
공연히 오래 전 이별한 벗 그리며[114]	空懷玉樹經年別
종일토록 초가 처마만 마주하고 있노라	獨對茅檐盡日垂

113 금양위(錦陽尉)가 보내온 시 : 금양위는 박미(朴瀰, 1592~1645)로, 본관은 반남(潘南), 자는 중연(仲淵), 호는 분서(汾西)이다. 1603년(선조36) 선조의 다섯째 딸 정안옹주(貞安翁主)와 혼인하여 금양위에 봉해졌다. 《南溪集 卷80 伯父錦陽君朴公行狀》 박미가 이민구에게 보내온 시는 《분서집(汾西集)》 권5 〈간문자시(簡問子時)〉라는 작품이다.

114 공연히……그리며 : 박미를 그리워한다는 말이다. 옥수(玉樹)는 자태가 준수하고 재간이 넉넉한 사람을 말하는데, 여기서는 박미를 가리킨다. 진(晉)나라 유량(庾亮)이 죽자 하충(何充)이 탄식하며 "옥수를 땅에 묻으니, 사람으로 하여금 정을 어찌 끊을 수 있게 하랴.〔埋玉樹於土中, 使人情何能已.〕"라고 하였다. 《晉書 卷73 庾亮列傳》

동주집

시집 제2권

詩시

무인년(1638, 인조16) 어느덧 쉰 살 지비의 나이[1]가 되었건만 아직도 위태한 처지이기에 도잠의 〈유사천〉[2]을 차운하여 스스로 위로하니 또한 스스로 부끄럽다

戊寅歲 倏然五十知非之歲 尙蹈危機 次淵明斜川韻以自寬 亦自愧也

늙은이 세상에 쓸모없게 되었으니	衰老曠時用
저 수레가 쉬는 격일세[3]	譬彼役車休
도깨비 소굴에 쫓겨난 신세	竄身魑魅區
감히 먼 유람에 어울린다 말하랴	敢云諧遠游
새해에 쉰 살[4] 되니	新年及知命

1 지비(知非)의 나이 : 거백옥이 나이 50세에 49년 동안의 잘못을 깨달았다는 고사에서 나온 말로, 50세를 의미한다. 《淮南子 卷1 原道訓》

2 유사천(遊斜川) : 사천(斜川)은 도잠(陶潛)의 《도연명집(陶淵明集)》 권2에 수록된 〈유사천〉이라는 작품을 가리킨다.

3 늙은이……격일세 : 늙어서 세상에 쓸모없는 존재가 된 자신의 신세를 한 해 농사가 끝나면 멈춰서는 수레에 비유하여 읊은 것이다. 역거(役車)는 서인(庶人)들이 농사일에 쓰는 수레이다. 《시경》 〈실솔(蟋蟀)〉에 "귀뚜라미 집에 드니 역거도 쉰다네.〔蟋蟀在堂, 役車其休.〕"라고 하였다.

4 쉰 살 : 지명(知命)은 "오십에 천명을 안다.〔五十而知天命〕"라는 말에서 유래하여

가는 세월 흐르는 물 같구나　逝景忽如流
아득히 타향에서 부쳐 사니　悠悠寄殊俗
물결에 넘실대는 갈매기에게 부끄럽다　有愧凌波鷗
덧없는 인생 죽을 날 다가오는데　浮生迫朝暮
하물며 고향 생각 견디랴　況堪懷故丘
따뜻한 봄기운에 만물 감응하여　陽和感萬物
날짐승 들짐승 제각각 짝 있건만　飛走各匹儔
궁벽한 곳에 홀로 외로이 지내며　畸窮獨處廓
말술을 스스로 마시노라　斗酒還自酬
흩날리는 귀밑머리 세어가니　飄然兩鬢雪
청춘이 다시 오랴　更得青春不
고인은 바람 앞의 촛불 같은 인생 염려했는데　古人慮風燭
나는 어찌 슬픔과 시름에 잠기랴　我何妄悲憂
차분한 마음으로 조화의 소리 듣는다면　冥心聽大鈞
이 삶 다하도록 바랄 것 없으리[5]　沒齒無所求

50세를 의미한다.《論語 爲政》

5 차분한……없으리 : 천지자연의 이치대로 순응하여 살아간다면 사람들이 보편적으로 추구하는 명리(名利) 등에 대한 욕심이 없을 것이라는 말이다. 대균(大鈞)의 균(鈞)은 도자기를 만들 때 쓰는 녹로(轆轤)로, 그릇이 구워지는 것과 같이 천지가 만물을 생성한다고 보아서 천지를 대균이라 한다.

생일

初度日

시 논하면서 〈육아〉 접었건만[6]	一自論詩廢蓼莪
타향에서 심사는 갈수록 어긋나네	異鄉心事轉蹉跎
애쓰신 세월 떠올리니 슬픔 극진한데	劬勞逝景哀哀盡
늙어 맞이한 새봄은 바삐도 가는구나	老大新春忽忽過
지난날 부모형제는 어린 나를 아끼셨는데	他日母兄憐最少
해마다 동이의 술을 많이도 마시네	每年尊酒酌偏多
된서리와 쌓인 눈 가득한 황량한 성에서	繁霜積雪荒城內
촛불 다하고 화로에 재만 남았으니 어이할까	燭淚爐灰奈若何

6 시……접었건만 : 부모 생각에 《시경》 〈육아(蓼莪)〉를 읽지 못한다는 말이다. 진(晉)나라 왕부(王裒)가 "슬프다 우리 부모, 나를 낳아 고생하셨도다.〔哀哀父母, 生我劬勞.〕"라는 〈육아〉의 내용을 읽을 때마다 참형(斬刑)을 당한 부친을 생각하며 눈물을 흘리곤 하였으므로, 수업 받는 문인들이 아예 〈육아〉를 폐(廢)하려고 했던 고사가 있다. 《晉書 卷88 王裒列傳》

아전 정양열이 나를 따라 적소에서 1년을 지냈는데 돌아가 아버지를 모셔야겠다고 하니 이별하는 자리에 그윽이 감회가 일었다. 이에 은심원이 조안원의 시를 읊을 때 진실로 정이 있었음을 알겠다[7]

小吏鄭良悅 從余謫所一年 言歸省父 別次黯然興懷 乃知殷深源詠曹顏遠詩 眞有情哉

난세 만나 골육 다 죽었으니[8] 遭亂骨肉盡
이 한 목숨 부지한 게 한이라오 所恨微命存
변방 적소에서 함께 지낸 세월 相從關塞謫
옛 정의 도타운 이는 자네뿐 爾獨古誼敦
한 방 등불 그림자 아래 一室燈影畔
쓸쓸한 나와 짝이 되어 주었네 伴我寂莫魂
일 년 지내고 서울로 간다니 經年返京國
슬픈 심사 이별주에 고이누나 悲緒集離尊

7 은심원(殷深源)이……알겠다 : 어려운 처지에서 이별하는 슬픔을 알겠다는 말이다. 심원은 진(晉)나라 은호(殷浩)의 자(字)이다. 안원(顏遠)은 서진(西晉)의 시인 조터(曹攄)의 자이다. 은호가 동양군(東陽郡) 신안현(信安縣)으로 쫓겨났을 때, 평소 사랑하던 생질 한백(韓伯)이 따라와 한 해 동안 같이 지내다가 도성으로 돌아가게 되었는데, 은호가 그를 전송하면서 "부귀하면 모르는 사람도 모여들고, 빈천하면 친척도 떠나간다.〔富貴他人合, 貧賤親戚離.〕"라는 조터의 시를 읊으면서 눈물을 흘렸다고 한다.《晉書 卷77 殷浩列傳》

8 난세……죽었으니 : 병자호란 당시 이민구의 장남 이원규(李元揆, 1607～1636)와 차남 이중규(李重揆, 1614～1637)가 죽었다.

인생살이 만날 날 적은데	人生寡合併
하물며 지금은 시끄러운 세상임에랴	況迫世故煩
아아 이 몸뚱이 말고는	自嗟形骸外
짚고 다니는 지팡이 뿐이구나	但有藜杖援
쓸쓸히 빈 골짝에 누웠으니	蕭條臥空峽
외롭고 괴로운 신세 말할 수 없네	孤苦不可論
곤궁한 늙은이 홀로 남겨지니	窮老旣孑遺
살아도 죽은 것이나 진배없다	生死無異門
이 슬픔 어찌 쉬 떨치랴	捨哀豈容易
몸이 있으니 우환도 많구나[9]	身在憂患繁
진실로 죽을 날 가까운 줄 아노니	諒知朝暮期
어디에 보살펴 주는 은혜 쓸까	焉用提挈恩
수고롭게 나그네 따라왔는데	艱難隨旅人
거친 밥 먹였으니 부끄럽다	慙愧薄盤飧
자네 보내려 쑥대 문 나섰다가	送汝出蓬戶
관문에 이르러 울음 삼키네	及關聲復呑
하늘 흐리고 비바람 거세니	天黑風雨頻
먼 길이 온통 진창이겠지	路長泥水渾
나그네가 항상 험한 길 가니	客子恒畏途

9 이 슬픔……많구나 : 살아있는 동안에는 정양열과 이별하는 슬픔은 물론 근심과 걱정을 잊을 수 없다는 말이다. 노자(老子)가 "내게 큰 근심이 있는 것은 내게 몸이 있기 때문이니, 몸이 없어지면 무슨 근심이 있겠는가.〔吾所以有大患者, 爲吾有身, 及吾無身, 吾有何患.〕"라고 한 말이 있다.《道德經 13章》

아침저녁으로 조심해야지	相戒在晨昏
두루 방비해 낮에 감을 생각하고	周防思日邁
노력하여 밤에 달려감 삼가고	努力愼星奔
돌아가거든 몰골 야윈 이 사람 소식을	歸將枯槁容
우리 형님께 전해 주게나	爲報我元昆

정월 그믐에

正月晦日

시름 속에 홀로 따스한 봄 하늘 마주하니	窮愁獨對艶陽天
화사한 풍광 눈물 맺힌 눈에 들어오네	物態韶華淚眼邊
어느덧 새봄 삼십 일 보내고서	已失新春三十日
공연히 지난 천 년 아파하네	空傷往事一千年
고향집 골목에는 쑥대 무성할 텐데	故園門巷蓬蒿遍
여기저기 관산에서 고각소리 들려오네	幾處關山鼓角傳
신세도 적막하고 소식도 끊어지니	身世音書俱寂莫
전란의 세월에 양쪽 모두 망망할 뿐	干戈歲月兩茫然

채백창이 사면되어[10] 남쪽으로 돌아갈 때 출발하면서 부쳐온 시에 답하다. 여섯 수

酬蔡伯昌遇赦南歸 臨發見寄之作 六首

망망하게 온 세상이 어둡고 어지러운데　茫茫八表政昏紛
변방 외로운 성에 석양이 지누나　直塞孤城倚暮曛
헤어지고 눈길은 관산 달에 매달렸는데　別望每懸關外月
돌아가는 행장은 벌써 강서 구름 헤치겠지　歸裝已拂水西雲
동풍 부는 물가에 부용은 한하지만　東風澤國芙蓉恨
봄날 강산은 수놓은 비단 무늬일세　春日江山錦繡文
편지통에 먼 곳 소식 전해오니　尙有郵筒憑遠信
이후로도 소식은 끊어지지 않으리　未應從此斷知聞

한평생 시 읊조리다 백발 되었고　詞律平生到白紛
득실에는 관심 없이 아침저녁 보내누나　悠悠得失送朝曛
훌륭한 문장에 그대 그리는데[11]　還憑麗藻懷瓊樹

10 채백창(蔡伯昌)이 사면되어 : 채백창은 채유후(蔡裕後, 1599～1660)로, 본관은 평강(平康), 자는 백창, 호는 호주(湖洲)이다.《希菴集 卷29 從祖祖父湖洲先生集後遺事》 1636년(인조14) 병자호란 때 집의(執義)로서 인조를 호종하였다. 김류(金瑬) 등의 강화 천도 주장을 반대하고 주화론에 동조하였다.《인조실록》 15년 10월 27일 기사에 "채유후를 강서(江西)에 정배(定配)하였다. 김시양(金時讓)이 차자를 올려 술에 취하여 잘못한 것을 논하였기 때문에 이 명이 있었다."라고 하였고,《인조실록》 16년 1월 26일 기사에 "채유후, 이회(李禬), 서택리(徐擇履) 등을 석방하라고 명하였다."라고 하였다. 강서는 평안남도의 대동강 서쪽을 가리킨다.

구름 속의 가인은 말하지 않았네　　不道佳人問碧雲
용갑에 오래도록 삼척수 서렸지만[12]　　龍匣久蟠三尺水
화류는 아직까지 오색 무늬 띠었네[13]　　驊騮尙帶五花文
기이한 빛 여주의 상자에서 가만히 발하니[14]　　奇光暗發驪珠篋

11 훌륭한……그리는데 : 채유후가 보내 준 시를 보면서 그를 그리워한다는 말이다. 경수(瓊樹)는 맑고 고결한 인품을 지닌 사람을 비유하는 말로 채유후를 가리킨다. 《진서(晉書)》 권43 〈왕융열전(王戎列傳)〉에 "왕연의 모습이 고매하여 마치 경수 요림과 같다.〔王衍神姿高徹, 如瑤林瓊樹.〕"라고 하였다.

12 용갑(龍匣)에……서렸지만 : 채유후의 유배 생활을 좋은 칼이 칼집에 있었던 것에 비유하여 읊은 것이다. 삼척수(三尺水)는 좋은 칼 빛이 가을 물 같다 해서 생긴 이름으로, 검(劍)을 가리킨다. 당(唐)나라 이하(李賀)의 〈춘방정자검자가(春坊正字劍子歌)〉에 "선배의 칼집 속 삼척수는, 일찍이 오나라 연못에 들어가 용을 베었네.〔先輩匣中三尺水, 曾入吳潭斬龍子.〕"라고 하였다. 《唐音 卷12 唐詩遺響》

13 화류(驊騮)는……띠었네 : 채유후가 오랫동안 유배지에 있었지만, 그의 뛰어난 재능은 아직도 남아 있다는 말이다. 화류는 하루에 천리를 간다는 명마의 하나이다.

14 기이한……발하니 : 채유후가 보내 준 시를 칭찬한 것이다. 여주(驪珠)는 검은 용의 턱밑에 있는 구슬로, 구하기가 매우 어렵기 때문에, 전하여 뛰어난 시문(詩文)을 비유하는 말로 쓰인다. 송나라 증조(曾慥)의 〈탐려획주(探驪獲珠)〉에 "원진, 유우석, 위초객이 백낙천의 집에 모여, 각자 금릉회고 시를 짓기로 하였다. 유우석이 먼저 시를 지었는데, 백낙천이 '네 사람이 용을 찾다가 자네가 이미 여룡주를 얻었으니, 나머지 사람들이 용의 비늘이나 시어서 뭘 하겠는가.' 하사, 나머시 세 사람이 마침내 짓기를 그쳤다.〔元稹劉禹錫韋楚客, 同會樂天舍, 各賦金陵懷古. 劉詩先成, 白曰, 四人探驪, 子先獲珠, 所餘鱗角何用. 三公乃遂罷作.〕"라고 하였다. 《類說 卷56 古今詩話》 참고로 유우석의 〈금릉회고(金陵懷古)〉는 다음과 같다. "야성의 물가엔 조수 가득하고, 정로정엔 햇살 비꼈네. 채주엔 풀빛 새롭고, 막부엔 예처럼 푸른 연기 이네. 흥폐는 인사로 말미암는데, 산천은 덧없이 옛 모습 그대로구나. 〈후정화〉 한 곡조, 애절하여 들을 수 없네.〔潮滿冶城渚, 日斜征虜亭. 蔡洲新草綠, 幕府舊煙靑. 興廢由人事, 山川空地形. 後庭花一曲, 幽怨不堪聽.〕" 《劉賓客文集 卷22 五言今體》

벽을 감도는 바람과 우레 소리 밤에 들리는 듯　　繞壁風雷入夜聞

셋집이 시끄러운 세상과 떨어져　　僑居自隔世人紛
골짝 깊고 산 높아 날도 쉬 저물지　　急峽危岑日易曛
들 밖 동풍이 깊은 물에 불고　　野外東風吹積水
하늘가 봄빛이 뜬 구름에서 일어나네　　天涯春色起浮雲
일찍이 평자의 〈귀전부〉 알았지만　　早知平子歸田賦
미처 왕희지의 〈서묘문〉처럼 하지 못했네[15]　　未似羲之誓墓文
비록 거문고 있지만 보갑 속에 두었으니　　縱有瑤琴留寶匣
곡 가운데 슬픔과 원망 들을 수 없어서라네　　曲中哀怨不堪聞

백발 빗질하니 헝클어진 머리카락 날리고　　梳殘白髮亂絲紛
엄자산[16] 너머로 석양이 반쯤 기울었네　　山外崦嵫已半曛
자던 제비는 강가 빗속을 나는데　　蟄燕肯飛湘岸雨
잠긴 용은 아직도 태호 구름 속에 누웠네[17]　　潛龍猶偃太湖雲

15 일찍이……못했네 : 관직을 떠나 초야로 물러나지 못했다는 말이다. 평자(平子)는 후한(後漢)의 문장가 장형(張衡)의 자(字)이다. 당시 환관(宦官)들이 권력을 행사하는 세태를 본 장형은 벼슬살이에 회의를 느낀 나머지, 고향으로 돌아가고픈 생각에서 〈귀전부(歸田賦)〉를 지었다. 〈서묘문(誓墓文)〉은 동진(東晉)의 왕희지(王羲之)가 말년에 관직을 버리고 선영(先塋)에 가서 다시는 출세(出世)하지 않겠다고 다짐한 글이다.

16 엄자산(崦嵫山) : 옛날에 해가 들어가는 곳으로 생각했던 산의 이름으로, 만년(晩年) 또는 노년의 비유로 쓰인다.

17 자던……누웠네 : 채유후는 해배(解配)되고 이민구 자신은 여전히 유배객이라는 말이다. 상안(湘岸)은 상강(湘江)의 언덕이라는 말로 굴원(屈原)이 쫓겨났던 곳이다.

곤궁한 처지 황량한 삼위의 땅에 살아가니[18]	窮途蕪絶三危地
옛 학업은 처량해진 팔대의 문장이네[19]	舊業凄涼八代文
친구의 몇 장 편지 덕에	正賴故人書數紙
소식을 때때로 - 원문 판독 불가 - 신하가 듣네	音徽時遣▨臣聞
아지랑이와 버들개지 저물녘에 분분하고	游絲落絮晚來紛
바다 빛깔 맑게 석양에 이어졌네	海色晴連日色曛
창가 나그네 시름 밤비에 잠기고	窓外旅愁沈夜雨
역참의 돌아가고픈 마음 봄 구름에 걸렸네	驛邊歸思帶春雲
사방 오가며 소장의 혀 빌리랴[20]	從橫肯藉蘇張舌
회포 풀어 포사의 글로 펼쳐 보네[21]	陶寫堪披鮑謝文

18 곤궁한……살아가니 : 이민구가 유배지에서 지낸다는 말이다. 삼위(三危)는 유배지를 의미한다. 《서경》 〈순전(舜典)〉에 "공공을 유주에 유배하고, 환도를 숭산으로 내쫓고, 삼묘를 삼위로 쫓아내고, 곤을 우산에서 죽였다.〔流共工于幽洲, 放驩兜于崇山, 竄三苗于三危, 殛鯀于羽山.〕"라고 하였다.

19 옛……문장이네 : 이민구가 공부했던 문장력이 유배지에서 쇠퇴했다는 말이다. 팔대문(八代文)은 후한(後漢), 위(魏), 진(晉), 송(宋), 제(齊), 양(梁), 진(陳), 수(隋)의 문장을 말한다. 참고로 소식(蘇軾)의 〈조주한문공묘비(潮州韓文公廟碑)〉에 "문장에 있어서는 팔대에 걸쳐 쇠퇴해진 것을 일으켰고, 도에 있어서는 천하가 함께 타락한 것을 구했다.〔文起八代之衰, 而道濟天下之溺.〕"라고 하였다.

20 사방……빌리랴 : 세상을 주유하며 도움을 구하거나 권모술수를 쓰지 않겠다는 말이다. 소장(蘇張)은 전국 시대의 유세가 소진(蘇秦)과 장의(張儀)를 가리킨다. 종횡(從橫)은 소진과 장의가 주장했던 합종연횡을 의미하는데, 여기서는 유세를 위해 동서남북 사방으로 오가는 의미로 풀이하였다.

21 회포……보네 : 문장으로 심회를 펼친다는 말이다. 포사(鮑謝)는 남조 송(南朝宋)의 시인 포조(鮑照)와 사영운(謝靈運)을 가리킨다.

버들 늘어진 강가 관문에 애절한 피리 소리　楊柳江關長笛怨
어찌 자주 객지에서 듣기 좋으랴　豈宜頻向客中聞

풍진 세상에 병도 많고 세상사 분분한데　多病風塵世故紛
부질없이 시집 들고 노을진 창 마주하네　謾將詩卷對窓曛
하늘 끝 한 목숨 깃털처럼 가볍고　天涯一命輕如羽
봄날 외로운 회포 구름마냥 나른하다　春半孤懷懶似雲
업후의 삼만 장서 자랑해도　任詑鄴侯三萬軸
마침내 노자의 오천언에 다 들었네[22]　終輸老子五千文
이제 거문고 함 닫으니　于今已閉朱絲匣
〈산수곡〉 들을 길 없네[23]　山水遺音不可聞

22 업후(鄴侯)의……들었네 : 업후의 집에 있는 책이 비록 3만 권에 달해도, 결국 노자의 《도덕경(道德經)》 한 권에 모두 귀결된다는 말이다. 업후는 당(唐)나라 이필(李泌)의 봉호이다. 그의 아버지 이승휴(李承休)가 2만여 권의 책을 모아 자손에게 물려주었다고 한다. 《困學紀聞 卷14 考史》

23 이제……없네 : 채유후와 이별하게 되었다는 말이다. 산수유음(山水遺音)은 거문고의 명인 백아(伯牙)가 연주한 음악으로, 그가 태산에 뜻을 두고 연주하자, 친구 종자기(鍾子期)가 "좋구나, 웅장하기가 태산 같도다."라고 하고, 물을 그리며 연주하자 "좋다, 도도히 흐르기가 황하 같도다."라고 했다는 고사에서 온 말이다. 여기서는 채유후가 해배되어 돌아가므로 백아와 종자기처럼 어울릴 수 없게 되었다는 말인데, 여기서 읊고 있는 6수의 시를 모두 읊었기에 한 말이다.

한식에

寒食

한식이라 봄 저물고	寒食春城暮
동풍에 푸른 풀 돋아나네	東風碧草生
고향 산천에 새로 비 내릴 텐데	故山新雨露
객사에서 또 청명 맞이하네	客舍又淸明
선영에 어찌 갈 수 있으랴	松柏攀何得
제수를 올리지 못하네[24]	蘋蘩薦未成
타향에서 늙고 병들어 가건만	他鄕催老病
돌아갈 날 감히 묻지도 못하네	不敢問歸程

24 선영(先塋)에……못하네 : 한식이 되었지만 선영에 가서 제수를 올리지 못한다는 말이다. 송백(松柏)은 선영을 가리킨다. 빈번(蘋蘩)은 마름과 쑥이라는 뜻으로, 귀하지는 않아도 정성껏 올리는 제물(祭物)을 비유한다.

새로 날아온 제비

新燕

아침에 제비가 산 사립문에 날아드니	朝來燕子入山扉
객지에서 바라보며 눈물로 옷깃 적시네	客裏相看淚滿衣
아마 고향에도 옛 둥지 남았을 터	遙想故園餘舊壘
모르겠다 오늘 누구 곁을 날려나	不知今日傍誰飛

뻐꾸기

布穀

물에는 새 부들 솟고 물가엔 미나리 나고	新蒲出水睹芹生
여기저기 숲에는 뻐꾸기 울음소리	處處芳林布穀鳴
전란 후 고향에는 사람 다 흩어졌으리니	亂後故園人散盡
강가 십 묘 전답 누가 경작하나	江邊十畝任誰耕

두견화
杜鵑花

고국의 저무는 봄에 한이 얼마나 많았던가	故國殘春恨幾何
붉은 비단에 뿌린 선혈만 남았구나[25]	空餘淸血濺紅羅
밤새 나뭇가지 사이로 내리는 비에 젖어도	從霑一夜枝間雨
동풍에 흘리는 나그네 눈물보다는 적으리	未似東風客淚多

25 고국의……남았구나 : 두견화의 명칭이 유래된 고사를 인용하여 읊은 것이다. 전국 시대 말기 촉(蜀)의 망제(望帝)인 두우(杜宇)의 넋이 두견새가 되었고, 이 두견새가 울어서 토한 피가 물든 꽃이 두견화라고 한다.《華陽國志 卷3 蜀志》

방초

芳草

처량하다 이별의 꿈 유명에 갈렸는데[26]	悽涼別夢間幽明
청산의 두견새[27] 소리 또 들린다	又聽青山杜宇聲
오직 무정한 언덕의 풀들만	唯有無情原上草
해마다 봄날이면 다시 돋아나네	每年春日一回生

26 처량하다……갈렸는데 : 이별해서 그리워하던 사람이 고인(故人)이 되었으므로 꿈에서도 볼 수 없게 되었다는 말이다. 이민구의 가족이 병자호란에 많이 죽었기 때문에 한 말로 이해된다.

27 두견새 : 두우(杜宇)는 촉왕(蜀王) 망제(望帝)의 호(號)이다. 그가 선위(禪位)하고 떠나간 뒤 혼령이 변하여 두견새가 되었다고 한다. 《華陽國志 卷3 蜀志》

버들개지

柳絮

못가 버들 바람에 흔들리고 물결 일렁이더니　池柳搖風漾淥波
어지러이 날리는 버들개지 저물녘에 더욱 많구나　紛紛飛絮晩逾多
진흙에 붙고 물에 떨어져 온통 소용없으니　黏泥落水渾無賴
자줏빛 제비와 노란 꾀꼬리가 너에게 어찌하랴　紫燕黃鶯奈爾何

동회옹이 간재가 심회를 써서 벗에게 부친 시의 운자를 사용하여 지은 십 장을 보내왔기에 차운하다[28]

次東淮翁用簡齋書懷寄友韻十章見貽

혼란한 세상에 떠돌이 되어 世亂遭漂蕩
병든 몸 서쪽 변방에 누웠네 臥病西塞隅
어느덧 봄날 되어 荏苒及春序
갈단새와 두루미 지저귀며 부르누나 鶡鴰鳴相呼
그리운 님 하늘 끝에 있으니 所思在天末
근래 건강은 어떠한지 几杖近何如
인생살이 사슴이나 돼지랑은 달라 人生異鹿豕
출처를 함께 하기 어려워라 出處難與俱
준마 타고 조정에 복무하는데 飛黃服天路
나는 절름발이 나귀와 같구나 而我同跛驢
길은 멀고 기러기도 드물어 道遠鴻雁稀
아무리 기다려도 소식 없었지 久待無尺書
가슴 속 품은 생각 더럽지 않으니 中懷匪垢汚
어찌 씻어 없애리오 焉用澣濯除

28 동회옹(東淮翁)이……차운하다 : 간재(簡齋)는 변중일(邊中一)로 추정되는데, 작품을 확인할 수 없어 정확하지 않다. 동회 신익성(申翊聖, 1588~1644)의 작품은 《낙전당집(樂全堂集)》 권1에 〈병중에 간재가 심회를 써서 벗에게 부친 운에 맞춰 짓다〔病中次簡齋書懷寄友韻〕〉라는 제목으로 수록되어 있다.

2

다급한 행장 단후의[29] 입었으니　急裝短後衣
훈업은 너희들 몫이구나　勳業乃爾曹
어지러이 먼지바람 날릴 제　紛紛風塵際
나라가 소란을 만났네　邦域遘繹騷
명철한 선비 불우해져[30]　哲士方陸沈
감히 해진 옷도 사양 않네　未敢辭敝袍
시절은 위태하고 머리도 세었으니　時危已黃髮
옥비녀 꽂을 일 없어라　不用玉簪搔

3

세상이 한번 참혹해져　宇宙一慘黷
승냥이와 범이 서로 씹어 먹네　豺虎相噉食
어이하여 삼황오제 뒤로　奈何皇王後
각기 싸움만 일삼는가　各徇戰爭力
답답한 늘그막 인생　鬱紆遲暮年
쓸쓸한 태평의 나날　蕭條太平日
끝내 좋은 운수 돌아오길 바라노니　終覬泰運回
미천한 이 목숨이야 아깝지 않다　不惜微命畢

29 단후의(短後衣) : 옷의 뒤쪽 옷깃을 짧게 누빈 옷이다. 노동하기에 편리하도록 만든 옷으로, 무부(武夫)들이 많이 입는다.

30 불우해져 : 육침(陸沈)은 본래 은사(隱士)를 뜻하는 말인데, 뒤에 매몰(埋沒)되어 불우한 처지에 떨어진 인재를 가리키는 말로 쓰이게 되었다. 여기서는 이민구 자신의 처지를 가리키는 말로 사용되었다.

진실한 바람 어긋날까 두려워	良願恐蹉跎
눈물 쏟으며 왕실 염려하노라	雪涕念王室

4

아름답다 저 동양옹	懿彼東陽翁
어려서부터 함께 즐겁게 지냈지	弱歲竝嬉游
늙어서도 돈독한 벗이니	晩暮篤朋好
멀리 옛사람과 짝할 만하네	逈與古人侔
다정한 오언시 지어	綢繆五字詠
멀리 부쳐 이별 시름 달래 주네	遠寄寬離憂
모두가 저버린 나머지에 홀로 거두어 주니	獨收衆棄餘
고명한 현인에게 허물 끼칠까 두렵구나	恐貽高賢尤

5

폭삭 늙어 기운 없어도	窮老寡筋力
어찌 변방 밭이 없으랴	豈無塞上田
사시사철 내내 죽만 먹는다면	春冬苟飦粥
어떻게 노년 건강 지키랴	何以保殘年
아아 녹문의 늙은이여	嗟哉鹿門翁
세상 혼란하니 그대 어진 줄 알겠어라[31]	世亂覺汝賢

31 녹문(鹿門)의……알겠어라 : 조정에 나가 벼슬하지 않았다면 유배객이 되지도 않았을 것이라는 자탄이다. 녹문옹(鹿門翁)은 후한(後漢)의 은자(隱者) 방덕공(龐德公)을 가리킨다. 그는 한 번도 도회지에 발을 들여놓지 않은 채, 유표(劉表)의 간절한

내가 이제야 공허로 도망쳤으니[32]	我始逃空虛
선승 아니지만 선승 같구나	非禪還是禪

6

비록 궁한 귀신과 친해졌지만	縱與窮鬼狎
너희들 야유는 받지 않는구나	不受爾揶揄
내 이미 수명의 장단을 하늘에 맡겼으니	我旣委脩短
이리저리 떠도는 저문 숲의 까마귀 신세	漂泊暮林烏
든든한 건 성품 쾌활하여	所賴性易愜
달관한 마음을 잘 도모하네	達情爲良圖
쇠하고 늙은 몸 변방에 버려져	衰老棄關塞
교류 끊기니 편지가 무슨 소용	絶交安用書
타향에 풍속도 다르지만	他鄉異風俗
그래도 좋은 시골집 있어라	而有好田廬
맑은 햇살 등지고 한참 앉았노라니	久坐負晴旭
반질반질 살갗이 평안하네	沃若肌理舒
태고의 앞에 마음 두어	游心太古先

요청에도 끝내 응하지 않고서 처자를 데리고 녹문산(鹿門山)에 들어가 약초를 캐며 살다가 생을 마쳤다. 《後漢書 卷113 龐公列傳》

32 내가……도망쳤으니 : 이민구가 변방으로 유배 온 뒤에 세상사의 허무함을 느낀다는 말이다. 공허(空虛)는 본래 《장자》 〈서무귀(徐无鬼)〉에 "텅 빈 골짜기에 도망쳐서 숨어 사는 사람은……저벅저벅 걸어오는 사람의 발자국 소리만 들어도 기뻐하게 마련이다.〔夫逃虛空者,……聞人足音跫然而喜矣.〕"라고 하였는데, 여기서는 이민구 자신의 유배지를 가리키는 말로 사용되었다.

팔방 끝까지 구름수레 타고 오르리　八極騰雲車

7

문 닫고 냇가 둑에서　閉門流水畔
날마다 자라는 봄풀 보노라　日見春草長
여기저기 들리는 새소리　左右禽鳥聲
하나하나 애간장 태우네　一一煎我腸
근심스레 밝은 거울 비추어 보니　憂來照明鏡
조석으로 용모가 쇠하누나　朝夕減容光
순리대로 시운에 맡길 뿐　處順委時命
궁달을 또한 어이하랴　窮達亦何嘗

8

슬퍼할 일이 하 많아서　爲悲浩萬端
콕콕 가슴을 도려내는 듯　鑿鑿肝肺鐫
그립다 나와 마음 함께하던 벗들　念我同心友
태반이 저승으로 돌아갔네　太半歸重泉
산 사람도 저마다 늙었으니　生者各暮年
백발이 어이 다시 검어지랴　髮白那再玄
고개 들어 높이 나는 기러기 바라보지만　矯首望高鴻
편지를 누구 위해 전할까　尺素誰爲傳

9

백발은 뽑아도 다시 나오니　白髮鑷還出

봄날 풀과도 같구나	有似芳春草
외롭고 힘들어 일마다 고된데	孤窮百事難
제일 쉽기는 늙음이로구나	最易得衰老
사람이 쇠도 돌도 아니니	人生非金石
어찌 오래도록 고우랴	焉得長美好
제쳐 두고 다시 말 마라	棄捐勿復陳
가슴에 담아두지 않으리	不足置襟抱

10

선비가 궁하면 도에 누가 되나니	士窮道爲累
어찌 변치 않기[33] 쉬우랴	豈易磨不磷
내 늘그막에 어려운 세월 만났지만	我衰遭震剝
죽고 사는 건 한 몸뚱이 뿐	生死只一身
이미 돌아봐 주기 바라는 마음 없으니	既無眷顧懷
근심이 마땅히 남보다 덜하네	慼憂當損人
말술과 높은 노래로	斗酒且高歌
천지 사이에 작은 먼지처럼 살아가네	天地寓微塵

33 변치 않기 : 마불린(磨不磷)은 갈아도 닳지 않는다는 말로, 심지(心志)가 견고하고 결백하여 주위 환경에 따라 변하지 않음을 의미한다. 《논어》 〈양화(陽貨)〉에 "단단하다 하지 않겠는가, 갈아도 닳지 않느니라. 희다고 하지 않겠는가, 물들여도 검어지지 않느니라.〔不曰堅乎, 磨而不磷. 不曰白乎, 涅而不緇.〕"라고 하였다.

조카사위 한오상[34]에게 부치다

寄韓郎五相

그대와 골육지친 아니지만	與君非骨肉
혼인으로 맺어졌네	締好乃昏姻
누군들 친인척의 정의 없으랴만	誰無葭莩誼
실로 천륜을 펴는 것과 같네[35]	實如敍天倫
휙휙 단봉의 날개처럼	翛翛丹鳳翮
옥 같은 윤기가 푸른 봄 비추었지[36]	玉潤照青春
내가 몹시 반했으니	鄙夫傾倒極

34 한오상(韓五相) : 1606~1672. 이민구의 형 이성구(李聖求, 1584~1644)의 사위이므로 이민구에게는 조카사위가 된다. 본관은 청주(清州), 자는 세익(世翊)이다. 허목(許穆)의《기언(記言)》별집(別集) 권23에 〈증주서한군묘갈명(贈注書韓君墓碣銘)〉이 수록되어 있어 그의 생애를 파악할 수 있다. 특히 "군의 초취는 고 재상 이성구의 딸로, 정축년(1637, 인조15) 강화도가 함락되자 절개를 지켜 죽었다.〔君初娶故相李聖求女, 丁丑江都敗, 守節死之.〕"라는 기록이 있어서 이민구와의 관계를 알 수 있다.

35 누군들……같네 : 이민구와 한오상이 비록 혈연관계는 아니지만 혈연관계와도 같이 정의가 돈독하다는 말이다. 가부(葭莩)는 갈대 속의 얇은 막으로, 촌수(寸數)가 먼 친인척(親姻戚)을 의미한다.

36 휙휙……비추었지 : 한오상이 이민구의 집안에 장가든 것을 말한다. 단봉(丹鳳)은 머리와 날개 끝의 깃이 붉은 봉황으로, 여기서는 걸출한 인재를 뜻하는 말로 사용되었다. 옥윤(玉潤)은 사위를 가리키는 말로, 진(晉)나라 악광(樂廣)이 위개(衛玠)를 사위로 맞아들였는데, 이에 대해서 배숙도(裴叔道)가 "장인은 얼음처럼 맑고, 사위는 옥돌처럼 윤이 난다.〔婦公氷清, 女婿玉潤.〕"라고 평했다는 고사가 있다.《晉書 卷43 樂廣列傳》

동상의 손님 못지않았지[37] 不外東床賓
그대도 냄새나는 나를 즐겨 따라[38] 君亦嗜逐臭
흉금 토로하니 맑고 참됨 보았네 披寫見淸眞
맑은 기상 내 마음에 엄습해 들어오니 爽氣襲冲襟
그 얼굴 삼삼하게 내심 그리웠네 眉宇森會神
늙어 가며 두려운 후배였기에 將老畏後生
벗으로 가깝게 지냈지[39] 誓托末契親
곧이어 나라가 전란에 무너져 屬者家國破

37 내가……못지않았지 : 이민구가 조카사위 한오상의 훌륭한 인품에 반했다는 말이다. 동상빈(東床賓)은 왕희지(王羲之)의 고사를 원용한 것이다. 극감(郄鑒)이 문생(門生)으로 하여금 왕도(王導)의 문하에서 사윗감을 간택하게 하였더니, 왕씨 문중의 여러 소년들이 이 말을 듣고 모두 자신을 칭양하였으나, 왕희지만은 배를 드러내고 동상(東床)에 누워 모른 체하자, 그를 사위로 삼았다고 한다.《晉書 卷80 王羲之列傳》

38 그대도……따라 : 한오상이 이민구를 좋아했다는 말이다. 축취(逐臭)는《여씨춘추(呂氏春秋)》권14〈우합(遇合)〉에 "몸에서 대단한 악취가 나는 사람이 있어 친척, 형제, 아내, 친지 등 그 누구도 그와 함께 거처할 수가 없게 되자, 스스로 고민 끝에 홀로 바닷가에 가서 살았는데, 그 바닷가에 사는 한 사람이 유독 그 냄새를 좋아하여 밤낮으로 그를 따라다녀서, 그의 곁을 떠나지 않았다.〔人有大臭者, 其親戚兄弟妻妾知識無能與居者, 自苦而居海上, 海上人有說其臭者, 晝夜隨之而不能去.〕"라고 한 데서 온 말이다. 전하여 기호(嗜好)가 아주 괴벽(怪僻)함을 비유하는 말로 쓰이는데, 여기서는 이민구 자신을 말한다.

39 늙어……지냈지 : 이민구가 한오상을 조카사위라기보다는 훌륭한 재능을 지닌 후배로 인정하여 벗처럼 가깝게 지냈다는 말이다. 말계(末契)는 하교(下交)와 같은 말로, 나이 많은 사람이 나이 적은 사람과 사귐을 뜻하는데, 서로 교제하는 사이에 상대방을 높일 때 쓰인다. 참고로 두보(杜甫)의 시에 "늘그막에 젊은 친구와 사귀어 보려 하였더니, 얼굴 앞에선 마음을 주다가도 얼굴 돌리면 비웃는구나.〔晩將末契託年少, 當面輸心背面笑.〕"라는 구절이 있다.《杜少陵詩集 卷14 莫相疑行》

식구들 재와 먼지처럼 흩어졌네　百口隨灰塵
애통하다 어여쁜 조카딸　永痛婉孌女
눈서리 속 곧은 대나무처럼 절개 드러났지[40]　霜雪表貞筠
내가 집을 떠나올 때　及余出闉戶
자네 보기가 더욱 괴로웠지　對君益酸辛
아아 외진 변방 적소에서　咨嗟窮塞謫
술 마시며 자주 눈물로 수건 적시네　把酒屢沾巾
백하문[41]에서 유숙할 때　宿留白下門
진지한 담소 새벽까지 이어졌지　款款夜逮晨
헤어져 각자 서쪽과 남쪽으로 가니　分首各西南
북녘 들판이 강 너머에 있었네　朔野間湖滑
산천에 운무 쌓여　山川雲霧積
바라보아도 넓디넓어 끝없었네　延望浩無垠
귀한 것은 가슴에 간직한 마음　所貴中心藏
물고기와 기러기[42]에 편지 자주 보내와　鱗羽寄書頻
깊은 속내로 외롭고 슬픈 마음 위로하고　深衷慰孤悲
비바람 부는 날씨에 건강 돌보라 권하니　勖以風雨辰
멀리 이천 리나 떨어졌어도　綿邈二千里

40 곧이어……드러났지 : 병자호란으로 식구들이 여기저기로 흩어지고, 이민구의 조카딸이며 한오상의 아내인 이성구의 딸이 강화도에서 절개를 지켜 죽은 것을 말한다.

41 백하문(白下門) : 어디인지 미상이다.

42 물고기와 기러기 : 인우(鱗羽)는 물고기와 새로, 잉어와 기러기를 가리키는데, 편지를 전해 주는 매개물의 의미로 널리 사용된다.

마치 이웃에 있는 듯　忽若在比隣
세상이 한번 무너져 혼란하니　宇宙一橫潰
짐승이 바야흐로 사람을 잡아먹네　猰貐方食人
나는 병든 채 하늘 끝에 누워　吾病臥天末
늘그막에 떠돌이 신세 되었네　暮齒汨漂淪
더구나 법망에 걸렸으니　況伊嬰世網
어떻게 만날 수 있으랴　會合何由因
상란의 세월 지나가고　喪亂踰歲月
천도가 어그러졌다가 다시 펼쳐지리　天道往復伸
앞으로 비색한 운수 타개될 때　向來傾否際
어찌 경륜할 사람 없으랴[43]　豈得無經綸
스스로 돌아보니 남은 목숨 짧지만　自顧餘命短
생각건대 그대는 젊고 유능하네　念子年力新
하나라 은나라의 호련이　夏璉與殷瑚
반드시 조정에 늘어섬을 보리라[44]　必見廊廟陳
세상에 쓰일 좋은 그릇 되기를 힘써야 하니　需時厲良器

43 앞으로……없으랴 : 현재의 막힌 운수를 타개할 경륜을 갖춘 인재가 나타날 것이라는 말이다. 경비(傾否)는 비색(否塞)한 운수를 기울여 형통하게 만든다는 뜻으로, 《주역》 〈비괘(否卦) 상구(上九)〉에 "상구는 비색함을 기울게 하니, 먼저는 비색하고 뒤에는 기쁘다.〔上九, 傾否, 先否後喜.〕"라고 하였다.

44 하(夏)나라……보리라 : 한오상이 훌륭한 인재로 조정에 등용될 것이라는 말이다. 연(璉)과 호(瑚)는 모두 종묘(宗廟)에서 서직(黍稷)을 담는 화려한 그릇인데, 뛰어난 인재를 비유하는 말로 쓰인다. 여기서는 한오상을 가리킨다. 자공(子貢)이 공자에게 "저는 어떻습니까."라고 묻자, 공자는 "너는 그릇이다."라고 하였다. 그러자 자공이 "어떤 그릇입니까."라고 다시 묻자 "호련(瑚璉)이다."라고 하였다. 《論語 公冶長》

군자는 석진을 가지는 법이라네[45] 君子有席珍

45 군자는……법이라네 : 재덕(才德)을 겸비한 훌륭한 인재가 되어야 한다는 말이다. 석진(席珍)은 "선비는 자리 위의 보배를 갖추어 두고 나라의 초빙을 기다린다.〔儒有席上之珍, 以待聘.〕"라는 말에서 유래한 것이다. 《禮記 儒行》

봄날

春事

한 해 봄날 온통 꽃향기니	一年春事盡芳菲
복사꽃 오얏꽃 살구꽃 모두 난발하였네	桃李杏花俱亂飛
몇 떨기 붉은 철쭉 반쯤 시들자	躑躅數叢紅半減
가시 울타리 남쪽에 장미가 또 피누나	棘籬南畔又薔薇

동주

東州

동주객이 서주 멀리 쫓겨나니 | 東州客迸西州遠
북극성 가까이 비추고 남극 깊어라 | 北極星臨南極深
모래 변방 외기러기 하늘 밖 소식 전하고 | 沙塞斷鴻天外信
산성의 뿔피리 소리 달빛 가운데 마음 연주하네 | 山城吹角月中心
외로운 신하의 머리털 남은 삶 얼마나 될까 | 孤臣鬢髮餘朝暮
사해의 전란 고금 언제나 있었지[46] | 四海干戈自古今
고향에 돌아갈 집도 없으니 | 故里無家歸不得
타향에서 월인의 신음도 내지 못하네[47] | 他鄕難作越人吟

46 외로운……있었지 : 이민구가 늘그막에 언제 죽을지 모르는 신세로 지내고 있음을 읊은 것인데, 병자호란 당시 강화도를 지키지 못한 것 때문에 유배 온 상황이므로 이렇게 표현한 것이다.

47 타향에서……못하네 : 고향을 그리워할 수도 없다는 의미이다. 월인음(越人吟)은 월(越)나라 사람의 신음이라는 말이다. 월(越)나라 사람 장석(莊舃)이 초(楚)나라에서 벼슬하여 현달(顯達)하였는데 병이 나서 누워 있게 되자, 초왕(楚王)이 "장석은 예전에 월나라에서 미천한 사람이었는데, 지금 초나라에서 높은 벼슬을 하고 부귀하니, 월나라를 생각하지 않겠지.〔舃故越之鄙細人也, 今仕楚執珪貴富矣, 亦思越否.〕"라며 사람을 시켜 살펴보게 하였더니 여전히 월나라 소리로 앓고 있었다 한다.《史記 卷70 張儀列傳》

동회옹이 회수[48] 가에서 여러 형식으로 잡술한 서른두 수에 맞춰 짓다

次東淮翁淮上雜述 各體三十二首

동회옹이 회수 가로 돌아가 거처에 여덟 개의 창을 내고, 창마다 오언고시, 오언율시, 칠언율시, 칠언절구 각 한 수씩 총 서른두 수를 썼다. 베껴서 나에게 한 통을 보여주고 굳이 화답하여 부쳐주기를 요구하면서 장차 문설주에 이어 붙여 뒷날 분양(分瀼)할 계획이라고 하였다. 문득 마음으로 좋아함이 발동하여 무궁하지만 나는 죄를 짓고 쫓겨나 궁문에서 아득히 멀어졌는데, 하물며 강가에서 한적하게 지내는 즐거움을 바라겠는가. 그럭저럭 운에 맞춰 대강 지어 보내온 시의 여러 형식에 삼가 답하였다. 앞의 네 편은 나 자신을 읊었고, 뒤의 네 편은 동회옹에 관해 읊었다. 오직 칠언절구는 난리 이후로 아무것도 몸에 지닌 것이 없으니 모두 동회옹이 읊은 물건을 사용하였다. 그런데 마침 묘향산 골짜기에서 철쭉 지팡이 두 줄기를 캐 왔기에 그 하나를 동회옹에게 보내주고, 이로 인하여 철쭉장으로 오죽장을 대체하여 읊었다.

48 회수(淮水) : 신익성(申翊聖)이 북한강과 남한강이 만나는 경기도 남양주시 와부읍 일대에 직접 조성한 선영 근처의 땅을 가리킨다.

오언고시[49] 五古

변방에 세상일 적고	塞外寡人事
성 그늘이 셋방 덮네	城陰俯僦屋
봄기운에 만물은 화창하고	陽和暢萬物
봄비는 나무숲에 흘러드네	春雨流灌木
오랜 나그네 그윽한 근심 품었는데	久客抱幽憂
술과 시를 누구와 나눌까	觴詠誰相屬
늘그막에 어린 손자 마주하니	暮齒對幼孫
슬프다 너나 나나 고독한 신세[50]	傷哉兩孤獨

2

문 여니 날씨는 맑고	開戶天氣清
봄 맞은 만물 모두 피어나네	春物盡敷榮
고운 새들 마주하여 지저귀고	好鳥相對鳴
고기떼 이리저리 노는구나	魚隊參差行
한가로운 거처에 온갖 걱정 사라지니	端居淨萬慮
전란 뒤에 이 몸 가벼워라	亂後一身輕
때에 곤궁과 현달 맡김은	隨時委窮達
성철의 떳떳한 마음이지	聖哲有常情

49 오언 고시 : 신익성(申翊聖)이 지은 오언고시는 《낙전당집(樂全堂集)》 권1에 〈산거서사(山居書事)〉라는 제목으로 8수가 수록되어 있다.

50 늘그막에……신세 : 병자호란 당시 이민구의 두 아들이 강화도에서 죽고, 손자들만 남았기 때문에 이렇게 읊은 것이다. 고독(孤獨)은 어려서 부모가 없는 것과 늙어서 자식이 없는 것을 말한다. 《孟子 梁惠王下》

3

옷깃 풀고 남쪽 난간에서 쉬노라니　披衣憩南檻
나른함 밀려오고 처마 해는 길구나　意倦簷日永
가만히 만물의 변화를 살펴보니　嘿觀群物化
천기가 고요함 속에 있구나　天機在境靜
우리의 도는 또한 무엇인가　吾道亦何爲
지극한 마음으로 본성을 따를 뿐　至心隨所秉
호탕하게 노래하고 뜬구름 바라보니　浩歌望浮雲
쓸쓸히 날 저문다　蕭然將暮景

4

젊어서 영화와 작록 쫓다가　少小冒榮祿
늙어서 깊은 수렁에 막혔네　衰晩鬱沈蹇
어지러이 얻고 잃는 즈음에　紛然得喪際
과연 누가 이익과 손해를 가릴까　益損果誰辨
굴원과 가의의 문장은 쓸쓸하고[51]　凄涼屈賈文
주공과 공자의 선정도 적막하네[52]　寂莫周孔選

51 굴원(屈原)과……쓸쓸하고 : 굴가(屈賈)는 초(楚)나라 굴원과 한(漢)나라 가의(賈誼)를 가리킨다. 두 사람은 뛰어난 자질을 지니고 사부(辭賦)를 잘 짓는 등 문장에도 탁월하였으나 평생 참소와 시기에 시달리다 조정에서 쫓겨나 불행한 일생을 보냈다. 여기서는 이민구 자신도 유배되었기 때문에 이 두 사람을 이끌어 자신의 처지를 말한 것이다.

52 주공(周公)과……적막하네 : 주공은 효사(爻辭)를 짓고, 공자(孔子)는 십익(十翼)을 더해 《주역》을 완성하여 소장진퇴(消長進退)하고 성쇠왕래(盛衰往來)하는 역의

뉘엿뉘엿 해 다 저무니	冉冉日趨盡
이 길을 면하지 못하네	斯路行不免

5

동회옹은 회수 가에 있고	淮翁在淮上
큰 강은 밤낮으로 맑은데	大江日夜淸
비로소 위토 일구니	始藝墓下田
노을 밖 정취마저 넉넉하구나	況饒霞外情
앉아서는 계절 따라 변하는 숲 바라보고	坐看林木變
나가서는 날씨 개는지 살피겠지	出候天氣晴
동정이 모두 마음에 맞으니	動靜俱適意
새들도 또한 정답게 노래하리	禽鳥亦和鳴

6

넘실넘실 큰 강물	沄沄大江水
서쪽으로 흘러 가없이 넓겠지	西逝浩不極
이런 보배 무진장 지녔으니	保此無盡藏
그대는 참으로 큰 힘 가졌구료[53]	子眞有大力

이치로 펼쳤는데, 이에 비추어 보니 인생사가 적막하게 느껴진다는 말이다.

53 이런……가졌구료 : 신익성이 아름다운 경치 속에서 한가롭게 지냄을 읊은 것이다. 무진장(無盡藏)은 불교 용어러, 아무리 써도 결코 다함이 없는 덕을 의미한다. 소식(蘇軾)의 〈적벽부(赤壁賦)〉에 "이를 취하여도 막는 사람이 없고, 아무리 써도 없어지지 않으니 이것이 바로 조물주의 무진장한 보배이다.〔取之無禁, 用之不竭, 是造物者之無盡藏也.〕"라고 하였다.

시대 위태하면 철인 숨는 법 時危哲人隱
온 세상이 풍진에 휩싸였네 八表風塵色
나는 늙어 적막한 신세 달게 여기니 我衰甘寂莫
아득히 모든 것을 잊는다 茫然混冥識

7

날마다 강가 정자에서 日日江上亭
빼어난 경치 바라보리 勝槩集游目
산은 이어져 푸른 들 두르고 山稠繞莽蒼
물은 멀리 빈 굽이 감돌겠지 水遠蟠空曲
그물 들고 봄 물가 굽어보고 挈網俯春渚
술잔 잡고 여름 나무그늘에서 마시리라 携觴廕夏木
곡식 심을 때 기장 더 많이 심으리니 種穀多種黍
서쪽 이랑 자못 기름진 땅이리라 西疇頗膏沃

8

편안히 누워 천지 바라보면 高臥視天壤
산과 골짝은 아득히 높고 깊으리 山壑莽崇深
이미 세상일에 얽매임 없으니 旣無嬰世累
유연히 원대한 마음 일어나리 悠然生遠心
시 읊조리며 날마다 뱃전 두드리면 哦詩日叩舷
물과 돌이 화음 이루겠지 水石相和音
봄날 복사꽃 물결에 春來桃花浪
찾아오는 뱃사공 막지 마오[54] 莫阻舟子尋

오언율시[55] 五律

초췌히 보내는 강담의 나날　憔顇江潭日
무슨 마음으로 〈복거부〉 지었나[56]　何心賦卜居
운명에 달관한 몸은 있어도　有身甘達命
책 만들기 부탁할 자식 없구나　無子托成書
나그네 눈물 떨구며 원숭이 울음 듣는데[57]　客淚聞猿盡
기러기발에 매인 고향 소식은 뜸하구나　鄕音繫雁疏
고향에 봄풀 시들었을 터　故林春草歇

54 봄날……마오 : 신익성이 꾸며놓은 무릉도원(武陵桃源)에 이민구가 찾아가면 막지 말아달라는 말이다. 도잠(陶潛)의 〈도화원기(桃花源記)〉에 진(晉)나라 무릉(武陵)의 어부가 복사꽃이 흘러 내려오는 물길을 따라 거슬러 올라갔다가 진(秦)나라의 난리를 피해 들어온 사람들이 세상일 잊고 평화롭게 살고 있는 도화원에 가게 되었다는 이야기가 있다.

55 오언율시 : 신익성이 지은 오언율시는 《낙전당집(樂全堂集)》 권2에 〈산중서사(山中書事)〉라는 제목으로 9수가 수록되었다.

56 초췌히……지었나 : 초(楚)나라 굴원(屈原)이 참소를 입고 쫓겨났는데, 그가 지은 〈어부사(漁父辭)〉에 "굴원이 쫓겨나 강가에서 노닐고 못가를 거닐면서 시를 읊조리매 안색이 초췌하고 형용에 생기가 없었다.〔屈原既放, 游於江潭, 行吟澤畔, 顔色憔悴, 形容枯槁.〕"라고 하였다. 복거(卜居)는 《초사(楚辭)》의 편명(篇名)으로, 굴원이 처신할 방도를 점쟁이 정첨윤(鄭詹尹)에게 묻는 내용이다. 여기서는 이민구가 변방으로 쫓겨 와 초췌한 모습으로 살면서 돌아가기를 기대하는 마음을 표현한 것이다.

57 나그네……듣는데 : 병자호란 당시 두 아들을 잃은 이민구의 슬픔을 읊은 것이다. 진(晉)나라 환온(桓溫)이 군사를 거느리고 장강(長江)을 거슬러 올라가 촉(蜀)의 이세(李勢)를 공격할 당시, 삼협(三峽)에 이르렀을 때 어떤 군사가 원숭이 새끼 한 마리를 잡았다. 그 어미가 슬피 울며 강기슭으로 백여 리를 따라오다가 배 위로 뛰어 올라와서는 그만 죽고 말았는데, 배를 갈라 보니 창자가 마디마디 끊어져 있었다고 한다. 《世說新語 黜免》

누가 전원과 집 지키는가　誰爲護園廬

2

하늘과 물 쓸쓸히 바라보니　天水蕭條望
남쪽 저 멀리 물가 모래밭에 닿았네　南窮極浦沙
뭇별이 북극성 향하는 이치에 의지하여[58]　常依星北拱
매일 해가 서쪽으로 기울 때까지 이르네　每到日西斜
지팡이 짚고 슬픈 호각소리 들으며　倚杖聞悲角
누대에 올라 잠자는 까마귀 마음 느끼네　登樓感宿鵶
고향 그리는 마음 어찌 견딜까　那堪懷故國
또다시 가을 외 볼 수 있으려나[59]　又擬見秋瓜

3

쫓겨난 신세 의지할 곳 없으니　放逐身無賴
생애는 본래 기약 없지　生涯本不期
인정은 타향의 풍속 따르고　人情從異俗
세상살이 새로 사귄 벗에 의지하네　世路仗新知

58 뭇별이……의지하여 : 임금을 그리는 마음을 말한 것이다. 《논어》 〈위정(爲政)〉에 "정치를 덕으로써 하는 것이 비유하자면 북극이 그 자리에 있으면 뭇별이 향하는 것과 같다.〔爲政以德, 譬如北辰居其所, 而衆星共之.〕"라고 하였다.

59 또다시……있으려나 : 유배 중에 고향에 다시 못 가고 죽을 수도 있는 신세를 한탄하는 것이다. 두보(杜甫)가 안사(安史)의 난을 당하여 사천성(四川省) 삼협(三峽)으로 피난하여 살 때 지은 〈해민(解悶)〉12수 중 셋째 수에 "한 번 고향을 떠나 십 년이 지나니 매양 가을 외를 보며 고향을 그리워한다.〔一辭故國十經秋, 每見秋瓜憶故丘.〕"라고 하였다.

상란 속에 삼 년 지냈으니 喪亂經三歲
부침도 각각 한 때라네 升沈各一時
나그네살이 오히려 쉴 만하니 羈棲猶偃息
처마에 걸린 해가 점점 더디 가는구나 簷日漸遲遲

4

비바람 몰아치는 관하 밖에서 風雨關河外
이 몸은 우주 사이에 살아가네 形骸宇宙間
늙었지만 도리어 마음 고요하고 年衰還意靜
미련해도 오히려 몸은 한가하네 謀拙却身閑
한 조각 해는 늘 바다로 잠기고 片日常沈海
외로운 구름 매양 산에서 나오네 孤雲每出山
시름하는 글 멀리 당신께 부치지만 離騷堪寄遠
슬픔과 원망 달랠 길 없네 哀怨不須刪

5

골짜기 독차지는 천성 따랐지만 專壑從天性
전원 경작에는 지형 살펴야지 耕田度地形
높은 읊조림 흥취대로 읊어 高吟緣興緖
멀리 부쳐 외로운 날 위로하네 遠寄慰零丁
한강에 석양이 넘어가고 江漢霾殘日
관산에 새벽별 떨어지네 關山落曉星
언제나 정답게 만나 何時靑眼會
거듭 숲속 정자에서 시 지을까 重爲賦林亭

6

생각해 보니 관동 가는 수레 멈추고 憶輟關東駕
한강 가 그대 집 들렀었지[60] 言尋漢上居
만생 차조 거둬 빚은 새 술 마시고 新觴收晚秫
물가 내려가 가을 물고기 그물질했지 下睹網秋魚
물가 누각은 전망 트였던 것 생각나고 水閣思前豁
강가 울타리 예전보다 성글겠지 江籬想舊疏
여전히 삼 년 전 그 눈빛으로 依然三歲眼
종일 마을 바라보네 盡日見村墟

7

명승지에 좋은 집 짓고[61] 勝地開金埒
멋진 정자 흰 띠 다듬었네 名亭翦白茅
등성이 서려 뭇 봉우리 모였고 岡蟠群嶺會
활짝 트인 하늘에 두 강이 만났네 天豁二江交
묵은 잣나무는 생황소리 머금었고 古栢笙含韻

60 생각해 보니……들렀었지 : 1635년(인조13) 이민구가 강원도 관찰사로 부임할 때 신익성의 집에 들렀던 일을 말한다. 《동주집(東州集)》 전집 권7의 〈행차가 창연정에 이르자 동회옹이 광주 목사를 데리고 와서 전별하므로 그 운에 맞춰 짓다〔行到蒼然亭 淮翁携廣牧來別 仍次其韻〕〉라는 시가 당시에 지은 작품이다.

61 명승지(名勝地)에……짓고 : 신익성이 거주하는 곳을 말한 것이다. 금날(金埒)은 화려한 집을 의미한다. 진 무제(晉武帝) 때 왕제(王濟)가 무제의 딸 상산공주(尙山公主)에게 장가들어 극도의 호사를 누렸는데, 땅을 사들여 도랑을 만들고 그 담을 금전으로 장식하고는 말을 타며 즐겼다 한다. 《晉書 卷42 王濟列傳》 여기서는 신익성의 집을 가리키는 말로 사용되었다.

갓 나온 대에는 비단 턱잎 붙었어라 新篁錦委苞
늦게 깨달았다 탄식마라 不須嗟晚悟
지친 새가 편한 둥지 좋아한다네 倦鳥喜安巢

8

고향에서 편지 전해오니 故國傳魚信
봄 숲에 새들도 감동해 우는가 春林感鳥鳴
언제 다시 옛집 찾아가 幾時尋舊業
평생 함께 여생 보낼까 卒歲共餘生
해 질 녘엔 돌아갈 꿈 생각하고 落日思歸夢
구름 낀 날엔 이별의 정이 아리네[62] 停雲愴別情
즐겁게 만날 길 없으니 無由展良覿
머리 돌려 반형 생각하네[63] 回首想班荊

칠언율시 七律

백발 나부껴 눈빛이 비녀 비치는데 華髮飄蕭雪映簪

62 구름……아리네 : 신익성이 그립다는 말이다. 정운(停雲)은 하늘에 구름이 가득 낀 흐린 상태를 나타내는 말로, 그리운 벗을 만나지 못하는 마음을 비유한다. 진(晉)나라 도잠(陶潛)의 〈정운(停雲)〉자서(自序)에 "정운은 친우를 생각해서 지은 시이다."라고 하였다.

63 머리……생각하네 : 예전에 함께 만나 정겨웠던 때를 그린다는 말이다. 반형(班荊)은 친구들이 만나 즐겁게 담소하는 것을 말한다. 춘추 시대 초(楚)나라 오거(伍擧)가 채(蔡)나라 성자(聲子)와 세교(世交)를 맺고 있었는데, 두 사람이 우연히 정(鄭)나라 교외에서 만나 형초(荊草)를 자리에 깔고 앉아서 옛날이야기를 주고받았다는 고사에서 유래한 것이다. 《春秋左氏傳 襄公26年》

철옹성 서쪽 언덕에 문 굳게 닫고 지내노라　　鐵城西畔閉門深
고향소식 달포나 막히니 타향의 한이요　　鄕書隔月殊方恨
나그네 눈물 삼경에 고향 그리는 마음이네　　客淚三更故國心
난세의 병화 아직도 끝나지 않아　　亂世干戈猶未已
노년의 우환 괴롭게 찾아드네　　衰年憂患苦相侵
영웅호걸이 세상 구하던 옛날 그리나니　　英豪濟代懷前古
적막한 지금 누가 〈양보음〉 읊을까[64]　　寂莫誰爲梁甫吟

해 지는 하늘 서쪽 땅 끝으로　　落日天西地盡頭
귀양 온 이 몸 늘그막에 휴식 얻었네　　謫來身得暮年休
한 봄 방초에 부질없이 한 남아　　一春芳草空餘恨
사월 시든 꽃에 시름겨워 하노라　　四月殘花摠是愁
고향에 원량의 집이 없어도[65]　　故里雖無元亮室
타향에 중선의 누각 있구나[66]　　他鄕尙有仲宣樓

64 영웅호걸(英雄豪傑)이……읊을까 : 혼란한 세상을 구제할 인재가 어디에 있느냐는 말이다. 〈양보음(梁甫吟)〉은 제갈량(諸葛亮)이 유비(劉備)를 만나기 전 남양(南陽)에 거주하면서 새벽과 저녁에 읊었다는 곡조의 이름이다. 여기서는 제갈량과 같은 인재가 나타나기를 바라는 마음에서 인용한 것이다.

65 고향에……없어도 : 돌아갈 고향집이 없다는 말이다. 원량(元亮)은 동진(東晉) 도잠(陶潛)의 자(字)이다. 그는 팽택 현령(彭澤縣令)으로 있다가 〈귀거래사(歸去來辭)〉를 짓고 고향으로 돌아가 평생을 안빈낙도하며 살았다.

66 타향에……있구나 : 고향이 그립다는 말이다. 중선(仲宣)은 삼국 시대 위(魏)나라 왕찬(王粲)의 자이다. 그가 일찍이 동탁(董卓)의 난을 피하여 형주(荊州)의 유표(劉表)에게 의지해 있을 때, 높은 누각에 올라 뜻을 펴지 못하는 심사와 고향으로 돌아가고 싶은 갈망을 〈등루부(登樓賦)〉라는 시로 남겼다. 《三國志 卷21 魏書 王粲傳》

적적한 변방에 찾아오는 이도 드물어 蕭條關塞來人少
바다로 흘러가는 긴 강물만 바라본다 唯見長江入海流

늙어가며 아득히 만고세월 돌아보니 垂老茫然萬古情
천지간에 끊임없이 덧없는 인생 있었구나 乾坤袞袞閱浮生
혼 불러도 땅이 험한 관문으로 막혔고[67] 招魂地隔重關險
도깨비 막으며 한 목숨 가벼운 줄 아노라[68] 禦魅心知一死輕
지난 일은 외로운 새 따라 흘러가는데 往事只隨孤鳥過
나그네는 오래도록 뭇사람 곁에 있네 羈蹤長傍衆人行
청천강 북쪽에 지루하게 몸져누웠는데 支離臥病晴川北
이름 모를 이들과 교유 차츰 기쁘구나 漸喜交游不記名

먼 변방 타향살이 만사가 낯선데 絶域僑居萬事新
관산 초목에도 봄 저물어가네 關山草木又殘春
성과 해자는 백대 이어온 주몽의 나라이고 城隍百代朱蒙國

67 혼……막혔고 : 신익성이 이민구를 위로하려 하지만 두 사람 사이에는 험한 관산으로 막혀 있다는 말이다. 초혼(招魂)은 혼을 부른다는 말로 전국 시대 초(楚)나라 송옥(宋玉)이 그의 스승 굴원(屈原)의 죽음을 애노하여 〈초혼(招魂)〉을 지은 고사가 있다.

68 도깨비……아노라 : 이민구가 유배지에서 자신의 목숨이 가볍다는 것을 안다는 말이다. 어매(禦魅)는 도깨비를 막는다는 말로 유배를 의미한다. 《춘추좌씨전》 문공(文公) 18년 기사에 "순이 요 임금의 신하가 된 뒤에 사방의 문에서 현자들을 빈례로 맞이하고, 혼돈, 궁기, 도올, 도찬 등 흉악한 네 사람을 사방의 먼 변방으로 내쳐 사람을 해치는 괴물을 막게 했다.〔舜臣堯, 賓于四門, 流四凶族渾敦窮奇檮杌饕餮, 投諸四裔, 以禦螭魅.〕"라고 하였다.

풍토는 두 강[69] 넘어 말갈 이웃했네 風壤重江靺鞨隣
기꺼이 논밭 빌려주니 나그네 배부르고 不惜借田饒客戶
벽 하나 사이하여 떠돌이 받아주네 還容隔壁待流人
노년의 생계 의탁할 만한데 衰年活計堪棲托
언제쯤 변방에 오랑캐 먼지 잦아들까 幾日邊隅靜虜塵

우천 물과 용진 물이 합하는 곳[70] 牛川水合龍津流
늙은이는 봄날 좋은 놀이 즐기네 老子一春常勝游
도성에서 붉은 인끈 던지고 떠나 紫陌暫抛朱紱去
푸른 물결에 백구와 머무네 滄波端爲白鷗留
이별 뒤에 진번의 의자 공연히 걸어놓고[71] 空懸別後陳蕃榻
당시 곽태의 배 홀로 띄웠지[72] 獨泛當時郭泰舟

69 두 강 : 중강(重江)은 대동강과 청천강을 가리킨다.

70 우천(牛川)……곳 : 신익성(申翊聖)이 거주했던 경기도 남양주시 양수리 일대를 묘사하여 읊은 것이다. 우천과 용진(龍津)은 모두 지명이다. 신익성의 《낙전당집(樂全堂集)》 권4에 〈창연정팔영(蒼然亭八詠)〉이 수록되어 있는데, 그 가운데 네 번째 수는 용진을, 일곱 번째 수는 우천을 읊었다.

71 이별……걸어놓고 : 진번탑(陳蕃榻)은 후한(後漢) 사람 진번(陳藩)의 의자라는 말이다. 그가 예장 태수(豫章太守)로 있으면서 다른 빈객은 모두 사절하고 오직 서치(徐穉)가 올 때에만 특별히 의자를 내려놓았다가 그가 가면 다시 올려놓았다고 한다. 《後漢書 卷53 徐穉列傳》 여기서는 이민구가 신익성을 찾아가지 못하므로 신익성이 진번처럼 의자를 내려 맞이할 수 없다고 읊은 것이다.

72 당시……띄웠지 : 곽태(郭泰)는 후한(後漢) 사람이다. 이응(李膺)이 낙양(洛陽)에 머물 때 고향으로 돌아가는 곽태를 전송하면서 둘이 배를 타고 강을 건너갔는데, 사람들이 이 광경을 보고서 신선과 같다고 찬탄하며 부러워했다는 이곽선주(李郭仙舟)의 고사가 전한다. 《後漢書 卷68 郭泰列傳》 여기서는 신익성이 회수(淮水)로 돌아온

아마도 만년에 술 실컷 마실 요량이라 仍想壺觴饒晚計
비 내린 밭에 벼와 기장이 푸르겠지 雨餘禾黍遍青疇

몸 빼내 초복 입은 반늙은이[73] 初服抽身半老翁
심공은 응당 하공 본받지 않으리[74] 沈公應不效何公
산은 멀리 뻗어온 기세 서려 늘 푸르고 山蟠遠勢青長在
물은 여러 줄기 모여 끝없이 넓구나 水混群流浩未窮
잠 맛은 고요히 참선의 맛과 합하고 睡味靜隨禪味合
한가한 정취 가만히 도정과 어울리네 閑情默契道情融
그대는 황정의 비밀 이미 엿보았으니[75] 知君已覷黃庭祕

것을 말한다.

73 몸……반늙은이 : 전원으로 돌아온 신익성을 말한다. 초복(初服)은 처음에 입었던 옷이라는 뜻으로, 초복을 입는다는 것은 벼슬을 떠나 초야로 물러남을 의미한다. 굴원(屈原)이 일찍이 "물러가 다시 나의 초복을 손질하리.〔退將復修吾初服〕"라고 하였다. 《楚辭 離騷》

74 심공(沈公)은……않으리 : 신익성이 초야로 돌아왔다가 다시 도성으로 돌아가지 않을 것이라는 말이다. 심공은 송(宋)나라 심경지(沈慶之)를, 하공(何公)은 하상지(何尙之)를 가리킨다. 하상지가 늙었다는 이유로 물러날 것을 청하자, 당시에 모두 "하상지는 물러날 의지가 확고하지 못하다."라고 하였다. 결국 서너 차례 조서를 내려 만류하자, 하상지가 조정에 나와 일을 보았다. 그 후에 심경지가 또한 노년을 이유로 벼슬을 그만두겠다는 표문(表文)을 여러 번 올리자, 황제는 하상지를 시켜서 조정에 나오도록 권하게 하였는데, 심경지가 웃으며 말하기를 "나는 하공이 조정을 떠났다가 다시 돌아온 것을 본받지 않겠다.〔沈公不效何公旣往而復返〕"라고 하였다는 고사가 있다. 《資治通鑑 卷128》

75 그대는……엿보았으니 : 신익성이 도가의 양생(養生) 수련법을 깨달았다는 말이다. 황정비(黃庭祕)는 《황정경(黃庭經)》이 담고 있는 양생 수련의 비결을 가리킨다.

용호의 공을 평안한 가운데 이루리라[76]　　龍虎功成宴坐中

속세에 얽매여 매양 부끄러우니　　勞碌風塵每發慙
자연으로 돌아가고픈 꿈 그윽한 감실에 맴도네　　煙霞歸夢傍幽龕
늙은이 새집 지었단 소식 들었는데　　徒聞老子營新築
옛 암자로 돌아가는 스님 홀로 보내는 듯　　獨送高僧返舊庵
부채에 쓴 글씨 필력 힘참을 알겠고　　葵扇書成知筆健
송화주 익으니 샘물 맛도 알겠구나　　松花酒熟認泉甘
여산의 혜원 응당 무탈하리니　　廬山惠遠應無恙
어찌하면 그대와 만년을 함께할까[77]　　安得同君晚歲參

《황정경》은 위진 시대(魏晉時代)에 구성된 초기 도교의 경전(經典)으로, 서진(西晉) 시대에 외경(外經)이 먼저 출현하고 동진(東晉) 시대에 내경(內經)이 나오면서 내・외경을 통칭하여 《황정경》이라 하였다. 이 책은 양생의 원리와 수련 요결을 담고 있어 《도덕경(道德經)》, 《주역참동계(周易參同契)》와 함께 도교 수련의 주요 경전으로 중시되었다.

76 용호(龍虎)의……이루리라 : 신익성이 신선술을 익혀 불로장생할 것이라는 말이다. 용호는 도가의 양생술을 의미하는 말로, 용은 물을 나타내고 범은 불을 나타낸다. 《진전(眞詮)》 주에 "용은 본시 감수(坎水)로서 화를 내고, 호는 본시 이화(離火)로서 수를 낸다. 이는 수와 화가 서로 생생(生生)하는 이치이다."라고 하였다. 한편, 후한(後漢)의 장도릉(張道陵)이 벼슬을 버리고 용호산(龍虎山)에 은거하여 연단(煉丹)과 부주(符呪)의 도술을 익혀 도교(道敎)의 원조가 되었으므로 그가 이룬 공을 의미하는 말로 보아도 같은 의미가 된다. 《神仙傳 4》

77 여산(廬山)의……함께할까 : 이민구가 신익성과 함께 지내고 싶은 바람을 읊은 것이다. 여산의 혜원(惠遠)은 동진 시대(東晉時代) 여산 동림사(東林寺)의 고승 혜원 법사(慧遠法師)를 가리킨다. 그가 여산에서 연사(蓮社)를 결성(結成)하고 도잠(陶潛), 육수정(陸修靜) 등과 어울려 놀았다고 한다. 《廬山記》

몇 수의 시를 팔분체[78]로 쓰니　幾首詩成寫八分
그 글씨 향기로운 전연[79] 마주한 듯　揮毫想對篆煙薰
새로 지은 집 강가의 금단에는 달 오를 테고　新經江漢金壇月
멀리 유배 온 관산 철옹에는 구름 덮였네　遠落關山鐵甕雲
늘그막 이별의 회포 길이 적막하더니　老去別懷長寂莫
봄 오자 돌아가고픈 꿈 몹시 어지러워라　春來歸夢劇紛紜
궐문에서 부질없이 〈초혼〉 지었는데　脩門謾有招魂賦
상강에서 〈조굴문〉 던지누나[80]　湘水從投弔屈文

금단은 회수가의 지명이다.

칠언절구 七絶

한류문 韓柳文

산두의 훌륭한 글은 악어를 쫓았고[81]　山斗奇文鰐避居

78 팔분체(八分體) : 서체(書體)의 한 종류이다. 예서(隷書)의 이분(二分)과 전서(篆書)의 팔분을 취하여 개발한 서체로, 중국 한나라 왕차중(王次中)이 개발했다고 한다.

79 진연(篆煙) : 향불 연기가 전자(篆字) 모양으로 일어나는 것으로, 전자를 의미한다.

80 궐문(闕門)에서……던지누나 : 이민구가 유배 오기 전에는 억울하게 유배된 사람들을 안타깝게 여겼는데, 지금은 자신이 유배객의 신세가 되었다는 말이다. 초혼(招魂)은 굴원(屈原)의 제자 송옥(宋玉)이 굴원의 죽음을 애도하여 지은 〈초혼〉이라는 작품을 가리킨다. 조굴문(弔屈文)은 한(漢)나라 가의(賈誼)가 장사왕 태부로 있다가 쫓겨난 뒤 상강을 지날 때 굴원의 죽음을 슬퍼하며 지은 〈조굴원부(弔屈原賦)〉를 가리키는데, 이 글에서 가의는 굴원의 죽음을 애도하고 아울러 자신의 불우함을 슬퍼하였다.

81 산두(山斗)의……쫓았고 : 한유(韓愈)의 문장을 칭송한 것이다. 산두는 태산과

하동의 오묘한 비유 검려에 부쳤네[82]	河東妙喩寓黔驢
당년에 비록 개화의 비결 알았어도	當年縱悟開花讖
다른 날 종수서를 거둘 만하네[83]	他日堪收種樹書

소자집[84] 邵子集

양웅은 현묘함 즐기다 〈극진미신문〉 짓고[85]	楊氏耽玄著劇秦

북두라는 말인데, 한유를 가리킨다. 《신당서(新唐書)》 권176 〈한유열전(韓愈列傳)〉에 "한유가 죽은 이후 그 말이 크게 유행하니 학자들이 그를 숭상하여 마치 태산북두처럼 여겼다.〔自愈沒, 其言大行, 學者仰之, 如泰山北斗云.〕"라고 하였다. 한유가 조주 자사(潮州刺史)로 있을 때 악어의 피해가 심하자 〈제악어문(祭鱷魚文)〉을 지어 악어를 쫓아낸 일이 있다.《韓昌黎文集 卷36 祭鱷魚文》

82 하동(河東)의……부쳤네 : 하동은 유종원(柳宗元)의 호이다. 검려(黔驢)는 검(黔) 땅의 나귀라는 말로 유종원(柳宗元)의 〈삼계(三戒)〉에 보인다. 검 땅에는 본래 나귀가 없었는데, 호사자(好事者)가 들여와서 산 아래에 놓았다. 범이 보니 아주 큰 물건이라 신물(神物)로 여기고 대단히 무서워하였다. 뒤에 가까이 접근하여 부딪쳐 보았더니, 나귀의 기능은 발길로 차는 데에 불과하였다. 범은 나귀가 그밖에 다른 기능이 없음을 알고 물어 죽였다는 내용의 글로, 당시의 정치와 세태를 비판하였다.

83 당년에……만하네 : 개화참(開花讖)은 한유의 〈도원도(桃源圖)〉를 가리키는 것으로 보인다. 그 시에 "복숭아 심으니 곳곳에 피어 산천 원근이 붉은 노을처럼 피어오르네. 처음에는 고향 그렸지만 세월 오래되니 여기가 집이 되네.〔種桃處處惟開花, 川原近遠蒸紅霞. 初來猶自念鄕邑, 歲久此地還成家.〕"라고 하였다. 종수서(種樹書)는 일종의 농서(農書)를 의미하는데, 여기서는 유종원의 〈종수곽탁타전(種樹郭橐駝傳)〉을 가리키는 것으로 보인다. 이민구가 전원으로 돌아가 나무나 심으면서 살아가고 싶다는 소망을 읊은 것이다.

84 소자집(邵子集) : 소자(邵子)는 소옹(邵雍, 1011~1077)을 가리킨다. 그의 자는 요부(堯夫), 시호는 강절(康節)이다.

85 양웅(揚雄)은……짓고 : 양웅의 자는 자운(子雲)이며, 촉군(蜀郡) 성도(成都) 사람이다. 극진(劇秦)은 양웅이 지은 〈극진미신문(劇秦美新文)〉을 가리키는데, 이 글은

하분의 대책 올리고 풍진에 섞였네[86] 河汾獻策混風塵
그래봐야 안락와의 말만은 못하니 不如安樂窩中說
경세와 문장을 한 몸에 지녔네[87] 經世文章本一身

창명고[88] 滄溟稿

역대의 작가 구름처럼 많아 千年作者謾如雲
하나하나 비각과 운각에 수장하였지 一一收藏祕閣芸
아미천반의 시어 모르고서 不識峨眉天半語
후대에 쇠한 문장 일으킬 수 있을까[89] 堪從異代起衰文

왕망(王莽)이 한(漢)나라를 찬탈하여 신(新)나라를 세우자 양웅이 진(秦)나라의 과실을 비판하고, 신나라의 미덕(美德)을 찬양한 것이다. 《文選 卷48》

86 하분(河汾)의……섞였네 : 하분헌책(河汾獻策)은 수(隋)나라의 왕통(王通)이 문제(文帝)에게 올린 〈태평십이책(太平十二策)〉을 말한다. 이 대책이 받아들여지지 않자, 왕통은 황하와 분수〔河汾〕 사이로 돌아와 1천여 명의 제자를 상대로 강학하였다. 《文中子世家》

87 그래봐야……지녔네 : 소옹(邵雍)이 경세(經世)와 문장(文章)에 모두 뛰어났다는 말이다. 안락와(安樂窩)는 소옹이 살던 집을 가리킨다. 《송사(宋史)》 권427 〈소옹열전(邵雍列傳)〉에 "소옹은 벼슬에 나아가지 않고 소문산(蘇門山) 백원에서 독서하며, 사는 집을 안락와라 하고 자호를 안락선생(安樂先生)이라 하였다."라고 하였다.

88 창명고(滄溟稿) : 창명(滄溟)은 명(明)나라 이반룡(李攀龍, 1514~1570)의 호이며, 자는 우린(于鱗)이다. 산동성(山東省) 역성(歷城) 출생으로, 왕세정(王世貞), 사진(謝榛), 서중행(徐中行), 양유예(梁有譽) 등과 더불어 고문사설(古文辭說)을 제창하여, 진한(秦漢)의 고문을 모범으로 삼고, 한, 위(魏), 성당(盛唐) 시의 격조를 중시하였으며, 송원(宋元)의 시를 배척하였다. 저서에 《이창명선생전집(李滄溟先生全集)》, 《고금시산(古今詩刪)》이 있다. 창명고는 신익성이 보내온 시〈영수신물(詠隨身物)〉 중 《백설루집(白雪樓集)》에 대한 응대이다. 백설루는 이반룡의 서실(書室) 이름이다.

89 아미천반(峨眉天半)의……있을까 : 이반룡의 문장을 모르고서 후대에 문학을 부

종이병풍 紙屛風

강가 바람 부는 비탈에 서재 닫고 있으니 江皐風磴閼書帷
소박한 종이 병풍이 어울리네 蠻紙糊屛素質宜
손수 쓴 〈귀거래사〉 그대 저버리지 않았는데[90] 手寫歸來君不負
쫓겨난 이 몸은 할 말 없다오 身遭放逐我無辭

학슬침[91] 鶴膝枕

아롱진 주머니 굽은 의자 귀인의 거처도 斑囊曲几貴人居
한결같은 청진함만 못하다오 一味淸眞却不如
대나무 잘라 만든 목침 잠자기 좋으니 鶴脛斷來高枕好
잘 때 호접몽 꾸고[92] 일어나면 편안하다네 眠時栩栩起胥胥

홍시킬 수 있겠느냐는 말이다. 아미천반은 왕세정(王世貞)의 〈만흥팔수(漫興八首)〉 가운데 7수에 보이는 말이다. 그 시에 "야부의 홍취 가시지 않으니 큰 바다에 바람 불어 붉은 물결 일어나네. 제남의 아름다운 곳 묻는다면 하늘 높이 솟은 아미산이 눈 속에 보이네.〔野夫興就不復刪, 大海迴風生紫瀾. 欲問濟南奇絶處, 蛾眉天半雪中看.〕"라고 하였다.《弇州四部稿 卷49》 이 시에 대해 이수광(李睟光)은 왕세정이 이반룡에게 준 것이라고 하면서 "제남은 창명을 가리키니 결구는 아마도 창명에 관해 읊은 것이면서 스스로를 대단히 높게 인정한 것이다.〔濟南指滄溟, 結句蓋屬滄溟, 而其自許亦太高.〕"라고 하였다.《芝峯類說 卷12 文章部5 明詩》

90 손수……않았는데 : 신익성이 병풍에 〈귀거래사(歸去來辭)〉를 쓰고 실제로 전원에 은거하였다는 의미이다. 신익성이 이민구에게 보내준 시 가운데 〈소병풍(素屛風)〉이라는 작품이 있는데, 그 시에 "궁벽한 시골 작은 집에 휘장 치지 않고 종이 병풍 만드는데 내 졸필이 마땅하네. 역대의 좋은 문장 얼마나 많으랴만 맘에 쏙 드는 건 〈귀거래사〉로구나.〔窮村蝸室不施帷, 紙作屛風拙筆宜. 從古文章何限好, 會心唯有去來辭.〕"라고 하였다.

91 학슬침(鶴膝枕) : 대나무로 만든 목침이다.

대삿갓 竹箽笠

비녀 뽑고 돌아가니 골짝 이름 반곡이었고[93] 抽簪歸去谷名盤
도성 신무문에 관 걸어 놓았네[94] 神武都門已掛冠
비 막고 해 가리는 푸른 대삿갓 있으니 庇雨遮暘青篛笠
흐리나 맑으나 낚싯대 놓지 않으리 陰晴不負釣魚竿

철쭉 지팡이 躑躅杖

서리 빛깔 줄기 나누어 회수로 보내니 分將霜幹送淮中
나나 그대나 얼굴 늙은 쉰 늙은이라네 共是衰顔五十翁
아마도 자고 나서 취한 몸 부축하여 遙想睡餘扶醉去
물가 정자 서쪽 언덕에서 산들바람 맞겠지 水亭西畔倚微風

92 호접몽(胡蝶夢) 꾸고 : 허허(栩栩)는 너울대는 모양을 형용하는 말로, 《장자(莊子)》 〈제물론(齊物論)〉에 "옛날에 내가 꿈에 나비가 되었는데 훨훨 나는 나비였다.〔昔者, 周夢爲胡蝶, 栩栩然胡蝶也.〕"라고 하였다.

93 비녀……반곡(盤谷)이었고 : 당(唐)나라 이원(李愿)의 고사를 인용하여 신익성이 회수로 돌아감을 읊은 것이다. 이원이 무령 절도사(武寧節度使)가 되었다가 죄를 얻어 파직 당하자 벼슬에 나가기를 즐거워하지 않고 처음 살았던 반곡에 돌아가 은거하였는데, 당시 한유(韓愈)가 〈송이원귀반곡서(送李愿歸盤谷序)〉를 지어 주었다. 신익성의 〈새 거처〔新居〕〉에 "난리 뒤에 이사한 벽소촌, 새로 지은 집 앞에는 시냇물, 뒤에는 숲이 있네. 돌밭 척박하니 반곡 아니지만, 신세 한가하니 녹문과 같네.〔亂後移家闢少村, 臨溪新搆背林園. 石田磽确非盤谷, 身世優閑似鹿門.〕"라고 하였다.

94 도성(都城)……놓았네 : 남조 제(南朝齊)의 도홍경(陶弘景)에 관한 고사를 인용한 것이다. 그가 신무문(神武門)에 관을 걸어 놓고 사직소를 남긴 뒤에 고향으로 떠났다는 고사가 전해진다. 《南史 卷76 隱逸列傳 陶弘景》

그물 魚網子

씨 뿌리고 한가한 틈에 그물 짜놓았다가	閑中結網種田餘
비 지난 뒤 봄 물고기 잡겠지	試打春魚過雨初
개울가 저물녘에 동자가 걷어다가	童子捲來溪日晩
돌아와 성근 버들 그늘 아래 걸어두리	歸時掛在柳陰疏

높은 집에서 약물 의지해 사노라니 이역 땅에 봄빛 바뀌어[95] 사람으로 하여금 그 경치를 바라보며 서글프게 하였다. 그러므로 운자로 삼아 이십 운으로 짓다

高齋依藥餌 絶域改春華 令人對景悽然 仍押字爲二十韻

내 거처 시골길 외진 곳에 있어	我居村逕僻
햇살 막히고 벼와 기장 높이 자라네	日礙禾黍高
울타리에 푸른 빛 비춰	柴籬映碧色
농부의 수고를 조금 달래주네	少寬田者勞
농사철에 일하지 않는다면	不有農月勤
채식도 꾸리기 어려워라	菜食亦無涯
남은 술이 멀리 온 객에게도 미치니	餘觴及遠客
오랜 재계를 깰 만하네[96]	庶足破長齋
초가을 찬이슬 내리면	初秋涼露下
양식이 곧 목숨 의지할 곳이지	糧粒命所依
온갖 곡식 익어가니	百穀資成熟
사철에 진실로 공로 돌려야지	四節固當歸

95 높은……바뀌어 : 이것은 두보(杜甫)의 〈늦봄에 양서에서 새로 빌린 초가에 짓다.〔暮春題瀼西新賃草屋五首〕〉라는 5수(首)의 시 가운데 네 번째 수의 일부이다.《杜少陵詩集 卷18》

96 오랜……만하네 : 장재(長齋)는 불가(佛家)의 말로, 한낮이 넘도록 굶는 것을 재(齋)라 하고, 그것을 반복하는 것을 장재라고 한다.《般舟三昧經》 여기서는 손님과 함께 술을 마시고 있기 때문에 장재를 깬다고 읊은 것이다.

떠돌이 신세 더욱 외롭고 괴로우니 流離益孤苦
상유 다가옴도 실로 달가운데[97] 實甘桑楡迫
예전에는 망녕되게 내 몸 아껴 宿昔妄自私
신선 단약에 효험 바랐네 覬霑金匕藥
일찍이 들으니 지극한 도를 알면 嘗聞至道要
평범한 몸골이 훼손됨을 면한다지 謂免凡骨毁
이제 와 예전 바라던 일 어그러져 到今乖夙尙
망연자실 약물 복용 그만두었는데 茫然捨服餌
오직 한스럽게도 입과 배에 얽매여 唯恨口腹累
벼와 기장은 문득 끊지 못하네 稻粱未遽絶
게다가 성품마저 털털하여 況兼性誕率
끝내 술 끊을 수 없구나 卒難疏麴蘖
세상인심은 좁고 절박해서 世情患狹促
한 그릇 밥에도 매번 얼굴색 드러나네 一飯每見色
이 때문에 청탁 사절하고 以玆謝干請
근심과 기쁨 모두 잊었노라 混淪憂喜域
알겠다 곤궁에도 굳은 선비라야 乃知固窮士
죽을 때까지 뉘우쳐 고치는 일 없음을[98] 至死靡悔改

97 떠돌이……달가운데 : 유배 생활이 괴로워 죽을 날 임박해 오는 것이 오히려 반갑다는 말이다. 상유(桑楡)는 해가 지는 곳으로, 서쪽으로 해가 기울 때면 뽕나무와 느릅나무 가지 끝에 걸린다는《회남자(淮南子)》의 기사에서 유래하였는데, 인생의 만년(晩年)을 의미한다.

98 곤궁에도……없음을 : 군자만이 끝까지 도의(道義)를 지켜서 허물을 만들지 않는다는 말이다. 고궁(固窮)은《논어》〈위령공(衛靈公)〉의 "군자가 진실로 궁한 것이니

얼굴과 터럭이 어느덧 쇠했으니 顏鬢忽蹉跎
세월[99]은 기다리지 않고 가는구나 羲御逝不待
변화하는 경치 서로 잇달아 貿景遞相乘
더운 여름이 저문 봄 이어가네 朱夏承暮春
꾀꼬리도 시름겨워 고운 소리 바뀌고 鶯愁嬌舌換
꽃 시들자 열매 맺혀 새롭구나 花老結子新
초목이야 본래 무성했다 시드는 법 草木本榮顇
어찌 내년에 피는 꽃이 없으랴만 豈無來歲華
나그네는 서산[100] 바라보며 旅人望崦嵫
감히 고향집 그리지도 못하네 不敢懷我家

소인은 궁하면 멋대로 굴기 마련이다.〔君子固窮, 小人窮斯濫矣.〕"라는 말에서 유래한 것이다.

99 세월 : 희어(羲御)는 희화(羲和)가 모는 수레라는 뜻으로, 여기서는 세월을 의미한다. 희화는 해를 몰고 다닌다는 고대 신화 속의 신이다.《楚辭 離騷 王逸注》

100 서산(西山) : 엄자(崦嵫)는 해가 들어간다고 여겼던 엄자산(崦嵫山)을 가리키는데, 만년(晩年)을 비유하는 말로도 사용된다.

단비를 기뻐하며

喜雨

오랜 가뭄에 단비 그리다가	久旱思嘉雨
비 내리니 얼싸 좋을시고	雨來人意好
농부들 위로해 줄 뿐 아니라	甚足慰農家
그윽한 회포도 풀어주네	兼之釋幽抱
파란 기운이 담장 주변 나무 두르고	青搖繞院木
푸른 윤기 섬돌 덮은 풀에 흐른다	碧潤覆階草
밭에 보리 날로 살지니	隴麥日以肥
열흘 지나면 굶주림 면하겠네	閱旬免飢惱
멀리 온 나그네 농사 안 지어도	遠客雖未耕
인정으로 서로 보살펴주네	人情或相保
새 거처에서 한동네 사람들에게 누가 되니	新棲累同井
졸렬한 성품 경도될까 부끄럽다	拙性媿傾倒
끝내 한 그릇 밥 거절하기 어려운데	終難拒一飯
궁궐 일을 찾아와 묻는구나	寶闕踵門討
반드시 풍년 들어서	必賴歲功成
기장과 벼로 적셔주길 바라노라	庶覬霑粱稻
하늘이 너그러운 덕분에	上天資滲漉
자애와 은혜가 떠도는 노인에게도 미치도다	慈恩及羈老
밤낮으로 동남쪽 바라봐도	日夕望東南
흙탕물만 드넓게 펼쳐졌네	泥水白浩浩

관산을 넘을 수 없으니 關山不可越
언제나 돌아갈 길 마를까 幾時歸路燥
온 세상에 음기가 성하니 宇宙陰氣盛
또 장마에 막힐까 걱정일세 又恐滯淫潦
우는 학은 구고를 저버리고[101] 鳴鶴棄九皐
잠긴 물고기는 옛 마름을 떠났네[102] 潛魚違舊藻
근심일지 기쁨일지 어찌 갑자기 말하랴 憂喜何遽論
창망한 하늘에 오도를 부치노라 蒼茫付吾道

101 우는……저버리고 : 구고(九皐)는 수택(水澤)의 깊은 곳을 말하는데, 《시경》〈학명(鶴鳴)〉에 "학이 구고에서 울면 소리가 하늘에까지 들린다.〔鶴鳴于九皐, 聲聞于天.〕"라고 하였다. 이는 재덕(才德)이 깊고 두터운 군자는 비록 비천한 환경에 처해 있더라도 그 빛이 절로 드러나 명성이 임금에게까지 들린다는 것을 비유하는 말이다. 그러나 여기서는 "구고를 저버렸다."라고 하였으므로 임금에게 전달되지 않음을 의미한다. 즉, 이민구 자신의 존재를 임금이 잊었다는 의미이다.

102 잠긴……떠났네 : 이민구가 임금의 곁에서 쫓겨난 것을 읊은 것이다. 《시경》〈어조(魚藻)〉에 "물고기가 마름에 있으니, 그 머리가 크기도 하도다. 왕께서 호경에 계시니, 즐거워서 술을 마시도다.〔魚在在藻, 有頒其首. 王在在鎬, 豈樂飮酒.〕"라고 하였다.

거듭 차운[103]하여 어천도[104] 임 찰방에게 주다

重次酬魚川任察訪

근래 편지 봉해 보내주니　尺素緘書近
우편에 부친 흥 깊구나　郵筒寄興深
길게 읊조리노라니 성에 날 저물고　長吟城日落
멀리 바라보노라니 고개의 구름 잠긴다　遠望嶺雲沈
계절 불을 새 나무에서 고쳐 취하는데[105]　節火更新木
봄날 고향 숲과 떨어져 있네　年芳隔故林
유신의 한을 어이할까[106]　那將庾信恨

103 거듭 차운 : 이민구의 문집에서 이 시와 동일한 운자를 사용한 작품은 뒤의 〈삼첩서회(三疊書懷)〉 밖에 없다. 따라서 이 시에서 차운하고 있는 첫 번째 작품은 이민구가 미처 정리하지 못하고 빠뜨린 것으로 짐작된다.

104 어천도 : 어천(魚川)은 평안도 영변(寧邊)의 어천역(魚川驛)을 중심으로 한 역도(驛道)를 가리킨다. 찰방이 주재하였다.

105 계절……취하는데 : 고대에는 나무를 마찰시켜 불을 얻었는데 계절에 따라 부시로 사용하는 나무를 바꾸어 불씨를 얻었다. 《논어》 〈양화(陽貨)〉에 "부시나무를 마찰시켜 불을 바꾼다.〔鑽燧改火〕"라고 한 것이 바로 이것을 의미한다. 《주례(周禮)》 〈하관(夏官)〉에서도 불을 사용하는 정령(政令)을 맡은 사관(司爟)은 "사시에 따라 나라의 불을 바꾼다.〔四時變國火〕"라고 하였다. 봄에는 느릅나무와 버드나무, 여름에는 대추나무와 살구나무, 계하(季夏)에는 뽕나무와 산뽕나무, 가을에는 떡갈나무와 졸참나무, 겨울에는 홰나무와 박달나무를 부시로 하여 불씨를 얻었다고 한다.

106 유신(庾信)의 한을 어이할까 : 객지에서 고향을 그리워하는 마음을 어찌할 수 없다는 말이다. 유신은 북주(北周)의 시인으로 자(字)는 자산(子山)이다. 그가 양(梁)나라에서 동궁학관(東宮學官) 겸 건강 령(建康令)으로 있을 때인 양나라 무제(武帝)

함께 중선의 흉금 의지했네[107] 同倚仲宣襟

2

골짜기 옆으로 그윽한 오솔길 내고 傍壑開幽徑

연못가에 아담한 정자 세웠어라 臨池製小亭

게을러도 술 마시기 즐기지만 懶耽拈綠蟻

늙어서 새 반딧불 모으기는 싫구나 老厭拾新螢

저버리지 않고 깊이 돌봐줌에 놀라나니 不棄驚深眷

자주 들러 홀로 깨어있는지 물어주게[108] 頻過問獨醒

출처를 어찌 말하랴 行藏何足道

강해에 떠다니는 한 부평초 신세라오 江海一漂萍

2년(548) 10월에 후경(侯景)이 반란을 일으켜 도성인 금릉(金陵)에까지 쳐들어오자, 오늘날의 호북성(湖北省) 형주(荊州) 지역인 강릉(江陵)으로 피신하여 은둔 생활을 하였다. 당시 어지러운 시국을 슬퍼하고 타향에서 고향을 그리는 내용의 〈애강남부(哀江南賦)〉를 읊었던 고사가 있다. 《周書 卷41 庾信列傳》

107 함께……의지했네 : 이민구와 임 찰방이 모두 고향을 그리워하고 있다는 말이다. 중선(仲宣)은 삼국 시대 위(魏)나라 사람 왕찬(王粲)의 자(字)이다. 왕찬이 동탁(董卓)의 난리를 피하여 형주의 유표(劉表)에게 가서 몸을 의탁하고 있을 적에, 유표에게 그다지 중한 대우를 받지 못하는 가운데 고향 생각이 절실해지자, 강릉의 성루(城樓)에 올라가서 고향 하늘을 바라보며 〈등루부(登樓賦)〉를 지은 고사가 있다. 《三國志 卷21 魏書 王粲傳》

108 자주……물어주게 : 임 찰방이 이민구의 안부를 자주 물어준다는 말이다. 독성(獨醒)은 굴원(屈原)의 〈어부사(漁父辭)〉에 보이는 말로 "온 세상이 모두 탁한데 나 홀로 맑고, 사람들 모두 취했는데 나만 정신이 또렷하네.〔擧世皆濁, 我獨淸, 衆人皆醉, 我獨醒.〕"라고 하였다. 여기서는 이민구를 가리키는 말로 사용되었다.

세 번 거듭 운자를 써서 회포를 쓰다
三疊書懷

변방 길에 시름 길어	塞路牽愁永
고향 산이 꿈속 깊이 들어온다	鄕山入夢深
몸은 약물에 의지하고	形骸依藥餌
서신도 끊겼어라[109]	書信間飛沈
구름 낀 포구에 땅은 넓게 펼쳐지고	地闊浮雲浦
푸른 숲에 하늘 나직이 드리웠네	天低碧樹林
봄 지나도록 돌아갈 희망 끊어졌는데	經春歸望斷
저무는 해가 애타는 가슴 비춘다	落日照危襟

2

작은 집 산길 가에 있어	小築當山徑
길게 읊조리며 물가 정자 굽어보네	長吟俯水亭
남은 꽃은 아직도 나비를 유혹하고	殘花猶引蝶
썩은 풀은 여전히 반딧불 되는구나[110]	腐草尙爲螢
물고기 뛰니 천기가 움직이고[111]	魚躍天機動

109 서신도 끊겼어라 : 비침(飛沈)은 새와 물고기를 가리키는데, 곧 서신을 전해주는 매개물이다. 이것들과 간격이 생겼으므로, 서신을 전해주지 않는다는 뜻이 된다.

110 썩은……되는구나 : 《예기》 〈월령(月令)〉에 "유월에는 썩은 풀이 변하여 반딧불이 된다.〔季夏之月, 腐草爲螢.〕"라고 하였다.

111 물고기……움직이고 : 사물의 움직임에서 천기(天機)의 운행을 알 수 있다는 말

새 우짖어 한낮 꿈을 깨노라 禽喧晝夢醒

초가 처마에 지난밤 비 내리더니 茅檐前夜雨

푸른 물결이 연못 마름에 가득하다 綠漲滿池萍

이다. 《시경》〈한록(旱麓)〉에 "솔개는 날아서 하늘에 다다르고, 고기는 연못에서 뛰어 오르네.〔鳶飛戾天, 魚躍于淵.〕"라고 하였는데, 《중용장구》 제12장에서 이 시를 인용하여 군자의 도가 상하(上下)에 드러난 것으로 설명하였다.

국화를 옮겨 심다
移菊

변방 밖은 풍토 달라	塞外風土殊
꽃도 많지 않은데	而無多草花
권 노인은 서울 사람으로	權老京國人
노란 국화를 집안 가득 심었네	黃菊種滿家
내가 적막한 곳에 사는 게 고달파	我苦處岑寂
사물에 의지해 마음 달래려고	寓物心境賒
십여 그루 옮겨 심었더니	新移十餘根
단비가 흙을 적셔주네	甘雨潤泥沙
부드러운 줄기 기름진 땅에 자라고	柔莖帶沃壤
푸른 잎이 섬돌에 비껴 있네	碧葉映階斜
북돋고 조심조심 가꾸어	培栽愼封殖
싹이 상하지 않게 했더니	不敢傷其芽
가을에 이슬이 비로소 흥건히 내리자	秋來露始繁
찬 꽃술이 날마다 화려해지네	冷蕊日以華
한가롭게 국화 옆에서 읊조리며	婆娑叢畔吟
어찌 술[112] 없으랴	豈無酌流霞

112 술 : 유하(流霞)는 신선이 마시는 좋은 술을 말한다. 두보(杜甫)의 시에에 "유하를 조각조각 나누어서, 방울방울 천천히 기울이노라.〔流霞分片片, 涓滴就徐傾.〕"라고 하였다. 《杜少陵詩集 卷17 宗武生日》

향기가 두건과 신에 스미니 馨香襲巾屨
꽃 따며 마음도 즐거웠네 採掇人意嘉
떠도는 나그네 즐거운 일 적으니 羈旅寡愉悰
이 일이 아마도 너무 사치스럽도다 此事恐已奢
변방은 쉬 추워져 邊地寒易動
눈서리 일찍 내리지 霜霰早交加
계절 꽃을 홀로 지키기 어려워 時芳難獨保
온갖 걱정 저물녘까지 이르네 百慮到棲鴉
생각해 보니 예전 봉래전[113]에서 憶昔蓬萊殿
동쪽 울타리에 국화 늘어섰었지 羅列東籬葩
모시는 신하는 거나하게 취해 侍臣霑旣醉
귀로에 오사모 벗겨지곤 했는데 歸路岸烏紗
늙어가면서 점차 떠돌이 신세로 老去漸流落
아득히 하늘 끝에 있구나 杳然在天涯
비록 고향의 국화 있어도 縱有故園花
황폐하니 늘 스스로 탄식하노라 蕪沒長自嗟

113 봉래전(蓬萊殿) : 장안(長安)의 궁전 이름으로 중국의 황성(皇城)을 가리키는데, 여기서는 궁궐을 가리키는 말로 사용되었으며, 이민구가 조정에서 근무하던 때를 추억하며 그리움을 읊기 위해 사용한 시어이다.

채소밭을 가꾸다

藝圃

사립문 안 조그만 채소밭	小圃柴門內
흐리나 맑으나 부지런히 김매노라	陰晴不廢鋤
봄 부추에 흰빛이 촘촘히 남아 있고	白留春韭密
늦게 돋는 생강의 성근 자줏빛 어여쁘다	紫愛晩薑疏
새로 밥 지은 뒤에 젓가락 비추고	照筯新炊後
취한 채 바구니 기울여 뜯노라	傾筐宿醉餘
달콤한 향기 넉넉히 성미에 맞으니	甘香饒適性
생선반찬 없어도 탄식 않노라[114]	未敢歎無魚

114 달콤한……않노라 : 직접 가꾼 채소를 먹고 만족하여 생선반찬을 바라지 않는다는 말이다. 무어(無魚)는 전국 시대 제(齊)나라 풍환(馮驩)이 맹상군(孟嘗君)의 식객(食客)이 되었을 때, 밥상에 고기반찬이 없자 장검의 칼자루를 두드리면서 "장검이여 돌아가자, 밥상에 고기가 없구나.〔長鋏歸來乎, 食無魚.〕"라고 했던 고사를 인용한 것이다. 《史記 卷75 孟嘗君列傳》

단옷날 남춘성이 심양에서 돌아오면서[115] 길을 우회해 찾아오다

端午日 南春城從瀋陽回迂路見枉

병든 몸으로 무더운 길에 외딴 곳 찾아오니[116] 扶病炎程就索居
꿈같은 만남에 눈물로 소매 적시네 夢中相對淚霑裾
나그네는 비로소 서하관 나왔고[117] 行人始出西河館
유배객은 언제나 하택거 그리네[118] 游子長懷下澤車

115 단옷날……돌아오면서 : 남춘성(南春城)은 춘성부원군(春城府院君)에 봉해진 남이웅(南以雄, 1575~1648)을 가리킨다. 남이웅은 1637년(인조15) 소현세자의 빈객으로 심양에 갔다가 1638년 5월 18일에 돌아왔다. 《仁祖實錄 16年 5月 18日》 이 시로 보아 당시 돌아오는 길에 이민구를 방문했던 것으로 보인다.

116 병든……찾아오니 : 남이웅이 병든 몸을 이끌고 이민구를 찾아왔다는 말이다. 삭거(索居)는 이군삭거(離群索居)의 준말로 벗들과 떨어져 외로이 사는 것을 말하는데, 여기서는 이민구를 가리킨다.

117 나그네는……나왔고 : 남이웅이 심양(瀋陽)에서 풀려났다는 말이다. 서하관(西河館)은 춘추 시대 노(魯)나라 대부 계손의여(季孫意如)가 진(晉)나라에 잡혀가 억류되었던 관소를 말하는데, 여기서는 남이웅이 머물던 곳을 가리킨다. 《春秋左氏傳 昭公 13年》

118 유배객은……그리네 : 이민구가 고향으로 돌아가기를 바란다는 말이다. 하택거(下澤車)는 질퍽거리는 습지도 통과할 수 있는 가벼운 수레를 말한다. 후한(後漢) 마원(馬援)의 종제(從弟) 마소유(馬少游)가 마원에게 "선비가 한 세상에 태어나 입고 먹을 것을 취할 수 있으면 충분하니, 하택거를 타고 조랑말을 몰며, 고을의 하급 관리가 되고 선영을 지키면서, 향리의 사람들이 좋은 사람이라고 말해 준다면 그만이다.〔士生一世, 但取衣食裁足, 乘下澤車, 御款段馬, 爲郡掾吏, 守墳墓, 鄕里稱善人, 斯可矣.〕"라고 말한 고사가 있다. 《後漢書 卷24 馬援列傳》

전쟁으로 뿌옇게 이는 먼지 한스럽고	正恨干戈塵滃浡
눈처럼 세어 흩날리는 머리털 함께 슬퍼하네	俱悲鬢髮雪飄疎
술로 사람들과 함께 취해 세속 따르리니	醨醨衆醉堪從俗
각서로 혼 부름을 받지 않으리[119]	角黍招魂不受渠

119 술로……않으리 : 이민구가 남이웅에게 굴원(屈原)처럼 투신자살하지는 않겠다고 다짐한 말이다. 굴원의 〈어부사(漁父辭)〉에 "세상은 모두 혼탁한데 나만 홀로 맑고, 사람들 모두가 취했는데 나만 혼자 깨었는지라 조정에서 쫓겨났다.〔擧世皆濁, 我獨淸, 衆人皆醉, 我獨醒, 是以見放.〕"라고 하였는데, 여기서 이민구는 무리들과 함께 취해 지내겠다고 말하고 있는 것이다. 각서(角黍)는 고엽(菰葉)에 찹쌀을 싸서 찌는 떡으로 편수와 비슷한데, 삼각 모양으로 만들기 때문에 이런 이름이 붙었다. 초나라 사람들이 멱라수(汨羅水)에 투신자살한 굴원을 애도하여 단오절마다 이 떡을 만들어 먹는 풍속이 생겼다고 한다.

난리 때의 일을 기술하여 배천 홍경택[120]에게 부치다

追述亂離 寄洪白川景澤

천구가 동쪽으로 땅에 떨어져	天狗東墜地
만백성 어육이 될 뻔했지[121]	萬姓欲爲魚
살기가 푸른 하늘에 요동치고	殺氣盪穹碧
전쟁의 피가 도랑에 넘쳐났네	戰血沸溝渠
한 조각 남한산성	一片南漢城
참담히 임금 수레 떨어졌네[122]	慘澹飄龍輿
나는 당시 강화도에 들어가	我時入海島
흐르는 눈물로 늘 소매 적셨지	灑淚每霑裾
전해 들으니 배천 군수는	傳聞白州守
칼 맞아 목숨 위태롭다지	鋒刃縷命餘
깜짝 놀라 오장이 타들어가고	驚呼五情熱
분개하여 기분 풀리지 않네	感憤氣未舒

120 배천(白川) 홍경택(洪景澤) : 배천은 황해도(黃海道) 연백(延白)의 옛 이름이나. 홍경택(洪景澤)은 홍집(洪葉, 1582~1638)으로, 본관은 풍산(豐山), 자는 경택, 호는 연자(燕髭)이다. 이 시의 내용 가운데 배천 군수〔白州守〕라는 말이 나오므로 홍집이 배천 군수를 역임한 것으로 보이는데 관련 기록을 찾을 수 없다.

121 천구(天狗)가……뻔했지 : 병자호란(丙子胡亂)이 발생하여 많은 인명이 희생되었다는 말이다. 천구는 소리를 내며 떨어지는 운성(隕星)으로, 천구가 떨어지면 전쟁이 일어난다고 한다.

122 한 조각……떨어졌네 : 병자호란 당시 인조(仁祖)가 남한산성에 고립된 것을 말한다.

북쪽 나루에서 군사 막았지만　北津阻甲兵
책임 다 못해 눈 마르도록 울었네[123]　眼枯違命車
어느새 사세가 뒤집어져　俄頃事反覆
가족들 거친 곳에 버렸네[124]　百口委榛墟
정성껏 글을 지어 보내준 것은[125]　殷勤機杼贈
실로 유해를 막 수습한 때였지　實及收骸初
가득한 벗의 정의　藹然友朋誼
마음에 새겨 길이 간직하리　銘鏤長內儲
내가 국법에 저촉되었다가　逮余觸邦憲
다행히 법망 성글어 벗어났는데　幸脫網羅疏
그대는 서울 입구에 누웠다가　君方臥京口
배 타고 고향집으로 돌아갔지　舟載返鄉廬
영결이 될 줄 뻔히 알면서도　熟知當永訣
애통하게도 소매 잡지 못했네　痛莫摻其袪

123 북쪽……울었네 : 이민구가 강화도를 지키고 있었지만 강화도가 함락되어 통곡하였다는 말이다. 북진(北津)은 강화도의 갑곶진(甲串津)을 가리키는 것으로 보인다. 명거(命車)는 임금이 하사한 수레인데, 여기서는 임무, 책임의 의미로 풀이하였다.

124 어느새……버렸네 : 이민구가 병자호란 당시 두 아들과 조카딸을 잃었기 때문에 이렇게 말한 것이다.

125 정성껏……것은 : 기저(機杼)는 베틀과 북이라는 의미로, 전하여 문장을 구성하는 기량을 뜻한다. 위(魏)나라 조영(祖瑩)은 자가 진범(珍范)인데 문학으로 세상에서 인정을 받았다. 그가 늘 사람들에게 말하기를 "문장은 모름지기 베틀에서 나와 일가의 풍골을 이루어야 한다. 어찌 다른 사람들과 함께 생활할 수 있으리오.〔文章須自出機杼, 成一家風骨, 何能共人同生活也.〕"라고 하였다. 《魏書 卷82 祖瑩列傳》 여기서는 홍집이 가족을 잃은 이민구를 위해 위로의 글을 지어 보내준 사실을 읊은 것이다.

도깨비 땅으로 쫓겨난 신세　竄身魑魅區
만 리 멀리서 외로이 지낸다네　萬里邈離居
죄인[126]은 사람들이 외면하니　刑徒衆所棄
오점을 씻을 수 없구나　點汚不可除
늘 두려웠지 눈 감기 전에　常恐瞑目前
친구 편지 끊어질까봐　曠絶故人書
문득 받아 본 몇 줄의 글　忽覩數行墨
귀한 보배가 손에 들어온 듯[127]　落手重硨磲
오랫동안 헤어진 회포 얽히고설키니　綢繆久別懷
애타게[128] 그리운 마음 다시 어떠했으랴　飢渴復何如
죽어가는 혼을 되불러주고　招回瀕死魂
애타게 그립던 마음 풀어주네　耿耿中心攄
손에 움켜쥐니 주옥과도 같은데　盈把比珠玉
꿈에서 깨는 듯 한숨만 느는구나　夢覺增累歔
덧없는 인생 각각 늙어가고　浮生各短髮
세상은 까마득히 험난하네　世路莽崎巇
나는 늘그막에 쫓겨남 편안히 여겨　吾衰安放逐

126 죄인 : 원문은 형도(形徒)이나 의미상 형도(刑徒)가 타당하므로 죄인이라 번역하고, 원문도 바로잡았다.

127 문득……들어온 듯 : 홍집이 보내준 편지가 귀한 보배처럼 느껴진다는 말이다. 차거(硨磲)는 서역(西域)에서 생산되는 문합류(文蛤類)의 가장 큰 것으로 이를 다듬은 것은 칠보(七寶)의 하나로 장식에 사용되었다.

128 애타게 : 기갈(飢渴)은 주림과 목마름을 의미하는데, 여기서는 주린 사람이 밥을 찾고, 목마른 사람이 물을 찾듯 간절함을 의미한다.

객지 거처 외진 시골에 있다오　客寓在窮閭
앞날도 얼마 남지 않았으니　前期迫朝夕
어찌 세월[129]을 아까워하랴　焉敢惜居諸
나의 병은 근래 회복되어　予病近蘇息
푸른 강 내려다보네　傲睨滄江虛
긴 가래와 좋은 보습으로　長鑱與良耟
거친 밭 일굴 만하네　亦足理荒畬
게다가 고기 생각도 없으니　況無肉食慕
저녁밥 반찬 텃밭 채소면 그만이네　晩飯甘園蔬
서로 바라봐도 들과 구릉에 막혔으니　相望間原陸
어이하면 함께 나무하고 낚시하며 살아보나　何由偶樵漁
시운은 양구를 만났고[130]　時運遘陽九
세상은 날마다 병드네　宇宙日瘡疸
방공은 끝내 홀로 떠났고[131]　龐公竟獨往

129 세월 : 거저(居諸)는 일거월저(日居月諸)의 준말로, 세월이 흘러가는 것을 말한다. 《시경》 〈일월(日月)〉에 "해와 달이 하토를 굽어본다.〔日居月諸, 照臨下土.〕"라고 하였다.

130 시운(時運)은 양구(陽九)를 만났고 : 혼란한 세상을 만났다는 말이다. 양구는 음양도(陰陽道)에서 수리(數理)에 입각하여 추출해 낸 말로, 4천 5백년 되는 1원(元) 중에 양액(陽厄)이 다섯 번 음액(陰厄)이 네 번 발생한다고 하는데, 1백 6년 되는 해에 양액이 발생하기 때문에 그런 이름이 붙여졌다고 한다. 일반적으로 엄청난 재액(災厄)을 말할 때 쓰는 용어이다. 《漢書 律歷志上》

131 방공(龐公)은……떠났고 : 혼란한 세상을 만나 은거한 사실을 말한다. 방공은 후한(後漢)의 방덕공(龐德公)으로, 방공 또는 방거사(龐居士)라고 부르기도 한다. 원래는 남군(南郡)의 양양(襄陽)에 살았는데, 형주 자사(荊州刺史) 유표(劉表)가 초빙

공자도 돌아가자고 탄식하셨지[132] 尼父歎歸歟
아아 우리 함께 노력한다면 嗚呼俱努力
거의 좋은 명예로 마무리하리라 庶幾終宴譽

하자 나아가지 않고 가솔을 모두 거느리고 녹문산(鹿門山)에 들어가 다시는 세상에 나오지 않았다. 《後漢書 卷113 龐公列傳》

132 공자(孔子)도 돌아가자고 탄식하셨지 : 도(道)가 행해지지 않자 돌아가고자 했던 공자의 고사를 말한 것이다. 《논어》〈공야장(公冶長)〉에 공자가 진(陳)나라에 있으면서 말하기를 "돌아가자, 돌아가자. 우리 무리의 젊은이들이 광간하여 찬란하게 문채를 이루었으나 재단할 줄을 알지 못한다.〔歸與歸與. 吾黨之小子狂簡, 斐然成章, 不知所以裁之.〕"라고 하였다.

외뿔 용.[133] 동회옹에게 올리다

獨角龍 奉淮翁

일찍이 들으니 양정의 용은	嘗聞陽精龍
이마와 코 사이에 뿔이 하나라지	額鼻只一角
귀에 영지를 붙이고	聲塵寓菌蠢
단단하게 영험한 모습 되었구나[134]	靈變憑緊促
구름 타고 하늘로 들어가고	拏雲入空倪
파도 갈라 바다도 무너질 듯	擘波海崩蹙
처음 안개 낀 갈피[135]에서 노닐며	始游葛陂霧
번거롭게 두꺼비 물고기와 무리짓고	苦繁黿魚族
끝없는 땅 밑에서 환골탈태하고	蛻骨虛無底
큰 산에 뿌리를 내렸네[136]	結托在喬嶽

133 외뿔 용 : 대나무 뿌리로 만든 지팡이를 가리킨다.

134 귀에……되었구나 : 대나무 지팡이의 모습을 형용한 것이다. 성진(聲塵)은 본래 불교 용어로 소리를 의미하는데, 여기서는 대나무 지팡이의 귀처럼 영지버섯이 붙어 있는 모양을 가리킨다. 균준(菌蠢)은 영지버섯이다. 지팡이에 달린 영지버섯은 장수를 의미한다.

135 갈피(葛陂) : 중국 하남(河南) 신채현(新蔡縣) 북쪽에 있는 호수 이름이다. 후한(後漢) 비장방(費長房)이 호공(壺公)에게서 신선술을 배운 뒤 죽장(竹杖)을 타고 집으로 날아와 갈피 호수 속에 죽장을 던지니, 그 정령이 청룡(靑龍)으로 화하여 구름 속으로 사라졌다고 한다.《後漢書 卷112下 方術列傳 費長房》

136 끝없는……내렸네 : 대나무가 땅 속 깊이 뿌리를 내렸다는 말이다. 허무저(虛無底)는 아무것도 없는 캄캄한 땅 속을 형용한다. 참고로 두보(杜甫)의 시에 "다시 허무

지맥은 어둡고 괴이하며	地脈迸幽怪
토석은 메마르고 거칠었지	土石壅磽确
단단한 줄기 겉은 볼품없어도	勁幹外龍鍾
묵은 뿌리 속이 꽉 찼다네	老根中含蓄
눈과 서리가 그 가지에 얽혀	雪霜纏其柯
오랜 세월에 이끼무늬 알록졌네	歲久蘚文剝
신선께서 꿈에 알려주시기에	眞仙感宵夢
휘파람 불며 바위틈 살펴보았네	長嘯眄巖曲
호랑이 소굴 헤치고 들어갔는데	徑披虎豹窟
도끼와 자귀로 찍어내길 사양하랴	敢辭斤斧斸
산신령이 낮에 나와 호통치고	山精晝奔號
도깨비는 나무 잡고 울어대네	魑魅擁樹哭
손에 넣으니 맑은 소리 울리고	入手響秋金
마른 껍질 씻으니 자옥처럼 빛난다	乾皮洗紫玉
신통함은 태을의 청려장이요	神通太乙杖
보배로움은 강 가운데 도죽장일세[137]	寶重江心竹

속으로 돌아가더니, 길고 누런 교룡으로 변하였도다.〔復歸虛無底, 化作長黃虯.〕"라는 구절이 있다. 《杜少陵詩集 卷4 奉同郭給事湯東靈湫作》

137 신통함은……도죽장(桃竹杖)일세 : 대나무 지팡이의 덕을 찬미한 것이다. 태을(太乙)은 태을진인(太乙眞人)을 가리킨다. 한나라 유향(劉向)이 천록각(天祿閣)에서 글을 교정하는데, 밤에 어느 노인이 청려장(靑藜杖)을 짚고 찾아와서 청려장 끝에 불을 붙여 밝혀 주므로, 유향이 성명을 묻자, 그 노인이 "나는 태을의 정기(精氣)이다."라고 했다는 고사가 있다. 《三輔黃圖》 두보의 〈도죽장인(桃竹杖引)〉에 "강물 가운데 반석에 도죽이 자라니, 푸른 물결에 젖으며 적당히 자랐어라. 뿌리 자르고 껍질 벗기매 자옥과 같으니, 강비와 수선이 애석해해도 어쩔 수 없어라.〔江心磻石生桃竹, 蒼波噴浸尺度足.

나는야 게을러 지팡이 쓸 일도 적은데	我懶寡提携
부끄럽게도 진창에 빠지는 치욕 당하겠지	愧屈泥塗辱
천리 먼 곳 동양위에게 보내니	千里餉東陽
쇠한 몸 부축해 건장한 하인 대신해다오	扶衰替健僕
한강 상류 배회하다	俳佪漢水源
비바람이 세차게 몰아치면	風雨矯騰踔
재빨리 큰 무지개 밟고	奮迅躡雄虹
척목[138] 딛고 하늘로 올라	攀天階尺木
서쪽으로 떠서 은하수 터놓으면	西浮抉銀潢
우레 소리 계속 울릴 테지	霆霹轟相屬
임금 위해 비린내 씻어내어	爲君滌腥穢
천지에 청탁 정해다오	乾坤奠淸濁
그렇지 않으면 두 늙은이	不然兩老翁
만산 골짜기 소요하다가	逍遙萬山谷
약초 캐려 수레 멈추고	採藥駐倐軫
얼굴 다시 젊어지면	顔貌返韶渥
너를 타고 하늘에 올라	騎汝上寥廓
인간세상 속박에서 벗어나리	人寰脫羈束

斬根削皮如紫玉, 江妃水仙惜不得.]"라고 하였다. 《古文眞寶 前集》

138 척목(尺木) : 용이 하늘로 올라갈 때 의지한다는 짧고 가느다란 나뭇가지이다.

영변 20수
寧邊二十首

국란에 오히려 가벼운 형벌 받아[139]	國亂猶輕典
늘그막에 먼 곳에서 지내네	年衰且遠游
긴 창이 임금을 근심하게 하고	長戈愁北極
짧은 옷으로 서주의 나그네 되었어라	短褐客西州
북방 기운 감도는 성 모퉁이의 밤	朔氣城隅夜
변경 피리 소리 들리는 가을	邊聲笛裏秋
하늘 끝에서 서리 이슬을 보며	天涯見霜露
백발로 새벽 누각에 기댔어라	白髮倚晨樓

2

머나먼 변방 부여국	塞絶夫余國
산 높은 철옹성	山高鐵甕城
영변 부사를 절도사가 겸임하니	寧邊兼節使
주진은 옛 병영이라네	主鎭舊兵營

139 국란(國亂)에……받아 : 경전(輕典)은 조문이 간략하고 처벌 규정이 관대한 법률을 이르는데 "새로 세운 나라를 형벌함에는 가벼운 법을 쓰고, 잘 다스려진 나라에 대해서는 중간의 법을 쓰고, 어지러운 나라에 대해서는 무거운 법을 쓴다.〔一曰刑新國用輕典, 二曰刑平國用中典, 三曰刑亂國用重典.〕"라는 말이 있다.《周禮 秋官 大司寇》여기서는 병자호란 당시 이민구가 강화도 방어에 실패하였으나 나라에서 가벼운 형벌을 내렸다는 말이다.

군대를 통제하는 즈음에 控扼干戈際
흥하고 쇠함 역리와 순리에 달렸지 興衰逆順情
세상 경영에는 어려움이 따르는 법 艱難經世務
예나 지금이나 홀로 갓끈 적시네 今古獨霑纓

3

고을은 영변이란 이름 지녔고 邑帶寧邊號
정자는 언무라는 이름 남았네 亭餘偃武名
지금까지 전쟁이 끊이지 않는데 至今傳箭地
예로부터 전쟁을 저지하는 뜻 담았네[140] 終古止戈情
변경에는 병란의 먼지 시커멓게 일고 塞外兵塵黑
성 북쪽에는 도깨비불 번쩍이네 城陰鬼燐明
선비 복장으로 늘그막에 성에 올라 儒衣老乘障
쓸쓸히 평생을 웃어보노라 寂莫哂平生

4

동대(東臺)에 제일봉이 있다.

산이 동대[141]에 이르러 높이 솟으니 山到東臺湧

140 고을은……담았네 : 영변(寧邊)과 언무정(偃武亭)이라는 명칭을 사용하게 된 취지를 풀이한 것이다. 영변은 변방을 평안히 한다는 의미이고, 언무는 무(武)를 쉰다는 뜻이므로 모두 전란이 멈추고 평화롭기를 바라는 의미를 담고 있다. 또한 지(止)와 과(戈)를 합성한 것 자체가 무(武)이기 때문에 무를 숭상한다는 뜻도 된다. 전전(傳箭)은 전시(戰時)에 전령(傳令)할 때에 쏘는 화살이다. 참고로 영변의 장항진(獐項津) 위에 언무정이라는 정자가 있다.《新增東國輿地勝覽 卷54 平安道 寧邊大都護府》

그 봉우리 제일 높지　　峯標第一懸
성벽이 험난한 곳에 있어도　　城墉蟠險絶
막는 데는 어진 인재 필요한 법　　控扼急才賢
괴롭게 싸운 이 지금 누가 있는가　　苦戰今誰在
군대 온전한 건 또한 우연이었네[142]　　全軍亦偶然
전란의 기운 천지에 가득한데　　風塵彌宇宙
홀로 수루 앞에 서 있네　　獨立戍樓前

5

서쪽 변방엔 늘 구름 끼니　　西塞陰常盛
남쪽 끝에 해도 희미하다　　南端日又微
물은 변경 지나 멀리까지 흐르고　　水經夷界遠
산은 계문[143] 향해 희미하게 뻗었네　　山向薊門稀
한절은 어느 해에 오려는가[144]　　漢節何年到
변방의 편지 매일 밤 날아든다　　邊書每夜飛

141 동대(東臺) : 영변의 약산(藥山)에 있는 봉우리이다.

142 괴롭게……우연이었네 : 철옹성이 험난한 지리적 요건을 갖추고는 있지만 잘 방어할 인재가 없는데도 병자호란 당시 함락되지 않은 것은 우연이었다는 말이다. 전군(全軍)은 싸우지 않고 계책으로 이겨서 군대가 모두 온전한 것을 말한다. 《손자(孫子)》 〈모공(謀功)〉에 "전군이 최상이요, 군대를 격파하는 것이 그 다음이다.〔全軍爲上, 破軍次之.〕"라고 하였다.

143 계문(薊門) : 북경(北京) 덕승문(德勝門)의 서북쪽 지역으로, 춘추전국 시대 연(燕)나라의 지역이다. 계구(薊丘)라고도 한다.

144 한절(漢節)은……오려는가 : 명나라의 도움을 바라는 말이다. 한절은 한나라 부절이라는 말인데, 여기서는 명나라 사신을 가리키는 말로 사용되었다.

제공들 좋은 계책에 목마를 터　　群公渴長策
사직 걱정에 눈물 흘리네　　社稷涕交揮

6

난리 끝났지만 집에 무엇이 남았나　　亂罷家何有
삭아빠진 나머지에 뼈도 없어지려 하네　　銷餘骨欲無
떠돌이 신세 법망에 걸려　　流離霑網罟
병든 몸으로 변방에 누웠구나　　瘧癘臥邊隅
천 가닥 백발 짧아졌고　　搔短千莖雪
하염없이 눈물만 흐르네　　啼殘萬斛珠
비로소 알았네 늘그막에　　始知臨老境
마침내 곤궁한 처지 만난 줄을　　終是接窮途

7

단군이 개국하던 날이　　檀氏從天日
요 임금 백성이 〈격양가〉 부르던 해이지[145]　　堯氓擊壤年

145 단군(檀君)이……해이지 : 단군이 개국한 시기가 요(堯) 임금 때라는 말이다. 《역대건원고(歷代建元考)》 권9 〈조선(朝鮮)〉에 "단군이 태백산에 내려와 요 임금 25년 무진에 평양에 도읍하였다.〔檀君降于太白山, 以唐堯二十五載戊辰, 立都平壤.〕"라는 기록이 있다. 《삼국유사(三國遺事)》 권1 〈기이 상(紀異上)〉에도 《위서(魏書)》의 말을 인용하여 이러한 사실을 말하고 있다. 격양(擊壤)은 땅을 친다는 말로, 〈격양가(擊壤歌)〉를 의미한다. 요 임금 때 어떤 노인이 "해가 뜨면 일어나고 해가 지면 쉬면서, 샘을 파서 물마시고 밭을 갈아서 밥 먹을 뿐이니, 임금님의 힘이 도대체 나에게 무슨 상관이랴.〔日出而作, 日入而息, 鑿井而飮, 耕田而食, 帝力於我何有哉.〕"라고 노래했다는 말에서 유래하여 태평성대를 의미하는 말로 사용된다.

때를 타는 것이 참으로 우연 아니니　　乘時眞不偶
나라 세운 지 벌써 오래구나　　立國已茫然
풍속은 유민으로부터 시작되었고　　俗自遺黎啓
신령함은 신단수 통해 전해지네　　靈仍古木傳
누가 팔조의 가르침을 알랴　　誰知八條敎
신령스러운 교화가 여기서 시작되었네[146]　　神化賴開先

8

빼어나기는 금성과 나란하고　　秀竝金星列
높이 임해 백호가 웅크리고 앉은 듯　　高臨白虎蹲
하늘 닿을 듯한 향로봉 정상　　去天鱸頂逼
터 잡은 상원암 높구나[147]　　占地上元尊
신령한 자취 용이 깊숙이 숨고[148]　　靈跡龍居閟
선문에 부처의 가르침[149] 있네　　禪門象敎存
때때로 신단수 아래에　　時時檀木下
구름 기운이 무지개 깃발 감싸네　　雲氣擁霓旙

146 누가……시작되었네 : 기자(箕子)의 여덟 가지 가르침〔八條之敎〕으로부터 교화가 시작되었다는 말이다. 기자가 백성들을 가르치기 위해 팔조의 법금(法禁)을 제정하였다는데, 현재는 살인(殺人), 상해(傷害), 투도(偸盜) 등 세 가지에 관련된 내용만 전한다.

147 하늘……높구나 : 평안북도 영변 일대에 자리한 묘향산의 향로봉과 상원암(上元庵)을 읊은 것이다.

148 신령한……숨고 : 묘향산의 용암(龍巖)과 같이 용과 관련된 전설이 전해지는 골짜기를 읊은 것으로 보인다.

149 부처의 가르침 : 상교(象敎)는 불교(佛敎)를 가리킨다.

9

백 리 떨어진 개평역[150]	百里開平驛
산천이 절로 한 구역 이뤘네	山川自一區
험한 길 적령[151]에 서렸고	危途蟠狄嶺
곧장 달려 평양에 닿네	直走控箕都
걸핏하면 전쟁으로 한가한 날 없으니	遽發長無暇
상처는 아직도 아물지 않았네	瘡痍近未蘇
하물며 들으니 빈번히 북경 가는 사신들	況聞京使數
대부분 죄수 호송 때문이라지	多爲送刑徒

10

예전에 창건한 서운사[152]	舊刱棲雲寺
오래도록 약사대에 의지했네	長依藥士臺
성에 가까워 전란에 휩싸여	近城塵坱雜
오랜 세월 동량 꺾인 채 있구나	積日棟梁摧
빈 전각에 재 올린 뒤의 경쇠 소리만 울리고	虛殿齋餘磬
찬 부엌에 묵은 재만 남았네	寒廚劫後灰
숨어 사는 사람 겁먹은 비둘기[153] 데리고	幽人將怖鴿

150 개평역(開平驛) : 영변대도호부(寧邊大都護府)의 북쪽 100리 지점에 있다. 《新增東國輿地勝覽 卷54 平安道 寧邊大都護府》

151 적령(狄嶺) : 적유령(狄踰嶺)을 말하는데, 평안북도 희천군 동창면과 강계군 화경면 사이에 있으며, 높이 963m의 고개이다.

152 서운사(棲雲寺) : 평안북도 영변군 영변읍 약산 제일봉에 있는 사찰로 1345년에 창건하였다.

저물녘에 함께 배회하네　落景共徘徊

11

성곽 등진 절간 아담하고　負郭精藍小
숲으로 난 오솔길 깊숙하다　通林細徑深
시골에 살며 때때로 산보하다가　村居時散步
들판 바라보며 흉금 펼쳐보네　野望一披襟
먼 물에는 가을빛 물들었고　遠水兼秋色
뭇 산들은 저녁 그림자에 덮여가네　群山遞暮陰
돌아가는 길손 전송하는 이 없으니　無人送歸客
올라 바라본 감회 쓸 필요 없어라　不用賦登臨

12

강물은 부운포에 넘실대고　江漲浮雲浦
물결에 결승정 잠겼네[154]　波涵決勝亭
구불구불 모래 언덕 하얗고　逶迤沙岸白
보일 듯 말 듯 야산 푸르다　隱映野山青
별과 달 하늘빛 길이 비치고　星月天光永
교룡 때문인가 비 기운도 비리구나　蛟龍雨氣腥

153 겁먹은 비둘기 : 포합(怖鴿)은 매에 쫓긴 비둘기가 부처 곁으로 날아들자, 부처가 자신의 그림자로 가려주어 두려움을 잊게 하였다는 불교 설화에서 나온 말이다.

154 물결에 결승정(決勝亭) 잠겼네 : 강물에 비친 결승정을 읊은 것이다. 결승정은 영변대도호부(寧邊大都護府)의 부이탑진(夫伊塔津) 위에 있는 정자이다. 《新增東國輿地勝覽 卷54 平安道 寧邊大都護府》

흘러가는 길[155] 마침내 멀지 않으니　　朝宗終不遠
끊임없이 푸른 바다로 달려가네　　袞袞赴滄溟

13

울타리 가 차갑게 솟는 옹달샘　　泉眼寒籬畔
하늘빛 한 자리 남짓 비치네　　天光一席餘
아침에 한 대야 떠 세수하니　　晨朝資盥濯
그 윤기 옷자락에 젖어드네　　芳潤灑衣裾
햇살에 털끝도 다 보이고　　映日纖毫盡
잠긴 별빛 몇 점 성글구나　　涵星幾點疏
푸른 바다로 돌아갈 생각에　　還思歸碧海
쉬지 않고 맑은 개울로 흘러가네　　不息注清渠

14

모난 연못 본래 크지 않지만　　方池本不大
그래도 내 술잔 비울 만하네　　亦足寫吾杯
풀 속으로 물길 났는데　　草覆通流道
모래 무너져 돌로 쌓았구나　　沙崩帖石隈
구름 짝해 새 지나가고　　伴雲看鳥過
수초 쪼는 물고기 헤엄치누나　　唼藻見魚來
비바람 치는 강호 생각에　　風雨江湖想

155 흘러가는 길 : 조종(朝宗)은 《서경》 〈우공(禹貢)〉의 "강한이 바다로 흘러간다. 〔江漢朝宗于海〕"라는 말에서 유래하여 물줄기가 바다로 흐르는 것을 의미한다.

하루에도 몇 번이고 오노라　悠然日幾回

15

객지에서 난간에 기댄 밤　客枕憑軒夜
벌레 소리 집 맴도는 가을이네　蟲聲繞舍秋
강에 들어간 구름 잠시 떠 있지만　入河雲乍泛
바다 지나는 달은 항상 떠 있구나　過海月常浮
멍하니 생시인 듯 꿈인 듯　惝怳身兼夢
얼기설기 취기 속에 시름 이네　纏綿醉復愁
거미줄에도 흰머리에도　蛛絲與鶴髮
이슬방울 흠뻑 맺혔구나　俱映露華稠

16

첩첩 봉우리에 구름 낀 하늘 나직하고　疊嶺雲霄庳
외로운 성에 성가퀴 평온하네　孤城睥睨平
호가소리 베갯머리에 일어나고　胡笳欹枕發
가을풀이 닫힌 문가에 자랐구나　秋草閉門生
달빛은 관산 두루 비쳐 밝고　月遍關山白
바람도 바다와 산 기운 머금어 맑구나　風含海岱淸
삼경에 까막까치 있어　三更有烏鵲
가만히 나그네 혼 함께 놀래키네　暗伴客魂驚

17

밤이슬 막 내려 촉촉하고　夜露初微潤

가을 구름 엷게 드리웠네　秋雲故薄陰
학 울음소리 스스로 느끼는데　鶴鳴偏自感
용 누웠으니 무슨 마음인가　龍臥遂何心
변방 멀리 동쪽 나루 넓고　塞隔東津闊
산은 북두에 닿아 깊구나　山當北斗深
떠돌이 신세 백발 되었으니　漂零餘白首
이 세상 온통 쓸쓸하여라　宇宙莽蕭森

18

옛적 서부로 정역에 나설 때[156]　伊昔征西府
많은 군사와 병마 웅장했지　千群士馬雄
전거[157]는 언제나 북으로 가고　氈車常徙北
중국 사신은 날마다 동으로 왔지　漢節日從東
난세에는 병기를 논하는 법　亂世論凶器
선왕께서 무공을 생각하셨네　先王憶武功
높은 가을 하늘에 새매가 사냥하니[158]　高秋鷹隼擊
참담히 변방 바람 맞서네　慘澹遡邊風

156 옛적……때 : 1624년(인조2) 이괄의 난에 이민구가 장만(張晩)의 종사관이 되어 출전한 일을 말한 것으로 보인다.

157 전거(氈車) : 담요로 포장을 친 호인(胡人)의 수레를 말한다.

158 새매가 사냥하니 : 당(唐)나라 두목(杜牧)의 〈노영제감찰어사등제(盧穎除監察御史等制)〉에 "한나라에서 어사를 제수하는 것을 대체로 입추 때에 한 것은 풍상이 비로소 엄해지고, 새매가 처음으로 사냥하기 때문이다.〔漢家授署禦史, 多於立秋, 蓋以風霜始嚴鷹隼初擊.〕"라고 하였다. 《古今事文類聚 新集 卷18 御史》

19

서쪽으로 달려가면 용만 가는 길이고	西走龍灣道
남쪽으로 넘어가면 살수 주변이네	南逾薩水間
태평시절에는 토산물 지나는데[159]	時淸通執壤
난세에는 닫힌 관문 우뚝하네	世亂偃封關
험난한 변방 삼차하 있고	絶塞三叉渡
연경에는 만세산 있지[160]	神京萬歲山
뜬 구름만 아득히 북으로 흘러가니	浮雲杳北去
날 저물도록 돌아갈 줄 모르네	日暮不知還

20

변방 풍속 유배객에게 알맞아	塞俗宜遷客
타향에서 비로소 생활 안정되었네	殊方始定居
산골 아이가 꿩도 갖다 주고	山童知奉雉
냇가 노인이 고기 잡아 주네	溪老解叉魚
과일은 더위 속에 익어가고	瓜果朱炎內

159 태평시절에는 토산눌 지나는데 : 집양(執壤)은 《서경》〈강왕시고(康王之誥)〉의 "한두 신하가 감히 토산물을 바칩니다.〔一二臣衛, 敢執壤奠.〕"에서 온 말로, 여기서는 조선에서 중국으로 보내는 특산물이 영변을 통과해 갔다는 말이다.

160 험난한……있지 : 명나라로 가는 길을 말한 것이다. 삼차도(三叉渡)는 요동(遼東)의 통진하(通眞河), 보정하(保定河), 호타하(滹沱河)가 합류하는 곳으로 삼차하(三叉河)를 말한다. 이곳은 연행의 중요한 길목인 동팔참(東八站)이 시작되는 곳이다. 만세산(萬歲山)은 북경(北京) 서원(西苑)의 태액지(太液池) 북쪽에 인공으로 조성한 산 이름이다.

벼에는 맑은 이슬 막 내렸네 稅粱白露初
그 은택 병든 늙은이 적셔주니[161] 餘波霑老病
늘그막에 마을 사람들에게 부끄럽다 垂死愧鄕閭

161 그 은택……적셔주니 : 이민구가 머물고 있는 마을 사람들이 여러 가지로 도움을 주고 있다는 말이다.

울분을 토하다

遣憤

위망이 반드시 다 하늘 탓만은 아니니　危亡不必摠關天
사람의 꾀가 재앙에 앞서 대비하지 못해서지　只爲人謀昧禍先
누가 멍청이를 이해의 논의에 참여시켰나　誰遣癡兒參利病
끝내 나라를 피비린내로 물들였네　竟令宗國染腥膻
청림의 제비 봄에 깃든 나무 맴돌고[162]　青林燕繞春巢木
벽혈의 영혼 밤에 울던 내에 떠도네[163]　碧血魂游夜哭川
한대에 오랑캐 정벌하러 자주 장수 나섰지만　漢代征胡頻出將
가생은 눈물 흘리며 당시 상황에 실망했네[164]　賈生流涕失當年

162 청림(青林)의……맴돌고 : 제비는 본래 사람이 사는 집의 처마 밑에 둥지를 트는데, 제비가 숲속 나무에 둥지를 만들고 맴돈다는 것은 백성들이 전란 뒤에 살 곳을 잃고 유랑하는 상황을 비유한 것이다. 《자치통감(資治通鑑)》 권126에 "봄 제비가 돌아와 숲속 나무에 깃들었다.〔春燕歸巢於林木〕"라고 하였는데, 그 주에 "집이 모두 불타 제비가 돌아갈 곳이 없으므로 숲속 나무에 깃든 것이다.〔室廬焚蕩, 燕無所歸. 故巢林木.〕"라고 하였다.

163 벽혈(碧血)의……떠도네 : 전란 때 희생된 사람들의 혼이 떠돈다는 말이다. 벽혈은 충신열사들이 흘린 피를 말한다. 주(周)나라 장홍(萇弘)이 진(晉)나라 범중행(范中行)의 난에 죽었는데 그 피를 3년 동안 보관해 두니 나중에 푸른색으로 변했다는 고사에서 유래하였다. 《莊子 外物》

164 가생(賈生)은……실망했네 : 가생은 한(漢)나라 가의(賈誼)를 가리킨다. 그는 나라의 기초를 다지는 훌륭한 정책을 제시하였으나 간신들의 모함으로 뜻을 이루지 못한 채 장사(長沙)의 태부(太傅)로 쫓겨나 울분을 삭이며 눈물로 세월을 보내다가 33세의 젊은 나이에 죽었다. 《史記 卷84 賈生列傳》

처서에

處暑日

저녁 비에 남은 더위 가시고 夕雨收殘暑
가을바람 일찍 서늘해지네 秋風進早涼
새 옷은 누가 주어 입으리오 新衣誰與着
옛 털옷 홀로 간직해 두었네 舊褐獨餘藏
매미 울음 자주 나무를 옮기고 蟬咽頻移樹
벌레 소리 점차 침상에 다가오네 蛩音稍近床
오늘 밤 잎에 맺힌 이슬에 今宵垂葉露
응당 비낀 달빛 비추리라 應帶月斜光

2

변방 비가 초가집 씻어내고 塞雨洗茅茨
높은 오동은 -원문 판독 불가- 잎새 시드네 高梧▨葉衰
몸과 얼굴은 늙어 어쩔 수 없다만 形容甘潦倒
걷기도 앉기도 불편하니 한스럽다 行坐恨欹危
한 해 마치도록 몸에 옷 없는데[165] 卒歲身無褐
늘그막에 머리는 세었구나 殘年鬢有絲
텅 빈 집에 귀뚜리 소리 들리건만 虛堂聞蟋蟀
사람일은 천시를 저버렸네 人事負天時

165 한 해……없는데 : 《시경》 〈칠월(七月)〉의 "옷이 없고 털옷이 없으면 어떻게 이 해를 보내리오.〔無衣無褐, 何以卒歲.〕"라고 한 구절을 차용한 것이다.

마음을 달래다

遣懷

오늘 아침 선선한 바람 일어나니 今晨涼氣生
긴긴 여름도 어느덧 변하는구나 長夏亦已變
내가 오고서 두 번째 가을 맞으니 我來秋再成
안색도 눈 깜짝할 사이에 바뀌었네 貿顏隨轉眄
한바탕 꿈같은 오십 평생 一夢五十年
영예와 즐거움도 다 꼽을 수 없지만 榮樂不可選
이미 아노라 만사 어그러져 旣覺萬事裂
끝내 빈궁한 신세 되었구나 居然落窮賤
골육의 모습 눈에 선한데 骨肉森在眼
서로 잃음이 번갯불 거두는 듯[166] 相失若收電
슬픔이 하 많아 가슴 치니 悲緖鬱攻中
마음에 걸려 괴롭게도 달랠 길 없어라 嬰懷苦未遣
생각해 보니 온갖 고생 끝에 自料震剝餘
미미한 목숨 겨우 실낱같구나 微命僅如線
감히 정 있는 바보와 같다 하랴 敢混有情癡
이처럼 무익한 그리움에 사무쳤네[167] 迫此無益戀

166 서로……듯 : 마치 번갯불이 번쩍이고 금세 사라지듯 골육들과 너무 빨리 생사(生死)로 갈리게 되었고, 돌이킬 수도 없다는 의미로 읊은 것이다.

167 감히……사무쳤네 : 생사를 달리한 가족들에 대한 그리움 때문에 눈물이 마르지 않는다는 말이다. 유정치(有情癡)는 감정이 있는 바보라는 뜻으로, 눈물을 흘리며 잘

예로부터 상란을 당하여	從古處喪亂
선철들도 매번 정성을 다하셨지	先哲每眷眷
이 몸 늙어 이런 혹독함 만났으니	吾衰遭此酷
아침이나 낮이나 참선하며 살아야지	分甘朝晝禪
반드시 이르리라 늘 기다리니	必至待常期
괴로운 인생 진실로 고단하다	勞生諒已倦
굽어보고 우러르며 조화에 맡기나니	俯仰委物化
깊은 속을 누가 다시 알랴	深裏誰復見

우는 사람을 뜻한다. 진(晉)나라 임첨(任瞻)은 자가 육장(育長)이다. 그가 젊었을 때는 매우 총명하여 사람들이 "육장은 그림자도 좋다."라고 하였다. 그러나 진나라가 양자강을 건너 남천(南遷)한 뒤로 실의하여 멍청한 사람이 되었다. 그가 관저(棺邸) 아래를 지나가면서 눈물을 흘리며 우니, 그 말을 들은 왕 승상(王丞相)이 "이는 유정치이다."라고 하였다. 《世說新語 紕漏》 여기서는 이 고사를 인용하여 이민구 자신의 슬픔이 나라를 위해서라기보다는 가족들에 대한 그리움 때문이라고 말한 것이다.

참판 이경석이 가을날 회포를 드러낸 시에 차운하다[168]

次李參判景奭秋日見懷韻

누가 상담 나그네[169] 가련히 여기나	誰憫湘潭客
부질없이 조정 그리는 마음 남았어라	空餘魏闕心
좋은 시에 옛 기억 담아주니	華牋垂遠記
변방 술로 외로움 위로하네	塞酒慰孤斟
고향 소식 가을 깊도록 막혔는데	故國秋深阻
먼 산에 해 저물어 어두워지네	遙山日暮陰
거문고는 괴로운 곡조 머금었건만	哀絃含苦調
감히 알아줄 친구 찾지 못하노라[170]	未敢覓知音

168 참판……차운하다 : 이경석(李景奭, 1595～1671)의 본관은 전주(全州), 자는 상보(尙輔), 호는 백헌(白軒)이다. 병자호란 때 인조를 호종하여 남한산성에 들어갔다가 난 이후에 대제학, 이조 참판을 거쳐 이조 판서를 지냈다. 이민구가 차운한 시는《백헌집(白軒集)》권4의 〈관해의 적소에 부치다〔寄觀海謫所〕〉이다.

169 상남(湘潭) 나그네 : 상담객(湘潭客)은 상수(湘水)로 쫓겨난 굴원을 가리키는데, 여기서는 이민구 자신을 의미한다.

170 거문고는……못하노라 : 마음을 알아줄 친구가 없다는 말이다. 지음(知音)은 마음을 알아주는 친구를 뜻한다. 춘추 시대 백아(伯牙)의 거문고 연주를 종자기(鍾子期)가 잘 감상하였다. 백아가 마음속에 높은 산을 두고 거문고를 타면 종자기는 이를 알아듣고 "아, 훌륭하다. 험준한 것이 태산과 같다.〔善哉, 峨峨兮若泰山.〕"라고 하였으며, 백아가 마음속에 흐르는 물을 두고 거문고를 타면 종자기는 이를 알아듣고 "아, 훌륭하다. 넘실대는 것이 강하와 같다.〔善哉, 洋洋兮若江河.〕"라고 하였다.《列子 湯問》

손님이 오다
客至

만 번 죽을 사람 숨 붙었는데　萬死唯餘喘
평생 사귄 벗 몇이나 남았나　平生幾故人
서로 바라보며 꿈인가 의심하고　相看疑夢寐
한참 마주하여 괴로운 시름 달래네　久對洗愁辛
서쪽 변방은 이별의 땅이고　西塞分携地
중원은 전쟁 먼지 가득하다　中原戰伐塵
앞으로의 기약 아득하니　前期莽歲月
백발노인 서로 수건 적시네　白首各霑巾

2
얼굴에 전쟁 먼지 뒤집어 쓴 뒤에　顔面兵塵後
관산 역로 그늘에서 지내노라　關山驛路陰
고아한 우정은 지난날 그리는데　高情懷夙昔
각박한 세속은 지금을 경계하네　薄俗警當今
눈 씻고 벗의 모습 보고　洗眼看交態
술 나누며 나그네 마음 펼치네　銜杯展客心
맑은 가을 이별하는 자리　清秋仍別席
정적 속에 다듬이질 소리 들린다　寂莫聽遙砧

홀로 서서

獨立

골짜기 어귀 마을은 성곽 의지했는데　峽口村依郭
하늘가에 나그네는 집 빌려 지낸다오　天涯客借家
숲으로 들어가는 가을 오솔길 외지고　入林秋徑僻
변방에 접한 저물녘 산 비껴 뻗었네　接塞暮山斜
타향살이에서 시속을 알고　旅泊知時俗
머물러서 세월 보내노라　淹留閱歲華
배회하며 남은 세월 안타까워　徘徊惜餘景
상란에 홀로 길게 탄식한다　喪亂獨長嗟

2

지붕 뚫고 성근 연기 피어나고　透屋疏煙起
요란한 물소리 울타리에 시끄럽다　穿籬亂水喧
늘그막에 병마저 앓는 신세　衰年仍疾病
저물녘에 잠시 소반에 차린 밥 먹노라　落日暫盤飧
수북한 낙엽이 썰렁한 채마밭 덮으려 하고　衆葉低寒圃
남은 꽃향기 고향과 떨어져 있네　餘芳隔故園
돌아온 새 깃들 곳 정하지 못했는데　歸禽棲不定
맑은 이슬이 밤에 흥건히 내리리라　淸露夜應繁

서쪽으로 가는 군사들을 보다

觀赴西軍士

잔잔한 강물이 큰 들판을 가르고	平江分鉅野
찬 물가에 저물녘 물결 가득하다	寒渚暮流盈
가을빛이 징과 북에 밝게 빛나고	秋色明金鼓
비낀 햇살이 깃발에 어우러지네	斜光雜旆旌
머문 사람들은 길가에서 곡하고	居人緣道哭
가는 말은 산모퉁이 돌며 우는구나	別馬轉山鳴
늙어가는 서생의 눈	垂老書生眼
해마다 군사들 질리게 보네	年年厭甲兵

하늘 끝에서

天末

하늘 끝에 떠도는 한 늙은이	天末飄然一老人
타향살이 머리에는 작은 윤건[171] 썼네	羈棲頭戴小綸巾
천지는 오히려 삭아빠진 몸 남겨 주었지만	乾坤尙貸銷餘骨
술을 어찌 병든 몸으로 실컷 먹으랴	麴糵寧饒病後身
도성의 수레를 끝내 멀리 이별하고	禁里軒車終遠別
변방의 풍속과 날로 친숙해지네	邊庭風俗日相親
관산에는 아득히 먼지 연기뿐이라	關山杳杳煙塵色
가을 풍경에 쓸쓸히 마음 상하노라	秋望蕭條爲損神

171 윤건(綸巾) : 비단으로 만든 두건으로 은자가 쓰던 것이다. 제갈량(諸葛亮)이 창제하였다고도 한다.

무인년(1638, 인조16) 8월 28일, 병마절도사 유림[172]이 병사 오천을 이끌고 안주를 출발하여 서쪽으로 달려간다는 소식을 들었다. 생각해 보니 병자년(1636)에 내가 감군 황손무를 접빈할 때 유림과 여기에서 칙서를 맞이했기에 감회를 적다

戊寅歲八月廿八日 聞柳兵使琳 領兵五千 發安州西赴 憶丙子 余儐黃監軍 同琳迎勅于此 紀感

반만의 은나라 백성이 옛날 요동을 넘을 때[173]	半萬殷民昔渡遼
사람마다 품은 의열 푸른 하늘에 진동했겠지	人人義烈動靑霄
뉘 알았으랴 전란의 기운 관산에 떠올라서	孰知兵氣浮關逈
덧없이 강 따라 바다로 들어가는 이 전송할 줄을	空送河流入海遙
발해의 사신 뗏목 가을에 끊어지니[174]	渤澥星槎秋斷絶
계문의 연기 어린 나무 날로 쓸쓸하리[175]	薊門煙樹日蕭條

172 유림(柳琳) : 1581~1643. 본관은 진주, 자는 여온(汝溫), 시호는 충장(忠壯)이다. 1603년(선조36) 무과에 급제, 병자호란 때 평안 병사로 있으면서 강원도 김화(金化)에 나가 싸워 청병(淸兵)을 물리쳤다. 뒤에 임경업(林慶業)과 함께 원병장(援兵將)으로 청나라에 갔으나 명나라와의 싸움을 피하고 귀국하였다. 통제사(統制使)와 총융사(摠戎使) 등을 지내고, 좌의정(左議政)에 추증되었다.《藥泉集 卷17 統制使柳公神道碑銘》

173 반만의……때 : 기자(箕子)가 조선에 봉해져 오천의 무리를 이끌고 동래(東來)한 사실을 말한다.

174 발해(渤澥)의……끊어지니 : 명(明)나라와의 사신 교류가 끊어졌다는 말이다. 발해는 서해를 말하고, 성사(星槎)는 사신이 타는 배를 가리킨다.

연대(燕臺) 8경의 하나이다.

연전에 옥 부절 맞이하던 곳　　年前玉節將迎地
징 치고 피리 부는 소리 교만하지 않았었네　　鐃吹笳吟轉不驕

175 계문(薊門)의……쓸쓸하리 : 명(明)나라의 국세(國勢)가 쇠퇴하였다는 말이다. 계문연수(薊門煙樹)는 원주에서 언급하고 있는 것과 같이 연경의 팔경(八景) 가운데 하나이다. 나머지는 거용첩취(居庸疊翠), 옥천수홍(玉泉垂虹), 태액추풍(太液秋風), 경도춘음(瓊島春陰), 서산적설(西山積雪), 노구효월(蘆溝曉月), 금대석조(金臺夕照) 등이다.

단비 속에 손자 현상과 현경[176]이 함께 돌아가다

喜雨 孫玄賞玄鏡俱歸

온 세상에 풍파 일고 만사 잘못되었으니　　八表風塵萬事非
삶과 죽음 만남과 헤어짐에 모두 옷 적시네　　存亡聚散併霑衣
처음 적수에서 현주 잃은 것에 놀랐는데[177]　　初驚赤水玄珠失
마침내 연성의 백벽 돌아와 기뻤지[178]　　竟喜連城白璧歸
다른 날 원숭이 울음에 애간장 끊기고[179]　　他日猿聲腸已斷
늙어 백발 되어 그림자 서로 의지하네　　殘年鶴髮影相依
우리 집 늙은이와 어린이 특히 고독하니[180]　　吾家老幼偏孤獨

176 손자 현상(玄賞)과 현경(玄鏡) : 이민구의 아들 이중규(李重揆)의 두 아들이다. 이민구가 지은 〈숙자진사중규묘지명(叔子進士重揆墓誌銘)〉에 "전창군 유정량의 딸에게 장가들어 아들 둘을 낳았으니 현상과 현경이다.〔娶全昌君柳廷亮女, 生二子玄賞玄鏡.〕"라고 하였다. 《東州集 文集 卷8》

177 처음……놀랐는데 : 이민구가 병자호란에 두 아들을 잃은 것을 읊은 것이다. 황제(黃帝)가 적수(赤水) 북쪽에서 노닐다가 돌아오는 길에 현주(玄珠)를 잃어버렸는데, 아무도 찾지 못하는 중에 상망(象罔)만이 찾아냈다는 고사가 있다. 《莊子 天地》

178 마침내……기뻤지 : 손자들이 살아있어서 기뻤다는 말이다. 연성(連城)과 백벽(白璧)은 모두 화씨벽(和氏璧)을 가리킨다. 화씨벽을 연성이라고 한 것은 진(秦)나라 소왕(昭王)이 조(趙)나라 혜문왕(惠文王)에게 15성(城)과 바꾸자고 청했기 때문이다. 곧 연성백벽(連城白璧)은 성 15개에 상당하는 화씨벽처럼 이민구가 손자들을 귀하게 여겨 사용한 표현이다.

179 다른……끊기고 : 이민구가 두 아들을 잃고, 그 슬픔에 오장이 다 끊어졌다는 말이다. 513쪽 각주57 참조.

180 우리……고독하니 : 이민구는 아들을 잃었고, 이민구의 손자는 아버지를 잃었다

왕도정치로 인 미루어나가기를 혹 바라노라[181]　　王政推仁倘庶幾

는 말이다. 고(孤)는 어려서 부모가 없는 것〔幼而無父〕이며, 독(獨)은 늙어서 자식이 없는 것〔老而無子〕을 말한다.

181 왕도정치로……바라노라 : 나라에서 보살펴주기를 바란다는 말이다. 제 선왕(齊宣王)이 왕도정치에 대해 묻자 맹자가 답한 말 가운데 "늙어서 지어미가 없는 것을 홀아비라 하고, 늙어서 지아비가 없는 것을 과부라 하고, 늙어서 자식이 없는 것을 무의탁자라 하고, 어려서 부모가 없는 것을 고아라 합니다. 이 네 가지는 천하의 곤궁한 백성으로 하소연할 곳이 없으니 문왕이 정사를 일으켜 인을 베풀 때 반드시 이 네 가지에 해당하는 사람을 우선으로 여기셨습니다.〔老而無妻曰鰥, 老而無夫曰寡, 老而無子曰獨, 幼而無父曰孤, 此四者, 天下之窮民而無告者, 文王發政施仁, 必先斯四者.〕"라는 말이 있다. 《孟子 梁惠王下》

외가로 귀양하는 현경[182]을 전송하다

送玄奐歸養外家

하늘가 눈물 감추는 서글픈 늙은이	天涯掩淚一悲翁
눈서리 내린 산하에서 어린 손자 보내노라	霜雪關河送尺童
손꼽아 장성하길 바라며 내 늙음 탄식하고	屈指長成嗟我老
아픈 마음 더욱 드러내 저 어린 것 염려하네	傷心偏露念渠蒙
지금 사람들 혜중산을 보지 못했으니	今人不見嵇中散
뒤의 일을 오직 정소동에게 기대야지[183]	後事唯憑鄭小同
너를 보내는 외가는 택상에 부합하지만	歸汝外家符宅相
내 계획 말하려니 갈수록 궁색하다[184]	爲言吾計轉孤窮

182 현경(玄奐) : 이민구의 아들 이중규(李重揆)의 둘째 아들이다. 574쪽 각주176 참조.

183 지금……기대야지 : 이민구가 아들을 모두 잃었으므로 후사를 손자에게 부탁할 수밖에 없다는 말이다. 혜중산(嵇中散)은 삼국 시대 위(魏)나라 혜강(嵇康)을 가리킨다. 자는 숙야(叔夜)이며, 죽림칠현(竹林七賢)의 한 사람이다. 그가 중산대부(中散大夫)를 역임하였으므로 혜중산이라 한다. 혜강이 종회(鍾會)의 참소를 받아 사형될 때, 형장(刑場)에서 아들 혜소에게 말하기를 "거원이 있으니 네가 고아가 되지는 않을 것이다.〔巨源在, 汝不孤矣.〕"라고 말하였는데, 산도는 그 뒤에 과연 혜소를 천거하여 비서승(祕書丞)으로 삼았다고 한다.《晉書 卷43 山濤列傳》 정소동(鄭小同)은 후한(後漢)의 경학자(經學者) 정현(鄭玄)의 손자이다. 정현의 아들이 황건적의 난리에 27세로 죽고 손자가 유복자로 태어났는데, 정현과 같은 정묘년에 태어났고 손금이 또 할아버지인 자기와 닮았다고 하여 이름을 소동(小同)이라 지었다 한다. 정소동은 정현과 그 문인들의 문답을 기록한 《정지(鄭志)》를 엮어 편찬하였다.

184 너를……궁색하다 : 손자를 외가로 보내면서 마음을 달래려 해도 할 말이 없다는

말이다. 택상(宅相)은 재상이 태어날 집이라는 말로, 외손(外孫)을 가리킨다. 진(晉)나라 위서(魏舒)가 어려서 외가인 영씨(寧氏) 집에서 자랐는데, 그 집터의 미래를 점친 자가 장차 귀한 외손이 나오게 될 것이라고 예언한 말대로 위서가 나중에 사도(司徒)의 지위에까지 올랐다는 고사에서 비롯되어, 상택 혹은 택상이 외손의 뜻으로 쓰이게 되었다.《晉書 卷41 魏舒列傳》여기서는 이민구가 손자를 외가로 보내면서 훌륭한 인재로 성장해 주기를 바라면서도 어쩔 수 없이 보내는 현실이 안타까워 말한 것이다.

이별한 뒤에

別後

일찍이 옛 사람 시 읽어보니	嘗讀古人詩
부자가 빈천하여 이별했다지[185]	父子貧賤離
평소 한번 눈에 스쳤을 뿐	居常一經眼
이 말이 슬픈 줄 몰랐는데	不知斯語悲
늘그막에 같은 처지 되고 보니	臨老遘玆境
소리 내 울며 눈물 줄줄 흘린다	聲發涕淚垂
누가 차마 어리고 어린 손자를	誰忍未齓兒
홀로 보내려 하겠는가	孑然行役爲
변방은 천리 까마득한데	塞垣邈千里
눈서리마저 가는 길에 매섭구나	霜雪厲中逵
옷 얇아 추울 테고	衣薄骨肉寒
먹는 것도 마땅하지 않겠지	饑飽爽所宜
밤과 배를 네가 좋아하는데	梨栗汝素愛
먼 길에 어이 보내주랴	遠道焉可貽
너를 쓰다듬어 말 태워 보내며	撫汝上馬去
찢어지는 가슴 억눌렀네	掩抑摧心脾

185 옛……이별했다지 : 진사도(陳師道)의 시에 "부부는 죽어서 한 무덤에 묻혔고, 부자는 빈천하여 이별했네.〔夫歸死同穴, 父子貧賤離.〕"라고 한 구절을 인용한 것이다. 《後山集 卷1 別三子》

잠깐 새 멀리 떨어져	轉眄已各天
가을빛만 가시 울에 남았구나	秋色餘棘籬
낭랑한 다섯 글자의 시가	琅琅五字吟
환청처럼 들려 놀라고 의심하네	在耳忽驚疑
세상일 어지러워 예정하기 어려운데	世事莽難定
세월은 빨리도 가는구나	歲月劇奔馳
네가 자랄수록 나는 더 늙을 터	汝長我益老
손잡고 만날 날 다시 언제일까	提挈復幾時
미끄러진 신세로 황량한 변방에 떨어져	蹉跎落荒裔
돌아갈 기약도 없구나	未有歸來期
돌아가면 마땅히 마주하여 슬퍼할 테고	歸當對悲吒
돌아가지 못하면 길이길이 그리우리	不歸長相思

술 취해 부르는 노래

醉歌行

만사가 여의치 않으면	萬事不如意
길게 탄식하며 전원으로 돌아오니	長嘯歸田園
옛 사람은 이렇게 했는데	古人乃有是
나는 변방에 갇혔구나	而我局塞垣
관하에서 이미 우울하지만	關河旣鬱紆
힘껏 날려 해도 날개 꺾였네	奮飛絶羽翰
한 해 지나도록 고향 바라보는 눈	經年望鄉眼
역력히 산자락에 있네	歷歷在山樊
편지 써서 뜬 구름에 부치면	作書寄浮雲
이틀이면 대궐에 도달하련만	信宿達脩門
뒤웅박처럼 가시덤불에 얽매인 채	匏瓜繫叢棘
날마다 동으로 달리는 마음만 나는 듯	日飄東逝魂
살아서는 씻지 못할 부끄러움 머금었고	生銜不湔恥
죽어서도 가없는 원통함 품으리라	死抱無涯冤
장부는 궁달에 맞게 사는 법[186]	丈夫素窮達
한번 귀양살이 어찌 말하랴	一謫安足論

186 장부는……법 : 곤궁하면 곤궁한대로 영달하면 영달한대로 현실에 알맞게 대처해 살아간다는 말이다. 참고로《중용장구》제14장에 "군자는 그 자리에 따라 행하고, 그 밖의 것을 원하지 않는다.〔君子素其位而行, 不願乎其外.〕"라는 말이 있다.

슬프다 풍우를 겪고 나서[187]	自嗟風雨後
목숨 부지한 가족 드물구나	百口鮮餘存
쓸쓸히 외로운 그림자로 지내던 곳	孑然孤影畔
두 손자 마주했네	相對兩兒孫
너희들 장성할 날 멀지 않았지만	汝長亦未久
나는 노년 바삐 가니 어찌하랴	我奈暮景奔
생각건대 너희들 아직도 울어대지만	念爾尙啼哭
어찌 부자의 은혜를 알랴	豈知父子恩
다른 날 무덤에서	他日宿草原
비로소 슬픈 일 많았음을 알겠지	始見悲緖繁
글 짓자니 괴로운 마음 절박하고	遣辭迫危苦
가슴 미어져 시끄러운 것 싫구나	情隘慊所喧
슬픈 노래에 긴 아픔 부치니	哀謳寓長痛
나오는 탄성을 삼킬 수 있으랴	發聲誰可呑

187 풍우를 겪고 나서 : 병자호란 이후를 말한다.

외사촌 김정지[188]가 부쳐온 시의 운자에 맞춰 짓다

次表弟金鼎之寄詩韻

차가운 산 한쪽에 석양 남았고	寒山一面帶斜暉
구월 성긴 숲에 낙엽 다 떨어졌네	九月疏林葉盡飛
해 멀리 뜬 구름은 절로 떠가는데	日遠浮雲唯自去
하늘 높이 나그네 기러기 언제나 돌아올까	天長旅雁幾時歸
누가 상자에 넣은 가을 부채 가련해할까[189]	誰憐故篋收秋扇
덧없이 이웃 다듬이질 소리 듣노라	虛聽隣砧擣夜衣
성 남쪽 즐거운 모임 말하지 마시게	莫說城南懽會處
지난날 인생 계획 모두 잘못되었네	向來身計已都非

188 김정지(金鼎之) : 1600~? 본관은 안동(安東), 자는 공실(公實)이다. 이민구의 외삼촌 김확(金矱)의 아들이다.

189 누가……가련해할까 : 유배 온 자신의 처지를 가을 부채에 비유하여 읊은 것이다. 추선(秋扇)은 가을 부채라는 뜻으로, 본래 남자에게 버림받은 여인의 처량한 심정을 비유하는 말로 사용된다. 한 성제(漢成帝)의 궁인 반첩여(班婕妤)가 시가에 능하여 총애를 받다가 조비연(趙飛燕)의 참소를 받고는 물러나 장신궁(長信宮)에서 지냈는데, 자신을 부채에 비유하여 "제나라 흰 비단을 새로 마름질하니, 희고 깨끗함이 눈서리 같았네. 재단하여 합환선을 만드니, 둥그러니 밝은 달 닮았네. 님의 품속 드나들며, 산들바람 일으켰는데, 늘 두려웠지 가을 되어, 서늘한 바람에 더위 물러가면, 상자 속에 버려져, 은정이 중도에 끊어질까봐.〔新裂齊紈素, 皎潔如霜雪. 裁爲合歡扇, 團圓似明月. 出入君懷袖, 動搖微風發. 常恐秋節至, 凉風奪炎熱. 棄捐篋笥中, 恩情中道絶.〕"라고 하였다는 고사가 전한다.《漢書 卷97下 外戚傳 班婕妤》

변방 성에 온 뒤로 친척들 소식 막혔는데	一臥邊城阻密親
시 받으니 어렴풋이 그리운 이 만난 듯하네	詩來怳接眼中人
모습은 오랜 이별에 꿈속 같고	形容久別還如夢
소식 멀리 전해와도 참이 아닌 듯	消息遙傳每不眞
술 마시며 언제쯤 짧은 시 수창할까	尊酒幾時酬短詠
객창에서 종일 외로이 지낸다네	客窓終日掩孤顰
하늘 끝 끝없는 그리움 익숙지 않아	天涯不慣無窮憶
돌아가고픈 혼만 한강 가를 맴돈다	唯有歸魂繞漢濱

동짓달 초하룻날 밤에 눈이 내렸다

至月一日夜雪

우수수 마른 잎새 소리인가　　暗響搜枯葉
닭 울음소리도 점차 뜸해지네　　鷄鳴聽漸稀
빈 집에 밤기운 맑더니　　虛堂淸夜氣
흰 지붕에 아침햇살 차갑구나　　白屋冷朝暉
낙수는 차갑고 고요히　　落水寒猶靜
바람 따라 개었다 다시 날리누나　　隨風霽更飛
갠 빛이 서재 비추니　　晴光照書幌
흰머리 더욱 어울리네　　華髮轉依依

2

하얗게 쌓인 풍경 바라보나니　　積素凝寒望
한겨울에 양 하나 만났구나[190]　　窮陰接一陽
변방에 새벽빛 이어지고　　邊沙連曙色
들녘 해에 아침 풍광 눈부시다　　野日碎朝光
저 멀리 단청 누각 덮지 못했어도　　未掩丹樓逈
기다란 흰 성가퀴 흠씬 젖었구나　　偏霑粉堞長
하늘 끝에서 거듭 보게 되니　　天隅經再見

190 한겨울에……만났구나 : 11월이라는 말이다. 10월은 순음의 곤괘(坤卦 ䷁)에 해당하고, 11월이 되면 양(陽)이 하나 생겨서 복괘(復卦 ䷗)가 된다.

시름겨운 시선 더욱 멍하다[191] 愁眼益茫茫

191 하늘……멍하다 : 이민구가 1637년(인조15)에 영변으로 유배되었으므로 이 시를 쓰고 있는 1638년은 영변에서 맞이하는 두 번째 겨울이었다. 그러므로 근심스럽고 답답한 마음을 이렇게 읊은 것이다.

동지

冬至

눈서리 내린 외로운 성에 한바탕 추위 닥치니　霜雪孤城閉一寒
세월은 하염없이 거센 여울처럼 흐르는구나　流光袞袞閱驚湍
연로하니 다가오는 새봄 늘 두렵고　年衰每怯新春逼
동지라 저무는 묵은 해 몹시 가슴 아프다　冬至偏傷舊歲殘
찬 재가 양률 따라 변하랴[192]　灰冷肯隨陽律變
길어진 낮[193]에 보답하려니 햇볕이 어렵구나　線添思報日暉難
하늘 끝 괴로운 한을 아는 이 없는데　天涯苦恨無人會
등 아래 철부지는 혼자 신났구나　燈下癡兒任汝懽

192 찬……변하랴 : 양률(陽律)은 12율(律) 중에서 양에 해당하는 여섯 율을 말한다. 고대에 절후를 관측하던 율관(律管)은 대나무나 금속으로 만드는데, 모두 12개로 이루어졌다. 밀실에 이 율관을 놓아두고 갈대를 태운 재를 채운 다음 흰 천을 덮어 두면 절후가 바뀔 적마다 한 개의 율관씩 재가 올라와서 천에 달라붙는다고 한다. 동지(冬至) 때에는 황종(黃鐘)의 재가 올라온다고 한다. 여기서는 날씨가 너무 추워서 재가 올라오지 않을 것 같다고 한 것이다.

193 길어진 낮 : 동지 이후로 매일 낮이 조금씩 길어짐을 첨선(添線)이라고 일컫는데, 옛날 궁중(宮中)에서 여공(女功)에게 동지 이후로 날마다 일을 늘려 실 한 가닥씩을 더 짜게 한 일을 말하기도 한다.

함경 감사 목장흠[194]이 부쳐온 편지에 답하다. 그로 인해 다산[195]의 무덤에 풀이 이미 우거졌을 것이 떠올라 시에서 서술하였다

答睦咸伯寄書 因想茶山塚草已荒 詩內有述

관산 동북쪽에 큰 고을 있는데	關山東北接名藩
문득 편지가 변방 성에 이르렀네	忽有鴻書到塞垣
오랜 나그네 유배생활[196] 달게 여기는데	久客自甘終禦魅
벗은 무슨 마음으로 애써 혼을 부르는가[197]	故人何意强招魂
형제가 멀리 떨어져 슬픈데[198]	正悲棣萼連枝遠

194 목장흠(睦長欽) : 1572~1641. 본관은 사천(泗川), 자는 우경(禹卿), 호는 고석(孤石)이다. 《인조실록》 15년 6월 28일 기사에 목장흠을 함경 감사(咸鏡監司)에 임명한 기록이 있다.

195 다산(茶山) : 목대흠(睦大欽, 1575~1638)으로, 본관은 사천(泗川), 자는 탕경(湯卿), 호는 다산이다. 목장흠의 아우이다.

196 유배생활 : 어매(禦魅)는 순 임금이 사흉(四凶)을 쫓아내 괴물을 막게 했던 데서 유래하여 유배를 의미한다. 519쪽 각주68 참조.

197 벗은……부르는가 : 목장흠이 이민구를 위로하는 글을 보내준 것에 대해 화답한 말이다. 초혼(招魂)은 혼을 부른다는 말인데, 전국 시대 초(楚)나라 송옥(宋玉)이 굴원(屈原)의 죽음을 애도하여 〈초혼〉을 지었던 고사가 있다.

198 형제가……슬픈데 : 체악(棣萼)과 연지(連枝)는 형제간의 우애(友愛)를 이르는 말이다. 체악은 《시경》 〈상체(常棣)〉에 "아가위의 꽃이여, 꽃받침이 화사하지 않은가. 무릇 지금 사람들은, 형제만한 이가 없느니라.〔常棣之華, 鄂不韡韡. 凡今之人, 莫如兄弟.〕"라고 한 데서 유래하였고, 연지는 한 뿌리에서 난 가지가 서로 이어진 것을 가리킨다. 여기서는 이민구가 형 이성구와 떨어져 지내는 상황을 말한 것이다.

차마 영원의 묵은 풀 무성한 걸 위로하랴[199] 忍慰鴒原宿草繁
비록 영화롭고 괴로운 처지 피차 다르다지만 縱說榮枯殊彼此
하늘 끝에서 함께 궁문 바라보네[200] 天涯同是望脩門

199 차마……위로하랴 : 영원(鴒原)은 척령재원(鶺鴒在原)의 준말로, 형제간의 우애(友愛)를 말한다. 《시경》 〈상체(常棣)〉에 "저 할미새 들판에서 호들갑떨듯, 급한 때는 형제들이 서로 돕는 법이라오. 항상 좋은 벗이 있다고 해도, 그저 길게 탄식만을 늘어놓을 뿐이라오.〔鶺鴒在原, 兄弟急難. 每有良朋, 況也永歎.〕"라는 구절이 있다. 이 구절은 제목과 연관해 볼 때 아우 목대흠을 잃은 목장흠의 처지를 말한 것이다.

200 비록……바라보네 : 목장흠은 함경 감사의 영예로운 자리에 있고, 이민구 자신은 유배객이라는 쇠락한 신세라 각자 처지는 다르지만 변방에 머물면서 궁궐의 임금을 그리기는 마찬가지라는 말이다.

위원 적소에 있는 이일상[201]을 생각하다. 아래 시는 나 스스로에 대해 쓴 것이다

懷李一相渭原謫居 下篇自述

눈 덮인 집 산자락에 고요한데	雪屋依山靜
바람 부는 강물 성 돌아가며 요란하리	風江轉郭喧
변방의 음침함 밤낮으로 이어지고	邊陰連日夜
봉화가 황혼녘 다가오면 오르리라	候火近黃昏
객지 잠자리에 잠도 적을 터	旅枕眠應少
보내온 편지에 한스러운 사연 많았네	來書恨正繁
서로 그리면서도 만날 수 없으니	相望阻相見
영원히 헤어진 영혼 될까 두렵구나	恐作永離魂

2

초목은 산속 오솔길로 이어지고	草木連山徑
사립문은 산골 마을 변두리에 있네	柴荊傍壑村
날씨 추워 벽에는 성에 가득하고	天寒霜滿壁
고요한 밤 달빛이 문을 비춘다	夜靜月臨門

201 이일상(李一相) : 1612~1666. 본관은 연안(延安), 자는 함경(咸卿), 호는 청호(靑湖)이다. 이정귀(李廷龜)의 손자이며, 이명한(李明漢)의 아들이다. 또한 이민구의 형 이성구(李聖求)의 딸과 혼인하였다. 병자호란 때에 왕을 호종하지 못하고, 또한 화의를 반대한 척화신으로서 이듬해 탄핵을 받아 영암으로 귀양 갔다가 다시 위원(渭原)으로 이배되었다.

외떨어져 지내니 곁에 누가 있으랴	離別何人在
불우한 신세 병만 남았어라	蹉跎一病存
응당 도깨비 사는 이곳에서	應從魑魅域
늙은 우번이 되는 것도 달갑게 여기노라[202]	甘作老虞翻

202 응당……여기노라 : 자기 자신이 유배지에서 늙어 죽게 되리라는 말이다. 이매역(魑魅域)은 도깨비들이 사는 변방을 의미한다. 우번(虞翻)은 삼국 시대 오(吳)나라 회계(會稽) 사람으로 자는 중상(仲翔)이다. 교주(交州)로 쫓겨난 후 문도(門徒)들에게 강학(講學)하며 저술에 힘쓰다 70세의 나이로 죽었다. 후대에는 어진 선비가 원통하게 유배되어 울분 속에 지내는 전거로 사용되었다.《三國志 卷57 吳書 虞翻傳》

친한 벗에게서 소식 한 자 없다[203]

親朋無一字

하늘에는 원추와 기러기 짝지어 살고	天上鵷鴻侶
산중에는 사슴과 돼지 무리지어 산다	山中鹿豕群
곤궁한 길에 눈비마저 많이 내리고	窮途多雨雪
혼란한 세상 풍운도 빽빽하네	亂世鬱風雲
세월 가도 편지 끊어지고	歲月來書斷
관하에는 이별 길만 나뉘었네	關河別路分
어쩌다 객지 떠도는 나날에	那因流落日
생사 소식도 듣지 못하게 되었나	生死不相聞

203 친한……없다 : 두보(杜甫)의 〈등악양루(登岳陽樓)〉에 “친척과 친구는 한 자 소식도 없고, 늙고 병든 몸엔 외로운 배만 있다.〔親朋無一字, 老病有孤舟.〕”라는 구절이 있다.

때 없이 우는 닭[204]과 사나운 호랑이는 모두 걱정스러운 일이 발생할 경계에 속한다. 번민을 털려고 짓다

荒鷄暴虎 俱屬憂警 排悶有作

사립문에 달 비추는 이경의 밤	柴門山月二更昏
골짝 안의 은하수 그림자 모두 번뜩이네	峽內星河影盡翻
범 쏠 때는 이광 따르리라 생각해도[205]	射虎只思隨李廣
닭 울음에는 유곤 찰 생각 없어라[206]	聞鷄無意蹴劉琨
전란에 병갑이 요해에 얽혔는데	風塵兵甲纏遼海
병든 몸 굶주림과 추위 속에 변방에 있구나	疾病飢寒傍塞垣
난세에 선비가 떠돌이 되었으니	亂代儒冠轉漂泊
늘그막의 공훈은 세상 기대 저버렸네	暮年勳業負乾坤

204 때 없이 우는 닭 : 황계(荒鷄)는 삼경 이전, 즉 새벽이 되기 전에 우는 닭을 이르는 말이다. 그 소리가 좋지 않아 상서롭지 못한 일의 징조로 여겼다.

205 범……생각해도 : 범을 쏠 때 반드시 명중시킬 것을 생각한다는 말이다. 이광(李廣)은 한나라의 명장으로 원숭이처럼 팔이 길어서 천성적으로 활을 잘 쏘았다. 그가 우북평 태수(右北平太守)로 있을 때 사냥을 나갔다가 호랑이를 보고 활을 쏘아 적중시켰는데, 나중에 확인해 보니 큰 바윗돌 속에 화살이 박혀 있었다는 고사가 있다. 《史記 卷109 李將軍列傳》

206 닭……없어라 : 공훈을 세우기 위해 화란이 발생하기를 바라지 않는다는 말이다. 동진(東晉)의 조적(祖逖)이 유곤(劉琨)과 함께 한 이불을 덮고 잤는데, 한밤중에 때 아닌 닭 울음소리가 들렸다. 이에 조적이 유곤을 차면서 "이것은 불길한 소리가 아니다.〔此非惡聲也〕"라고 하고는 일어나 춤을 추었다고 한다. 《晉書 卷62 祖逖列傳》

홍경택[207]을 곡하다

哭洪景澤

하늘 멀리 눈비 내리는 철옹성에서	天長雨雪鐵城墟
부음에 놀라 피눈물로 옷깃 적시네	存沒驚呼血灑裾
변방 늙은이 〈복조부〉에 상심할 때[208]	絶塞暮年傷鵩賦
옛 정으로 가을날 보내준 편지에 감격했지	故情秋日感鴻書
뉘 알았으랴 이별의 꿈 황천에 막힐 줄을	誰知別夢重泉隔
곤궁한 길에 한 목숨 남은 것이 괴이하네	自怪窮途一命餘
설사 도성에 살아 돌아간들	縱使脩門生得返
누구와 술 나누며 외로운 시절 말할까[209]	何人杯酒話離居

207 홍경택(洪景澤) : 홍집(洪靉, 1582~1638)으로, 본관은 풍산(豐山), 자는 경택, 호는 연자(燕髭)이다.

208 변방……때 : 이민구가 적소(謫所)에서 죽음을 걱정하며 괴로운 나날을 보낼 때를 말한다. 복부(鵩賦)는 한 문제(漢文帝) 때 가의(賈誼)가 상사왕 내부(長沙王太傅)로 좌천되어 지은 〈복조부(鵩鳥賦)〉를 가리킨다. 가의의 관사(官舍)에 올빼미가 날아들자, 가의가 이를 몹시 불길(不吉)하게 생각하여 점을 쳐본 결과 "들새가 방에 들어가면 주인이 곧 떠나게 된다.〔野鳥入室, 主人將去.〕"라는 점사(占辭)가 나오므로 죽음을 예견했다고 한다. 《史記 卷84 賈生列傳》

209 설사……말할까 : 홍집이 고인이 되었으므로 이민구가 해배되어 돌아가도 유배생활에 대해 이야기할 대상이 없어졌다는 말이다. 이거(離居)는 이군삭거(離群索居)의 준말로, 친지나 벗들과 헤어져서 혼자 외로이 사는 삶을 말한다.

지은이 **이민구(李敏求)**

1589(선조22)~1670(현종11). 지봉(芝峯) 이수광(李睟光)의 아들로, 본관은 전주(全州), 자는 자시(子時), 호는 동주(東州) 또는 관해도인(觀海道人)이다. 1612년 증광 문과에 장원하였다. 인조반정 이후 사가독서(賜暇讀書)하고, 이괄(李适)의 난에 도원수 장만(張晩)의 종사관이 되어 공을 세웠다. 내직(內職)으로 부제학, 대사성, 도승지 등을 역임하였고, 외직(外職)으로 경상도 관찰사, 강원도 관찰사, 임천군수를 지냈다. 1636년 병자호란 당시 부검찰사의 직책으로 강화도에 있었는데, 강화도 함락의 책임을 지고 평안북도 영변에 유배되어 7년, 충청남도 아산으로 이배되어 3년 동안 지냈다. 1647년 4월에 해배되었으나 서용(敍用)되지 못하고 생을 마감하였다. 고문(古文)에 뛰어나다는 평가를 받았으며, 저서로 《동주집》, 《간언귀감(諫言龜鑑)》, 《독사수필(讀史隨筆)》, 《당률광선(唐律廣選)》이 있다.

옮긴이

강원모(姜元模)

1957년 충남 예산에서 태어났다. 공주사범대학, 한국교원대학교, 충남대학교에서 교육학을 전공하였다. 현재 충남대학교 한자문화연구소 선임연구원으로 재직 중이다. 공역으로 《기려수필》, 역해서로 《얘야 논어를 읽었느냐》가 있다.

김문갑(金文甲)

1960년 충남 논산에서 태어났다. 한남대학교 대학원에서 동양철학 박사학위를 받고, 아당 이성우 선생에게 수학하였다. 현재 충남대학교 한자문화연구소에 선임연구원으로 재직 중이다. 번역서로 《전례문답》, 《고산유고》 예송관련부분이 있다.

오승준(吳承峻)

1979년 충북 청주에서 태어났다. 충남대학교에서 학사와 석사 과정을 마쳤으며, 박사과정을 수료하였다. 학산 조종업, 아당 이성우 선생에게서 한문을 배웠다. 《서고독사차기》, 《현산집》 번역에 참여하고 있다. 현재 한자문화연구소에서 연구보조원으로 재직 중이다.

정만호(鄭晩浩)

1971년 충남 부여에서 태어났다. 충남대학교와 단국대학교에서 한문학을 전공하였으며, 현재 충남대학교 한자문화연구소 선임연구원으로 재직 중이다. 번역서로는 《취암선생시집》과 공역으로 《기려수필》, 《승암시화》, 《오재집》, 《옥오재집》, 《좌계부담》, 《해동사부》 등이 있다.

권역별거점연구소협동번역사업 연구진

연구책임자 **박우훈**(충남대학교 한문학과 교수)
공동연구원 **김선기**(충남대학교 국어국문학과 명예교수)
이향배(충남대학교 한문학과 교수)
자문위원 **이성우**(한국고전번역원 자문위원)
선임연구원 **강원모**
김문갑
정만호
연구보조원 **오승준**

동주집 2

이민구 지음 | 강원모 · 김문갑 · 오승준 · 정만호 옮김
2015년 4월 28일 초판 1쇄 발행
편집 · 발행 도서출판 문진 | 등록 2002. 5. 6. 제2006-000011호
주소 (305-301) 대전광역시 유성구 대학로 31 한진리조트오피스텔 2004호
전화 042-933-6510 | 팩스 042-367-5510
인쇄 현대그래픽스 | 제본 은정제책사

값 30,000원
ISBN 978-89-92229-83-8 94810
978-89-92229-81-4 (세트)